城市与区域空间研究前沿丛书 / 顾朝林 主编

省域城镇化
战略规划研究

（国家自然科学基金资助项目，编号 40971092）

顾朝林 赵 民 张京祥 主编

城市世纪文库

东南大学出版社
· 南京 ·

内容提要

中国快速城镇化正在成为全社会共同关注的焦点。本书源自湖北省政府委托的“湖北省城镇化与城镇发展战略规划研究”项目。全书以清华大学(湖北省城乡规划设计院)、同济大学(华中科技大学)、南京大学的各自独立研究成果为基础，探索省域城镇化战略规划研究及其编制框架。主要内容包括：省域城镇化战略规划的理论研究、实证研究、经验研究和专题研究，试图从经济、社会、空间、制度和支撑体系等多角度、宽领域探索和研究省域城镇化战略规划的核心内容和规划编制方法的创新。

本书可供从事城市规划、区域经济、区域规划、政府部门决策者使用，也可供相关大专院校师生阅读。

图书在版编目(CIP)数据

省域城镇化战略规划研究/顾朝林，赵民，张京祥主编. --南京：东南大学出版社，2012.1

ISBN 978-7-5641-3100-5

Ⅰ.①省… Ⅱ.①顾…②赵…③张… Ⅲ.①省-城市化-发展战略-研究-中国 Ⅳ.①F299.21

中国版本图书馆 CIP 数据核字(2011)第 240612 号

书　　名：省域城镇化战略规划研究
主　　编：顾朝林　赵　民　张京祥
责任编辑：孙惠玉　　　　编辑邮箱：sunhy_6@yahoo.com.cn

出版发行：东南大学出版社
社　　址：南京市四牌楼 2 号　　　邮　　编：210096
网　　址：http://www.seupress.com
出 版 人：江建中

印　　刷：江苏凤凰扬州鑫华印刷有限公司
排　　版：江苏凤凰制版有限公司
开　　本：787 mm×1092 mm　1/16　　印张：20.5　　字数：585 千
版　　次：2012 年 1 月第 1 版　　2012 年 1 月第 1 次印刷
书　　号：ISBN 978-7-5641-3100-5
定　　价：59.00 元

经　　销：全国各地新华书店
发行热线：025-83790519　83791830

总序

经过一年的精心策划和准备，呈现于读者面前的《城市与区域空间研究前沿丛书》是东南大学出版社推出的关于空间研究的系列新作，林林总总十多种，代表了当代中国学者关于城市与区域空间研究的前沿性、原创性和综述性的研究成果，内容覆盖城市与区域研究的方方面面。

21世纪我们的生活中最离不开什么——城市和区域。这主要在于：首先，气候变化、能源、生态、人口和环境等问题，这些我们曾在20世纪已经预见到的危机，现在一一变成现实，我们将如何面对危机并解决这些问题？无疑城市和区域这样的空间研究就变得越来越重要。其次，城市与区域空间是当代人类赖以生存的基本载体，也是人类社会竞争的主要场所。空间利用，一方面反映了不同地区人类社会的富裕程度和时空效率，另一方面也彰显了这些城市与区域的文明和价值取向。第三，中国城市和区域是当代变化最快的空间，测度和把握城市与区域发展，离不开城市与区域空间研究。

总之，可以说，在中国盛世巨变的浪潮中，《城市与区域空间研究前沿丛书》应国家发展而生，与城市和区域共成长，以中国研究特色立身，以研究创新选材，以独到空间见解立言，可以成为科学家、规划师和管理工作者共同关注的研究平台。

专此赘言，是为序。

2010年1月12日于清华园

序

尽管我认为从战略层面研究城镇化问题非常重要，但我并不认为城镇化战略能够成为独立存在的规划。这是我需要首先表明的观点。

城镇化问题必须从战略层面上研究。在人类社会漫长的发展进程中，为什么只在最近的两个多世纪里才出现城镇数量迅速增加、居住城镇的人口比重迅速上升的城镇化现象？这是生产关系和生产力发展进步的结果。传统农业使用大量耕地、大量劳动力和少量的资本进行生产，可耕作土地规模的有限性限制了生产规模和人口规模的增长，经济社会长期重复着不发达的低水平均衡。受耕作半径的制约，经济活动在空间上是高度分散的。正因为如此，在经历了几千年的农业文明之后，居住在城镇的人口只有总人口的3%左右。工业革命以来，在技术进步的推动下，经济活动依靠大量的资本、一定量的劳动力和很少量土地进行，在空间上高度聚集并产生出循环累积的因果效应，出现了作为生产活动中心的新型城镇。因此，才会在经济发展的过程中出现城镇数量不断增加、规模不断扩大的城镇化过程。在城镇化的过程中，生产活动的组织方式、社会管理方式、人类的聚落形态、城乡关系以及人与自然的关系都发生了巨大的甚至是根本性的变化。并且，各种变化互相交织，互为因果。对于这样一个复杂的发展过程，不从战略层面上去认识、去把握，难以认清规律，驾驭进程。

城镇化是一个人类社会的转型过程。由于城镇化不是一个独立的、能够清晰界定的过程，因此不应作为规划的对象。改革开放以来，随着城镇在经济社会发展中的重要作用日益显著，人们对城镇化越来越关注，不断有地方提出制定城镇化战略或城镇化规划。首先，必须承认这是一个好事情，说明大家开始意识到城镇化发展的规律性，希望能对城镇化发展做出积极的引导。同时，也必须看到这样做的局限性。在许多所谓的城镇化规划中，都存在一个共同的问题，就是把城镇化等同于城镇的建设和发展，忽视了城镇化过程的复杂性和全局性。

当前中国城镇化过程进入关键时期。2010 年全国城镇化水平已经接近 50%，迫切需要进一步提高对城镇化发展的战略认识，按照科学发展观的要求，把城镇化健康有序发展落实到“统筹城乡发展、统筹区域发展、统筹经济社会发展、统筹人与自然和谐发展、统筹国内发展和对外开放”的各个环节中。

关于我国城镇化问题的认识是随着改革开放的日益深入和社会主义市场经济体制的日益完善而不断提高的，经历了曲折的发展过程。在新近颁布的《中华人民共和国国民经济和社会发展第十二个五年规划纲要》中，城镇化作为优化格局的重要内容，强调要积极稳妥推进城镇化。在这样的时代背景下，清华大学顾朝林教授、同济大学赵民教授和南京大学张京祥教授以他们受湖北省政府委托所做的“湖北省城镇化与城镇发展战略规划研究”方案为实证，结合以往对城镇化和区域城镇发展问题的研究成果，编写了《省域城镇化战略规划研究》。它既是对实践的有益总结，也是对理论的积极探索，无疑将对研究中国特色城镇化、开展新形势下区域层面的城镇发展战略规划有着重要的科学意义和学术价值。

《省域城镇化战略规划研究》这本书以省为城镇化研究的基本地域单元，符合中国的国情。城镇化是区域现象，研究城镇化，一是要研究生产要素在区域内的集聚趋势；二是要研究生产要素集聚对区域自然、资源、环境以及经济社会发展的影响。研究的目的主要在于引导城镇化道路和模式。当然，以省作为城镇化研究的基本地域单元，具有明确的行政主体，有利于把研究成果转化为相应的公共政策和措施，有利于组织和构建必要的空间和发展要素调控机制。同时由于中国地域差异较大，以国家层面进行城镇化发展战略研究难以做到精准把握，这样因地制宜地研究制定省域城镇化战略就更具有实际指导意义了。

在总结国内外理论和实践经验的基础上，省域城镇化战略规划强调，研究城镇化战略要有开放的视角；要对生产要素的流动做动态分析；要注重经济社会文化和生态综合发展；要在发挥市场基础调节作用的基础上健全政府管理机制；要从终极蓝图转向多情景和过程控制。本书作者将这些理念应用于湖北省城镇化战略规划实践中，提出的湖北省城镇化和城镇发展战略体现了湖北的发展特点和发展要求。

作者认为，省区城镇化战略研究与省级法定规划（包括省域城镇体系规划）的关系，类似于城市发展战略与城市总体规划的关系，可以把它作为编制法定规划的前期研究。我不能完全赞同。由于城镇化问题的综合性，如果把它定位在某一类型法定规划的前期研究，不可避免地会局限研究问题的视野，忽视那些起本质作用的影响因素。我们的国家正处在城镇化快速发展的阶段，城镇化是经济社会发展的综合体现，省域城镇化战略研究成果应该在更广泛的层面得到应用和落实。

回到我最初的问题上。我认为关于城镇化的战略研究更应该是开放的，而不是收敛的；更应着重于对影响因素之间关系和作用方式的分析和判断，而不在于对某几个具体问题提出若干应对措施。

张勤

住房和城乡建设部城市规划司　副司长

2011 年 7 月 29 日

前言

从人类社会发展过程看，由于经济发展水平、制度差异和文化历史的不同，存在两个明显不同的城镇化过程。从英美等西方发达国家的城镇化过程看，城镇化始终与逐步的工业化和经济变化交织在一起。二战以后，发展中国家出现了快速的城镇化，但是整个过程与西方国家经典的城镇化曲线不相符，主要表现为人口城镇化过快、工业化普遍滞后的“虚假城镇化”特征。在 20 世纪 60 年代，发展中国家工业占 GDP 的比重大约在 15.6%，到 20 世纪 80 年代也仅仅增长到 17.5%，最近才接近 36%。二战以后的新兴国家城镇化，由于全球资本主义生产体系和贸易制度的影响，成功的范例不多，失败的教训不少。拉丁美洲和南亚地区是战后人口城镇化程度很高的地区，约 3/4 的人口生活在城镇中。然而，在进入快速城镇化过程中，很快跌入经济发展受社会问题钳制的“中等收入国家陷阱”里，贫民窟城市成为“拉美城镇化模式”挥之不去的阴影。联系以上背景，近 20 年来北京出现的浙江村、新疆村等流动人口聚集区以及最近的唐家岭、小月河的低收入大学毕业生聚集区，同样为中国城镇化敲响了警钟。很显然，我们不需要“拉美模式”的城镇化。中国要想避免落入中等收入国家陷阱，实现 2020 年人均 GDP 翻两番的经济增长目标和全民共享的发展目标，必须保持既有的经济发展速度，又要持续推进既有的城镇化进程。

改革开放以来，我国城镇化水平从 1982 年的 20.35%上升到 2010 年的 49.68%，1982—2009 年的 27 年间年均增长约 1 个百分点，28 年间城镇人口净增 4 亿多，国家进入全面的社会转型和城镇化快速发展阶段。但快速城镇化已对城市就业、资源环境与社会稳定提出了巨大挑战，我国采取何种城镇化战略，走怎样的城镇化道路，值得深入思考。2009 年的中央经济工作会议明确提出“要积极稳妥推进城镇化，提升城镇发展质量和水平”。2010 年《中共中央关于国民经济和社会发展第十二个五年规划纲要的建议》明确指出：促进区域协调发展，积极稳妥推进城镇化。2011 年《中华人民共和国国民经济和社会发展第十二个五年规划纲要》仍将推进新一轮西部大开发、全面振兴东北地区等老工业基地、大力促进中部地区崛起、积极支持东部地区率先发展、积极稳妥推进城镇化，以作为未来几年国家区域发展总体战略和城市发展的总体框架。

中国持续推进城镇化进程，也就意味着在未来 5—15 年甚至更长时间，每年将有 1 000多万农村人口进入城镇，到 2020 年将有大约 9 亿中国人居住在城市。在这一过程中，如何有效控制中国城镇化的速度？如何通过发展经济、产业转型吸纳农村剩余劳动力？如何提高进城农民生活水平？如何迅速提高乡村地区的基础设施和社会服务水平，加快转变城市生活方式？这些都是我国城镇化过程中避免“拉美化”必须思考的重大问题。

走中国特色的城镇化道路，不应是城镇化速度的盲目提升，而应注重赋予全社会的城市生活方式转变内涵。首先，加快转变就业结构，稳步推进城乡社会转型。城镇化是工业与服务业发展的基础，也是我国城乡二元社会结构转型的关键所在，推进城镇化，也就是要从根本上解决农村剩余劳动力进入城镇非农领域就业、在城镇地区居住的问题。其次，集约利用国土空间，紧凑发展城市化地区。我国人口众多，耕地资源有限，城镇化必须集约利用国土空间，加快建设城市轨道交通、高速公路网和高速铁路系统，构建以大城市为中心的日常通勤圈，在空间上形成以一两个特大城市为核心，中小城市群集，保留一定绿色开敞空间，通过高效便捷的交通走廊连接而成的巨型城市地区。第三，大力培育中西部城市群，均衡城镇化空间。在中西部地区要适度分布人口、城市和经济，尤其是中部地区应逐步成为我国经济发展和城镇化的重要发展地区。通过在中部区域培育大城市群和新城镇化地区，使我国的经济增长空间逐步由东向西、由南向北拓展，使城市群在国土空间上的分布更加均衡。第四，因地制宜，走多样化的城镇化道路。我国幅员辽阔，发展水平差异大，文化历史背景不同，因地制宜推进城镇化进程，需要强调多样的城镇化的途径，不能采取“一刀切”的城镇化模式和政策措施。

在我国的行政建制体系中，“省”（包括直辖市、少数民族自治区，下同）是区域面积最大、综合职权最大、级别最高的地方一级行政单位，在国家政治和行政管理方面具有极其重要的作用。我国的省区一般地理环境相似、文化相近、经济社会联系频繁，是自然地理、经济地理与人文地理综合统一的完整地域。相比于西欧国家，中国的省在一定意义上就是“准国家”单元。在改革开放以后的分权改革过程中，省级行政单位是承接国家权力下放最多、权力最全面的地方行政单位，在地方经济社会发展事务中具有最高的权力与责任，具有制定地方性法规、制定地方性经济社会政策、进行省域性宏观调控的权力和职责。在区域规划组织编制与实施方面，省区是唯一具备较强可操作性和约束性的空间单元，依托省域编制区域规划可以对分权后的地方形成有效的指引和调控，是能体现和落实国家区域宏观政策的一级行政单元。因此，进行省域的城镇化战略规划研究具有十分重要的意义。

在国家新的城镇化战略格局中，湖北省作为中部地区的重要成员扮演着十分关键的角色。湖北省政府委托的“湖北省城镇化与城镇发展战略规划研究”也是目前国内第一家以省为单元进行的城镇化与城镇发展战略研究课题，无论在理论探索还是在实践创新方面都具有先导意义。本书以清华大学（湖北省城乡规划研究院）、同济大学（华中科技大学）、南京大学在承担本课题中各自独立研究成果为基础，全面探索了省域城镇化战略规划研究和编制框架。由于时间和水平的限制，书中的不足和疏漏之处，恳请读者批评指正。

《省域城镇化战略规划研究》编写组

2011 年 7 月

目录

第一编　理论研究

1 城镇化基本理论综述
2 省域城镇化战略规划研究框架

1 城镇化基本理论综述

城镇化是社会发展的重要标志，也是现代化的重要组成部分，城镇化也形成了许多理论、经验和教训。

1.1 城镇化概念和定义

1.1.1 城镇化的定义

城镇化是一个涉及全球性的经济社会演变过程，存在许多方面的涵义和定义。埃尔德里奇（Eldridge H. T.）认为：人口不断向城市集中，城市就不断发展；人口停止向城市集中，城镇化亦随即停止（于洪俊和宁越敏，1983）。《日本百科全书》定义城镇化是一个社会城市人口与农村人口相比数量绝对增大的过程。《大英百科全书》定义的城镇化（urbanization），是指人口向城镇或城市地带集中的过程。这个集中化的过程表现为两种形式：一是城镇数目的增多；二是各个城市内人口规模不断扩充。《苏联百科全书》认为：城镇化是指城市在社会发展中作用日益增大的历史过程。城镇化影响人口的社会结构、就业结构、统计结构、人们的文化和生活方式、生产力的分配及居住模式。《中华人民共和国国家标准城市规划术语》定义的城镇化是人类生产与生活方式由农村型向城市型转化的历史过程，主要表现为农村人口转化为城市人口及城市不断发展完善的过程。城镇化从本质上讲，是资源在产业和地域上的重新配置，农村剩余劳动力从农业转移到非农产业以及从农村转移到城市的过程。

1.1.2 城镇化的本质内涵

城镇化作为一种生活方式。人类社会的劳动分工和集聚效益，使得城镇化成为人类社会发展过程逐渐形成的一种生活方式。城镇化包括城市文明、城市意识在内的城市生活方式的扩散和传播过程，通过这种生活方式达到走向现代化的目的。日本森川洋认为：城镇化主要是指农村居民向城市生活方式的转化过程，反映在城市人口增加、城市建成区扩展、景观和社会以及生活方式的城市环境形成。英国帕乔内（Pacione）将城镇化定义为包含三个方面：首先是城镇化（urbanization），即城市人口占总人口比重的增加；其次为城市增长（urban growth），指城市和镇的人口增加；第三是城市生活方式（urbanism），即城市生活的社会和行为特征在整个社会的扩展。

城镇化是一个社会过程。人类进入工业社会时代，社会经济发展开始了农业活动比重逐渐下降、非农业活动比重逐步上升的过程。与这种经济结构的变动相适应，出现了乡村人口比重逐渐降低、城镇人口比重稳步上升、居民点物质面貌和人们生活方式逐渐向城镇性质转化和强化的过程。布赖恩·贝利（Brian Berry）在他的代表作《比较城镇化：20世纪多元化道路》（*Comparative urbanization: divergent paths in the twentieth century*）里，通过对世界不同国家和地区城镇化过程的比较研究，认识到在 20 世纪快速城镇化过程中，尽管城镇化存在很多共性，但是城镇化的道路却各不相同，其差异化主要源于文化背景及发展阶段的差异性，并产生了多样化的人类后果（Berry，1973）。城镇化内涵不仅包括城市人口和城市数量的增加，也包括既有城市经济社会的进一步社会化、现代化和集约化。

城镇化是一把双刃剑：一方面，城镇化是促进国家现代化，提高生产效率和生活质量的重要利剑。我国正处在城镇化加快发展时期，通过城镇化可以拉动内需，促进发展。如果城镇化率从现在的 49％上升到 65％，可新增两亿多城镇人口，其居住、生活、就学、就业都会创造巨大的经济需求，为扩大消费和投资提供强大、持久的动力。城镇化还有利于实现产业结构转型，推动教育、医疗、社保等公共服务业，以及商贸、餐饮、旅游等消费型服务业和金融、保险、物流等生产型服务业的发展。另一方面，城镇化也需要消耗巨大的物质资源和能源，集聚的城镇人口产生“人口—资源—生态—环境”的不协调发展问题，尤其是脱离经济发展的过快城镇化必然会导致超前城镇化、假性城镇化和半城镇化，形成人类社会巨大的社会问题。因此，城镇化可以带来人类社会发展，也可能给人类社会发展制造灾难。

1.1.3 中国城镇化的含义

从整体上看，中国城镇化，既被认为是国家或地区促进经济增长和社会发展的必要进程和有效手段，也被视为国家和地区谋求发展的必要条件。因此，中国城镇化是国家经济增长和社会发展的具体表现，也将是不可逾越的社会发展过程。

中国城镇化具有非常重要的经济社会作用，主要表现在：（1）城镇化是扩大内需的重要依托。工业化创造供给，城市化创造需求。城镇化过程会对居住、生活、就学、就业创造巨大的经济需求，为扩大消费和投资提供强大持久的动力。（2）城镇化有利于实现产业结构转型。中国快速的经济增长导致资源、环境和生态出现瓶颈，通过推进城镇化，促进公共服务业、消费型服务业和生产型服务业的发展。（3）城镇化是提高自主创新能力、建设创新型国家的强大动力。城市是知识、信息、人才的集聚地，是培育科技竞争力的创新源头，大学、科研机构、高端产业大都集中在城市，提高自主创新能力，必须充分发挥城市的载体功能和辐射作用。（4）城市化是解决“三农”问题的根本出路。“三农”问题始终是我国现代化建设中的难题。建设社会主义新农村，需要靠城镇化来带动，剩余农业劳动力的有序转移需要靠城市化来吸收。以工促农、以城带乡是中国特色农村现代化的必经之路。（5）城市化也是促进区域协调发展的有力杠杆。区域发展不平衡是我国的基本国情。有重点地培育中西部城市群和地区中心城市，有利于促进国家生产力均衡发展和生产效率提高。

中国城镇化，实际上是广义城镇化的概念。一方面，中国城镇化是指全国范围内城镇数量的增加和不同等级城镇规模的扩大；另一方面，中国城镇化也包括了城镇经济、城镇文化和城市生活方式向广大农村地区的扩散，这是一个与国家政治制度变革、经济结构转型相一致的社会转型过程。从这个意义上说，中国城镇化是 21 世纪世界经济增长与社会发展的驱动因素之一。

然而，中国有人多地少、人均资源偏低、历史发展和文化传承悠久的自身特征。更重要的是，改革开放30多年来，我国在经济发展和社会转型等方面取得了重要的进展，全球化、市场化和本土化对中国城镇化施加了非常重要的影响，快速的城镇化使得人口、资源、环境、生态面临越来越巨大的压力。因此，中国城镇化需要走中国特色的城镇化道路，不可以简单地套用西方的城镇化理论，也不可以简单地重复西方的城镇化道路。

1.2 城镇化过程及其趋势

1.2.1 两种城镇化过程

从世界人类社会发展过程看，由于经济发展水平、社会制度差异和文化历史的不同，存在两个明显不同的城市化过程。

1）发达国家的城镇化过程

西方经典的城镇化研究认为，城镇化主要受三方面的影响：(1) 城市分布和发展受人口基础所决定。(2) 社会剩余产品的等级再分配决定城市体系的等级体系。(3) 贸易、重商主义(mercantilism)和资本主义决定城市的发展(Potter and Lioyd-Evans，1998)。18—19世纪的工业革命，西方发达国家将工业化、经济增长和快速城镇化过程逐渐交织起来(Johnston，1980)，后来殖民主义的空间扩张又将城镇化过程推向不发达地区。进入1950年代，西方发达国家的人口、资本和技术以最快的速度向大城市及其周围地区集聚，大城市出现人口、工业、服务业郊区化倾向，城市边缘新城大量涌现。值得注意的是，西方发达国家的城镇化过程始终与城乡人口转型和经济结构变化相适应，是一个渐变、平滑的"Davis城镇化曲线"(Davis，1965)(图1-1)。

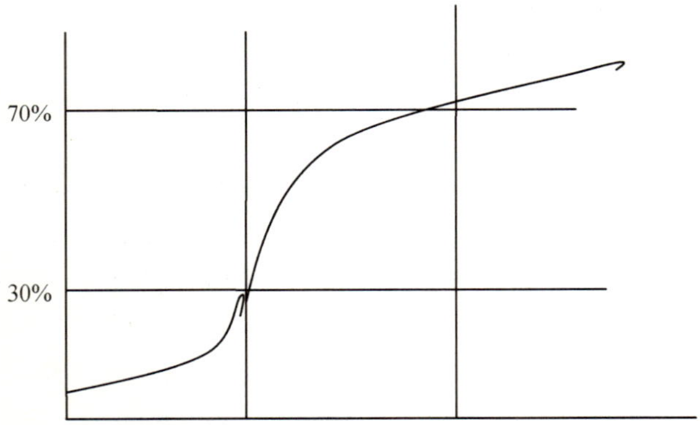

图1-1 Kingsley Davis的经典城镇化曲线

英国工业革命和法国大革命是近代以来城市化的主要推动源泉。非常重要的是，这种相对渐增的城镇化过程，花费了150年，且与发达国家缓慢的社会变化交织在一起。早在1843年，英国罗伯特·沃恩(Robert Vaughan)就声称："我们已处于大城市时代。"在公元1801—1911年的110年间，英国94%的人口增长在城市化地区，其中1/3来自农村地区的移民。20世纪以后，世界经济增长中心从西欧转移到北美，美国步入经济社会的快速发展期，到1923年人均GDP跃过6 000美元。也就在20世纪20年代以后，美国单个城市的向心集聚达到顶点，生产要素集聚逐步转向城市之间，美国进入快速城市化时代。

发达国家城市化过程主要用"剩余产品"(social surplus product)理论来解释。从英美等西方发达国家的城市化过程看，城市化与逐步的工业化和经济变化始终交织在一起。在这一时期，由于城镇的劳动力需求表现为稳定的增长，也就存在从农村到城市的稳定移民流。与此同时，农业技术进步和制造业发展也充分吸收了从农业部门解放出来的剩余劳动力，并允许农村劳动力逐步转化为城市劳动力和居民。

2）发展中国家的城市化过程

发展中国家经济普遍落后，城市化过程滞后于发达国家。然而，自二战以后出现了快速的城市化，但是整个过程与上述经典的城镇化曲线不相符，主要表现为人口城市化过快、工业化普遍滞后的“城市通货膨胀”或“虚假城市化”基本特征。

西方学者把二战后发展中国家城市化过程概括为“推拉理论”：首先，由于非正规部门经济的存在，尽管它的规模小而且分散，但对城市经济具有推动作用。其次，由于城市提供良好的市场、基础设施、医疗服务设施，吸引并拉动了大量的农村人口快速进入大城市地区。尽管这一时期工业化对发展中国家有很强劲的影响，但是制造业在这些国家所占的比重并不高。在20世纪60年代，发展中国家工业占GDP的比重大约在15.6%；到1980年代也仅仅增长到17.5%，最近才接近36%。

发展中国家城镇化理论长期受欧洲中心论控制，是建立在依附理论（Frank，1967）框架之下的依附型城镇化（dependent urbanization）理论（Castells，1977；Gilbert and Gugler，1982）。

1.2.2 中等收入国家陷阱与贫民窟城镇化

二战以后的新兴国家城市化，由于全球资本主义生产体系和贸易制度的影响，成功的国家城市化范例不多，留下的则是众多失败的国家城市化案例教训。学术界将这一经济现象概括为“中等收入国家陷阱”，社会现象归结为“拉美模式城市化”。

1）“中等收入国家陷阱”

库兹涅茨-威廉姆森假设（Kuznets-Williamson hypothesis）：按照自然演化规律，在城市化的早期发展阶段，首先出现收入不均问题。由于中心城市和经济发达地区的投资环境优越，进一步导致这样的趋势加剧，最终导致空间不平衡。这就是所谓“中等收入国家陷阱”。汤敏概括中等收入国家陷阱现象为：收入分配差距过大、城市化以大规模的贫民窟为代价、金融体系脆弱、产业升级缓慢、社会服务滞后。

2）拉美模式的城市化

拉丁美洲和南亚地区是二战后人口城市化程度很高的地区，约3/4（75%）的人口生活在城镇中。然而，在进入快速城市化过程中，很快跌入经济发展受社会问题钳制的“中等收入国家陷阱”，贫民窟城市成为“拉美城市化模式”挥之不去的阴影。

在拉丁美洲，世界第二大城市墨西哥城和世界第四大城市圣保罗市，及阿根廷的布宜诺斯艾利斯，大量的贫民窟成为快速人口城市化的社会后遗症。今天的巴西，已经有80%的人口居住在城市。里约热内卢是一座风景如画的海滨城市，也是即将举办奥运会的城市，占地500 km^2 的建成区，低收入住区和贫民窟蔓延了城市的80%以上。拉美模式城市化现象的原因主要在于：快速的城市化过程很快剥夺了农民的土地，把农民赶到了城市；经济的激烈竞争促使拉丁美洲制造业远离大城市，到更远的地区追求廉价的土地和劳动力；农民失去了土地，到城市后又找不到工作，大量贫民窟必然成为他们蜗居城市的住所所在。

在南亚，2009年奥斯卡最佳影片《贫民窟里的百万富翁》在全球热映，影片中描绘的印度孟买贫民窟也成为名噪一时的“热门景点”。今天印度的主要城市都有贫民窟，孟买的贫民窟最多，全市1 200万人口中，60%居住在贫民窟里。位于市区中部的达拉维是亚洲最大的贫民窟，人均面积只有1.8 m^2。实际上，居住在印度贫民窟的人并不都是不名分文的穷人，比如，孟买贫民窟的人口中只有4%属于印度的法定贫困人口，而住在达拉维的一些人实际上每天在半岛南部的写字楼里上班。巴基斯坦也有类似印度的城市化过程。最大城市卡拉奇现已取代孟买成为亚洲最大的贫民窟所在地，贫民窟总面积达50 km^2。联合国报告显示，当地贫民窟人口拥挤，环境脏乱，又存在许多非法工厂，在卫生和居住安全方面存在许多安全隐患，包括传染病蔓延及火灾等。此外，由于居民成分复杂，贫民窟的犯罪率一直居高不下。

在南非，为了保护白人的利益，曾经施行种族隔离政策，对不同人种进行社会、居住、产业和政治隔离。在全国层面，导致各个自治省政治分散化。在城市，不同的种族集团被隔离。今天，南非的种族隔离政策已经被推翻，但正常的移民机制还未建立起来，主要黑人群体在参与南非社会和城市化过程中仍面临多重的困境。

1.2.3 全球化与城镇化过程

从20世纪50年代起，西方发达资本主义国家城市发展模式与发展速度迅速变化。一方面，城市工业和科学技术高速发展，使人口、资本、技术以最快的速度向大城市和大城市周围地区集聚(Dicken，1992;1994)；另一方面，城郊之间的交通高度发达，城市由长期的向心集聚向相对分散的郊区化发展，城市高收入阶层从中心区外迁，随之工业、服务业也出现郊区化倾向，造成郊区急剧扩张、大城市边缘新城镇大量涌现(Meyer，1991)。这种城市集聚和扩散的双向运动推动大城市地域迅速扩张，与周围新市镇连成一体，形成以大城市为核心、与周边地区保持密切社会经济联系的城镇化地区，使中心城市与周边地区共同构成内部相互关联的、有一定空间层次、地域分工和景观特征的巨型城市地域综合体，即大都市区(metropolitan area)。1980年代以来，社会经济领域的变革，尤其信息化和全球化倾向再一次推动和调整世界城镇化的进程(Castells，1989；1994)。世界某些城市的迅速发展与两个主要全球过程交叉相关(Chase-Dunn，1984；1989)。第一过程是经济活动全球化的迅速增长(Daniels，1991)；第二过程是产业结构中服务业的快速增长(Batten，1995)。最近30年来，世界城市体系发展的趋势是特大城市明显增长，而不是一般城市的均衡发展。在发展中国家，首位城市和超大城市明显促进了城市人口的增长。墨西哥城、布宜诺斯艾利斯和圣保罗等城市已经出现类似西方发达国家的城市特征，即非常动态的金融市场和专门的服务部门过分繁荣，而其他经济系统则相对衰退，其空间过程表现为大范围(国家)的集聚和小范围(大都市区)的扩散。在发达国家，20世纪六七十年代的大城市都曾经历了人口和经济活动的停滞，而较小的城市则经历了人口和经济的增长(Thrift，1994)。然而，在20世纪80年代，尤其在近20年，欧洲的主要大城市人口开始增加，而小城市的人口和经济增长率都开始下降。巴黎、伦敦、法兰克福、阿姆斯特丹和苏黎世在一个广泛的全球城市体系中扮演重要角色，而曾一度兴旺的马赛、里尔、格拉斯哥则陷入一蹶不振的境地(Sassen，1991；1994)。世界城镇化的发展趋势表明大城市，尤其是世界城市(全球城市)发展迅速，这反映了世界经济社会发展对发展大城市的客观要求(联合国人居中心，1998)。近年来，国际人文地理学具有向社会和文化领域转型的动向，城市社会和文化空间的研究（Sklair，1991；Robertson，1992），城市社会结构、城市竞争力和城市管治研究成为主要的研究领域（Chris，2000；Gordon，2000；Iain，2000；Martin，2000；Paul，2000；Willian，2000；Bourne，1999；Barlow，1991；Rothblatt，1993）。

1.2.4 世界城镇化新趋势

概观当代世界城镇化的趋势，具有如下三个特点：

1）发展中国家城镇化进程进一步加快

在1950—2000年间，世界人口增长迅速，由25.2亿增长到60.6亿，年均增长1.75%。其中发达国家人口年均增长0.76%，发展中国家年均增长2.1%。因此，发展中国家的人口占世界总人口的比重从67.86%增加到2000年的80.36%，而发达国家人口占世界人口的比重则由32.14%减少到19.34%。与此同时，世界城镇化进程加速，城市人口由1950年的7.5亿增加到1975年的15.4亿，到2000年增加到28.6亿。世界城市人口年均增长2.68%，远大于世界人口1.75%的增速。1950年城市人口占总人口的29.76%，1975年为37.83%，2000年上升到47.19%。而发达国家的城镇化水平为75.63%，发展中国家的城镇化水平为40.25%（图1－2）。

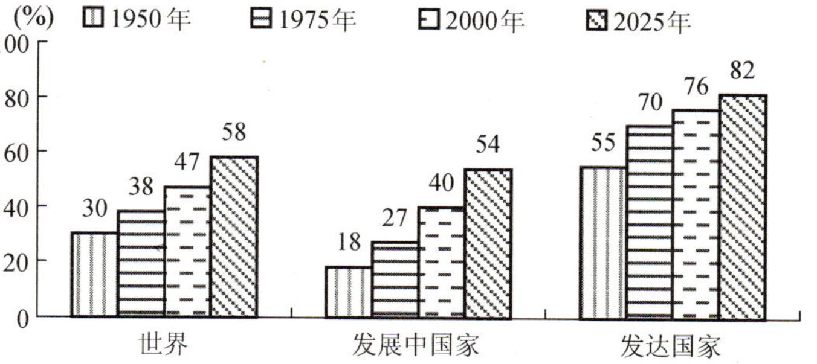

图1－2 世界城市人口比重

尽管部分发达国家的人口出现衰退，城市人口仍然稳定增长。1999年联合国发表的一份有关城镇化的报告认为：今后10—15年，全球将经历一个人口结构的重大转折点——人类历史上将首次出现城市人口多于农村人口。也就是说，全球的城市人口将超过32亿。少量的城市人口增长发生在发达国家，因为1950—1975年，发达国家城市人口年均增长1.99%，1975—2000年年均增长率降低为0.83%，而据预测，2000—2025年将进一步降低到0.41%。随着发达国家城镇化的发展，其农村人口将从1950年的3.7亿降低到2025年的2.15亿。

与之对应，城镇化过程在许多发展中国家更快。根据预测，到2030年，世界人口的60%将居住在城市，而多数发生在发展中国家。1950年发展中国家城市人口占总人口的18%，而2000年则上升到40.25%，其城镇化速度可与发达国家在20世纪前半期的城镇化速度相媲美。发展中国家城镇化的主要动力是农村人口向城市迁移和城市人口的自然增长，虽然发展中国家城市人口增长率会降低，但比发达国家高。根据预测，到2020年发展中国家的城市人口将会超过农村，2025年城市人口将占总人口的54%。到2020

年，农村人口将稳定在31亿，甚至开始缓慢衰退；而城市人口将会继续增加，城镇化水平进一步提高。例如，尼日利亚首都拉各斯的人口在1950年仅有29万，而到2010年将超过2 000万，比纽约多1.5倍。

2）发达国家逆城镇化更加明显

在多数发达国家，人口迁移不仅发生在农村与城市之间，而且发生在城市内部。自从20世纪70年代，美国和西欧出现了逆城镇化现象。逆城镇化反映了人口城市中心区和外围郊区人口流失的过程，城市中心区通常经历了更快的衰退。一些国家最近显示出逆城镇化后的再中心化倾向，城市中心区及较近的郊区人口增加，其中中心区增加较快。

郊区化是逆城镇化的重要原因，它引起人口和就业从城市中心向大都市郊区迁移，是美国20世纪60年代人口变化的显著特征。1950年，几乎70%的大都市区人口生活在城市中心区的周围，到1990年，比重下降到不到40%。大量富裕的城市居民迁移到郊区归因于社会、政治和经济因素。这些因素包括市区种族关系紧张、郊区有较好的教育和娱乐设施、政府对中心区基础设施和工业的投资较少、高速公路的建设使人们转变为在中心区工作而在郊区居住。郊区化使美国大都市区人口分散化。例如，1970—1990年大都市区占用的土地面积是单纯城市扩展用地的4倍。但是，80年代以来，郊区化速度减缓，甚至在某些地区出现了相反的趋势。80和90年代经济的繁荣提高了城市中心区的收入。1980—1996年，全国539个城市中心区的2/3出现了人口增长，这与过去城市中心区的衰退形成了对比。郊区继续较快增长，但其在城市人口增长的比重由70年代的95%降低到1980—1996年的77%。1990—1996年，美国最大的30个大城市中的14个人口继续减少，但速度比过去减缓。例如，底特律城市中心区在1970—1990年间人口减少了30%，但在之后的6年中人口减少了3%，与此同时，1992—1998年，失业率从17%降低到7%。80年代虽然一些小的中心城市人口减少了27%，但一些较大的城市人口却有所增长。

郊区化伴随着城市的向外扩张，促进了郊区商业和居住区的繁荣，提高了私人汽车的利用率，新郊区的向外扩张越过了农村和不发达地区。城市中心区的交通堵塞、学校拥挤、娱乐和公共空间缺乏等问题开始在郊区出现，促使居住者迁移到更远的地区或周边农村。有的城市还出现了更严重的犯罪、工作机会减少及缺乏投资问题。例如美国，1950年城市人口占总人口的比重为56.07%，2000年增加到80.31%，大多数增长的人口都住在郊区而不是城市中心。1960年，居住在郊区的人口占总人口的31%，几乎与居住在城市中心区的人口（32%）相等。到2000年，美国有一半的人口居住在郊区（图1-3）。

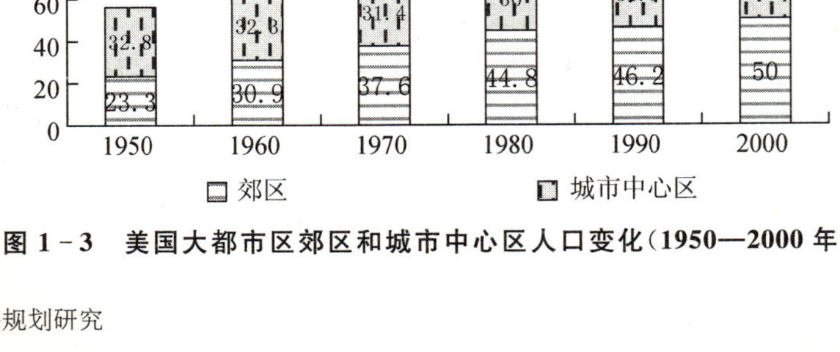

图1-3　美国大都市区郊区和城市中心区人口变化（1950—2000年）

20 世纪 70 年代以来，西欧的许多国家也出现了人口从城市中心区向外疏散的过程。在 1971—1981 年，比利时、荷兰和卢森堡有 60%的城市中心区人口迁移到郊区，德国有 78%的城市中心区人口迁移到郊区，意大利有 56%的城市中心区人口迁移到郊区。1981—1991 年期间，城市郊区化的速度减缓，迁移到郊区的人口比重分别下降到 40%、35%和 17%。1981—1991 年，89%的英国城市中心区人口迁移出去，甚至在 1960 年代中心区人口就开始衰退，例如伦敦、利物浦及曼彻斯特。70 年代伦敦中心区人口减少了 85 万。与美国不同的是西欧严格的土地利用政策增加了城市用地成本，从而产生了集中的郊区化，郊区的建筑密度相对较高。

3）世界人口城镇化向巨型城市区集中

全球化的发展促进了信息和资本的流动，城市规模不断扩大，甚至出现了超大规模的城市。1975 年发展中国家百万以上人口的城市有 110 个，到 1995 年增长到 250 个，2000 年增长到 292 个；而发达国家 1975 年百万以上人口的城市有 85 个，1995 年增加到 114 个；据预测，到 2015 年，发展中国家将有 426 个、发达国家有 138 个城市人口超过百万。在发达国家，生活在特大城市的人口比例将从 1975 年的 23%增长到 2015 年的 30%。所以，未来的世界不仅是城镇化的世界，更是一个大城市的世界。在亚洲和拉丁美洲，东亚和东南亚正在出现繁荣的、相互连接的城市带，如由高速公路或高速铁路连接的菲律宾的马尼拉—宿务城市带、韩国的汉城—釜山城市带、印度尼西亚的雅加达—苏腊巴亚、泰国的曼谷—清迈和中国的长江三角洲、珠江三角洲和环渤海城市带等。

1.3 城镇化地区与城市—区域空间形态

1.3.1 城镇化地区定义和内涵

城市的空间发展是城镇化物质空间的具体体现。由于不同时期城镇化的动力机制不同，城市空间发展也具有不同的动力因素和结构形态。城镇化地区（urbanized area）主要用于反映城市人口集中的城市联片地区。美国国情普查局为了划分城乡界线和统计城乡人口，从 1950 年的国情普查开始使用城市化地区的概念。按照 1990 年普查的最新规定，美国城市化地区由中心地方和外围密集居住区两部分组成，二者合起来至少有 5 万人。

2010 年国务院关于印发《全国主体功能区规划的通知》中提出国家主体功能区规划构建“两横三纵”为主体的城市化战略格局，就是未来中国主要的城市化空间，它们是环渤海、长江三角洲、珠江三角洲地区的优化开发区的 3 个特大城市群，哈长、江淮、海峡西岸、中原、长江中游、北部湾、成渝、关中—天水等若干新的大城市群和区域性的城市群（图 1 - 4）。

在国家层面的优化开发区，是中国最重要的城镇化地区，它们是：(1) 环渤海地区。位于全国“两横三纵”城市化战略格局中沿海通道纵轴和京哈、京广通道纵轴的交会处，包括京津冀、辽中南和山东半岛地区。(2) 长江三角洲地区。位于全国“两横三纵”城市化战略格局中沿海通道纵轴和沿长江通道横轴的交会处，包括上海市和江苏省、浙江省的部分地区。(3) 珠江三角洲地区。位于全国“两横三纵”城市化战略格局中沿海通道纵轴和京哈、京广通道纵轴的南端，包括广东省中部和南部的部分地区（图 1 - 5）。

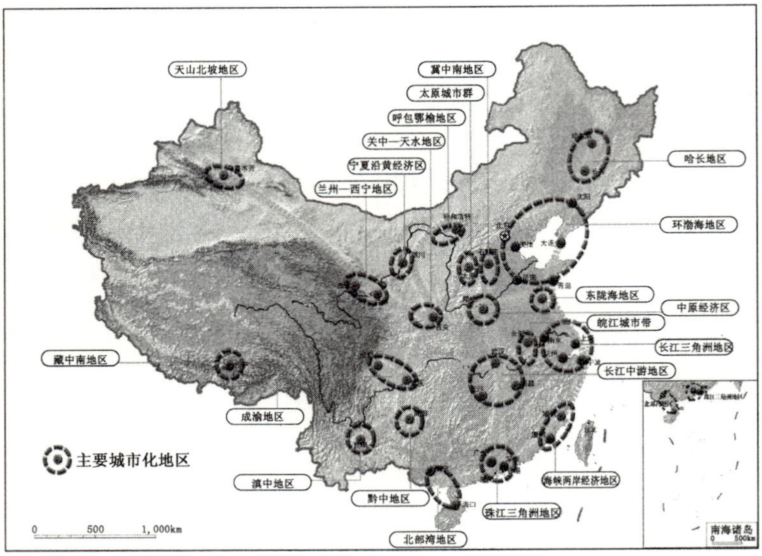

图 1－4　两横三纵的城市化战略格局①

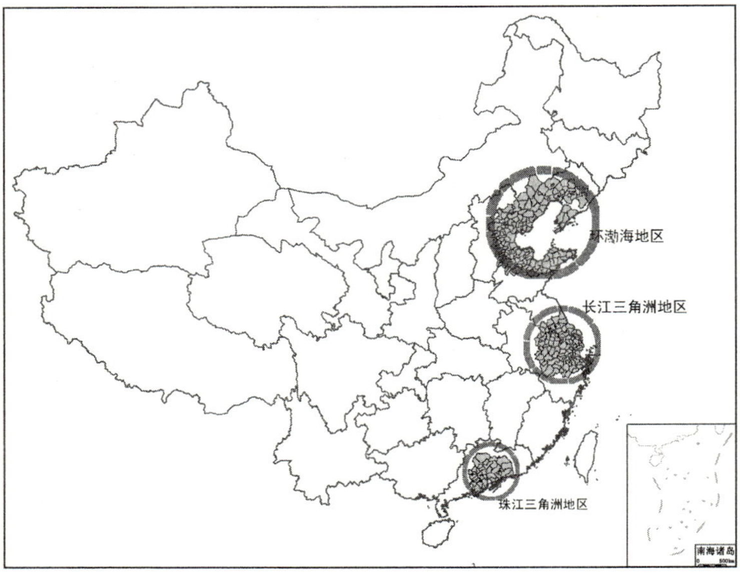

图 1－5　优化开发的重要城镇化地区

在地方层面，列入全国重点开发区的十八地区将在全国“两横三纵”城市化战略格局中扮演重要的角色，它们是：(1) 冀中南地区。位于京哈、京广通道纵轴的中部，包括河北省中南部以石家庄为中心的部分地区。(2) 太原城市群。位于京哈、京广通道纵轴的中部，包括山西省中部以太原为中心的部分地区。(3) 呼包鄂榆地区。位于包昆通道纵轴的北端，包括内蒙古自治区呼和浩特、包头、鄂尔多斯和陕西省榆林的部分地区。(4) 哈长地区。位于京哈、京广通道纵轴的北端，包括黑龙江省的哈大齐(哈尔滨、大庆、齐齐哈

① 可参见国务院关于印发全国主体功能区规划的通知(国发〔2010〕46 号)全国主体功能区规划——构建高效、协调、可持续的国土空间开发格局，2010－12.

尔)工业走廊和牡绥(牡丹江、绥芬河)地区以及吉林省的长吉图经济区。(5) 东陇海地区。位于陆桥通道横轴的东端,是陆桥通道与沿海通道的交会处,包括江苏省东北部和山东省东南部的部分地区。(6) 江淮地区。位于沿长江通道横轴,包括安徽省合肥及沿江的部分地区。(7) 海峡西岸经济区。位于沿海通道纵轴南段,包括福建省、浙江省南部和广东省东部的沿海部分地区。(8) 中原经济区。位于陆桥通道横轴和京哈、京广通道纵轴的交会处,包括河南省以郑州为中心的中原城市群部分地区。(9) 长江中游地区。位于沿长江通道横轴和京哈、京广通道纵轴的交会处,包括湖北武汉城市圈、湖南环长株潭城市群、江西鄱阳湖生态经济区。(10) 北部湾地区。位于沿海通道纵轴的南端,包括广西壮族自治区北部湾经济区以及广东省西南部和海南省西北部等环北部湾的部分地区。(11) 成渝地区。位于沿长江通道横轴和包昆通道纵轴的交会处,包括重庆经济区和成都经济区。(12) 黔中地区。位于包昆通道纵轴的南部,包括贵州省中部以贵阳为中心的部分地区。(13) 滇中地区。位于包昆通道纵轴的南端,包括云南省中部以昆明为中心的部分地区。(14) 藏中南地区。包括西藏自治区中南部以拉萨为中心的部分地区。(15) 关中—天水地区。位于陆桥通道横轴和包昆通道纵轴的交会处,包括陕西省中部以西安为中心的部分地区和甘肃省天水的部分地区。(16) 兰州—西宁地区。位于陆桥通道横轴上,包括甘肃省以兰州为中心的部分地区和青海省以西宁为中心的部分地区。(17) 宁夏沿黄经济区。位于包昆通道纵轴的北部,包括宁夏回族自治区以银川为中心的黄河沿岸部分地区。(18) 天山北坡地区。位于陆桥通道横轴的西端,包括新疆天山以北、准噶尔盆地南缘的带状区域以及伊犁河谷的部分地区(含新疆生产建设兵团部分师市和团场)(图 1-6)。

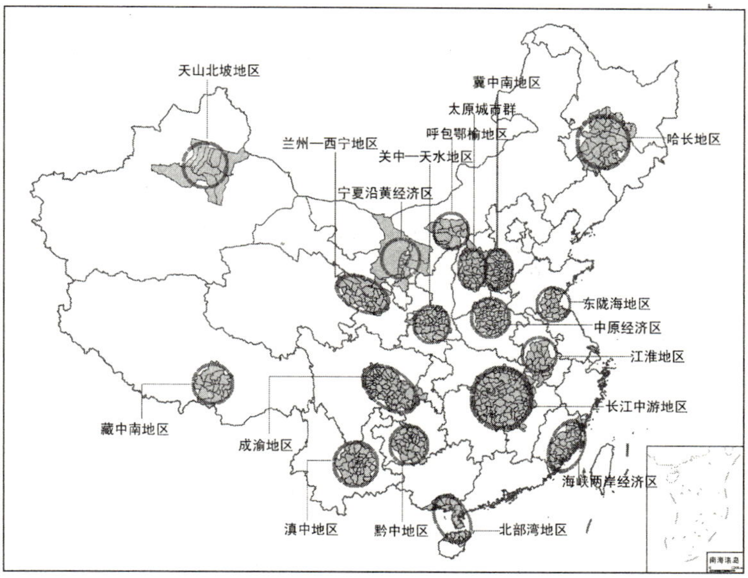

图 1-6 重点开发的主要城镇化地区

1.3.2 工业化时期的城市空间模式

当代城镇化与工业化相伴生。从各国发展历史来看,工业化和城镇化紧密相连,工业化成为城镇化初期的最主要动力，为城镇化的实现提供了有利条件。工业化进程中的生产方式和生活方式影响着城镇化进程中的城市形态和社会组织。以郊区化为主要特征，交通导向的城市形态、福特主义城市、大都市带逐渐形成，城市蔓延和更为广泛的地域空间联系最终将形成未来的无边界城市。

——汽车城市的形态。城市交通在城市形态拓展方面起着至关重要的作用，特别是标准化大生产带来的机动车广泛普及和大量道路设施的修建，使汽车城市的形态逐渐形成。随着小汽车导向的郊区化进程，城市从过去限制在步行距离和马车出行距离的团块状布局，逐渐变为沿主要交通线带状蔓延式发展。当城市的主要发展轴由 3 条以上相互交叉的轴线构成时，就会形成有 3 个或 3 个以上的超长伸展轴的星状地域形态，沿主要道路和公共交通向外延伸。随着交通设施和公共服务设施的全面完善，城市形态逐渐趋向一种更为匀称的形态（图 1－7）。

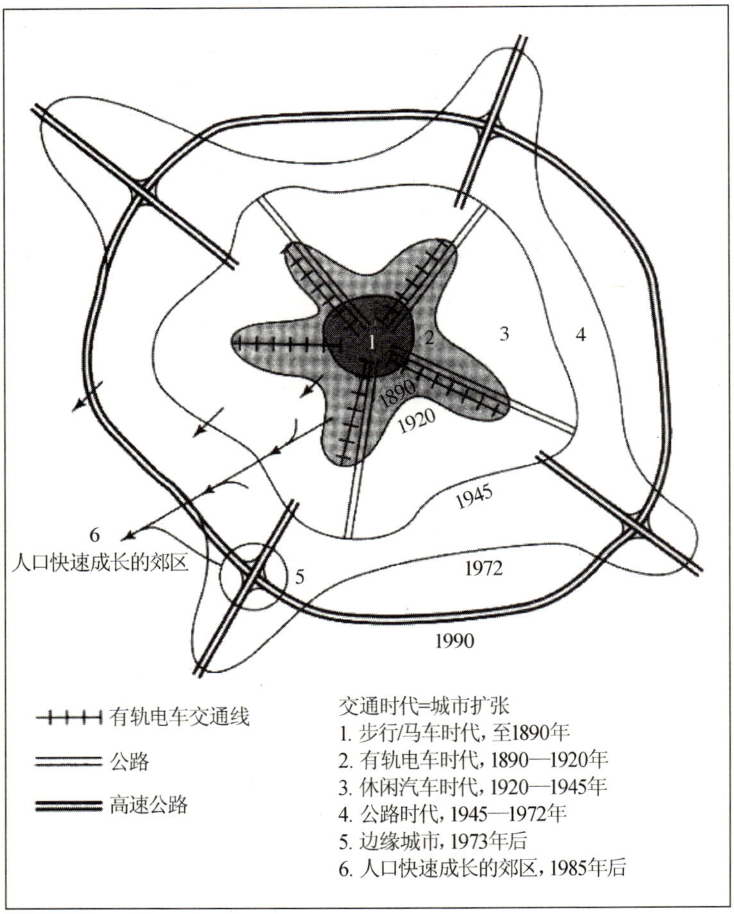

图 1－7　汽车城市的空间形态

——福特主义城市。20 世纪中期以后，随着大规模生产方式在发达资本主义国家的扩散，发达资本主义呈现出福特主义的典型特征。福特主义生产方式以市场为导向，以分工和专业化为基础，以较低的产品价格作为主要的竞争手段，由此带来了大生产、大消费、郊区化三大社会发展特征。福特主义时代城市的最主要特征是住房建设的显著增长和郊区化蔓延。福特主义生产方式带来的私人小汽车的普及促成了这一进程,城市呈现低密度大规模蔓延,越来越多的人逐渐实现了“美国梦”:居住在郊区,拥有包含停车库、宽大窗户、低悬屋顶的独栋别墅。然而,缺乏地域文化特征的居住模式和大量的交通通勤也成为福特主义郊区不可避免的问题。与此同时,福特主义城市也开始带来了社会结构的分层,不同收入群体开始在空间上出现分异,分别居住在城市的不同区域(图 1-8)。

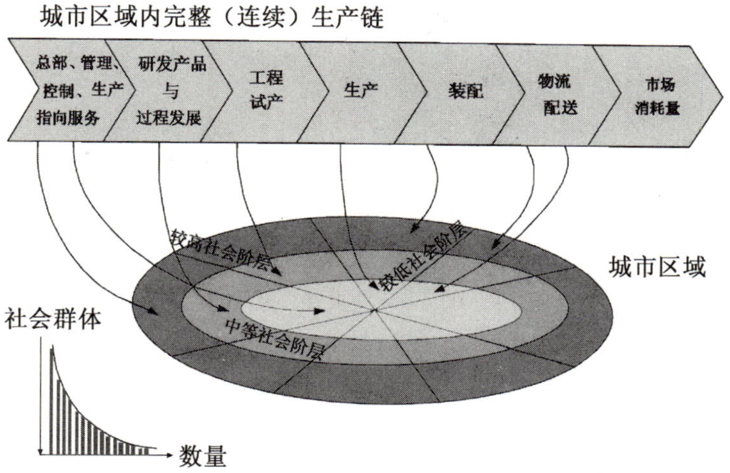

图 1-8　福特主义城市空间结构形态

——走廊城市。在双中心的城市体系中,由于快速交通走廊的建设,核心城市间的联系得到明显加强,在突破距离限制的同时,城市间的联系更倾向于水平互补性。于是,地域空间结构逐渐形成走廊城市(corridor city)。Fishman 研究 20 世纪 80 年代美国城市体系发现,蔓延 80—160 千米的“增长走廊”(growth corridor)没有明显的核心和可定义的边界,它们呈现出多中心性(multicentered)(图 1-9)。在欧洲一些大都市圈内部,那些邻近国家级高速公路或者高速铁路的城市开始发展,出现了形成走廊城市的趋势。

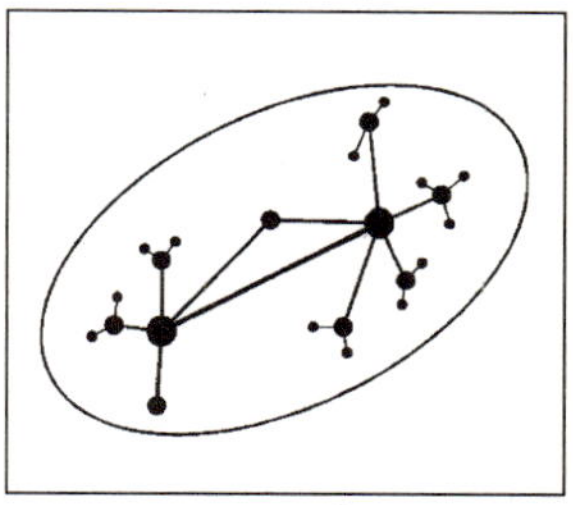

图 1-9　走廊城市空间形态

——大都市带。戈特曼(Jean Gottman)于 1960 年提出的大都市带概念,是由连成一体的许多都市区组成,在经济、社会、文化等方面存在着密切交互作用的巨大城市地域复合体是由大都市区发展所扩展成的区域。大都市带的地域组织一般有以下特征:(1) 多核心。区域内有若干高人口密度的大都市核心。(2) 交通走廊。大都市核心沿高效率的交通走廊发展,构成大都市带空间结构的骨架。(3) 密集的交互作用。不仅城市内部,都市区、中心城市、郊区之间也存在密切的社会经济联系。(4) 规模庞大。戈特曼以 2 500 万人作为大都市带规模标准。(5) 国家的核心区域。大都市带往往是国家经济最发达的地区,具有国际交往的枢纽作用。20 世纪 70 年代,戈特曼研究美国东北部大都市带以 2%的国土承载了全国 18%的人口,GDP 占全国总量的 25%(图 1-10)。

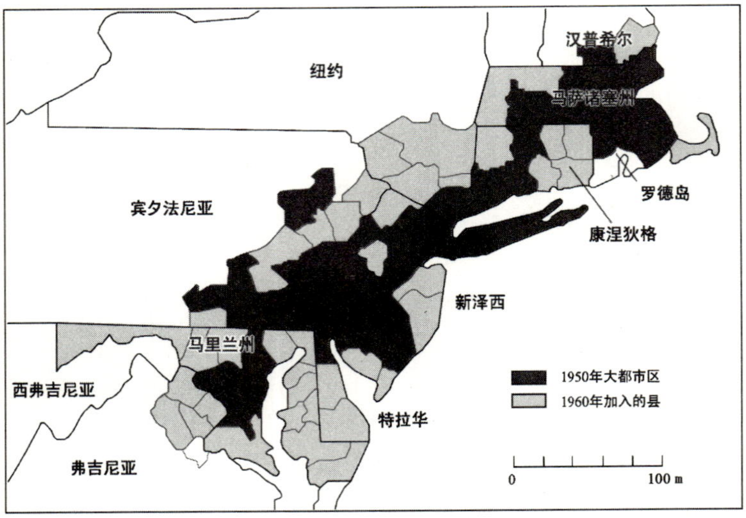

图 1－10　美国东海岸大都市带

1.3.3　后工业化时代的城市空间模式

自 20 世纪 70 年代以来，西方发达国家普遍出现“去工业化”现象，主要表现在两方面：(1) 产业重构与生产性服务快速发展。(2) 产业转移与城市制造业“空洞化”。发达国家伴随着去工业化过程，城镇化也出现了一种新现象，即所谓的逆城镇化①。这一现象的出现，表明工业化与城镇化互动关系在发达国家已经发生了微妙变化，以制造业为主的工业化对城镇化的影响与作用逐渐弱化。在 80 年代，弹性要素（通讯、计算机、自动化等）成为形成信息经济的基本条件。弹性生产使中心与端点间按等级体系重新组织空间形式成为可能，原有的“核心—边缘”结构被打破，并逐渐融合到一个不平衡的发达区域、城市和地方的全球网络之中。信息经济化推动和调整着世界城镇化的进程。

——后福特主义城市。后福特主义（post-fordism）是指以满足个性化需求为目的、以信息和通信技术为基础、生产过程和劳动关系都具有灵活性（弹性）的生产模式。个性化需求带来的大规模定制、水平型组织形式以及弹性生产等改变了传统的生产模式和消费模式。后福特主义城市反对福特主义时期功能至上的设计理念，但不放弃空间生产的功能和理性。以网络化和信息化为支撑，传统的全能型的产业转变为更加细化的不连续的产业分工，在空间上反映为更加分离的社会组织和松散的空间分布（图 1－11）。在经济全球化格局下，分工和专业化协作的程度越来越高，资源开始在全球范围内有效配置，很多城市的功能越发鲜明，形成不同功能层次的全球城市体系。

——边缘城市（edge cities）。指位于传统城市区域外围，在居住郊区和半农业化区域新形成的集商业、购物、娱乐功能为一体的新区。边缘城市的出现一方面是由于工业化时代的终结，城市的生产性功能不断弱化，消费性功能逐步强化，城市的吸引力也就不断地衰退；另一方面，由于大城市环状与放射状高速公路的发展，在高速公路的交叉互通

① 逆城镇化是指人口从大城市向外围地区迁移的分散化过程。

口，新一代新城逐渐发展起来。在美国边缘城市或称新兴商业区(new downtowns)表现为低密度低控制，位于绿色空间中，依靠私人小汽车发展而来(图1-12)。

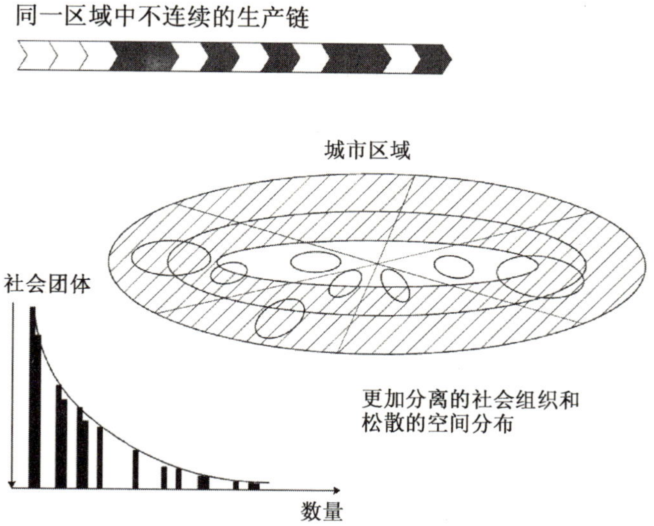

图1-11 后福特主义城市空间结构形态

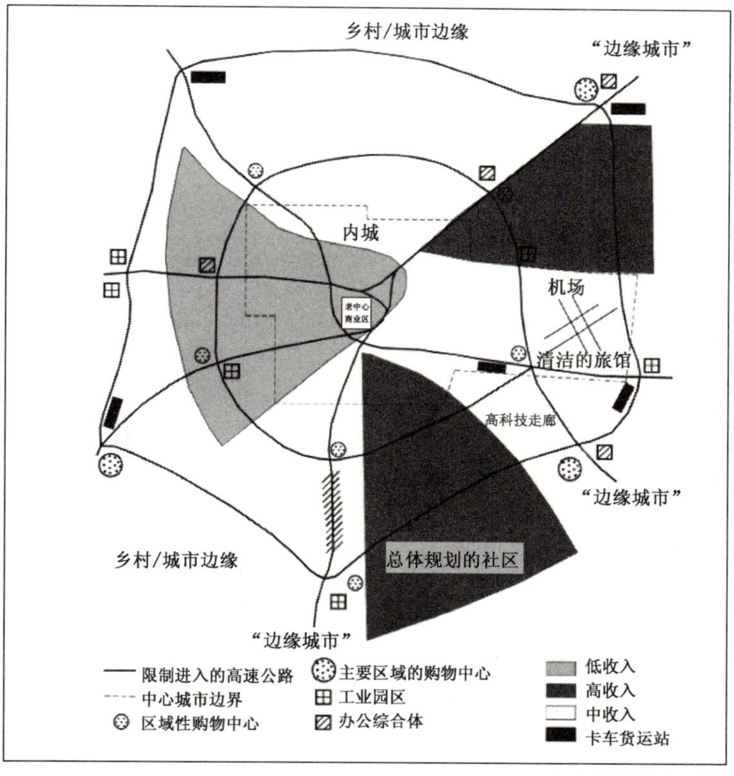

图1-12 边缘城市与中心城市关系

——多中心都市区。随着上述边缘城市的迅速增长，逐渐与母体城市相连，传统的向心性城市空间结构逐步向低密度多核心城市空间结构转变(图1-13)。多核心巨型城市区，一般是由 30—40 个城市和小城镇组成的巨大的网络化城市复合体（vast networked urban complexes）总人口达到或超过 2 000 万，通过交通和通讯网络连接起来的网状城市体。多中心巨型城市区的主要特征包括：(1) 越来越多的居住和就业被布局在中心区以外，小城市和城镇日益网络化。(2) 先进的生产服务业在不同等级的城镇之间形成紧密联系。(3) 知识密集产业的运作和流动与多中心模式相关联。

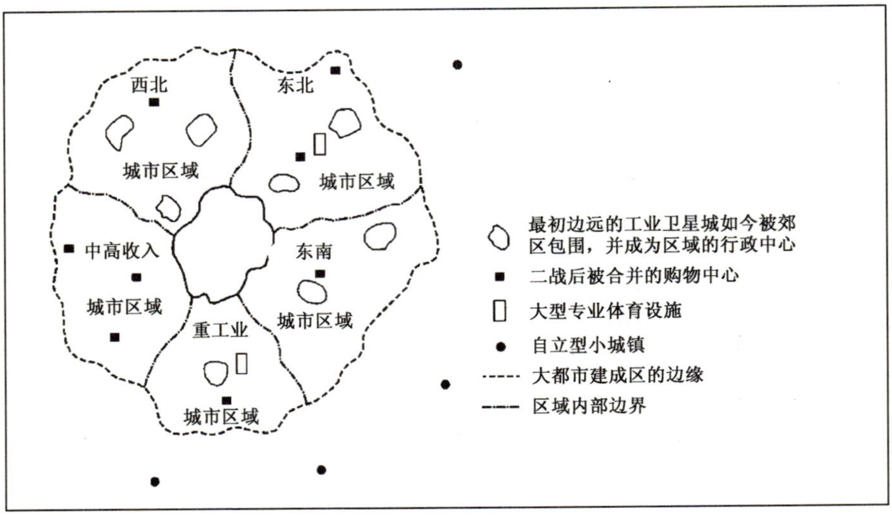

图 1－13　多中心都市区模型

——网络城市。是全球化和知识化经济正在培育的一种创新性的多核心城市结构，指的是两个或更多原先彼此独立但存在潜在互补功能的城市，借助于快速高效的交通走廊和通讯设施连接起来，彼此尽力合作而形成的富有创造力的城市集合体（Batten，1995）。网络城市的突出特点表现为：(1) 强调水平联系和互补性。(2) 注重科研、教育、创新技术等知识型活动。(3) 城市增长潜力并不受制于城市规模，而与弹性相关，网络城市的增长率明显快于中心地城市（图 1－14）（Batten，1995）。

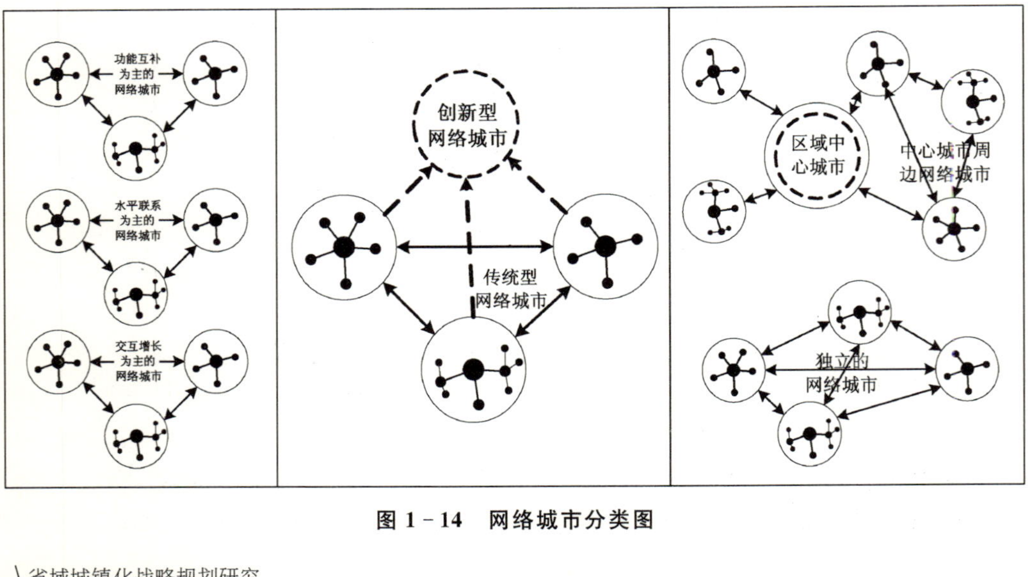

图 1－14　网络城市分类图

——无边界城市(edgeless city)。由高度分散的办公集群组成,缺乏明确的界线,每个办公集群不超过 46.45 万 m^2(与"边缘城市"的定义相对应:包含边界的至少 500 万平方英尺的办公空间),往往沿着郊区的节点和主要交通干线分布。1999 年,美国 38%的办公空间位于传统的市中心地区,而 37%位于无边界区域。根据 Logan(2002)的研究,无边界城市代表了现代大都市区持续去中心化进程中最新后多中心发展阶段。

1.3.4 全球化时代的城市—区域空间模式

20 世纪 80 年代以来,随着全球生产要素的自由流动,新国际劳动地域分工格局进一步形成,全球市场建立,世界产业结构发生重构与转移,形成新的产业布局和城镇化空间。全球化背景下的城镇化正在营造一种新空间秩序,城市之间的联系更加紧密,多极多层次的全球城市网络正在形成。全球化通过贸易与投资的技术和信息转化使接受者获益,也通过交叠的管制环境问题"压缩"了发展和快速增长的国家城镇化速度(Marcotullio,2003)。2004 年泰勒(Taylor,2004)发表《世界城市网络》(*World city network:a global urban analysis*)论文,论述了作为全球服务中心的世界城市网络是通过主要金融和商务服务公司为全球化服务的。萨森从城市的功能属性提出一种新型城市——全球城市(global city)的概念。

——全球城市。经济全球化,推动了管理、金融和服务业的国际化过程,使某几个城市成为全球经济的区域或全球的节点城市。这些城市既是全球经济运行和管理的发达服务业和电讯设施集中的地方,也是公司总部尤其是跨国公司总部的集中地,同时越来越多的金融机构(如银行业、保险业、证券、信贷等)也趋向在这些城市集聚。萨森等将这类城市称为全球城市。从现状世界城市的等级体系看,全球城市主要集中在西欧、北美和东亚三大地区。在亚洲,东京处在第一级,香港和新加坡在第二级,北京和上海则在第三等级。但可以预见,在不远的将来,北京和上海应该会进入世界城市等级体系的第二等级,甚至可能进入第一等级。2009 年北京市政府提出建设世界城市的目标,上海也提出建设经济中心、金融中心、贸易中心和营运中心的目标。

——全球城市区域。在全球化的过程中,全球化使越来越多的大都市人口向巨大城市集聚,从世界城市密集地区的发展趋势看,由几个全球城市再组成全球城市区域(global city region)。斯科特认为目前世界上具有全球化意义的城市区域已经超过 300 个,其中至少有 20 个全球城市区的人口超过了 1 000 万(Scott,2001)。

——巨型城市区。在经济全球化与区域经济一体化背景下,以大城市为核心的巨型城市区已经成为一种具有全球性意义的城市—区域发展模式与空间组合形式,即:巨型城市区(the mega-city-region)。这种全球性巨型城市区是一种从中心向外扩散半径达到 150 km 的城市体,并且是一种伴随着由私人小汽车所支持的在通勤腹地内就业的地方性集中发展模式。巨型城市区的空间形式可以概括为:(1) GBD。在全球化和信息化的综合作用下,在那些具有全球意义的特大城市,由金融市场、高级服务公司、银行和跨国公司总部云集的国际交易中心成为城市发展的关键地点,传统的城市 CBD 演化为 GBD(global business district)。(2) 边缘城市。由于大城市环状与放射状高速公路的发展,在高速公路的交叉互通口,新一代新城——"边缘城市"(edge cities)逐渐发展起来(Scott, 2001)。边缘城市与老城区传统的卫星城市不同,是扩散的新城市,就业场所、购物、娱乐等作为城市具备的功能。(3) 多核心网络化城市复合体。边缘城市在迅速增长的同时,逐渐与母体城市相连,从而,传统的向心性城市空间结构逐步向低密度多核心城市空间结构转变。这种多核心巨型城市区,一般是由许多城市和小城镇通过交通和通讯网络连接起来共同组成的巨大网络化城市复合体(vast networked urban complexes),总人口达到或超过 2 000 万。(4) 镶嵌体结构。在全球化背景下,城镇化正在营造一种新的空间秩序,如后福特主义城市作为产生文化和技术创新的源泉——创新性场所,创意产业结构的模块化、网络结构和地理聚集倾向(Marcotullio,2003)。(5) 功能性城市区域。2006 年霍尔出版《多中心大都市:欧洲巨型城市区发现》(*The polycentric metropolis: learning from mega-city regions in Europe*)进一步强调:巨型城市区域(mega-city region)在空间和职能上都是多中心的,由物质形态相互分离但功能上相互联系的 10—50 个城镇集聚在一个或多个较大的中心城市周围,通过新的功能性劳动分工组织起来,形成一个个不同的功能性城市区域(function urban region, FUR),再被高速公路、高速铁路和电信电缆的"流动空间"联结起来的新城市空间形态(Hall and Pain,2006)。多中心城市网络(POLYNET)项目将功能性城市区域(FURs)看做基本的构成单元,认为正是由它们形成了巨型城市区(mega-city regions)(Hall,2008)(图 1-15)。

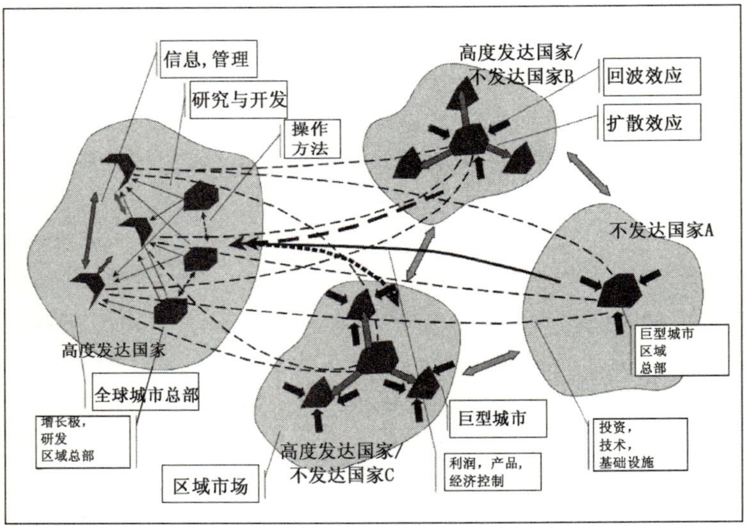

图 1-15 巨型城市区域及分工协作

——巨型区域。2005 年美国区域规划协会编制的《美国 2050》(American 2050)首先提出"超大都市带"(beyond megalopolis)的概念(Lang and Dhavale,2005),并提出相应的识别标准:(1) 至少联结着两个或更多的现有大都市区(MA);(2) 预计到 2040 年总人口将超过 1 000 万;(3) 衍生出一系列相邻的大都市区(MA)或小都市区(micropolitan areas);(4) 组成一个具有显著的历史背景和共性特征的"有机的"文化区域(organic culture region);(5) 占据大致相近的自然环境;(6) 通过一些主要的交通基础设施将巨大的城市核心联系起来;(7) 由各种货物流和服务流形成一个功能性的城市网络;(8) 创造出一个适合于开展大尺度区域规划的地理单元;(9) 位于美国境内;(10) 以县为基本单元(Todorovich and Yaro,2008)。其后,将"超大都市带"(beyond megalopolis)正式定名为

“巨型区域”(mega-region)(托多罗维奇和亚罗,2009)。美国巨型区域(american mega-regions)是以东北海岸、中西部地区、加州南部、墨西哥湾等为代表的 11 个大巨型区域,拥有 1.97 亿人口,占美国人口总数的 68%,聚集了 80%人口在百万以上的大城市(图 1-16)。

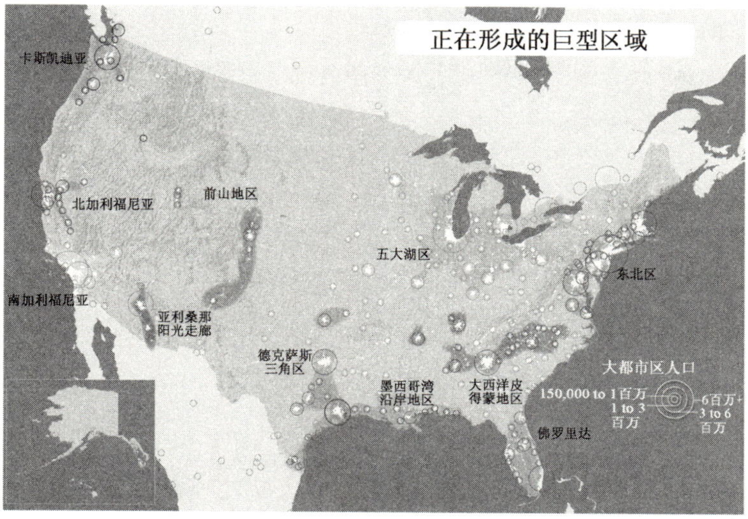

图 1-16 美国 11 个巨型区域(mega-regions in USA)

1.3.5 演化中的中国城镇化空间形态

20 世纪 80 年代以来,全球化进程发展迅猛。全球生产要素的自由流动,新国际劳动地域分工格局进一步形成,世界产业结构发生重构与转移形成新的产业布局。世界经济发展的这种格局与大城市的发展相辅相成,因此,全球化也正在重塑全球城市体系,使得加入全球化过程的一部分城市增长迅速,而远离全球化过程的城市普遍处于衰退之中(联合国人居中心,1998)。2003 年以来,中国沿海大城市,特别是北京、上海等城市的发展开始与两个主要的全球过程交叉相关:第一过程是经济活动全球化的迅速增长;第二过程是产业结构中服务业的快速增长。全球化也推动了中国城市与区域的空间重构,演化中的中国城市空间具有如下几种形态(图 1-17)。

——城市联盟(urban alliance),是在现有行政区划不作调整的情况下,以经济、社会、自然、资源等联系密切的区域为基础单元,以区域经济一体化为目标,通过构建城市协商、对话、沟通、交流、合作和协调的多层次平台,逐步实现特定区域城乡规划的统一实施、生产要素的有机结合、基础设施的共享共建和各类资源额优化配置,并建立了跨区市、跨省界的优势互补、互惠互利的城市联盟体,从而实现城市和区域共同发展,以提高城市和经济发展较快地区的整体竞争能力,参与国际国内经济分工和协作。通过建立城市联盟体,做到“八同”(规划同筹、交通同网、信息同享、市场同体、产业同布、科教同兴、旅游同线、环境同治),逐步实现城市之间经济、交通和环保等的一体化,优化城市资源配置。城市联盟的总体思路包括:(1) 统一规划,整体布局。(2) 设施共建,资源共享。(3) 协调发展,共荣双赢。

——城市一体化,是指两个或多个城市在规划编制、产业市场、行政管理、金融服务、

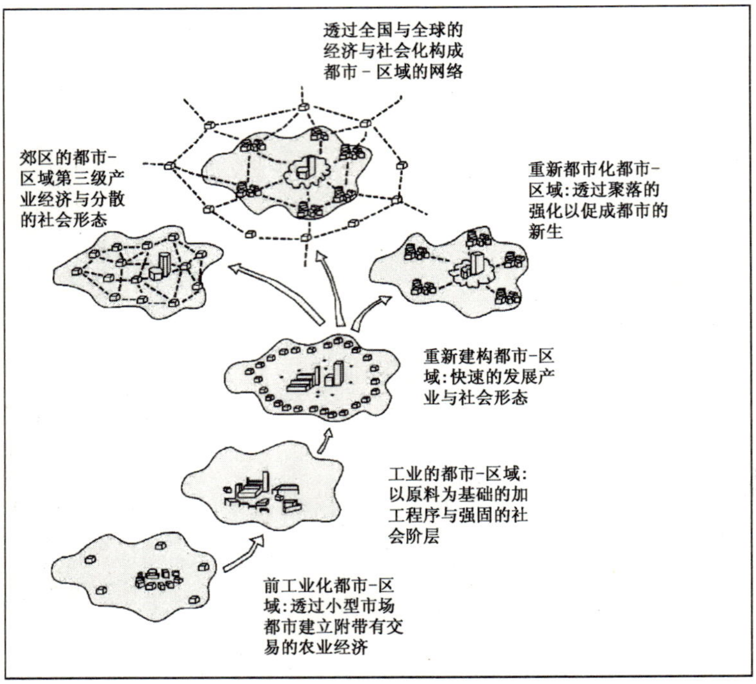

图 1－17　城市-区域发展演变

资源共享、环境治理、基础设施共建等方面实现一体化(表 1－0)。其中最关键的是经济一体化,而经济一体化,最关键的在于通过产业的合理布局,形成优势互补的产业集群。

表 1－0　城市一体化规划机制示例

一体化	长株潭一体化	郑汴一体化	西咸一体化
总体规划启动,基础设施先行	√	√	
产业和市场一体化		√	√
行政管理体制和运行机制改革			
金融和信息一体化	√		√
资源共享		√	
环境治理	√		√
基础设施(电网、路网)共建		√	√

表注:本章只有 1 个表格,所以表序中出现数字 0,全书下面的图表规则同。

——同城化,一般是指城市与一个或几个城市因地域相邻,经济和社会发展要素紧密联系,具有空间接近、功能关联、交通便利、认同感强的特性。通过城市间的相互融合,使城市间在开发、建设和管理上形成高度协调和统一的区域功能,使市民弱化属地意识,共享城镇化所带来的发展成果。同城化是区域经济一体化和城市群建设过程中的一个重要阶段,是区域城市间经济与社会发展到一定程度的必然趋势,同城化比一体化更具有现实性、针对性和可操作性。我国先后提出广佛同城化、沈抚同城化、合淮同城化等战略推进城市联动发展。

——都市区，是城市空间增长形态不同时期城市功能—城市结构之间相互适应、相互协调的产物。我国城市从前工业化时期以小型市场为集聚核心的农业经济体系下的城乡格局逐渐发展演变为工业化进程中以原料为基础的加工程序完善、社会阶层巩固的城市—区域格局。伴随产业的快速发展和社会形态问题，城市开始重新建构城市与区域格局，最终将形成三种格局：其一是郊区化的城市—区域，以第三产业经济与分散的社会形态为特征；其二通过城镇或新城强化，促成都市区的产生与发展；其三通过全球与全国的经济与社会化，构成都市区网络。

——城市群。进入21世纪，中国加入世界贸易组织，沿海城市群成为国家外向性经济、出口贸易和“世界工厂”的主要地区，以城市群为主体推进中国城市化进程成为中国特色城市化道路的重要选择。2006年3月我国政府发布《中华人民共和国国民经济和社会发展第十一个五年规划纲要》，在第21章“促进城镇化健康发展”部分的第2节“形成合理的城镇化空间格局”中明确提出：“要把城市群作为推进城镇化的主体形态，逐步形成以沿海及京广京哈线为纵轴、长江及陇海线为横轴、若干城市群为主体、其他城市和小城镇点状分布、永久耕地和生态功能区相间隔、高效协调可持续的城镇化空间格局。已形成城市群发展格局的京津冀、长江三角洲和珠江三角洲等区域，要继续发挥带动和辐射作用，加强城市群内各城市的分工协作和优势互补，增强城市群的整体竞争力。具备城市群发展条件的区域，要加强统筹规划，以特大城市和大城市为龙头，发挥中心城市作用，形成若干用地少、就业多、要素集聚能力强、人口分布合理的新城市群。”2010年10月《中共中央关于国民经济和社会发展第十二个五年规划纲要的建议》中明确指出：促进区域协调发展，积极稳妥推进城镇化。按照统筹规划、合理布局、完善功能、以大带小的原则，遵循城市发展客观规律，以大城市为依托，以中小城市为重点，逐步形成辐射作用大的城市群，促进大中小城市和小城镇协调发展。

——巨型区域。在经济全球化和信息化背景下，长江三角洲、珠江三角洲和京津冀北地区的经济和区位条件优势明显，正在从单中心城市走向多中心、多层次的城市—区域空间结构重构，形成网络化巨型区域。

1.4 城镇化道路和动力机制

1.4.1 城镇化的社会经济过程

美国经济学家库兹涅茨(Simon Kuznets)在《现代经济增长：发现与思考》中把现代经济增长概括为工业化和城镇化过程，他认为：“各国经济增长……常伴随着人口增长和结构的巨大变化。在当今时代发生了以下产业结构的变化：产品的来源和资源的去处从农业活动转向非农业生产活动，即工业化过程；城市和乡村之间的人口分布发生了变化，即城镇化过程。”

城镇化既受地理条件和自然资源的影响，同时也引起土地利用模式、社会生态学(social ecology)(社会和邻里人口结构)、建筑环境和城市生活方式(urbanism)的改变。政府决策、法律的变更、城市规划和城市管理可能最终解决城镇化问题，但由于各种因素轮流影响社会动态平衡，最终推动全面的城镇化进程。

2010年中国已经成为世界第二大经济体、第一大贸易国，仍然是世界上重要的制造业基地和FDI的流入国，与经济全球化和世界城镇化浪潮相对应，中国地方经济力量的崛起、地方政府工作的加强、宏观社会结构的嬗变，使中国城镇化出现许多不仅与过去发达国家、新兴工业化国家不同，也与国内过去城镇化特征不同的新城镇化现象和过程。在全球化背景下，城镇化正在营造一种新的空间秩序，如后福特主义城市作为产生文化和技术创新的源泉——创新性场所，创意产业结构的模块化、网络结构和地理聚集倾向(Marcotullio，2003)。诺克斯和迈克卡丝(Knox and McCarthy, 2005)认为，城镇化不仅仅包括城市和乡镇居住、工作人口数量的增加，也是被一系列紧密联系的变化过程所推动的经济、人口、政治、文化、科技、环境和社会等的变化(图1-18)。

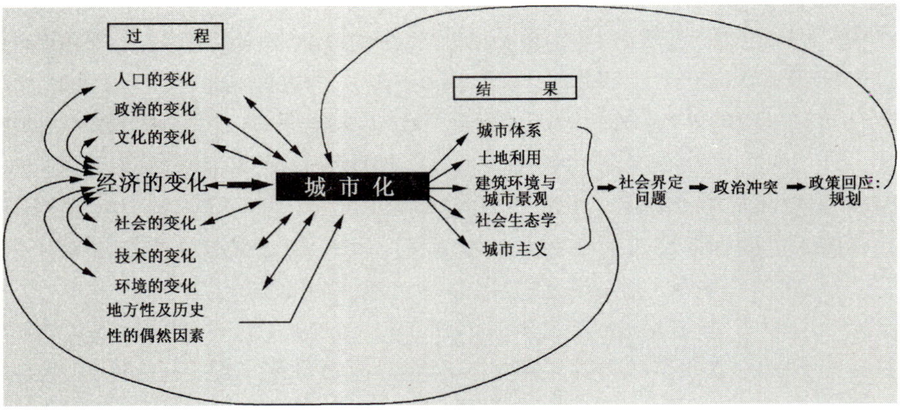

图1-18　城镇化经济社会过程

1.4.2　不完全的城镇化过程

从理论上讲，随着工业化的推进，大量人口从农业人口转变为工业人口，而工业人口需要集聚，就是所谓的城镇化过程。但由于各国的制度和政策差异，使城镇化和工业化发展并非完全同步。

不完全的城镇化过程主要有四种形态，它们是：(1)片面的人口城镇化。人口城镇化，通常指人口向城镇集中或乡村地区转变为城镇地区，从而变乡村人口为城镇人口，使城镇人口比重不断上升的过程。在不完全的城镇化过程中，城市占用周边农村用地，导致失地农民问题。(2)片面的产业城镇化。以产业聚集推进城镇化过程，在不完全的城镇化过程中，由于过分注重产业园区建设而忽视城市功能区的形成，有的城市形成城乡间的钟摆通勤流。(3)片面的土地城镇化，主要表现为人口的城镇化慢于土地城镇化，这是城市政府依赖土地财政所致，使在不完全的城镇化过程中，消耗了大量的城市土地，人口和产业并没有得到足够的发展。(4)“半城镇化”。指当前我国农村剩余劳动力在进入城市的过程中，只实现由乡到城的地域转移和由农到非农的职业转换，但还未实现身份变换。并没有形成实质意义上的城镇化，处于一种“半城镇化”状态。

在不完全的城镇化过程中，城镇化了的农民工难以市民化，农民工同市民存在着“同工不同酬、同工不同时、同工不同权”的不平等现象。伴随着农民工的流动，农民工阶层也在不断分化，出现了与老一代农民工具有显著差异的新生代农民工。新生代农民工群体是“回不去农村，融不进城市”的农民工，他们大多没有务农经历，也不再适应农村生活；流动动机在很大程度上已由谋求生存向更高的追求平等和追求现代生活转变；他们素质相对较高，也更贴近城市的生活方式和思维方式。但是，他们也面临能力与期望失衡的问题。

从城镇化与工业化发展水平关系来考察，城镇化可划分为如下四种模式：(1) 同步城镇化(synchro-urbanization)。在西方发达国家的城镇化加速时期，城镇化进程与工业化水平提高呈显著的正相关关系，工业化水平与城镇化水平曲线几乎是两条平行上升的曲线。(2) 过度城镇化(over-urbanization)，又称超前城镇化。在大多数发展中国家，城镇化速度快于工业化速度。城镇化主要依靠消费性服务业推动，甚至是无工业化的城镇化，大量农村人口涌入少数大中城市，城市人口过度增长，造成严重的住房、交通、就业等城市问题。(3) 滞后城镇化(under-urbanization)。城镇化水平落后于工业化和经济发展水平的城镇化模式。改革开放以前，中国城镇化明显滞后于工业化，其主要原因在于：政府为了避免城乡对立和“城市病”的发生，采取种种措施(如户籍制度)来限制城乡人口迁移，但经济发展是重要目标，因此，经济和工业化发展明显快于城镇化发展。(4) 逆城镇化(counter-urbanization)。这是城镇化后期大城市的人口和就业岗位向大都市的小城镇、非大都市区或远方较小的都市区迁移的一种分散化过程。

1.4.3 中国特色的城镇化道路

经过 30 年改革开放后的中国，社会、经济、文化和市场等都得到了很大改观，城镇化进程开始不断加快。当代中国城镇化的发展背景远比西方发达国家城镇化高潮时期以及大多数发展中国家面临的状态和问题更加错综复杂。一方面，中国持续、快速的经济增长和工业化对城镇化的拉动越来越强；另一方面，数以亿计的农村剩余劳动力形成的城乡迁移、跨区流动，对城镇化的推动作用无与伦比；与此同时，全球化、信息化也在对沿海发达地区城镇化施加越来越重要的影响(顾朝林，2005)。此外，快速的中国城镇化正面临各方面资源、环境、社会、产业等问题相互交融的复杂性，因此，中国城镇化必须探索一条中国特色的城镇化道路。

——依托新型工业化发展模式。所谓新型工业化，就是坚持以信息化带动工业化，以工业化促进信息化，即是科技含量高、经济效益好、资源消耗低、环境污染少、人力资源优势得到充分发挥的工业化道路。与传统的工业化相比，新型工业化有三个突出的特点：(1) 以信息化带动的、能够实现跨越式发展的工业化。以科技进步和创新为动力，注重科技进步和劳动者素质的提高，在激烈的市场竞争中以质优价廉的商品争取更大的市场份额。(2) 能够增强可持续发展能力的工业化。要强调生态建设和环境保护，强调处理好经济发展与人口、资源、环境之间的关系，降低资源消耗，减少环境污染，提供强大的技术支撑，从而大大增强我国的可持续发展能力和经济后劲。(3) 能够充分发挥人力资源优势的工业化。中国新型工业化的衡量指标是科技含量高、经济效益好、资源消耗低、环境污染少、人力资源优势得到充分发挥。科技含量高，就是要加快科技进步以及先进科技成果的推广运用，充分发挥科技作为第一生产力的作用，促进科技成果更好地转化为现实生产力，把经济发展建立在科技进步的基础上，提高产品的质量和竞争力。经济效益好，就是要实现经济增长方式从粗放型向集约型转变，即从主要依靠增加投入、铺新摊子、追求数量，转到以经济效益为中心的轨道上来，通过技术进步、加强科学管理、降低成本来提高劳动生产率。资源消耗低，就是要充分考虑中国人均资源相对短缺的实际，实施可持续发展战略，坚持资源开发和节约并举，把节约放在首位，努力提高资源利用效率，积极推进资源利用方式从粗放向节约转变，转变生产方式和消费方式。环境污染少，就是要高度重视生态环境问题，从宏观管理入手，注重从源头上防止环境污染和生态破坏，避免走旧工业化过程中的先污染后整理的老路。人力资源优势得到充分发挥，就是要从我国人口多、劳动力资源丰富的实际出发，制定推进工业化的具体政策，处理好发展资金技术密集型产业与劳动密集型产业的关系，通过教育和培训提高劳动力资源的能力。

——向低碳生态化城市(镇)发展模式转型。中国现代化正面临着建设世界工厂和走新型工业化道路的双重选择，中国城市(镇)必须向生态化与低碳化发展模式转型，这主要在于：(1) 坚持保护环境和保护资源的基本国策，坚持城镇化发展与人口、资源、环境相协调，合理、集约利用土地、水等资源，切实保护好生态环境和历史文化环境，走可持续发展、集约式的城镇化道路。(2) 全面考虑经济社会发展水平、市场条件和社会的可承受程度，发挥市场对推进城镇化的重要作用，通过市场实现城镇化过程中各种资源的有效配置，吸引各类必需的生产要素向城镇集聚，同时发挥政府的宏观调控作用，加强和改善政府对城镇化的管理、引导、规范。(3) 坚持走多样化的城镇化道路，推进各级各类城镇协调发展，形成合理的城镇体系，提高城镇综合承载能力，发挥各级各类城市和小城镇在一定区域范围内的职能作用。(4) 根据各地经济社会发展水平、区位特点、资源禀赋和环境基础，合理确定各地城镇化发展的目标，因地制宜地制定城镇化战略及相关政策措施，加强城市之间的经济联系和分工协作，实现城市以及地区优势互补和共同发展。(5) 通过深化改革，研究制定适合我国国情、符合社会主义市场经济规律的政策措施和体制机制，营造城镇化发展的良好环境。

——推进新型城镇化道路。中国城镇化面临四大关键问题，它们是：(1) 以农村人口进城就业并定居为核心推进城镇化。(2) 以城市群为主体形态推进城镇化。(3) 以优化现有建设空间结构为前提推进城镇化。(4) 以改革体制、完善政策、健全规划为重点推进城镇化(杨伟民，2008)。针对我国现阶段调整经济结构、转变增长方式的转型要求，探索一条既有助于我国经济社会发展中固有问题和矛盾的解决，又符合中国经济发展转型所带来的城乡发展动力变化的要求，就需要顺应城镇化发展的一般规律，并与基本国情、经济社会发展的基本要求相适应，走具有中国特色的新型城镇化道路。所谓新型城镇化，就是推进城镇化由偏重数量规模增加向更加注重质量内涵提升转变，由偏重经济发展向更加注重经济社会协调发展转变，由偏重城市发展向更加注重城乡一体化发展转变。推进新型城镇化道路，应在保持必要的城镇化速度的基础上，促进产业集聚带动人口集聚的能力明显提高；城乡产业良性发展，城镇就业岗位持续增加，社会保障体系基本健全，居住、交通、教育、文化、卫生和环境等条件大为改善；城乡规划建设管理水平全面提升，城镇基础设施和公共服务设施更加配套完善，综合承载能力和竞争力明显增强；城乡体制障碍逐步消除，家庭收入、城乡和区域发展差距逐步缩小。

2 省域城镇化战略规划研究框架

省域(包括直辖市、少数民族自治区,下同)是我国区域面积最大、综合职权最大、级别最高的地方一级行政单位,在国家政治和行政管理方面具有极其重要的作用。根据省区地理环境、地域文化、经济社会发展特点,选择适当的城镇化和城镇发展战略对中国城镇化和省域经济社会发展具有十分重要的作用。当然,拟定科学合理且具操作性的省域城镇化战略规划研究框架是基本的前提条件。

2.1 全球化时代的区域转型与角色重塑

20 世纪 90 年代以来,经济的全球化正在以前所未有的速度、广度、深度影响着全球的经济与空间景观。全球化的影响与电子信息、快速交通等新技术的影响相叠加,使得城市—区域之间的空间组织发生了巨大的变化,并从总体影响着国家—区域—城市治理结构的变化。

2.1.1 全球城市体系构建与城市发展关键要素的变化

全球化对城市与区域空间组织带来的首要影响,当属整合各个国家和地区业已存在的地方性城市体系,生成高度一体化与扁平化的全球城市体系。在 20 世纪 90 年代以来形成的新一轮全球化浪潮下,过去以商品贸易维系的旧的国际劳动地域分工体系正在由以全球市场为导向,以资本输出与产业转移为纽带,以跨国公司网络进行组织的新国际劳动地域分工所取代。全球劳动地域的重新分工组织以及交通、信息网络的飞速发展,使得建立于工业化时代的传统区域性和地方性的城市体系重新构建,并成长为真正意义上的世界范围"全球城市体系"(global urban system)。

这种高度一体化而又高度扁平化的全球城市网络,深刻地改变了城市发展的外生环境。各城镇在网络中形成多方位的动态交叉等级关系,其在网络中的节点地位与规模、生产的综合化程度等传统区位因素已非必然相关,而是更取决于其创新的环境及对发展机遇的把握,其对区域乃至更大范围内生产要素、信息、资本的组织和控制能力,就是所谓的核心竞争力(张京祥等,2008)。正如弗里德曼在研究世界城市体系中所提出的,在全球化时代,评价一个城市的地位与作用,不在于人口规模的大小,而在于:(1) 参加国际经济社会活动的程度。(2) 调控和支配资本的能力。这一趋势给融入全球化体系中的城市与区域空间组织带来了更大的开放性,同时也带来了更大的不确定性。

2.1.2 国家治理中城市—区域角色转型

二战后西方国家受到凯恩斯主义经济学的影响,普遍采取强烈的政府干预,而 20 世纪 70 年代爆发的经济危机则在一定程度上宣告了凯恩斯主义的失败。资本主义制度下的传统经济秩序面临着新的挑战,公众对公共政策产生了不满。80 年代后,新自由主义思想开始盛行，西方各国进行了各种各样的经济改革尝试，如私有化、解除管制，以形成“放宽的市场”，使得资本活动有更大的空间。在经济欠发达国家，经济也面临着转型：由传统的计划经济或管制经济向市场经济过渡；地方发展经济的体制束缚逐步解除，有了更多的主动权和自由裁量权。与此相对应，中央和地方政府在全球化和国家治理权限中的角色开始了先“放权”再“治理”的过程。

——国家治理权限向城市与地方下移。伴随着 20 世纪 90 年代全球化的激荡，以发达国家为主导的新自由主义思潮与市场制度通过 WTO、IMF、WB 等国际经贸组织或机构向全球广泛输出（即新自由主义全球化）（Harvey，2006），同时在全球流动性带来的激烈竞争环境下，以国家为中心的治理体系不能适应多变环境的需要。在此双重背景下，无论发达国家抑或发展中国家普遍经历了深刻的治理重构过程，即逐步向地方层面下放更多的权力，低层级的地方政府（主要是城市政府）获得了更多的事权和财权，形成了“地方—全球”的直接链接（奥罗姆和陈向明，2005），世界范围内的经济结构、经济过程和组织机构的灵活性加强了。从 20 世纪 80 年代开始的中国的改革过程中也经历了类似的权力下放过程。从 1979 年开始，中央采取了一系列扩大各级地方政府经济管理权限的措施，以激发地方发展经济的活力，主要包括：从 1980 年开始在全国实行财政“包干制”，给予地方政府一定的财政支配权；1994 年开始实行分税制，新的财政体制使得各地区有了发展经济的更大动力；20 世纪 80 年代起中央陆续下放企业管理权限，迄今已将大部分企业划归地方政府管理；大幅度减少国家计划管理的物品，让市场成为地区经济发展的资源配置主体；扩大地方政府的投融资权限，使地方政府成为投资活动的主要组织者等。所有这些中央政府的放权以及新的制度安排，被统称为“分权化”改革。分权化最显著的结果就是赋予了地方以相对独立的利益，并强化了地方政府管理经济的职能，从而使得地方政府兼具了地方经济利益主体和经济调控主体的“双重”身份。

——从城市治理走向区域治理。在新自由主义理念下，下放到城市层面的权力，一方面促进了城市经济和社会大发展，另一方面也激发了人口、资源、环境、生态和交通以及发展不平衡等区域问题，运用“管治理念”进行城市—区域层面的协调发展成为必要和唯一有效的途径，有人甚至将其归纳为“治理权”的上移过程，区域对国家的价值重新得到认识。自 20 世纪 90 年代末至 21 世纪初以来，我国也经历了类似的过程。针对地方经济社会发展中的诸多不协调性，中央提出了要以“科学发展观”为指引，“统筹城乡发展、统筹区域发展、统筹经济社会发展、统筹人与自然和谐发展、统筹国内发展和对外开放”的五个统筹策略。国家也越来越强调以区域作为进一步推进改革的试点平台，希望以通过给国家战略区域配套改革政策的激励方式来引导地区间的协调发展。毫无疑问，促进区域协调发展已经成为国家或省级层面的重大战略抉择，这是推进区域自上而下协同治理的重要动力。

2.1.3 “区域”价值的重新认识

全球化导致的城市与区域巨大的空间重构过程与效应已经发生，全球产业网络营造的学习—互动—创新、数据—信息—知识—个性化、信息密集区群聚效应等共同推动了城市区域化、区域城镇化的发展，大都市区成为支撑发达城镇密集地区区域增长的主要空间单元，并由此产生了都市圈、全球城市区域(global city region)、全球性巨型城市区(global mega-city region)、巨型城市区(mega-city region)等各种城市群体空间聚集的地域景观。与此同时，日益加深的经济全球化正在不断打破传统的国家贸易壁垒和地域疆界，促使国家、区域之间的联系更加紧密并进一步细化分工。在全球化日益盛行的背景下，一方面，全球资本、信息等流动性愈益增强，全球匀质化程度愈益提高，形成所谓的全球性流动空间；另一方面，在全球范围内也涌现了越来越多的区域一体化行动。

为什么会出现这种现象呢？简而言之，全球化时代的区域相对于传统的国家、城市具有以下优势：(1) 尽管城市是全球化竞争中的基本单元和核心主体，但是嵌入全球网络的城市不能缺乏相应的区域依托，城市需要依托区域来进行产业组织与功能组织，需要依托区域来构建交通、信息等基础网络，需要依托区域来共同应对资源、环境问题。如果说全球化环境中国家间的竞争某种程度上是一系列核心城市的竞争，那么核心城市间竞争比拼的就是其所立足的区域综合实力与协同治理能力。(2) 相对于国家空间系统而言，区域空间体系在全球化时代具有非常凸显的优势：① 区域相比于国家更具有灵活性与弹性，国家是复杂的异质性的区域组合，而区域则相对是同质性的地区有机组合。在适应快速的全球结构变迁方面，区域相比于国家具有结构与制度等方面更大的灵活性。② 区域是更具政策针对性的空间单元，国家政策的制定必定要考虑不同区域之间差异的问题，这就导致政策灵活性与针对性不够，且在具体实施过程中还要经过地方的适应性调整；而区域尺度较小，同质性高，制定政策的针对性较好，具有较高的可操作性，比如中国的省区就有这样的特点。

2.2 省区的独特地位和“区域统筹”价值

2.2.1 省区的独特地位

——区划稳定性。在我国古代中央与地方权力结构的长期螺旋式发展过程中，行省制的创立来自蒙元统治者对帝国疆域实施军事控制的偶然行为，实际上是古代中央与地方权力结构发展历程的必然抉择。迄两宋，古代中央与地方的权力结构主要采用地方分权和郡县制中央集权两种模式，这两种模式可谓是“以一个否定另一个”，螺旋式发展。历代集权与分权统治方式的经验表明，亟待对这种极端式的权力构架进行改进和变通，创立中央集权与地方分权主辅结合的新模式，元行省制就在相当程度上体现了这类新模式，明显优于过去单纯的中央集群或单纯的地方分权(李治安，1997)。因此，至元以后，明清、民国及新中国均基本沿袭了这一省制行政设置，作为我国最高一级的地方行政单元。省级行政单元的权力设置、区划边界都保持了相对的稳定性。“省”的职能和权力行使方面主要表现为替中央收权，同时为地方分留部分权力，历来在支撑国家治理与总体格局方面有着非常基础性及重要的意义。

——地域和功能完整性。我国省级行政区地域范围普遍较大，最大的省级行政区新疆维吾尔自治区面积达 166 万 km^2，面积最小的省份海南省(直辖市除外)行政区面积为 3.4 万 km^2。我国绝大多数省级行政区面积在 10—30 km^2 范围之内，与西欧许多国家的面积较相近。在长期的历史过程中，我国的省级行政区划分综合了自然、经济、人文、政治等多方面的因素，省区内的文化、经济、社会等联系频繁，一般是自然地理、经济地理与人文地理（包括人文和历史）综合统一的完整地域。所以省既是一级完整的行政区域，也是相对完整的经济区域与文化区域。相比于西欧的众多国家，中国的省就是一个在自然与文化空间、经济社会发展、政府治理方面相对完整的“准国家”单元。

——宏观政策性。在计划经济体制下，我国按照民主集中制原则构建了单一集权制的国家结构，这一时期地方政府实质上是一种地方政府行政体，地方权力很有限。改革开放以后，这种格局发生了一些重要的变化，地方权力不断扩展，我国国家结构的治理正在由单一集权制走向集权—分权相混合的体制，相应的地方政府也在逐渐由纯粹的行政体转为一定程度上的自治体（马春笋，1996）。在整个分权改革过程中，省级行政单位应该是承接国家权力下放最多、行政权力最全面的地方行政单位，在地方经济社会发展事务中具有最高的权力与责任。《中华人民共和国人民代表大会和地方各级人民政府组织法》规定：省、自治区、直辖市的人民代表大会根据本行政区域的具体情况和实际需要，在不与国家宪法、法律、行政法规相抵触的前提下，可以制定和颁布地方性法规……亦即在我国，省一级政府拥有一定的立法权。

2.2.2 省区独特的区域统筹调控能力

除香港、澳门特别行政区以外，我国的地方政府分为省级（省、自治区、直辖市）、地级（地级市、自治州、盟等）、县级（县、县级市、自治旗等）和乡级（乡、乡镇、街道等）四级。省是最高一级地方政府，是直接承接中央管理权限与责任下移的最重要、最直接的一级地方政府。由于处在中央与基层地方政府之间的过渡环节，省在职能上也同样兼具地方—中央政府的过渡特征，即省级政府承担的主要职能不是面向最直接的地方具体事务，而是制定区域性发展目标、制定区域性政策，协调省内的地区发展，提供区域性基础设施和公共品等宏观调控职能，这些职能与地方政府负责的具体事权有着显著的差异。

简要地说，省级政府更多地处理和协调不同层级政府间事权、财力等的分配关系，以及具有区域性、战略性、宏观性的调控职能；而省以下地方政府的宏观调控职能弱，更多的是处理和协调辖区内的政府与市场、政府与社会之间的日常运作关系。省级政府作为区域性的宏观调控者、地方政府间关系协调者的角色，决定了其在贯彻国家发展意图和协调地方发展要求方面承担着关键性的职能，角色地位极为重要。在全球化、城镇化、分权化等大背景下，以及在国家和地方治理权力向区域转移的过程中，我国应着力强化以省为区域治理单元的协调机制，并提升省级主体在调控区域发展宏观政策方面的主动供给能力。

2.2.3 省区城镇化战略研究的价值和意义

近年来，省区作为区域发展和宏观调控的实体，其区域价值进一步提升。一方面，2010 年我国经济总量跃居世界第二位，人口、国际贸易、制造业均位居世界第一，按照国家宏观空间格局调控经济和社会发展的节奏，其管治效率开始下降；另一方面，省区获得了较大的自主发展权的同时，还具有制定地方性法规、制定地方经济社会政策，进行省域宏观调控的权力和职责，如出台地方规划编制规范、编制省域经济社会发展规划和城镇体系规划、审批省辖市县的规划等。在我国现行的中央—地方政府行政框架中，在区域规划组织编制与实施方面，省区也是唯一具备较强可操作性和约束性的空间单元，针对省域条件编制区域规划可以对分权后的地方发展形成有效的指引和调控。因此，不难发现，省区既是一个典型的能体现和落实国家区域宏观政策的一级行政单元，也是在我国的政治经济环境中区域规划可以务实编制并得以实施的重要单元。

众所周知，中国城镇化，是扩大内需的重要依托，推进城镇化有利于实现产业结构转型，有利于提高自主创新能力，有利于解决"三农"问题，有利于促进区域协调发展。鉴于省区上述的独特地位和在区域统筹中的价值，推进和编制省域城镇化战略，应该是新时期国家整体发展和区域协调过程中的主要抓手和措施，对促进地域经济和社会发展具有特别重要的意义。

——作为省域城镇体系规划编制的战略研究。目前在我国的省级层面，初步形成了以省域城镇体系规划为主导，以各类专项规划和城镇密集地区、城市群、都市圈发展规划为补充的省域城镇体系规划编制系列(李兵弟，2006)。省域城镇化战略规划工作应属于省级法定规划系列之外的一项由省级政府组织开展的非法定规划或战略研究。省域城镇化战略规划工作之于省域城镇体系规划或其他省级法定规划的关系，类似于城市发展战略研究之于城市总体规划的关系，即省域城镇化战略规划工作可定位为指导省域城镇体系规划等法定规划系列编制的前期战略研究。

——作为指导省域城镇化战略与政策制定的指南。省域城镇化战略规划工作可由省、自治区等根据实际发展需要组织开展，其成果既可以作为编制或修编省域城镇体系规划的依据；也可以作为指导省级政府调控城镇化、制定城镇化政策的重要指引。其研究和内容应该以区域统筹、公共利益、可持续发展等目标为导向，应该更多地体现在区域协调或者区域性公共服务上，通过政府的区域开发和管制实现社会的整体生态保护合理、开发合理，实现和谐社会的目标(李兵弟，2006)。

应该说，湖北省政府此次组织开展的省域城镇化战略规划工作充分渗入、融合了以上两大意图，其一方面是作为编制省域城镇体系规划的前期战略研究；另一方面在国家推进城镇化战略的背景下，湖北省作为我国中部人口大省、深入推进城镇化战略的重点地区，通过开展这一规划研究工作来广泛地探讨省域城镇化发展的战略问题和重大对策，从而为省级政府大力推进城镇化、提升城镇发展水平、优化城镇化空间布局提供决策依据。

2.3 省域城镇化战略规划的理论思考

随着土地、资源、能源日益紧张，劳动力成本不断上升，通过发挥地区优势，并在一定区域最大限度集中资源，各地正逐步走上区域共同进步、可持续发展的理想模式。国家"十二五"规划进一步明确提出实施区域发展总体战略和主体功能区战略，构筑区域经济优势互补、主体功能定位清晰、国土空间高效利用、人与自然和谐相处的区域发展格局。据此，省域城镇化战略规划的编制需要进行如下理论思考。

2.3.1 由注重经济开发转向经济、社会、文化、生态综合发展

随着全球化影响的加深，阿明(1994)认为：全球化时代一个重要的理论就是区域作为经济、文化、政治组织的回归。国内外早期传统的区域规划或城镇体系规划模式越来越难以适应当今区域发展环境的变迁；过去以经济要素为主，较少考虑环境、社会和生态等其他要素，这种只顾“增长”和“生产的扩大”的发展理念与规划模式，造成了广泛的生态环境退化，并使得社会的不稳定因素增加。为解决日益突出的资源、环境与经济社会发展问题，区域规划在内容、范围、理论研究与方法技术等方面已随之发生了巨大的变化。从内容看，区域规划越来越由经济开发规划为主转向综合多元的区域发展规划(表2-1)，社会因素、文化因素以及生态环境因素正愈来愈受到重视，区域生态环境的保护与提升、文化的传承与创新等涉及生态与社会可持续发展的主题，已成为区域规划的新方向。这一转变趋向应该成为省域城镇化战略规划研究的基本指导思想；作为公共政策属性的体现，应该加强传统区域规划或城镇体系规划对经济、产业和空间要素之外的社会、人文与生态要素等的统筹规划与保护(表2-2)。

表2-1 西方区域规划与政策的总体发展历程

阶段划分	主要特征	关注的主要政策性内容
20世纪早期	物质建设与开发型	城市规划与建筑设计在更大空间上的扩展
二战后至20世纪70年代	经济复兴与发展型	战后区域重建与复兴、区域经济平衡发展
20世纪70年代	环境与社会发展型	生态环境与社会可持续发展、解决日益突出的社会冲突问题
20世纪80年代	区域规划停滞期	强调地方政府的权利和市场经济的作用，减少国家干预
20世纪90年代至今	综合多元公共政策型	关心环境、社会公平、文化传承与创新以及经济发展，侧重为区域发展提供空间政策指引

表2-2 欧美国家区域公共政策的目标

主要子目标	具体目标
经济目标	优化资源的空间配置、促进地区经济增长、缩小地区内经济发展差距
社会目标	改善人们的生活环境、实现社会公平、增强社会民主
环境目标	环境问题治理、国土开发与整治、创建优美环境
政治目标	政治稳定、社会融合

2.3.2 由注重解决区域内部问题转向全球化时代的竞争力提升

按照“新区域主义”的理解，区域被看成当今全球竞争体系中协调社会经济生活的一种最先进形式和竞争优势的重要来源。在上述背景下，国家、城市的竞争力都越来越依赖于区域的竞争力，区域规划成为实现区域协治的一种良好形式，也被认为是一项促进

区域竞争力提升的积极和重要措施。如新马—印尼增强三角区域内各个城镇通过产业的协调分工、生产要素自由流动和高密度基础设施的联系，旨在构成一个具有世界竞争力的区域整体。欧盟编制的"欧洲空间展望规划"同样强调区域整体竞争力的提升和欧洲整体的福祉。国内近年编制的都市圈、城市群规划无不以提升区域竞争力和综合实力作为关键着眼点。可以说，新背景下的区域规划已经不再局限于解决区域内部的具体问题，而是更具有了增强区域自身吸引力和竞争力以获取更多发展机会等自身形态以外的内容（张京祥等，2001）。

在全球化与国家空间体系重构背景下进行的省域城镇化战略研究及规划编制，不能局限于省域论省域的具体问题，而应该着眼于全球化分工与全球、全国城市体系，同时也应该注重省域在国家体系内新型功能的承担；以全球化为着眼点，以国家战略格局为平台，重塑省域城镇化战略与政策。积极培育大中城市，以打造具有世界竞争力的国际城市与城镇群作为城镇化纲领性政策，是应对全球化挑战、提升省域经济福祉的必由之路。同时，在国家加强区域发展调控的背景下，全球化竞争力的提升与国家体系内新型功能的承担，在某种程度上是合二为一的。进入国家战略视野、承担国家重要功能的地区将在新一轮的发展中处于有利的发展地位（比如国家大型基础与公共设施投资，如高铁、机场与港口等，获得改革创新先行的制度优势等等）。因此，全球化与国家空间体系重构背景下的省域城镇化战略性规划工作，应该突破传统的仅仅关注区域内部问题解决的方法论束缚，树立起更开放、更具全球与国家视野的区域规划观。

2.3.3 由物质建设型规划转向协调型、政策性规划

20 世纪 90 年代以来（西方发达国家这一转变开始于 80 年代），国内城市与区域规划总体上经历类似的转型过程，即综合性规划与具体设计逐渐分离。城市与区域规划从以往较纯粹的物质建设型规划设计逐渐转向协调型、政策性规划，出现了一系列新型协调型和政策性规划类型，如城市尺度的城市发展战略规划，区域层面的都市圈/都市区规划、城市群协调规划、城镇密集区规划等；这些规划均是强调协调性、政策性的有机统一，而物质建设规划的内容则居于宏观战略及政策框架之下。

事实上，早在 20 世纪 40 年代，随着社会治理模式由自由资本主义向凯恩斯主义的转型，一些西方发达国家就已启动了这一转变过程。由于过分注重区域物质空间布局和形态设计的规划，难以有效地解决区域发展失衡、环境恶化、区域关系，难以协调等公共性问题，一些西方国家在经济、社会与环境方面开始倚重于政策制定。以英国和美国为代表的欧美国家将政府公共政策框架作了较大调整，注重了经济、社会、环境综合政策的制定；区域规划中协调型和政策性内容大大强化，通过构建良好的协调机制和制定有效的公共政策来解决社会、环境方面的冲突和问题，以实现协调解决经济发展和提高公民社会福利的双重目标。直至 20 世纪 80 年代，在现代理性主义氛围下发展起来的理性规划转向了合作式规划（表 2 - 3），更强调公众自下而上的参与规划编制、实施与管理过程的城市与区域治理（张京祥，2005）；城市与区域规划的协调性和政策性进一步强化，它本质上是一项被公众和地方广泛认可的城市与区域公共政策。

表 2-3 西方规划理论的范式转换

时期	20 世纪 40 年代以前	20 世纪 40—80 年代	20 世纪 80 年代以后
社会特征	工业化初期	工业化社会	后工业化社会
政府作用	自由主义,“守夜人”	凯恩斯主义,政府管理	新自由主义,“第三条道路”,多元治理
社会主要诉求	自由权、经济权	社会权	公民权
主导利益	私人利益	公共利益	多元利益
社会思潮	理想主义	理性主义	理性、人文主义
权力模式	限权	控权	平衡
规划理论范式	结构—功能	理性—参与	合作—沟通
规划模式	物质规划	理性规划、倡导式规划	合作规划

适应城市—区域规划转型的大趋势,省域城镇化战略规划工作作为省级层面组织开展的最高层级规划工作之一,更应凸显协调性、政策性的特征。所谓协调性,是指省域城镇化战略规划应该以促进地区、城乡发展协调作为主要目标取向;所谓政策性,是指促进城乡区域协调发展、城镇化有序推进、城镇化空间格局优化,这些不能仅仅依靠基础设施和建成空间的合理规划来实现,而必须借助于有效的城镇化政策进行调控。应该说,协调性是省域城镇化战略规划的目标取向,而政策性是省域城镇化战略规划的主要抓手,两者相辅相成。

2.3.4 从面面俱到型规划转向有限目标型、边界清晰型规划

在全球化、信息化带来的流动性日益增强的环境下,传统面面俱到型的区域规划越来越难以适应快速变化发展的需求。面面俱到的区域规划编制需耗费巨大的人力和财力,对组织工作本身也是一个巨大的考验。此外,面面俱到、内容完整的规划一般存在编制时间长、结构刚性等问题。在信息社会与流动空间中,任何刚性或缺乏柔性的政策、技术与方法均难以适应快速流变的现实;正如结构刚性的福特制生产方式在全球化、信息化潮流中被结构柔性的后福特制生产方式所取代一样,当今区域规划也急需从传统面面俱到型(计划经济的产物,资源分配的思想)转向有限目标与重点突出型的规划。

此外,由于市场化的深入推进,划分市场与政府界限历来是经济学讨论的焦点问题,从凯恩斯主义盛行到新自由主义风靡全球,直至今日新自由主义再度陷入危机,关于政府与市场划分的讨论有了一个大致清晰的结论:政府并非管得越多越好,也不应走向另一个极端。政府行为应该严格限定在正式的公共领域,如公共产品和社会产品的供给、市场的监管者(钱颖一,2003)。在政府有所为与有所不为的理论认识下,作为一项重要政府职能的区域规划也应该有清晰的边界,即应该限定在公共领域以及对市场失灵的修正等方面。省域城镇化战略规划就应该属于这样一种类型的规划,应该着眼于省域城镇化发展的战略引导,省域层面基础和公共设施的供给,生态、社会、文化可持续发展理念的落实,以及宏观性制度与政策的供给等领域。

2.4 省域城镇化战略规划的研究方法

城市—区域规划本质上是一项公共政策，它通过相关政策来控制、协调社会资源的分配和社会各群体的利益，体现在“导向、协调与控制”三大功能上（周建军，2003）。改革开放以来的分权改革塑造了我国独特的行政区经济现象（也称诸侯经济）（刘君德，2004）；与此同时，市场化改革的深入推进使我国在国家领域之外发展了一个配置资源的基础性领域——市场领域，以上两大改革共同弱化了政府尤其是高层级政府的控制能力。改革开放以来，我国从政府层级高度一体化、政府—企业—社会高度整合的总体性社会，向政府层级分化、政府—市场—社会划分的分化性社会转型（孙立平，1992）。充分认识改变了的区域规划编制、实施与管理的制度和社会基础，注重相关的协调性和政策性，才能使省区城镇化战略规划建立在广泛的公共性基础上，得到地方广泛认同与拥护，并产生符合实际的省区经济和社会发展政策。

2.4.1 组织方式

有效的组织方式是复杂系统工程成功的前提。省域城镇化战略规划涉及面广、协调部门多、研究时间长，其组织方式大多采用省级政府及主管部门牵头，专家组协同研究，多层级政府及社会广泛参与的互动与协商过程。

2.4.2 技术流程

省域城镇化战略规划研究作为一种新型区域战略规划工作，可以借鉴城市发展战略规划研究的技术流程探索经验，总体上也可以分为类似的四种典型技术流程模式（盛鸣和顾朝林，2005）。

（1）“问题推导型”。一般以“问题→战略”为基本逻辑线索，在城市发展现状上归纳城市发展面临的问题，进而探求解决问题的办法（战略），这是一种治标的战略规划。

（2）“目标引导型”。一般以“目标→战略”为基本逻辑线索，重点确定城市未来的发展目标，进而提出发展战略，实际是一种目标引导型的技术流程。

（3）“问题—目标互动型”。以“问题＋目标→战略”为逻辑线索，既注重城市发展问题的归纳，又关注城市发展目标的选择，双向牵引导出城市发展战略。

（4）“条件归纳型”。主要按照“基础→战略”的逻辑线索，在城市发展的基础和条件分析的基础上，因地制宜地确定发展战略。

然而，省域城镇化发展战略规划作为一种区域战略规划，与城市发展战略规划相比较，也具有自身的若干独特性，对其技术流程需要做某些适应性调整：(1) 区域性战略规划应更依赖科学的综合分析基础工作。区域的空间尺度大于城市，在区域空间尺度上，空间拓扑关系发生明显的跃迁，依托空间形态学、城市地理学、城市经济学、城市社会学等城市学科建立起来的城市规划理论和方法难以适应区域尺度的研究，所以要更多地汲取区域经济学、经济地理学等学科的理论和方法。无疑，在省域尺度上展开战略规划工作，应建立在适应其自身条件的科学方法论及综合分析基础上。(2) 区域性战略规划应更关注与其实施相关的体制、机制及政策创新。经过较长时期的发展和完善，城市规划已具备较为成熟的实施机制，而区域规划的实施机制缺位一直是困扰其实效性的关键制约因素。因此，区域性战略规划工作本身不仅需要研究省域城镇化发展战略本身，还需要在城市发展战略规划研究典型流程之外，重点增加实施机制的研究内容。此外，区域规划的实施主要是要通过将规划战略转化为一系列具体政策来推进的，因此省域城镇化战略规划工作还必须将政策与策略的研究作为十分必要及关键的环节。

2.4.3 研究方法

——静态结构分析与动态联系分析相结合。在全球化、信息化以及城市区域化背景下，我国越来越多的区域突破了传统区域的结构，网状的信息、交通网络，以及频繁、复杂的联系已经在传统的实体空间外构筑了一个区域流动空间。深处流动空间当中的城市与区域面临着越来越动态、越来越复杂和多变的发展环境与区域关系，区域空间组织模式发生了革命性的重构。这使得省域城镇化战略规划的综合分析环节必须采用新的思维：流动空间的浮现，使得传统基于实体空间、中心地体系的区域分析理论与方法面临着巨大的挑战，基于空间联系的动态分析方法已经成为揭示网络化区域空间结构、空间关系的主流，这已成为学术界的共识，也在国内外区域规划中得到充分的重视（Hall，2006）。因此，新时期的省域城镇化战略规划要面对综合的环境条件，必然要强调静态结构分析与动态联系分析相结合的思维方式。

——从终极蓝图转向多情景和过程控制。全球化、市场化发展环境下，区域发展资源的来源越来越多元化，影响区域发展的机制越来越复杂和多变，在这种背景下，计划经济时期形成的终极蓝图式规划思维已失去了其存在的合理性与现实基础。在封闭的计划体制下，城市与区域发展资源完全由国家和政府垄断，城市与区域规划编制可明确地由国家计划、分配指标推导出来，因此终极蓝图式规划是与计划经济时期城市与区域发展条件相适应。然而，随着市场经济的建立以及融入全球化进程，国家和政府的“计划”范围越来越小，影响区域发展的大部分资源来源于全球的资源流动与市场的自发配置。城市与区域的发展轨迹也越来越难以预测，这使得任何试图以唯一路径或模式来谋划区域发展的规划，必将遭到理论和现实的质疑。在发展环境更为复杂、发展轨迹更难以把握的区域系统中，包括省域城镇化发展战略规划在内的各种区域规划更应引入多情景及过程规划的思维。

——从综合规划走向重点突出规划。省域是一个具有较大空间范围、具有众多发展主体同时受到多维复杂因子影响的空间实体。因此，对省域这种大型区域的规划面临着诸多的约束：① 空间范围大，地域构成复杂。② 发展主体众多，规划中的利益协调难度大。③ 城镇化影响因素多元复杂，发展的不确定性大……以上复杂性特征表明，省域城镇化战略规划不可能成为一种事无巨细的“全面规划”，因此，省域城镇化战略规划制定工作应区分地区与期限，并把握好综合与重点、刚性与弹性的有机结合。在重点地区，加强规划引导与控制，对一般性城乡地区提供宏观性、结构性的发展指引。

2.5 省域城镇化战略研究核心内容

一个完整的省域城镇化战略规划应包括综合发展战略研究、区域空间规划、区域政策与机制创新三个相互支撑和衔接的基本方面。具体而言，主要的研究内容包括六大主题，即："省域发展定位与城镇化战略"、"省域产业发展规划"、"省域空间发展规划"、"省域生态安全格局规划"、"省域重大基础与公共设施布局指引"、"省域城镇化政策与机制"。

2.5.1 发展定位与战略

我国地域广阔且发展水平极不均衡，各个省区的自然、人文条件也存在着很大的差异，各个省区应该在充分研判自身发展基础与外部环境的基础上，切实根据自身的实际情况进行城镇化战略路径的设计。拟从多视角、多层面、多历史维度的角度，全面地研究具体省域在全球城镇体系、国家城镇化格局中的现实角色与可能的发展空间；基于对全球、国家城镇发展格局演化趋向的判断，寻找并明确省域在全球、国家及大区域战略格局中的未来责任、可能承担的角色。以此为目标，进而提出省域城镇化的总体发展战略，强调城镇化在支撑实现省域发展目标定位、推动省域经济与社会发展、空间格局优化等方面的基础作用。

2.5.2 产业发展和布局

产业是省域经济社会发展的本体，也是推动省域城镇化的基本动力所在。对省域主导产业发展方向、产业布局提供宏观引导，是省级政府的重要职能，也是省域城镇化战略规划研究中的重要内容。省域产业发展规划与布局指引，是对省域发展目标定位和城镇化发展战略的延伸。省域产业发展规划研究应该包括：(1) 省域现状产业发展与布局的研究、分析。寻找现状产业发展格局形成的原因，评估现状产业格局的绩效与主要问题。(2) 省域产业发展的基本战略与路径。既要基于省域自身发展的基础与条件，更要以开放的视野、全局的角度来谋划省域产业发展、提升、转型的基本战略与路径，在这个过程中要妥善处理好既有与新增、传统与新兴、效率与就业、集聚与均衡等复杂的矛盾关系。(3) 省域产业布局与特色产业集群规划。一个省域的产业发展内容是非常综合、庞杂的，涉及一、二、三产业的方方面面，产业的总体布局、产业集群的发展对于省域的城镇化发展、空间格局都会产生非常基础性的影响。省区产业布局宏观指引需与省域城镇化战略相一致。

2.5.3 空间战略与组织

空间组织是省区产业、经济、城镇化的现状和规划研究的核心，也是省级政府实施城镇化战略与路径调控的重要手段。省域总体空间发展格局是所有有关发展定位与战略、产业发展、基础与公共设施布局、生态空间保护等研究内容的综合集成，一般要求建立在严谨的空间分析基础上，既要对现实空间发展特征与问题有所回应，更要呼应定位与战略、产业布局、生态空间保护等内容。省域空间战略与组织研究的内容包括：(1) 省域现状发展格局特征与问题的分析。分析总结省域现状空间格局形成的历史原因、自然与社会动因，并总结提炼现状发展格局的基本特征和存在的主要问题，这些问题包括对自然生态环境的影响、空间利用的效率、对省域经济社会发展的影响等等。(2) 省域空间发展条件评价与政策分区。从历史、现状与未来发展前景，自然、经济与社会条件，基础、责任与目标等方面，对省域空间的发展条件作出综合的评价，并由此划分省域城镇化的不同政策分区。(3) 省域空间结构与城乡聚落体系规划。这是在空间层面对城镇化战略规划内容的具体落实，强调通过省域空间城乡的整合来实现集中、集聚、集约的发展，明晰空间发展的重点区域、主要轴线、层次体系等，作为对省内次区域、各级城市空间规划的上位指引。省域空间结构与城乡聚落体系规划需要进行多情景的分析，针对不同的发展前景进行多方案的比较，综合评价不同发展方案的优劣和可能产生的影响、需要的政策与机制支持等，从而选择最为可行的空间发展方案。(4) 重点次区域规划协调指引。按照省域空间总体格局、城镇化政策分区等划分省域空间发展的次区域，针对不同次区域的特点与空间发展的主要目标，进一步深化明确各个次区域的发展重点内容，尤其是空间开发管制的重点、重大设施配套布局、跨区域协调发展等主要内容。

2.5.4 生态安全格局

随着城镇化进程和经济社会发展对生态环境的影响日益加剧，人们已经认识到生态环境对全球、国家、区域可持续发展的基础支撑作用。以主体功能区优化我国国土开发格局，已经成为新时期国家国土开发的重要战略。在省域城镇化战略规划工作中，以省域生态安全为目标，明确提出省域空间管制要求，是其作为一项重要公共政策职能的体现。省域空间管制方案的提出，必须以区域生态格局综合分析为基础，对影响生态安全的重点生态功能区以及各级、各类自然文化资源保护区和其他需要特殊保护的区域实施限制开发和严格保护。主要研究内容包括：(1) 省域现状生态空间格局评价。运用历史资料、现状资料和 GIS 技术等，对省域现状生态安全格局进行客观的评价，明确生态安全的底线与适宜的环境容量。(2) 省域生态安全格局架构与空间开发管制分区。根据现状评价与未来发展态势、需求，合理架构省域生态安全的总体格局，划分不同环境地区并明确相应的空间开发管制要求，并且对未来省域空间发展的生态环境影响进行基本的评价。(3) 重大生态空间保护与环境治理规划。明确重点区域的环境保护要求，以及对生态易损、脆弱地区的环境治理提出明确的规划指引。

2.5.5 重大设施布局

省域重大基础与公共设施建设是省级政府提供的最重要公共产品，是省域城镇化规划中应重点明确的内容。需要强调的是，基础设施与公共设施不仅仅是对城镇化战略、空间规划的落实和支撑，而且科学、合理而富有前瞻性的基础设施与公共设施布局规划，将对一个区域的城镇化模式、路径和空间产生积极的引导作用。在明晰的省域城镇化战略指引下，对于重大基础设施与公共设施的布局必须妥善处理好效率与公平的关系，避免设施布局出现简单的均质化、分散化，更不能简单地针对现状去搞所谓的“村村通”政绩工程。国家“十二五”规划中提出了城乡“公共服务均等化”的目标，在省域层面对重大基础与公共设施进行统筹规划是实现城乡公共服务均等化的关键性途径之一。因此，省域重大基础与公共设施规划应凸显“公平与效率兼顾”的基本原则，一方面需要突出效率与战略导向，发挥基础与公共设施先行的功能，以合理的布局规划引导形成健康、高效、协调的省域城镇化格局；另一方面，应强调公平、共享导向，加强城乡区域基础和公共设施均等化策略研究，强调区域共建共享，更好地处理好效率与公平的关系。省域重大基础与公共设施规划具体内容包括：(1) 现状发展与布局的综合评价。(2) 区域综合交通体系规划。(3) 区域重大基础设施与公共设施布局规划指引。(4) 区域重要基础设施廊道的控制与管制要求。

2.5.6 规划实施对策

体制与机制创新是省域城镇化战略规划实施的基本保障。立足省域城镇化统筹协调发展现实特征与问题，构建促进本省城乡区域协调发展的制度与政策机制。省域城镇化政策一般包括产业发展、空间利用、项目投资、人口流动、土地供给、环境管制、财政保障等方面，这其中最主要的是要协调好政府与市场的关系：政府在公共服务方面更好地发挥主动作用；市场在生产资源、要素合理配置方面发挥更为积极的主导作用。省域城镇化规划实施对策主要包括：(1) 现状政策与机制的绩效综合评价。(2) 制度与政策创新的主要突破和策略。(3) 对重点区域、重要协调区域的政策指引等。

第二编　实证研究

3 清华大学研究方案综述

湖北省位于我国中部地区，全省国土面积 18.59 万 km^2，是我国重要的鱼米之乡、工业摇篮、科教高地、九省通衢和文化大省，资源丰富，劳务成本低，省会武汉经济发达，交通便利，科研实力强，工业基础完备，具有优越的城镇化发展条件。湖北历史悠久，文化灿烂，人杰地灵，物产丰富，尤其改革开放以来，湖北经济社会发展取得了巨大的成就。2009 年全省生产总值 12 831.5 亿元，居全国第 10 位；总人口 6 070 万人，城镇化水平达到 46%。当前湖北的经济增长进入了新一轮的快速增长期。但从总体上看，湖北省城镇化水平低于全国平均水平，而且滞后于工业化发展水平。加快推进新型城镇化，是湖北统筹城乡的必然选择，是加快推进新型工业化的重要途径，是全面建设小康社会的内在要求。

3.1 城镇化与城镇发展基础

3.1.1 人口和城镇现状

2009 年湖北省总人口为 6 141.88 万人，居全国第 9 位，人口密度为 328 人/km^2，是全国平均水平的 2.42 倍，属于人口比较稠密的省份。由于湖北省经济欠发达，是人口输出省，2009 年湖北省常住人口为 5 720 万人，外流人口 421.88 万人，但随着社会经济的快速发展，主要中心城市武汉及宜昌已成为人口输入城市(表 3-1)。

表 3-1 湖北省总人口及常住人口统计表(2009 年) （万人）

行政区	总人口	常住人口	流动人口
武汉市	835.55	910.00	74.45
黄石市	258.56	242.61	−15.95
十堰市	353.22	324.10	−29.12
宜昌市	401.37	404.55	3.18
襄樊市	588.88	544.61	−44.27
鄂州市	107.55	103.49	−4.06
荆门市	301.05	285.03	−16.02
孝感市	528.70	468.37	−60.33
荆州市	657.12	585.40	−71.72
黄冈市	739.61	668.64	−70.97
咸宁市	290.62	251.63	−38.99

续表 3-1

行政区	总人口	常住人口	流动人口
随州市	257.77	220.81	−36.96
恩施市	394.92	349.10	−45.82
仙桃市	151.76	123.30	−28.46
潜江市	101.63	93.76	−7.87
天门市	165.51	137.13	−28.38
神农架林区	8.03	7.50	−0.53

表注：该表中“各市”指地级行政区范畴。

全省人口密度分布情况大致呈现西密东疏局面，其中低于全省总人口平均密度的县市（林区）有 46 个，占总县市数量的 59.74%，大部分集中在鄂西部分；人口密度超过 1 000 人/km^2 的地区有黄石市、江陵县和武汉市，这些地区单位面积总人口数分别为 3 154.26 人、1 248.06 人及 1 066.82 人，远远超过全省平均密度两倍以上。2009 年湖北省城镇人口 2 631.2 万人，乡村人口 3 088.8 万人，城镇化水平 46.00%（表 3-2）。

表 3-2　湖北省各县市（林区）城镇人口统计表（2009 年）

行政区划	总人口（万人）	常住人口（万人）	人口密度（人/km^2）	城镇人口（万人）	城镇化水平（%）
全省	6141.88	5720.00	328.00	2631.20	46.00
武汉市	835.55	910.00	1066.82	678.68	74.58
黄石市	71.54	81.38	3154.26	81.38	100
阳新县	101.14	80.53	289.36	27.23	33.82
大冶市	85.88	80.70	515.33	37.56	46.54
十堰市	52.78	57.09	478.94	54.60	95.63
郧　县	65.82	57.71	149.39	20.22	35.03
郧西县	51.45	42.84	122.09	10.77	25.14
竹山县	47.06	42.72	119.13	12.09	28.30
竹溪县	37.52	33.46	101.42	9.43	28.18
房　县	48.92	42.15	82.49	14.16	33.59
丹江口市	49.67	48.13	154.21	23.54	48.90
宜昌市	125.09	133.90	315.28	86.69	64.74
远安县	19.19	18.60	106.16	8.39	45.10
兴山县	18.12	17.50	75.20	7.57	43.25
秭归县	38.35	37.60	154.92	12.48	33.19
长阳县	41.39	40.50	118.08	12.61	31.13
五峰县	20.95	19.60	94.59	5.05	25.76

续表 3-2

行政区划	总人口（万人）	常住人口（万人）	人口密度（人/km²）	城镇人口（万人）	城镇化水平（%）
宜都市	39.53	38.95	287.03	14.13	36.27
当阳市	48.53	48.05	222.56	25.52	53.11
枝江市	50.22	49.85	380.53	18.13	36.36
襄樊市	221.74	212.61	605.21	106.31	50.00
南漳县	59.17	53.30	138.12	25.04	46.98
谷城县	57.83	50.50	197.81	21.20	41.98
保康县	28.75	26.20	81.24	16.09	61.41
老河口市	53.18	48.30	468.02	25.17	52.11
枣阳市	111.86	102.20	311.87	34.88	34.12
宜城市	56.35	51.50	243.50	22.25	43.20
鄂州市	107.55	103.49	649.65	53.76	51.94
荆门市	67.93	70.60	308.57	40.64	57.56
京山县	65.49	57.09	162.19	26.35	46.15
沙洋县	62.85	56.42	276.03	23.89	42.34
钟祥市	104.78	100.92	224.87	36.94	36.60
孝感市	94.85	88.48	867.45	34.09	38.52
孝昌县	66.47	58.61	481.59	13.75	23.46
大悟县	64.43	56.88	287.42	20.55	36.12
云梦县	60.62	51.96	860.26	16.68	32.10
汉川市	112.08	98.88	896.46	38.95	39.39
应城市	67.21	57.57	424.87	20.97	36.42
安陆市	63.04	55.99	336.68	28.20	50.36
荆州市	124.85	111.80	251.18	78.27	70.00
江陵县	41.05	36.79	163.00	18.41	50.04
公安县	102.64	91.76	294.29	31.71	34.55
监利县	144.59	128.80	1248.06	17.00	13.19
石首市	64.33	56.81	398.11	24.37	42.89
洪湖市	93.94	82.65	328.11	45.07	54.53
松滋市	85.72	76.79	343.58	26.31	34.26
黄冈市	36.53	34.24	969.97	28.62	83.58
团风县	36.84	33.52	402.40	12.90	38.48

续表 3-2

行政区划	总人口（万人）	常住人口（万人）	人口密度（人/km²）	城镇人口（万人）	城镇化水平（%）
红安县	66.36	60.29	337.00	20.70	34.33
罗田县	62.29	54.98	258.24	13.26	24.11
英山县	39.92	36.01	248.52	17.91	49.73
浠水县	103.59	94.68	485.79	25.08	26.48
蕲春县	99.13	89.28	372.31	28.44	31.85
黄梅县	100.36	91.11	535.63	24.69	27.09
麻城市	117.99	107.12	285.88	35.63	33.26
武穴市	76.60	67.41	541.01	28.54	42.33
咸宁市	59.78	55.00	365.69	30.27	55.03
赤壁市	51.58	45.60	448.38	24.57	53.88
嘉鱼县	37.08	32.60	288.75	16.45	50.46
通城县	49.20	40.28	204.67	13.26	32.91
崇阳县	46.93	40.70	151.87	12.86	31.59
通山县	46.05	37.45	217.35	14.79	39.39
随州市	63.71	56.50	429.33	24.33	43.06
广水市	94.31	78.65	297.13	30.89	39.27
随　县	99.75	85.66	151.00	8.58	10.01
恩施市	79.41	75.59	190.31	21.26	28.12
利川市	88.26	73.51	159.56	16.96	23.07
建始县	50.97	45.39	170.26	8.49	18.70
巴东县	49.09	43.93	130.98	13.89	31.61
宣恩县	35.35	31.19	114.25	5.74	18.40
咸丰县	37.59	31.54	125.16	9.06	28.72
来凤县	32.21	28.20	209.82	8.35	29.60
鹤峰县	22.04	19.75	68.77	4.43	22.43
仙桃市	151.76	123.30	485.82	62.24	50.47
潜江市	101.63	93.76	467.86	43.65	46.55
天门市	165.51	137.13	523.00	62.59	45.64
神农架林区	8.03	7.50	23.06	4.70	62.66

表注：该表中"各市"指县级行政区范畴。

与全省总人口密度分布情况大致相同，全省城镇人口分布较多的区域集中在鄂东地区（武汉都市圈，包括武汉市及黄石、鄂州、孝感、黄冈、咸宁、仙桃、潜江、天门 8 个周边城市）。其中，城镇人口低于 20 万的县市（林区）共有 32 个，占总县市数量的 41.56%；城镇人口高于 100 万人的区域有武汉市和襄樊，这些地区城镇人口规模分别为 678.68 万人和 106.31 万人。全省城镇人口呈现向中心城市聚合趋势。

为直观反应全省人口资源分布情况，将上述指标在 ArcGIS 软件中进行空间分析，分析结果如图 3－1、图 3－2。

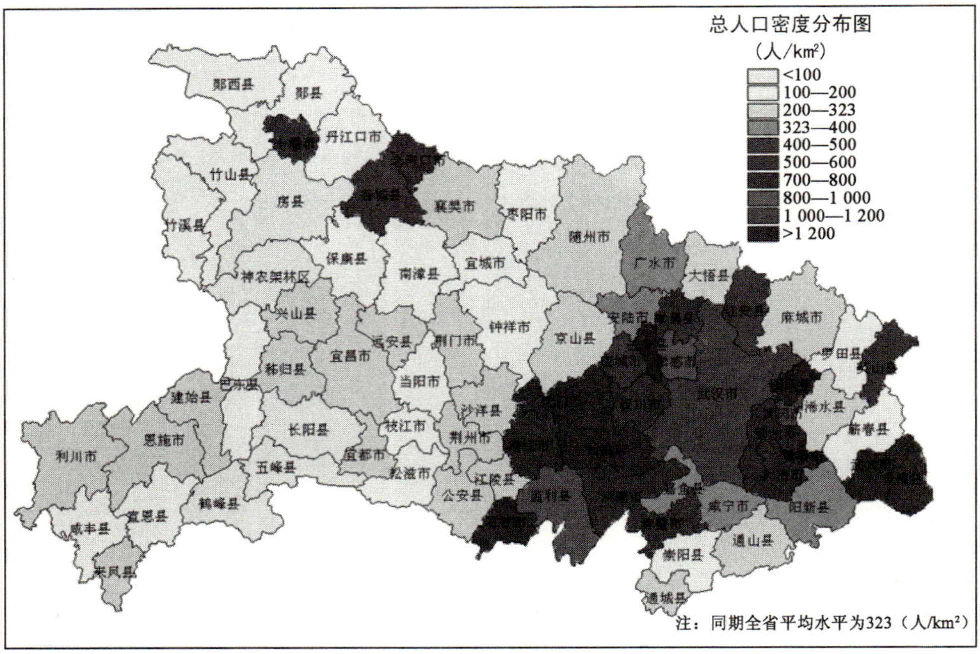

图 3－1　2008 年全省各县市(林区)人口密度分布图

图 3－2　2008 年全省各县市(林区)城镇人口分布图

3.1.2 经济发展基础

2009 年，湖北省完成地区生产总值 12 961.1 亿元，按可比价格计算，比上年增长 13.5%，连续 5 年保持两位数增长；人均 GDP 为 22 677 元，比上年增加 2 819 元，增长 14.2%。全省第一产业增加值为 1 795.90 亿元，按不变价格计算（下同）增长 5.2%，占 GDP 比重由上年 15.7%下降为 13.9%，降低 1.8 个百分点；第二产业增加值 6 038.08 亿元，增长 16.8%，占 GDP 比重由上年 44.9%上升为 46.6%，上升 1.7 个百分点；第三产业增加值 5 127.12 亿元，增长 12.3%，占 GDP 比重由上年 39.4%上升为 39.5%，上升0.1 个百分点。三次产业结构由上年 15.7 : 44.9 : 39.4 调整为 13.9 : 46.6 : 39.5(图 3 - 3)。

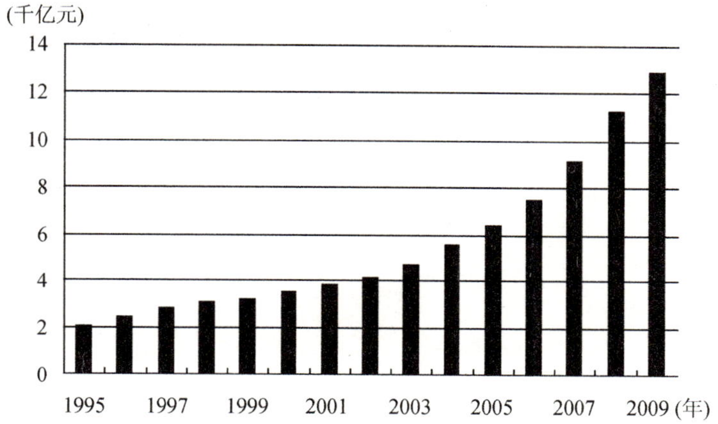

图 3 - 3 湖北省 1995—2009 年 GDP 变化趋势图

湖北省国内生产总值在“八五”期间及“九五”的头两年呈现高速发展态势，保持在 13%左右的年均增速。1998 年受国际金融危机和长江流域特大汛情的影响，湖北省国民经济的增长速度开始放缓，年增长率一直在 8%—9%的范围波动。从 2004 年开始，湖北省进入经济的复苏期，国民经济开始加速增长，年均增速达到 11%以上，按 2000 年可比价格计算，全省 GDP“十五”期年均增长率为 10%，2006—2009 年年均增长率为13.65%，2001—2009 年年均增长率为 11.74%；其中“十一五”开局年 2006 年，国内生产总值增长达到了近 8 年来的最高增速 13.2%，2007 年更是创 20 年来的增幅历史新高——达到了 14.5%的增速，均较大幅度高于 10%的“十一五”年均增速目标。

——省辖市发展水平。2008 年，全省 12 个省辖市实现生产总值为 6 811.73 亿元，占全省比重为 60.12%，实现地方财政收入占全省的比重为 55.69%，完成的固定资产投资占全省的比重为 59.69%，实际引进外资占全省比重 85.56%。省辖市人均 GDP 达 35 176.38元，与全省人均 GDP 比值为 1.77 : 1，省辖市之间人均 GDP 最高值与最低值之比为 3.34 : 1。全省 12 个省辖市中在 30 000 元以上的有 5 个即十堰、武汉、黄石、宜昌、荆门；20 000—30 000 元之间的有 2 个，即襄樊、鄂州；10 000—20 000 元的有 5 个，即荆州、咸宁、黄冈、随州、孝感。

——县级市发展水平。全省 24 个县级市（含恩施自治州）占全省总人口的比重为 25.29%。县级市的综合城镇化水平为 33%。县级市 2008 年实现 GDP 总量 2 583.19 亿元，占全省 22.79%，实现地方财政收入占全省 11.02%，完成的固定资产投资占全省的比重为 19.76%，实际引进外资占全省比重 10.16%；人均 GDP 产值 14 330.17 元，低于全省人均 GDP 产值约为 27.84%。全省县级市城镇化水平超过 40%的有 6 个，即赤壁市、仙桃市、潜江市、天门市、枣阳市和丹江口市。人均 GDP 超过 10 000 元的有 19 个，宜都市、仙桃市、潜江市、赤壁市、当阳市、枝江市、大冶市、应城市、汉川市、广水市、钟祥市、丹江口市、武穴市、天门市、老河口市、宜城市、枣阳市、安陆市、石首市。

——县发展水平。全省 40 个县的城镇人口占全省城镇人口的 38.42%，综合城镇化水平为 37.90%，与县级市相比，县的 GDP 总产值、人均 GDP、地方财政收入、固定资产投资分别是县级市的 70.37%、58.56%、74.54%、77.72%。通过 GIS 生成全省经济密度分布为图 3－4、全省人均 GDP 产值分布为图 3－5、全省财政收入总量分布为图 3－6、全省固定资产投资总量分布为图 3－7 和全省实际利用外资分布为图 3－8。

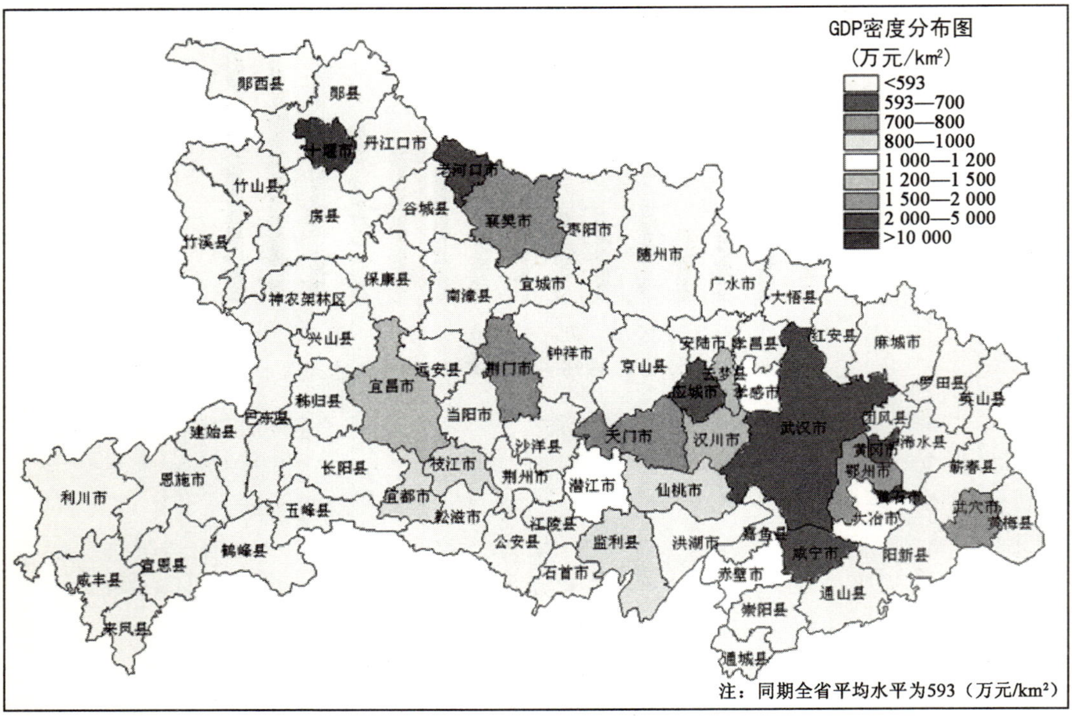

图 3－4　全省经济密度分布图

从整体来看，全省东部及中部地区经济发展水平较高，西部地区经济发展水平较低。其中，省辖市经济社会发展水平较高。武汉市作为省域中心城市，处于全省龙头地位，发挥了其核心作用，其经济社会发展水平明显高于其他省辖市，襄樊、宜昌作为省域副中心城市，其经济发展水平也在逐渐升高。

3.1.3　城镇化支撑条件

——土地资源。湖北省土地利用呈“七山一水两分田”的格局。根据 2008 年土地利用变更调查数据，全省农用地面积为 1 465.17 万公顷，占土地总面积的 78.82%；建设用地面积为 140.04 万公顷，占土地总面积的 7.53%；未利用地面积为 253.66 万公顷，占土

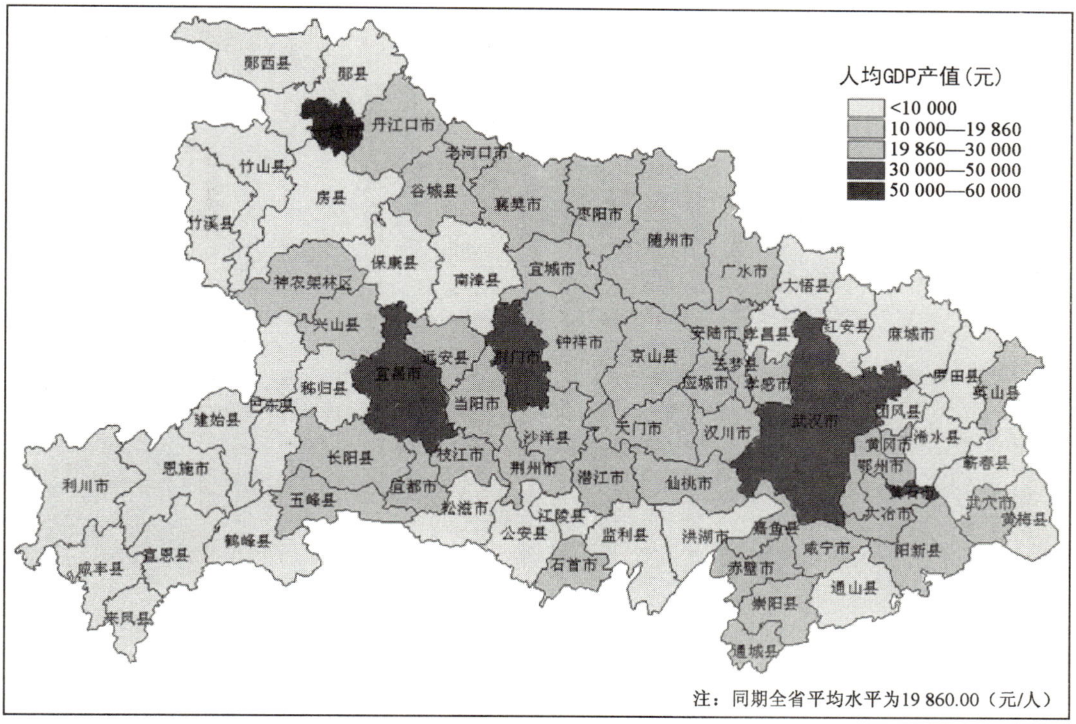

图 3－5　全省人均 GDP 产值分布图

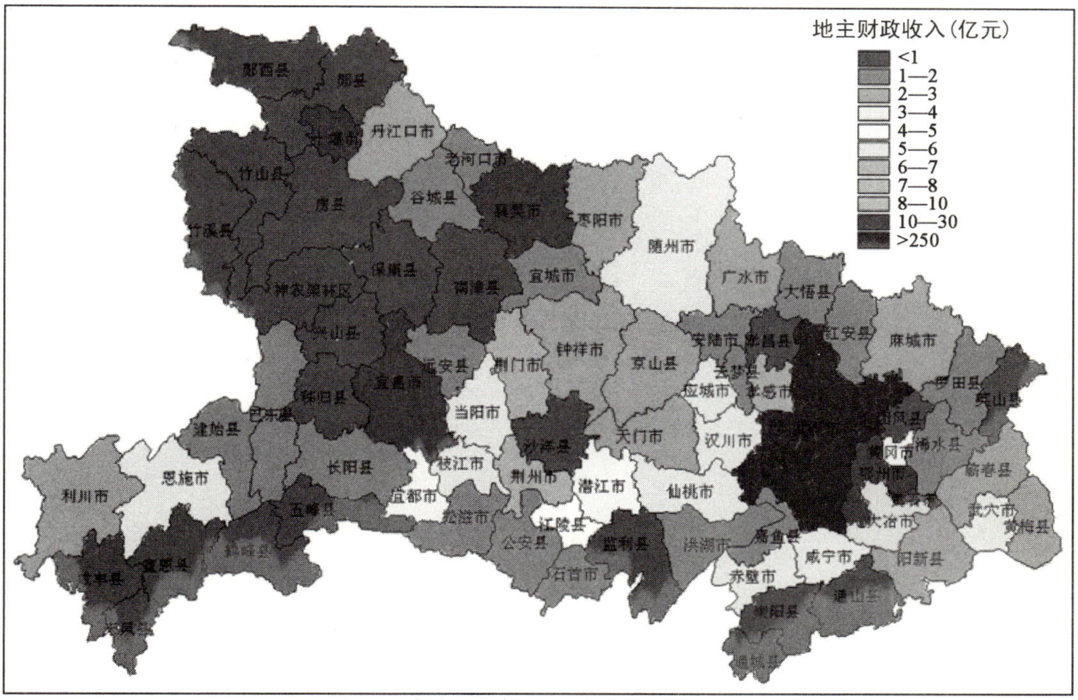

图 3－6　全省财政收入总量分布图

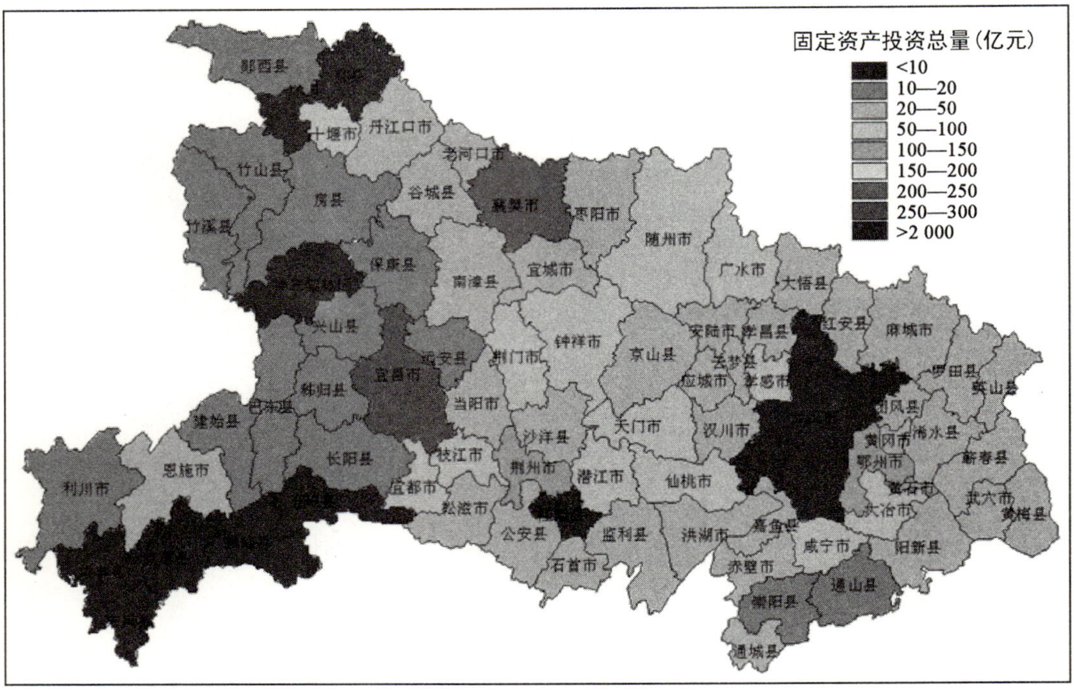

图 3-7　全省固定资产投资总量分布图

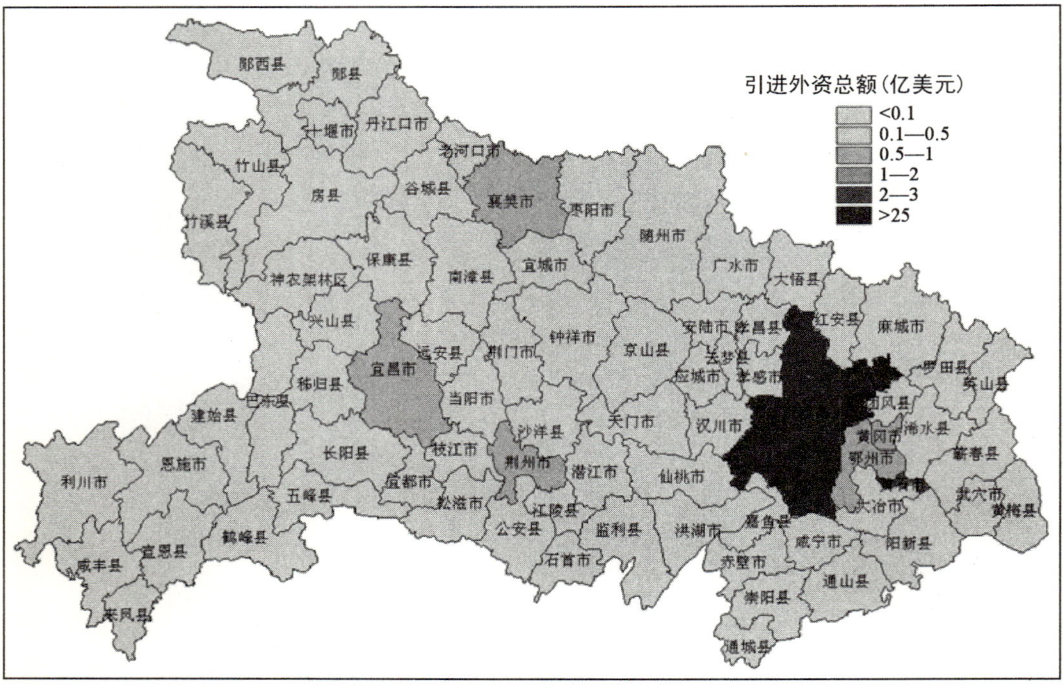

图 3-8　全省实际利用外资分布图

地总面积的 13.65%。城镇工矿用地面积为 26.62 万公顷，占土地总面积的 1.43%，人均城镇工矿用地为 96.36 m^2，比 2005 年人均减少 1.64 m^2（图 3－9）。农村居民点用地面积为 71.98 万公顷，占土地总面积的 3.88%（图 3－10）。交通水利及其他用地面积为39.18 万公顷，占土地总面积的 2.10%。全省未利用地及其他用地总面积为 253.66 万公顷，占土地总面积 13.65%，扣除河流、湖泊水面、沼泽地、苇地和部分滩涂等具有生态环境保护功能的湿地，宜耕后备土地十分有限（图 3－11）。

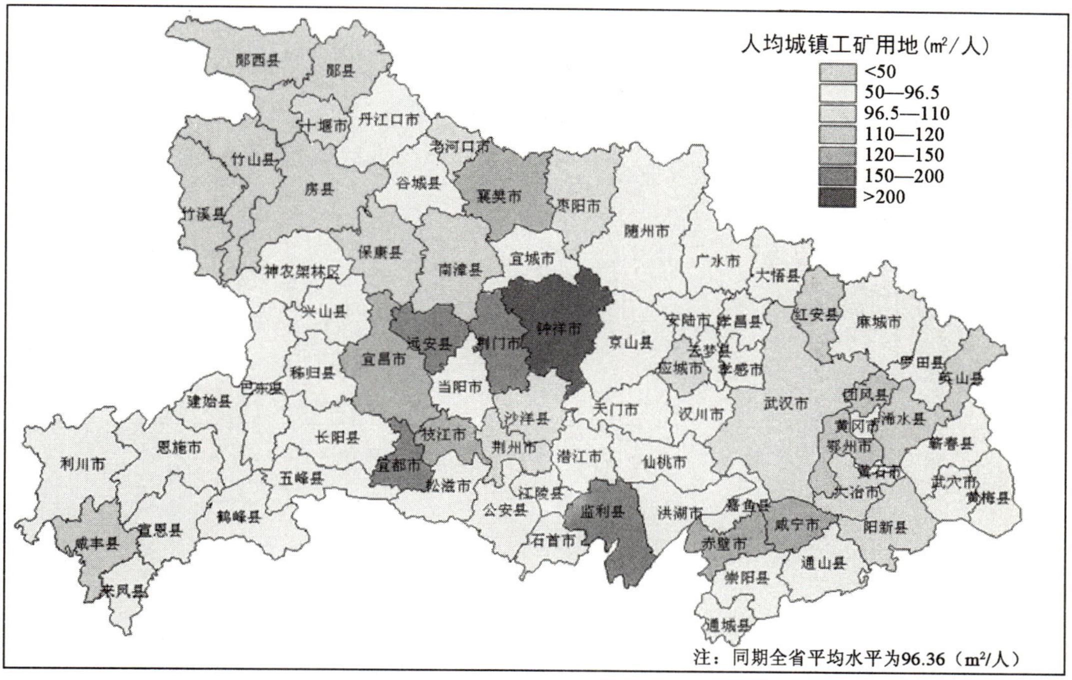

图 3－9　全省人均城镇工矿用地分布图

——淡水资源。湖北省多年平均地表水资源量为 1 006.23 亿 m^3，其中长江流域地表水资源量为 1 000.73 亿 m^3，淮河流域为 5.50 亿 m^3。全省地表水资源地区分布特征是由南向北、由周边向江汉平原腹地、由山区向着平原逐渐减少。比较全省 17 个地级行政分区的地表水资源（自产水），总水资源量以恩施州的 224.18 亿 m^3 为最多，以天门市地表水资源量 8.22 亿 m^3 为最少。人均水资源量以神农架最多，以武汉市为最少。目前，湖北省共建成水库 5 768 座，总库容为 579.7 亿 m^3；其中大型水库 60 座，总库容为 444.4 亿 m^3；中型水库 251 座，总库容为 70.4 亿 m^3；小型水库 5457 座，总库容为 44.9 亿 m^3（表 3－3）。水库分布特征是东多西少，总的趋势是由南向北、由东向西递减。从城镇化和城镇发展看，长江沿线和汉江沿线城镇，水质良好，水量充沛，能够满足工业和人民生活的需要。鄂东南、鄂西南及鄂西北等地区，水资源较丰富，但开发程度低，不过通过水利设施建设，也基本能够满足城镇化和城镇的需要。而处于水系上游的城镇，如枣阳、保康、麻城、广水、应城、当阳、安陆、京山、红安、大悟、云梦、黄梅、罗田、竹溪、神农架林区、远安、五峰、孝昌、英山、通山、通城等城镇，水资源有限，开发利用率较高或开发利用难度较大的，枯水年份易发生供水短缺，客水调用代价大，这类城镇应控制发展。

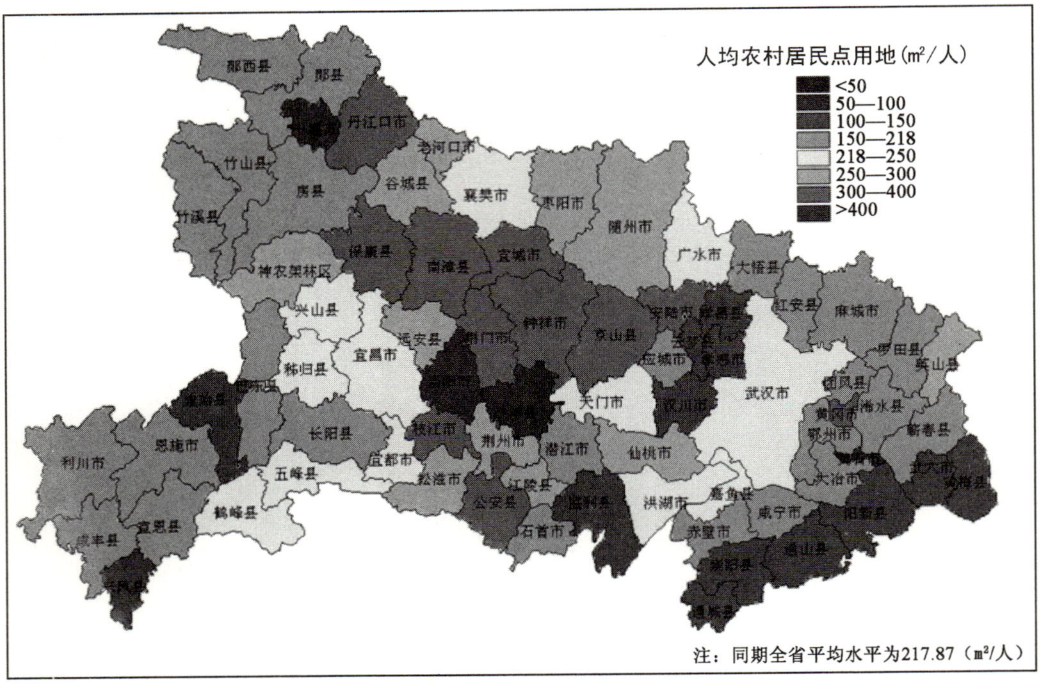

图 3－10 全省人均农村居民点用地分布图

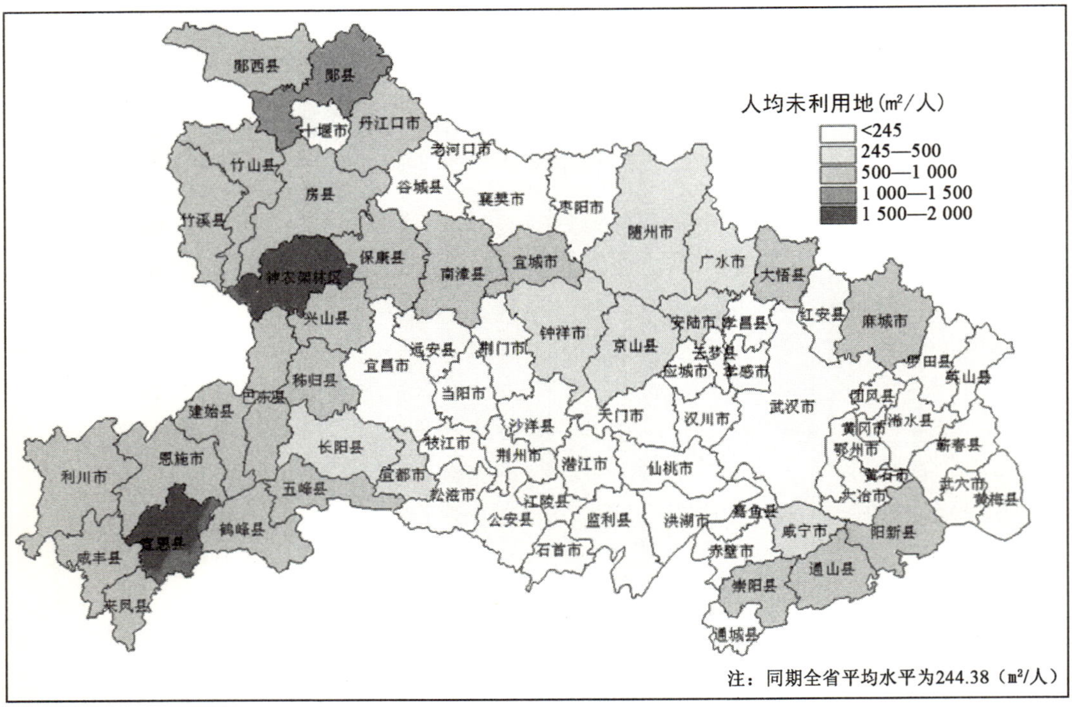

图 3－11 全省人均未利用地分布图

表 3-3　湖北省分区多年平均水资源比较

行政分区	地表水资源量（亿 m^3）	总水资源量（亿 m^3）	人均水资源量（m^3/人）
合计	1 006.23	1 036.0	48 073.39
武汉市	44.59	47.6	571.29
黄石市	34.66	35.8	1 391.37
十堰市	85.38	85.4	2 433.05
宜昌市	137.38	138.1	3 445.61
襄樊市	59.53	63.8	1 091.72
鄂州市	10.14	11.5	1 076.78
荆门市	41.53	42.6	1 419.53
孝感市	36.74	38.1	725.58
荆州市	64.76	71.8	1 099.37
黄冈市	112.56	114.9	1 563.05
咸宁市	79.72	82.2	2 852.19
随州市	28.93	28.9	1 128.47
恩施州	224.18	224.2	5 671.64
仙桃市	10.96	13.1	869.28
潜江市	10.13	11.6	1 151.94
天门市	8.22	9.6	582.52
神农架林区	16.82	16.8	21 000.00

——能源供应。湖北省是我国能源需求大省，水能资源丰富，其他一次能源相对匮乏，原煤、原油和天然气资源较少，需从外省调入。常规的能源资源中，水能占 97.35%，煤炭占 2.47%，石油占 0.13%，天然气占 0.05%。从水能分布来看，其主要分布在长江流域湖北段西部、汉江流域以及恩施的清江流域，大型水电站主要有三峡电站、水布垭电站、葛洲坝、隔河岩、高坝州、黄龙滩、潘口、丹江、江坪河、淋溪河等。煤炭资源主要分布在黄石市、咸宁市、恩施州和宜昌市等地，可供设计开发利用（基础储量、内蕴经济的资源量）为 7.15 亿吨。石油资源主要集中在江汉盆地的潜江、江陵、天门等地。天然气资源主要分布在恩施州利川市建南地区。风能资源总储量为 3 232.64 万千瓦，《湖北省风能建设规划》规划了通山九宫山、利川齐岳山、大悟仙居顶、黄冈龙感湖、随州大风口、钟祥华山观和崇阳大湖山计 7 个风电场，总规划容量约为 60 万千瓦。太阳能资源方面，除鄂西南外，湖北省大部分地区具有较好的太阳能资源。地热资源主要分布在咸宁、英山、罗田、应城、洪湖和京山等地。从长远看，满足湖北省城镇化发展需要，化石能源短缺，严重依赖外调；电煤依靠外购，电煤资源短缺成为制约湖北省经济社会发展的瓶颈。

——生态框架。湖北省处于中国地势第二级阶梯向第三级阶梯过渡地带，地势呈三面高起、中间低干、向南敞开、北有缺口的不完整盆地。生态格局以山、水、园、城为基质与骨架及节点，以“五山夹两江、两江汇平原”的整体态势形成“两脉、五叶、二十四区、七十六节点”区域生态空间构架(图 3－12)。

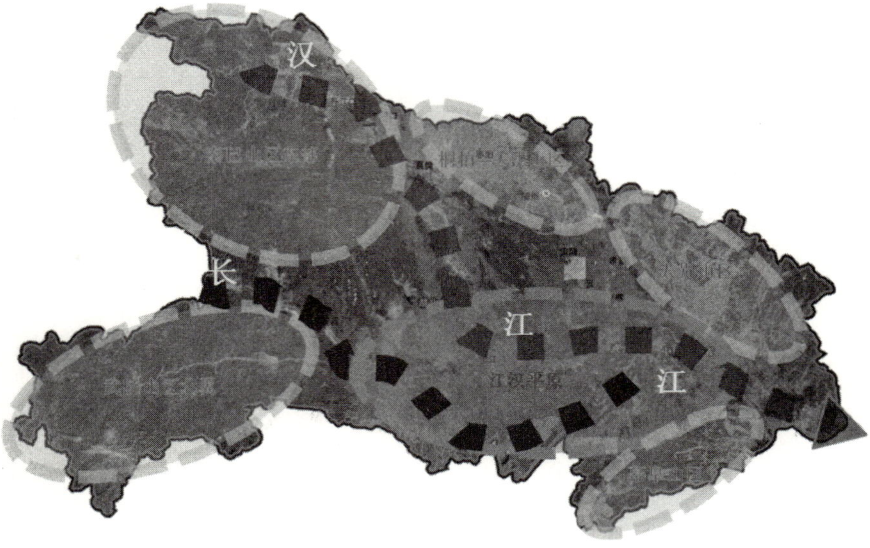

图 3－12　湖北省生态空间架构

——环境质量。总体上稳中趋好，部分地区环境质量明显改善。全省水环境质量总体稳定，部分河流水质符合Ⅰ—Ⅲ类标准的比例为 85.1%、劣Ⅴ类的比例占 3.7%，明显好于全国七大水系水质总体水平(全国符合Ⅰ—Ⅲ类标准的比例为 57.1%、劣Ⅴ类的比例占 20%)；长江、汉江干流水质总体优，长江支流水质总体良，汉江支流水质总体为轻度污染。湖库水质符合或优于Ⅲ类水质的水域比例为 54.6%。全省出现酸雨城市比例为 70.4%。全省平均酸雨频率为 26.5%。

——发展容量。从发展条件分析，制约湖北城镇发展的资源与环境条件主要是土地资源与水环境。根据《湖北省主体功能区规划(2009—2020 年)》，全省现在适宜建设的土地资源丰富，扣除不适宜工业化、城镇化开发的国土空间，全省适宜建设用地面积为 8.82 万 km^2，约占全省陆地国土面积的 49.92%。除基本农田面积外，湖北省可利用的适宜建设用地有 4.79 万 km^2，约占全省陆地国土面积的 25.78%。从生态极限的角度看，区域建设用地总量不应超过可用土地的 50%，即 2.395 万 km^2。根据国际经验，现代城市满足人的生存、发展、享受三种基本需要的人均建设用地面积在 140—200 km^2。以城乡人均建设用地面积 140 km^2 测算，全省土地资源可承载人口毛容量不应大于 1.71 亿人；以城乡人均建设用地面积 200 km^2 测算，则土地资源可承载的人口毛容量数不应大于 1.2 亿人。再根据省环保厅有关资料，全省 COD 容量为 81.77 万吨/年，氨氮容量为 2.69 万吨/年。根据《湖北省城镇污水处理及再生利用设施建设规划修编》，全省城市及乡镇平均污水集中处理率为 70%；城镇人均综合用水指标取 460 升/人。据此可估算全省基于 COD 环境容量的人口规模为 2.19 亿人；全省基于氨氮环境容量的人口规模为 7 190 万人。据此，根据湖北省土地资源与水环境，其发展容量将在 8 000 万—10 000 万人。

3.2　城镇化过程与发展机制

湖北省现有12个地级市和24个县级市，城市设置过程如表3－4。

表3－4　新中国成立后湖北省设市历程

年份	地级市		县级市	
	个数	事件	个数	事件
1949	3	设立武汉、宜昌、沙市	0	无变更
1950	4	将武汉划为中央直辖市，设置黄石市	0	无变更
1951	5	设立襄樊市	1	设立老河口市
1952	4	取消襄樊市	0	取消老河口市
1953	4	无变更	1	设置襄樊市
1954	3	武汉改为省辖市	2	宜昌、襄樊
1955	2	撤销沙市	3	设置沙市
1960	2	无变更	5	设置鄂城、沙洋
1961	2	无变更	3	撤销鄂城、沙洋
1969	2	无变更	4	设置十堰市
1973	3	十堰提升为地级市	3	取消十堰市
1979	6	提升沙市、襄樊、宜昌为地级市	4	取消沙市、襄樊、宜昌，设立鄂城、荆门、老河口、随州
1981	6	无变更	5	设立恩施市
1983	8	增设荆门、鄂州	6	增设孝感、咸宁、丹江口
1986	8	无变更	12	增设利川、麻城、仙桃、蒲圻、石首、应城
1987	8	无变更	17	增设洪湖、天门、安陆、武穴、枝城
1988	8	无变更	21	增设枣阳、潜江、广水、当阳
1990	8	无变更	22	增设黄州
1992	8	无变更	23	增设钟祥
1993	9	提升孝感为地级市	22	取消孝感市
1994	9	无变更	24	设立大冶、宜城
1995	10	增设黄冈市	24	无变更
1996	10	无变更	25	设立枝江市
1997	10	无变更	26	设立汉川市
1998	11	提升咸宁为地级市	25	撤销咸宁市，将枝城市更名为宜都市，将蒲圻市更名为赤壁市
2000	12	提升随州为地级市	24	撤销随州市

3.2.1 城镇化发展历程

依据城镇化率①统计，湖北省城镇化水平的变化，在改革开放之前表现为平稳增长，改革开放后城镇化率发展平缓，但有两次城镇人口突变的现象，这种突然增多与城镇人口的自然增长和机械增长的较为稳定的属性不一致，进入 2000 年后，湖北省的城镇化率的变化趋于稳定(图 3－13)。结合城镇设置的变更，可以将湖北省城镇化发展分为两个阶段七个时期。

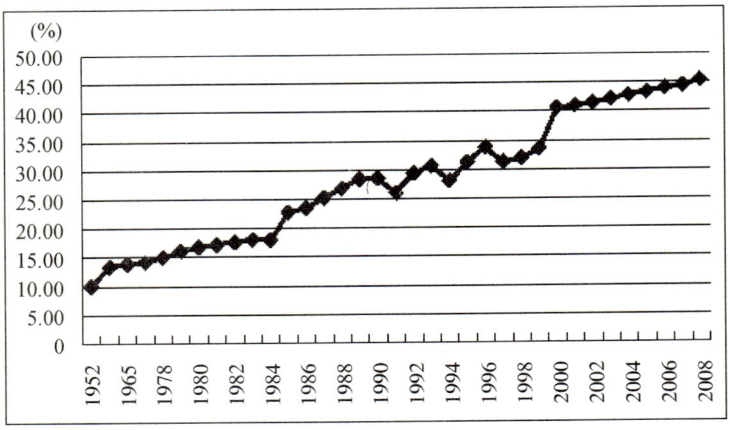

图 3－13　湖北省年城镇化率变化(1952—2008 年)

——改革开放前(1949—1978 年)。这一时期湖北省的城镇化发展基本以发展大城市为主，虽然国家在 1962 年提出“对于大城市，特别是大城市的人口增长要严加控制”，但由于国家大型项目是计划经济时期城镇化发展的主要推动力，因此，武汉市作为湖北省城镇化增长的重心和投资的重点，得到了极大的发展。由于广大农村地区缺乏增长动力，基本以农业产品为主，商品经济未能充分发展，农村商品经济发展和农业劳动生产率的提高长期低于全国水平，农村地区和小城镇的城镇化速度非常缓慢。1978 年，湖北省城镇化水平为 15.08%，但仍比沿海大部分省份的城镇化率高，比广东省和辽宁省略低(图 3－14)。

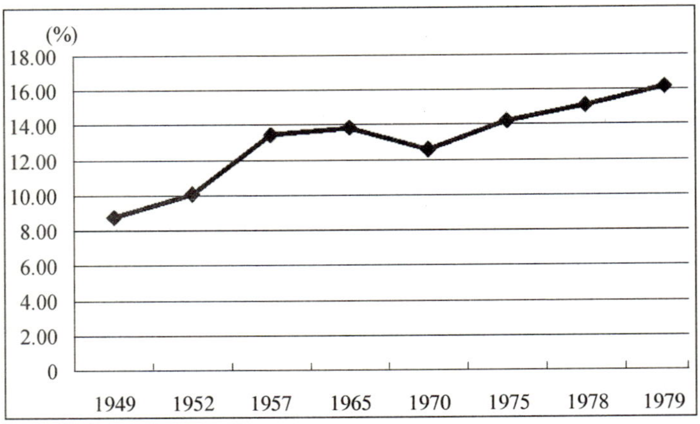

图 3－14　湖北省城镇化率变化图(1949—1979 年)

---

① 湖北省城镇化率 2000 年以前为非农人口/总人口的比率，2000 年以后为城镇人口/总人口的比率。

——改革开放后(1979 年至今)。这一时期,湖北省农村工业化起步缓慢,发展速度也较沿海地区慢,因此农村工业化不能有效地推动城镇化的发展。湖北省这一时期的城镇化水平增加,与湖北省建制镇的增加、撤县设市、地市合一等政策具有较大的相关度。图 3 - 15 为湖北省这一时期城镇化水平变化特征和湖北省城镇化水平的变化趋势。

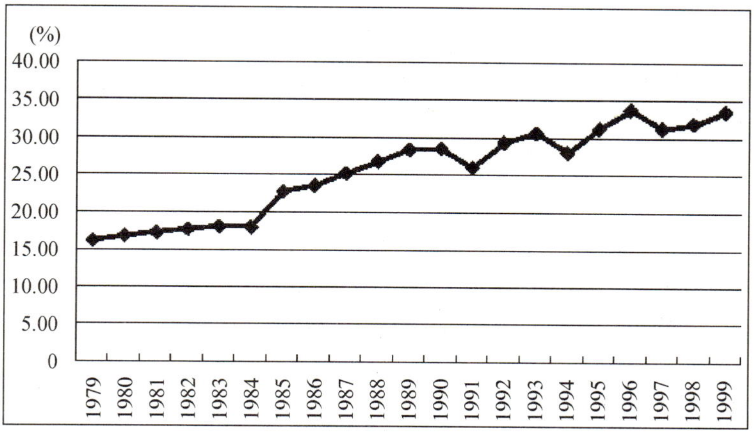

图 3 - 15　湖北省城镇化率变化(1979—1999 年)

湖北省的城镇化大体上还可以细分为四个阶段:(1) 镇建制调整期(1979—1985 年)。这一时期的城镇化人口骤增还与城乡壁垒的破除有关,大量的农村剩余劳动力向集镇转移,国家颁布的《关于农民进集镇落户问题的通知》推动了农民向城市的转移。因此,改革的重点从农村转入城镇,希望通过小城镇吸收广大农村劳动力,从而实现城镇化的发展。由于建制镇的不断增加,城市规模等级的调整也相应进行,1979 年,湖北省将沙市、襄樊和宜昌提升为地级市,同年设立了鄂城、荆门、老河口、随州 4 个县级市。1983 年,孝感、咸宁、丹江口(原均县)和恩施撤县建市,对荆门、鄂城、随州、老河口实行县市合并,并将荆门、鄂州(原鄂城)升为省辖市。截止 1985 年底,湖北省城市已发展到 14 个(特大城市 1 个,中等城市 7 个,小城市 6 个),建制镇 858 个。(2) 市建制调整期(1986—1991 年)。1986 年湖北省增加 6 个县级市,1987 年增加 5 个县级市,1988 年增加了 4 个县级市。三年之间城市数量从 14 个增加到 29 个,增加了一倍多。截止 1992 年,湖北省城市 31 座,与江苏省并列全国第二位。(3) 城镇化虚高期(1992—2000 年)。湖北省的农村工业化由于缺乏区位条件以及开放度不及沿海地区,推动力不足,发展较沿海地区缓慢,但是经过大规模的建制镇和设市调整,湖北省在新世纪初的城镇化率存在"虚高"的现象,表现在地域现象上为两点:一是特大城市武汉市规模偏大,城镇化质量低,大规模的农村劳动力向武汉的转移,实现了职业的转换,但并未享受到城市市民的生活待遇,大多从事非正规职业,收入水平低,居住条件简陋。二是广大小城镇地区的经济发展较为缓慢,相对沿海地区的强县强镇战略,湖北省在这一时期的发展主要是以城市为主,小城镇地区的家庭可支配收入较低,小城镇的城镇基础设施建设不足,城镇景观与沿海地区有较大的差距,因此城镇化质量水平不高。(4) 稳定增长时期(2000 年至今)。2000 年至 2008 年之间,湖北省城镇化水平上升了 4.8 个百分点,平均每年上升 0.6 个百分点,比改革开放前 20 年的速度慢了一半。8 年间城镇人口仅增长了 170 万,而改革开放的前 20 年城镇人口增长了 1 722 万。

因此，新世纪的前 8 年，湖北省的城镇化发展处于正常的增长期，在调整改革开放前 20 年的虚高城镇化问题的情况下，经济快速发展，全省人均收入从 5 940 元上升至 19 839 元。在这一时期，虽然经济快速增长，但是城镇化水平并未有较大的提升，在消化完城镇中的虚假城镇化以后，湖北省的城镇化将面临新的发展机遇和挑战。

3.2.2 城镇化空间过程

湖北省城镇发展的空间过程，大致可以分为四个时期：(1) 沿江发展时期。新中国成立初至 20 世纪 60 年代，主要是沿长江和汉江城市得到一定的发展，新增鄂城、黄石、襄樊、十堰等城市。(2) 沿路发展时期。20 世纪 70 年代，随着"三线"建设推进，焦柳铁路和襄渝铁路沿线的宜都、枝江、荆门、远安、老河口、十堰等鄂西城镇得到较快发展，全省城市布局格局基本确立。(3) 全面发展时期。20 世纪八九十年代，随着城乡经济体制改革，大量的整县改市和拆乡建镇，以小城市及建制镇为主体，全省城镇得到全面发展，空间布局更加均衡。(4) 极点发展时期。进入 21 世纪，随着全省高速公路建设快速发展及《湖北省城镇体系规划(2003—2020 年)》的实施，全省城镇以武汉、宜昌和襄樊的快速发展为主要特征。

历史上，湖北省空间结构曾经长期形成"一特五大"的格局。2000 年以来，这一空间发展格局被一再打破，主要围绕是"集中"还是"分散"展开(图 3 - 16)。

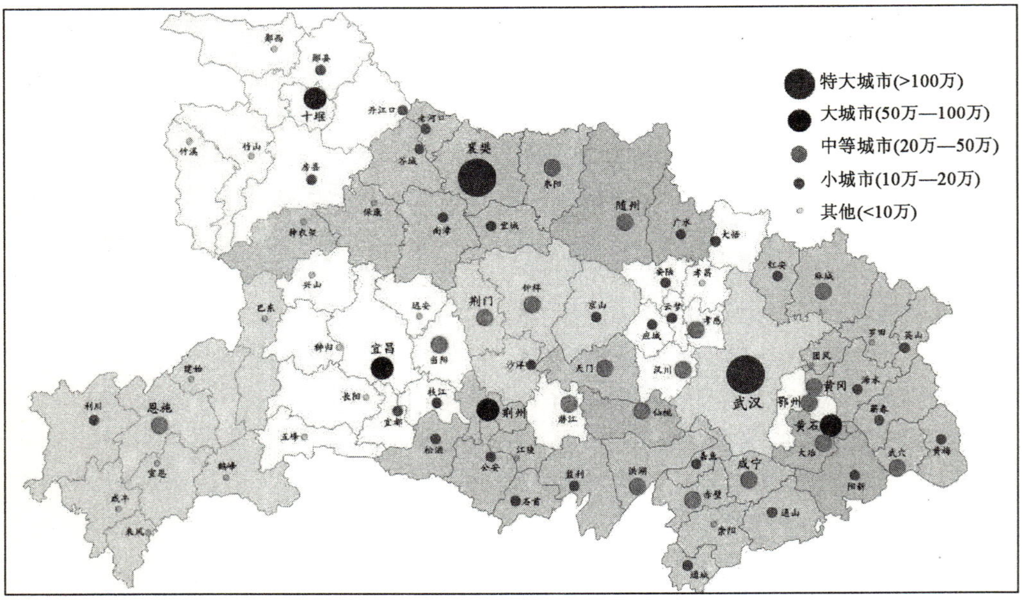

图 3 - 16 2000 年以来城镇分布

——一城独大结构。新中国成立时，全省除武汉市为人口超过 100 万的特大城市，并具有相当工业基础外，全省仅小城市沙市及百余座建制镇，产业基本为农副土特产品初加工、集市贸易及作坊手工业，现代工业基础几乎空白；经过三个五年计划建设，随着《武汉—大冶区域规划》、《襄阳地区区域规划》的实施，适应生产地域综合体布局需要，在武汉市、大冶、黄石及襄阳专区的 10 余个县市，数十个新型工矿镇建立起来，工矿型城镇在局部地区有了一定发展。全省城镇空间布局整体呈"一城独大、离散均衡"的自然放任发展状态，缺乏全局性空间布局战略、支撑体系及实施措施。

——“一、四、六、一”结构。1991 年湖北省开始编制第三次全省城镇体系规划，并依据全省资源条件、产业发展、城镇现状等方面的综合分析，首次提出了全省“一、四、六、一”产业与城镇整体布局结构规划(图 3－17)。具体为：一个省域中心城市，即省会城市武汉市。四个城镇经济区，即：鄂东经济区，包含武汉市、鄂州、黄石、黄冈及孝感；鄂中南经济区，包含荆州、荆门、仙桃、潜江及天门；鄂西南经济区，包含宜昌、恩施和神农架；鄂西北经济区，包含随州、襄樊和十堰。六条城镇及产业密集带，即：长江城镇及产业密集带、汉江城镇及产业密集带、京广铁路城镇及产业密集带、汉渝铁路城镇及产业密集带、焦柳铁路城镇及产业密集带、宜黄高速公路及武九铁路城镇及产业密集带。一个城市连绵带，即武鄂黄城市连绵带，含武汉、鄂州和黄石等城市。

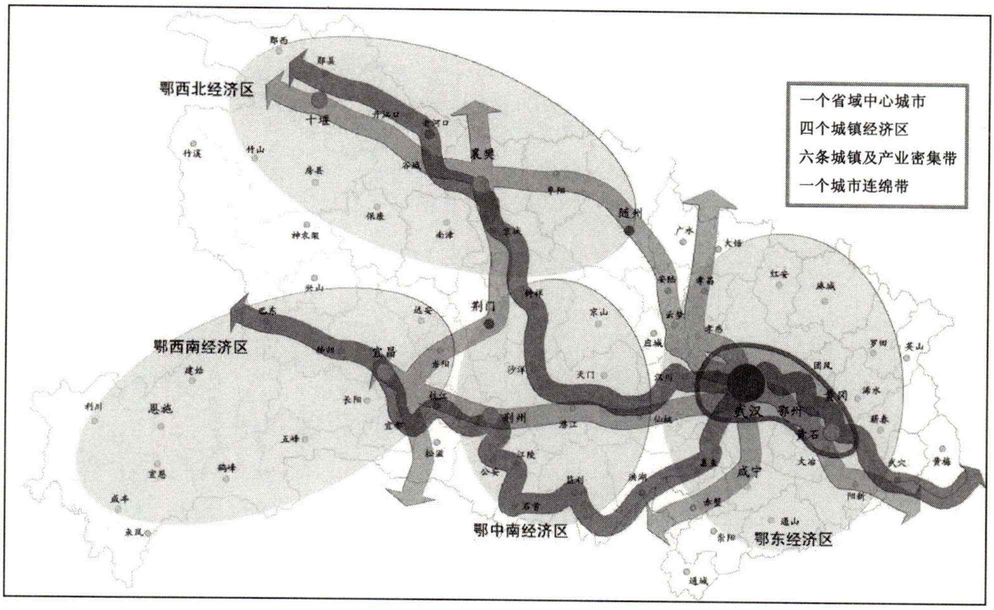

图 3－17　一、四、六、一整体均衡阶段

——三区三轴结构。1999 年开始编制并在 2003 年报批实施的湖北省第四次城镇体系规划提出，建立“一主两副、三区三轴”的城镇空间发展格局，并在随后编制的《武汉城市圈总体规划纲要》、《宜昌都市区规划》及《襄樊都市区规划》得到了进一步落实(图 3－18)。

——“一主两副”结构。2003 年省政府出台《关于加强城镇建设工作的决定》，首次提出将宜昌和襄樊确定为我省的省域副中心城市，与武汉形成“三足鼎立”之势带动全省城镇整体发展。宜昌、襄樊省域副中心城市的确立，改变了湖北以往的经济发展战略，形成了“一主两副”的经济发展格局，从战略布局上极大缓解了湖北空间发展过于极化的问题。

——武汉都市圈独大。2008 年以来，以武汉为中心、周边八大城市共同组成的大武汉城市圈，成为国家资源节约型和环境友好型综合配套改革实验区，获国务院正式批准。先行先试的政策优势不仅大大加速了武汉城市圈内区域一体化进程，也极大地促进了城市圈内各城市的发展。据有关部门统计，武汉城市圈占全省总面积的 31.1%，圈内人口

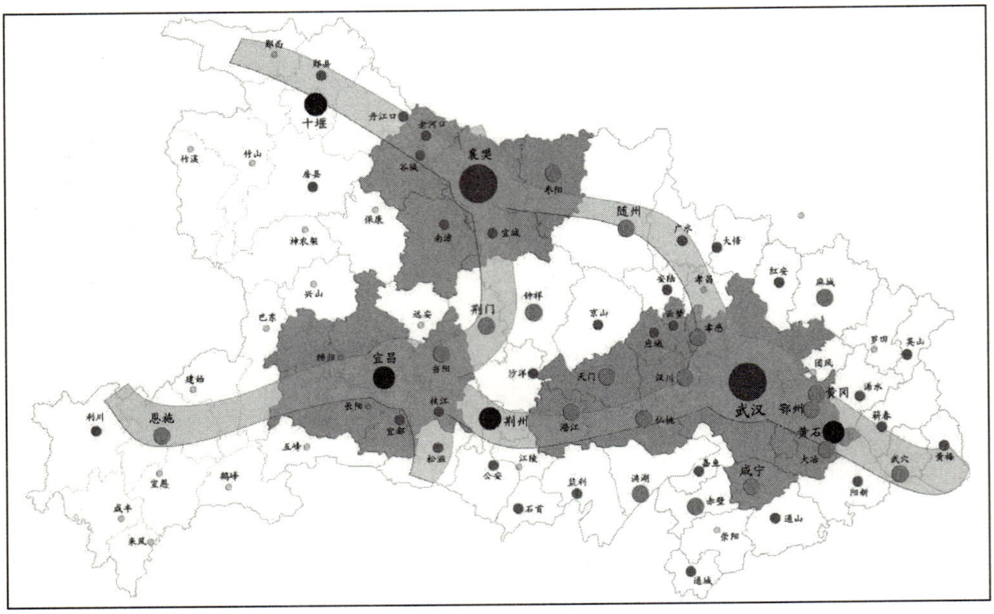

图 3-18 三区三轴，局部极化阶段

占湖北总人数的 51.6%，城市圈 2007 年实现的 GDP 超过了全省的 60%。

3.2.3 城镇化水平差异

采用 1990 年(图 3-19)、2000 年(图 3-20)、2008 年(图 3-21)三个时间截面的数据考察湖北省在不同历史时期城镇化水平的地域差异及发展规律。

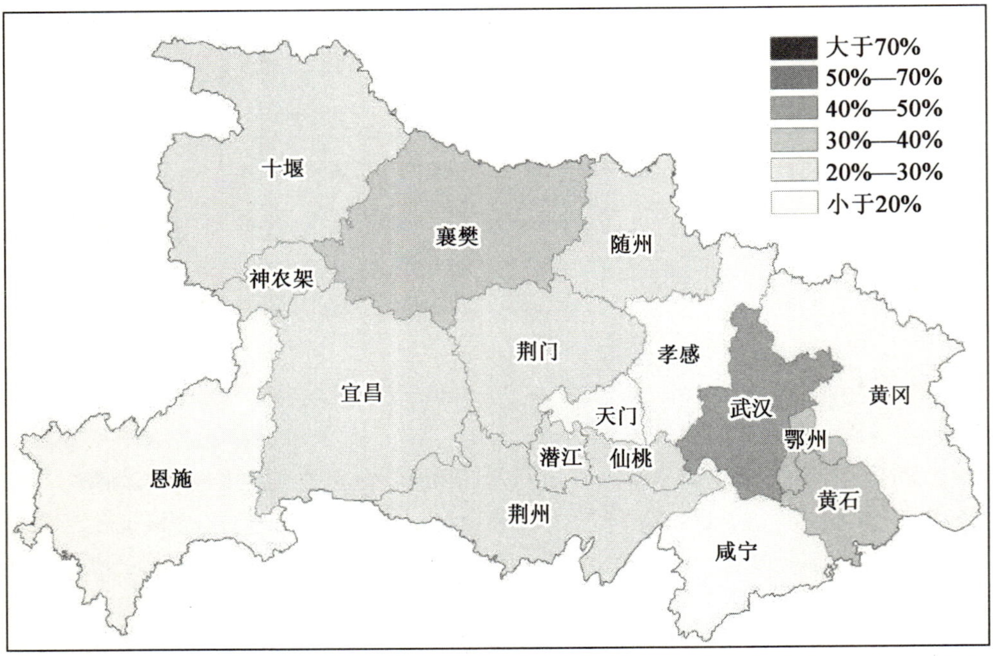

图 3-19 1990 年湖北省城镇化水平地域分布

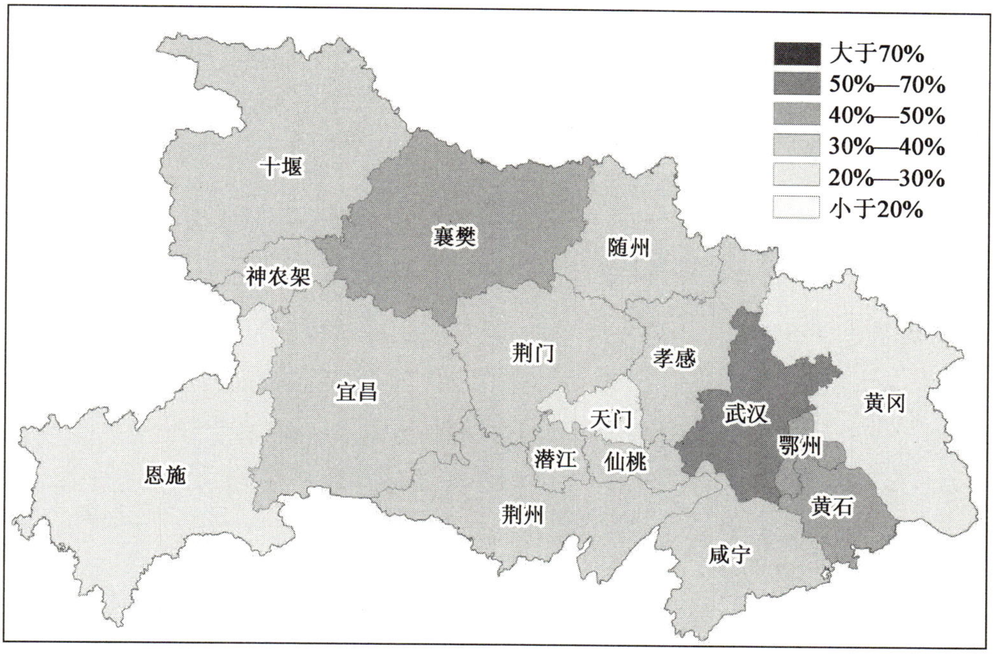

图 3－20　2000 年湖北省城镇化水平地域分布

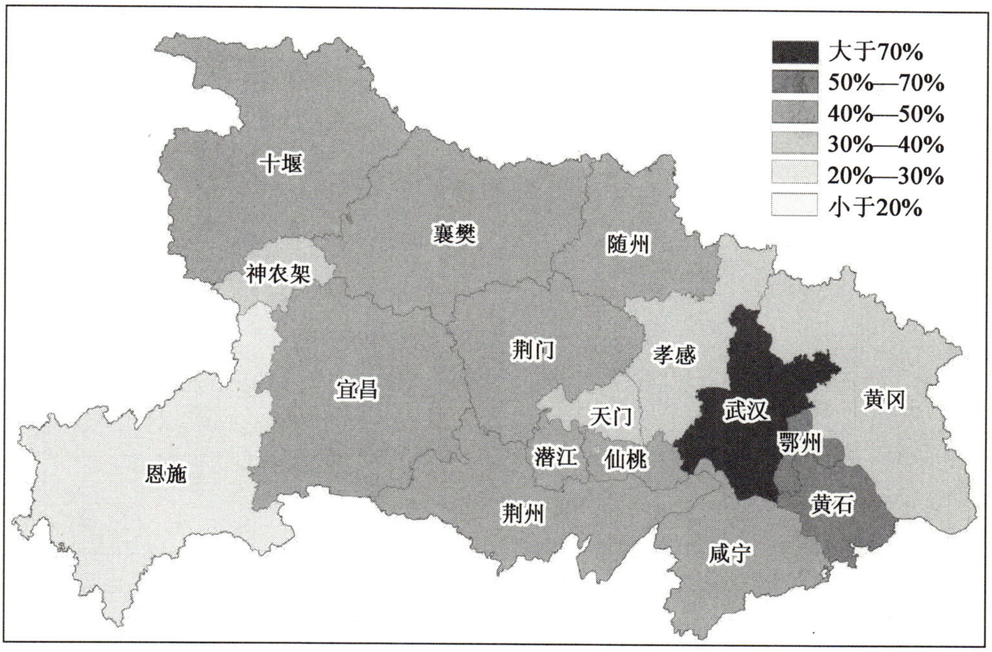

图 3－21　2008 年湖北省城镇化水平地域分布

各时期城镇化水平的分布大体一致，整体呈现“中间高、周边低”的格局。城镇化水平最高的地区一直集中在武鄂黄地区，城镇化水平较低的地区则主要分布在鄂西南的恩施和鄂东北的黄冈等地。不过也存在一些例外，如孝感、天门两市由于长期以来农业占据主导地位，城镇化发展较慢，成为鄂中地区为数不多的城镇化水平较低的城市。而鄂西北的十堰，由于长期以来作为汽车工业基地的建设，城镇化水平反而较一些鄂中地区城市要高。

各地区城镇化水平的差异逐渐缩小。1990 年、2000 年、2008 年湖北省各地区城镇化水平的差异系数分别为 0.44、0.30、0.24，说明全省城镇化水平的地域差异正在逐渐缩小。主要是由于一部分中小城市及原先经济不发达的地区如咸宁、仙桃、天门、孝感、荆门、随州的发展速度相对较快，而鄂州、黄石等原本基础较好的老工业基地发展速度则有所减缓，使得城镇化水平的地域差异快速下降。

3.2.4 城镇化驱动因子

推进城镇化进程具有多元化要素，目前可以归纳为行政力、市场力、外向力和内源力，其中，行政力是指政府通过行政区划调整、资金投入、产业布局等方式推动城镇化；市场力是指通过市场化集聚生产要素和空间配置推动城镇化；外向力是指在经济全球化过程中由于外资和外部技术引进推进城镇化进程；内源力则是指由于内部工业化生产能力的提升对城镇化起促进作用。

为了综合比较上述四种动力因子对湖北省城镇化进程的影响大小及其阶段性特征，选取 1985—2008 年的湖北省社会消费品零售总额 X_1、全社会固定资产投资总额 X_2、地区工业生产总值 X_3、实际利用外资总额 X_4、分别代表市场力、行政力、内源力、外向力的自变量，同期与湖北省城镇化综合水平评价得分为 Y，建立城镇化与其动力因子的多元线性回归模型。

根据湖北省城镇化发展的历程，分第一、二阶段和总阶段分别进行因子分析和回归分析，第一阶段为 1985—1999 年，第二阶段为 2000—2008 年，总阶段为 1985—2008 年。

——内源力为主推动：1985—1999 年。第一阶段的多元线性回归方为：$Y=0.253X_1+0.253X_2+0.254X_3+0.249X_4$。这一阶段的湖北省城镇化动力主要为地区工业生产总值的推动，主要是以内源力为推动力的城镇化综合提升，标准回归系数为 0.254（表 3-5）。

表 3-5　湖北省城镇化第一阶段标准回归系数 a①

模型	非标准化系数		标准系数	t	Sig
	B	标准误差	试用版		
常量	−1.269	0.000	—	.②	0.000
地区工业生产总值	0.001	0.000	0.254	.	0.000
实际利用外资(万美元)	6.652E-6	0.000	0.249	.	0.000
社会消费品零售总额(亿元)	0.001	0.000	0.253	.	0.000
全社会固定资产投资(亿元)	0.001	0.000	0.253	.	0.000

表注：① 此处 a 为因变量 REGR 因子得分 1。
② 表示方差 t 校验。

——市场和内源推动：2000—2008 年。第二阶段的多元线性回归方为：$Y=0.253X_1+0.252X_2+0.253X_3+0.249X_4$。第二阶段的城镇化推动力演化为市场力和内源力为主要推动力，标准回归系数为 0.253（表 3－6）。

表 3－6　湖北省城镇化第二阶段标准回归系数 *a*

模型	非标准化系数		标准系数	t	Sig
	B	标准误差	试用版		
常量	－2.374	0.000	—	.	0.000
全社会固定资产投资(亿元)	0.000	0.000	0.252	.	0.000
社会消费品零售总额(亿元)	0.000	0.000	0.253	.	0.000
实际利用外资(万美元)	3.259E－6	0.000	0.249	.	0.000
地区工业生产总值	0.000	0.000	0.253	.	0.000

表注：此处 *a* 为因变量 REGR 因子得分 1。

从湖北省整体的城镇化推动历程来看，推动力在四种力量之间比较均衡，缺乏主导动力，其中以市场力和内源力推动为主，行政力和外源力作用较小。（1）市场力，为湖北省城镇化的重要推动力之一，社会消费品零售总额对城镇化综合水平的标准回归系数维持在 0.252 以上，市场力是唯一没有下降的城镇化推动力。随着社会主义市场经济制度的不断完善，市场经济对湖北省城镇化的推动作用越显重要。这表明市场经济体制改革的不断深入，发挥市场配置资源的基础性作用，使经济充满活力，富有效率，对城镇化进程的重要性更加凸显。（2）行政力，总体影响作用相对下降，由第一阶段的 0.253 下调至 0.252，政府在湖北省城镇化中的作用逐渐减弱。（3）内源力，在第一阶段是城镇化的主导动力，占的比重较大。但是随着城镇化的推进，内源力的作用开始下降，工业化对城镇化的单向推动开始逐渐衰弱，这也说明了湖北省应该注重第三产业对城镇化的带动作用，适时转变内源力的主导动力。（4）外向力，一直是影响湖北省城镇化最低的动力因素，外商直接投资对湖北省城镇化推动力较小，资本对城镇化的推动作用未能有效的体现出来。

3.3　城镇化基本问题

3.3.1　产业发展对城镇化拉动不足

从城镇化发展的一般规律来看，城镇化的动力在初中期来自工业化，在中后期主要来自服务业与新兴产业的发展。基本上以城镇化率 50％为界，之前工业就业与城镇人口同比例增长，之后工业就业增长率下滑，服务业就业增长高于城镇人口增长。长期以来，湖北省的产业发展要落后于全国平均水平。2008 年，全省一、二、三产业比重为 16∶44∶41，而同期全国三次产业的比重为 11∶49∶40，工业占 GDP 比重全省为 38％，全国为 43％，全省比全国落后了 5 个百分点。在工业内部则一直以重化工业为主，霍夫曼系数 1978 年为 0.89，到 2008 年进一步下降到 0.33，而以劳动力密集型为主的消费品工业发展不足，从而使得工业化不能提供足够的就业岗位，导致每年大量的农村剩余劳动力外流到东部沿海地区从事二、三产业，异地城镇化严重，本地城镇化不足。2008 年，全省 2 079 万农村劳动力中，出省务工 604 万人，其中从事第二产业的占 57％，从事第三产业的占 38％。

如果这一部分人口能够被本省产业所吸纳，则可能提升湖北省城镇化水平近 5 个百分点。

湖北省三大区域性中心城市武汉、宜昌、襄樊虽然在省内集聚程度相对较高，但与全国其他主要城市相比，无论人口规模，还是经济集聚水平都存在着很大的差距。由于区域性中心城市自身集聚程度的局限，人口和资本等生产要素的流动和扩散缓慢，因此对周边地区的辐射和带动作用较小。以武汉城市圈人口集聚情况为例，虽然目前武汉城市圈内各城市发展势头非常好，但武汉市作为城市圈的龙头城市，对人口的吸纳和集聚能力还是远远超过城市圈内其他城市。2000—2008 年，武汉市常住人口占城市圈人口的比重由 27%上升到 30%，并且连续多年是城市圈内唯一人口净流入的城市（图 3－22）。说明武汉还处于“向心”发展阶段，对周边地区的带动作用尚未体现出来。

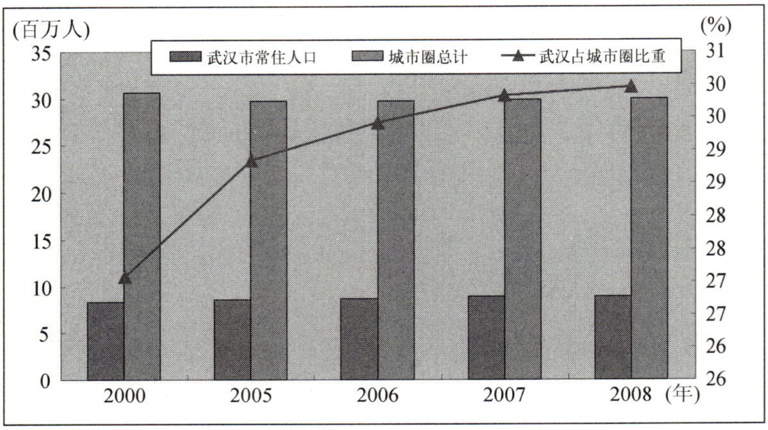

图 3－22　武汉市常住人口占武汉城市圈人口的比重演变

3.3.2　城镇化质量整体偏低

虽然湖北省城镇化水平在中部省份最高，但在很大程度上是由于湖北省前些年推行省管县试点的管理体制变动以及将城市规模与行政级别挂钩的做法推动了城镇化，使得城镇建成区面积快速增长，城市人口迅速增加。与此同时，城镇化质量的发展并没有完全跟上，虽然从历史纵向比较来看，全省城镇化质量有了较大幅度的提高，但目前仍然处于中等偏低水平。全省目前平均水平为 62.2，正处于城镇化质量中等的水平。而各地市中，除武汉、宜昌、仙桃、鄂州、黄石、襄樊的城镇化质量为中等及以上水平外，其他 10 个地市的城镇化质量都较低，占全省地市州的 60%（表 3－7）。

表 3－7　城镇化质量分级

城镇化质量等级	分值区间	城市
高	≥80	无
较高	70—80	武汉
中等	60—70	宜昌、仙桃、鄂州、黄石、襄樊
较低	50—60	荆门、潜江、咸宁、十堰、随州、孝感、恩施、天门
低	<50	荆州、黄冈

3.3.3 城市体系首位度偏大

湖北省城镇体系中一个突出的问题是城镇首位度大，城镇体系不平衡发展的问题比较突出。自20世纪90年代以来，尽管湖北省城镇规模体系正在趋向合理化，但人口向特大城市聚集的势头依然存在，武汉市在湖北城镇体系中“一枝独秀”的局面仍然十分明显。现阶段湖北省人口超过50万的城市只有6个，其中人口超过200万的只有武汉一个，而人口在20万以下的城市有29个。除武汉以外的襄樊、宜昌、荆州、黄石、十堰等区域性中心城市的平均人口规模仅80万人，规模偏小，与其地位很不相称。

3.3.4 城镇空间格局不均衡

东西部城镇化差异依然较大，局部地区发展滞后，影响着全省城镇化进程。湖北省除武汉都市圈及武鄂黄城镇空间发育程度相对比较成熟外，城镇空间整体格局发育程度较低。受宏观地形地貌制约，湖北省城镇空间密度分布呈东密西疏、四周低中间高的特征。以“襄樊—荆门—宜昌”(焦柳线)线为界是湖北省山区与平原岗地的分界线，此线也是我国地形地貌第二、三级阶梯的分界线的组成部分。焦柳线以西为武陵山区和秦岭—大巴山山地，地形崎岖，交通不便，人口分散，经济发展水平相对低下，城镇数量少；以东为江汉平原、鄂北岗地和鄂东沿江平原，以平原为主，交通便利，人口密集，经济发展水平较高，城镇数量相对较多。西部地区国土面积占全省的38.7%，城镇个数占全省的21.2%，人口大于10万的城镇个数仅占全省的16.4%，城镇密度0.24座/百km^2，大大落后于全省及东部平均水平(表3-8)。

表3-8 湖北省城镇空间分布

地区	国土面积(万km^2)	总人口(万人)	城镇人口(万人)	城镇个数(座)	城镇个数(>10万)(座)	城镇密度(座/百km^2)
合计	18.79	6 070.3	2 581.4	808	54	0.43
西部	7.20	1 149.8	466.1	172	9	0.24
东部	11.59	4 920.5	2 115.3	636	45	0.55

另外有几个地区仍是全省城镇化的洼陷地区：江汉平原地区是湖北城镇化的洼陷地区之一，本区分布有1 000多万人口，大中城市发展明显不足，特别是荆州市所辖各县市绝大部分现状仍为10余万人口的小城市，发展严重滞后；鄂东地区(主要指黄冈市)分布有700多万人口，但中心城市弱小，中小城市少，也是全省城镇化水平最低的地区之一；鄂西山区城市集聚发展不够，难以辐射带动广大山区发展，特别是恩施州交通建设长期落后，恩施中心城市发展严重不足。以上除恩施外都是人口密集地区，其发展好坏将直接影响全省的城镇化进程。

3.3.5 小城镇发展不足

总体来看，湖北小城镇发展明显不足，主要表现在如下三个方面。首先，小城镇数量多，规模小。2008 年全省 734 个建制镇，平均规模不足 1 万人，大部分城镇人口在 3 000 人以下。其次，镇级行政管理职能缺失。目前很多管理权限归县市所有，城镇发展、建设、管理难度很大，举步维艰。第三，城镇发展的造血功能不强。目前实行的财政管理体制（乡镇是一级政府，但没有独立的财政）不利于小城镇发展。

3.3.6 城镇发展普遍面临生态压力

湖北省人口较多，资源相对不足，鄂西山区山高坡陡（约四分之一的耕地坡度大于 25°），加上水土流失与滑坡频繁，生态系统较脆弱，部分地区还处于三峡水库和丹江口水库水资源保护区，城镇发展普遍面临较大生态环境保护压力；鄂中江汉平原为国家及湖北重要粮仓，城镇发展与粮食安全保障存在一定矛盾；鄂东沿江人口众多，城镇密集，人均耕地为 0.9 亩，低于全省 1.16 亩的平均水平，人地矛盾突出，污染负荷强度较大，城镇发展与资源环境保护存在明显冲突。鄂东山地地区，为革命老区，生态敏感，但农业人口集中，城镇发育不足，缺乏中心城市带动，经济社会发展和城镇化均处在全省的较低水平，进一步开发需要注重生态环境保护。

3.4 城镇化发展战略

坚持以邓小平理论和“三个代表”重要思想为指导，深入贯彻落实科学发展观，以全省经济社会长期平稳较快发展为目标，以推动经济社会发展转型为主线；以“两型”社会建设为重点，以工业化、城镇化、农业现代化为抓手，围绕“两圈一带”发展战略，加快城镇发展，走资源节约、环境友好、生态文明、经济高效、城镇布局科学、城乡互促共进、区域协调发展的新型城镇化道路，构建中部地区崛起的重要战略支点。到 2020 年，全省城镇化水平预计达到 57%，2030 年将超过 65%。也就是说，在 2011—2020 年间每年将转移农村人口 60 万人以上；在 2021—2030 年间每年实现 30 万以上的农村人口转移进入城镇。

3.4.1 做大做强城市圈和大城市

通过做大做强城市圈、大城市和中心镇直接推进城镇化进程。党的十七大提出“城市群”概念，城市群已成为发达国家城镇化的主体形态。我国是在人口众多、耕地资源十分有限，以及资源禀赋与区位禀赋错位的情况下推进城镇化的。城镇化本质上是一种空间结构的变化，在这种空间结构急剧变化的关键时期，科学的城镇化空间导向极为重要，正确了，效率高、收益大；错误了，代价高、损失大。无论是防止分散型城镇化带来土地浪费等问题，还是防止单个城市规模超出资源环境承载力带来“城市病”问题，都应在政府引导和市场机制作用下，在更大范围内形成以一两个特大城市为龙头，中小城市集群协调分布，城镇间保留一定的农田、林地、水面等绿色空间，并通过高效便捷的交通走廊相连接的城市群（城市带、都市圈）。这种城镇化形态，由于有现代化的交通网络连接，不会降低大城市的规模经济和集聚经济，也能促进公共服务的均等化；由于城市功能分布是相对多中心的，可以防止单个城市功能过度集中带来的“城市病”；由于城镇之间是相对集中布局的，又可以避免分散型城镇化带来的土地浪费和物流成本过高等问题。要在较小空间单元的区域集中开发，密集布局；在较大空间单元的区域，形成若干个小区域集中的增长极，并在国土空间相对均衡分布，这是一种既体现高效，又体现公平的布局模式。2010 年 2 月湖北省政府把推进湖北省城镇化工作推到一个空前的重视、空前的投入的高度。省政府主要领导提出：(1) 通过做大、做强城市和城镇实现城乡统筹。(2) 通过城镇化解决“三农”问题。(3) 通过转变发展方式实现空间集约和城乡发展。做大武汉城市圈，扶持发展多个大城市，撤并减少乡镇数，控制压缩人均占地面积，按城市圈和大城市、中等城市和县、中心镇三个层次布局省域城镇网。按照因地制宜、发挥优势、突出特色、协调发展的总体思路，以武汉城市圈为龙头，以长江、汉江产业经济带的宜昌、襄樊、黄石、荆州、十堰等大城市为支撑，培育天潜仙、老谷丹等组合大城市，加快发展随州、麻城、武穴、洪湖、巴东、恩施、小池口等新兴战略点城市，加快发展一批县城和县域小城市，稳步推进全省城镇化进程。

3.4.2 扩大高教规模转化农村人口

扩大高等教育规模，通过高等教育的培训吸收农村劳动力转移，是我国最便宜、也是比较彻底的城镇化路径。湖北为文化大省、科技强省，具有发展教育转化农村剩余劳动力的优势条件。通过逐年提高高中升学率和大专升学率，加快变农民为市民的过程。

3.4.3 逐步推进农民工市民化

通过农民工市民化消化流动人口，实现以人口城镇化为核心推进城镇化进程。只允许农民工进城就业、不允许农民工进城定居的城镇化模式是一种“半”城镇化的模式，不符合城镇化的一般规律，致使中国的城镇化这一最大的经济增长点，只是在投资上拉动了经济增长，在消费上难以有效拉动经济增长。解决农民工在打工地定居问题，有助于破解我国发展面临的一系列长期难题：一是有利于把经济增长建立在稳固扎实的内需基础特别是消费基础上，有助于解决内外需不平衡、投资与消费失衡的结构性问题，带动发展方式转变；二是有助于解决城乡收入差距扩大问题，提高真实城镇化水平；三是有助于解决区域发展不协调问题，促进地区之间公平公正；四是有助于消除一些社会不和谐因素，促进社会公平；五是有助于解决耕地占用过多过快问题，保护和集约利用土地；六是有利于刺激服务业发展，创造更多就业岗位并优化产业结构；七是有利于提高农民工素质，增强以人力资本为核心的国际竞争力；八是有利于减轻每年春运期间的交通压力；九是有利于降低人口出生率；十是有利于改善生态环境。实行积极的财政政策和积极的改革措施，积极解决农民工定居问题，允许农民工及其家属在打工地定居，并通过积极的财政政策和积极的改革措施，帮助自愿在打工地定居的农民工建立起定居的物质条件和制度基础，帮助他们解除失业、看病、子女就学、居住、养老保险等的后顾之忧。据测算，湖北省农民工总规模约 400 万。通过扩大城市就业、改进户籍制度和建设廉价适用经济房，有序推进农民工市民化：计划每年按 5% 的农民工约 20 万人实现市民化转变，使之享受与城市居民相同的教育、医疗、住房等公共服务。

3.4.4 产业转型升级拉动城镇化

通过外向带动实现产业转型升级拉动城镇化。外向力一直是影响湖北省城镇化动力因素的短板，外商直接投资对湖北省城镇化拉动较小，资本对城镇化的推动作用未能有效的体现出来。近年来，土地、劳动力等生产要素的价格快速上涨，企业低成本竞争优势的空间逐步缩小。湖北省发展空间充足，劳动力资源丰富，地理位置适中，交通基础设施水平较高，文化教育和科技发达，具有中西部地区难得的区域经济发展优势。湖北省应充分利用长江经济带在西部大开发的重要作用，积极吸引外资和建设承接沿海产业转移平台，大力发展旅游服务业，扩大外向带动城镇化的动力。

3.4.5 发展绿色经济促进城镇化

通过发展绿色生态低碳经济形成城镇化发展新动力。湖北是中国近代工业的摇篮，在精密制造、航空航天、钢铁、有色金属、化工、汽车等产业有较强的生产制造能力，在光电设备制造行业具有一定研发设计能力，在轻工、纺织服装、部分电子机械等劳动密集产业也已经形成研发设计、市场营销、品牌等优势基础，同时在汽车、电子通讯、互联网等领域也酝酿新的发展机遇。通过引进消化吸收绿色环保低碳技术，利用市场机制引导节能减排，具有建立包括排放权交易、清洁发展机制、碳税、技术标准和管制在内的多元化减排体系的基础，同时通过发展绿色生态低碳经济还能够形成城镇化发展的新动力。

3.4.6 推进农村城镇化生活方式

通过完善社会保障和扩大基本公共服务推进农村地区城镇化生活方式。湖北为我国鱼米之乡，粮食、水产等农业基础非常优越。因此，农业将是湖北省现在和未来的支柱产业之一。湖北推进城镇化不是消灭农业、农村和农民，而是在大部分农村剩余劳动力转移进入城市的基础上，加快推进农业现代化，将通过城镇化过程释放出的土地发展生态农业、高效农业、规模农业和精准农业，进一步完善农村地区的社会保障制度，扩大基本公共服务，实现城乡公共服务设施的均等化，将城镇化生活方式辐射到农村地区，使占总人口 35%的农村人口既享受农村地区的田园风光、生态自然环境，也具有高质量的城镇化生活方式，实现我国城乡人口的和谐协调发展。

3.4.7 加快推进山区城镇化进程

通过主体功能区划调整国土空间结构，加快山区资源环境保护，积极发展生态旅游服务业，推进新型城镇化道路。湖北鄂西山地、鄂东低山丘陵区，地形复杂，是湖北省乃至国家重要的生态保护区域，对维护区域生态系统安全具有不可或缺的作用，不适宜大规模、高强度的城镇化开发，甚至不适宜高强度的农牧业开发。通过编制资源生态保护规划、生态旅游规划，一方面达到保护的目的，另一方面在保护的基础上发展，实现这一类地区的新型城镇化。

3.4.8 应用多样化的城镇化途径

通过多样化的城镇化途径推进城镇化进程。例如人口进城的方式也可以是多样化的，有些是大学生毕业就业进城，有些是职业学校毕业就业进城，有些是农民工就业进城，有些是农民占地补偿后进城，有些是水库移民进城和生态移民进城等；城市建设也应该是多样化的，不要都建成高楼林立的城市，山区城市、矿业城市、旅游城市、少数民族集聚地区、文化自然遗产保护地、历史文化名城等都应该有自己的特色；在城市建设资金来源的方面，是继续以“土地财政”为主体，还是设立一些制度化的地方税等等，都应值得研究、推敲。

3.5　城镇发展规划

3.5.1　城镇化水平预测

1）经济预测

湖北省地区生产总值由 2000 年的 3 545.39 亿元增加到 2008 年 11 330.38 亿元，年平均增长 15.74%（表 3－9，图 3－23）。

表 3－9　湖北省地区生产总值（2000—2008 年）

年份	地区生产总值（亿元）	增长率（%）	人均地区生产总值（元）	增长率（%）
2000	3 545.39	—	6 293.41	—
2001	3 880.53	9.45	6 866.99	9.11
2002	4 212.82	8.56	7 436.58	8.29
2003	4 757.45	12.93	8 378.01	12.66
2004	5 633.24	18.41	9 897.64	18.14
2005	6 520.14	15.74	11 431.00	15.49
2006	7 581.32	16.28	13 296.00	16.32
2007	9 230.68	21.76	16 206.00	21.89
2008	11 330.38	22.75	19 860.00	22.55
平均值		15.74	—	15.56

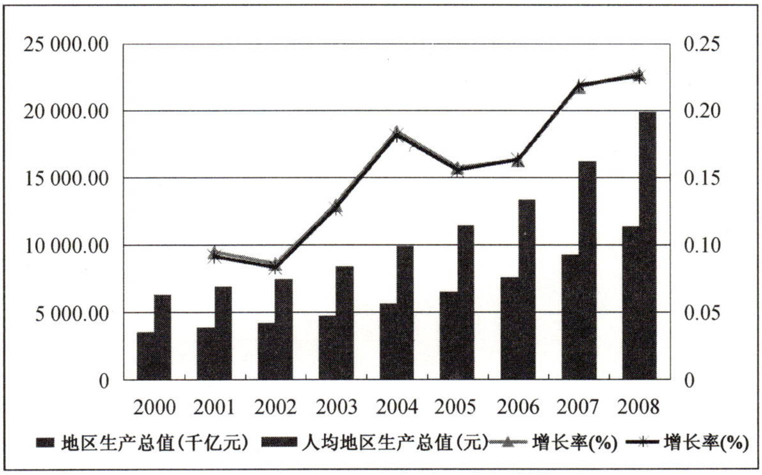

图 3－23　湖北省地区生产总值（2000—2008 年）

根据以上对历年湖北省 GDP 年增长率的分析，本次规划对湖北省未来 GDP 增长作高、中、低三个方案预测，以历年平均值 15%作为高方案（表 3－10）。

表 3-10　湖北省地区生产总值增长率预测方案(2010—2030 年)

预测年份	低方案(%)	中方案(%)	高方案(%)
2010—2020	11	13	15
2020—2030	6	7	9

根据增长率预测，相应得到湖北省地区生产总值预测的低、中、高三种方案，如下表 3-11。

表 3-11　湖北省地区生产总值预测方案(2020—2030 年)

预测年份	低方案(亿元)	中方案(亿元)	高方案(亿元)
2020	39 638	49 111	60 620
2030	89 166	97 945	117 871

根据以上预测，进行综合取平均值，得到预测结果为表 3-12。

表 3-12　湖北省国内生产总值预测值(2020—2030 年)

预测年份	2020	2030
GDP(亿元)	50 000	100 000

2）总人口预测

湖北省 2008 年总人口 6 110.80 万人，常住人口仅为 5 711 万人，约有 400 万人口净流出务工。2000—2008 年湖北省总人口如表 3-13，年平均增长 18.75 万人，年均增长率为 0.31%；与 1990—2000 年两次普查间的年均增速 0.95%相比，降低 0.71 个百分点，人口总量的增长总体上呈现显著放慢的趋势，现已稳定在较低水平。2000—2008 年全省人口自然增长率平均为 2.80‰，自 1990 年以来，人口自然增长率大幅下降，多年稳定在 2‰—3‰的极低水平(图 3-24)。

表 3-13　湖北省历年总人口现状(2000—2008 年)

年份	总人口(万人)	增长率(%)
2000	5 960.00	—
2001	5 974.56	0.24
2002	5 987.80	0.22
2003	6 001.70	0.23
2004	6 016.10	0.24
2005	6 031.00	0.25
2006	6 050.00	0.32
2007	6 070.00	0.33
2008	6 110.80	0.67

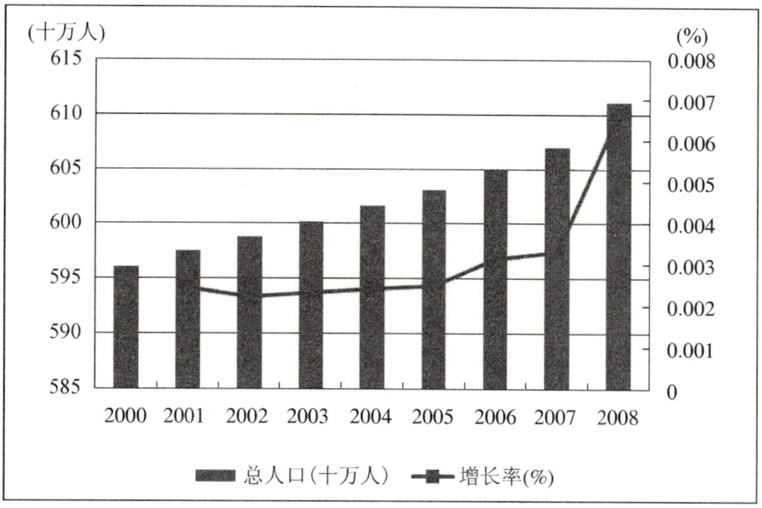

图 3-24 湖北省历年人口现状

本次规划研究总人口预测采取如下两种方法：

——年均增长率法。根据上述分析，自 2000 年以来湖北省总人口年均增长率为 0.31%，按人口发展的惯性规律判断，湖北省的人口仍将保持增长态势，但增长率仍将缓慢下降。据此，取 2010—2020 年总人口平均增长率为 0.30%，取 2020—2030 年总人口平均增长率为 0.28%，总人口预测结论如下：2020 年湖北省总人口为 6 335 万人；2030 年湖北省总人口为 6 514 万人。

——经济相关法。由于地区生产总值、社会消费品零售总额、固定资产投资总额与人口规模都有很强的相关性(图 3-25)，按照聚类分析原理，可用地区生产总值代表整个经济规模来预测总人口规模。预测 2020 年湖北省总人口为 6 278 万人，2030 年湖北省总人口为 6 364 万人。

结合近三年湖北省总人口数量增长幅度，对相关规划中湖北省总人口数量平均增长幅度进行修正，取 2010—2020 年总人口数量平均增长 25 万人，取 2020—2030 年总人口数量平均增长 15 万人，总人口预测结论如下：2020 年湖北省总人口为 6 410 万人；2030 年湖北省总人口为 6 560 万人。对湖北省总人口几种预测方案取算术平均值，2020 年及 2030 年分别为 6 341 万人和 6 473 万人，考虑湖北省总人口增长低于上述各类规划预测结论，对湖北省总人口规划研究取值如下：2020 年，湖北省总人口控制在 6 350 万人；2030 年，湖北省总人口控制在 6 500 万人(表 3-14)。

3) 城镇化水平预测

——年均增长率法。从湖北省历年城镇化水平的增长情况来看，2000—2008 年湖北省城镇化水平的年均增长率为 1.6%，预计近期内，随着城镇化体系的调整和中部战略崛起的背景，湖北省经济增长速度会有进一步提升，经济结构将得到进一步优化，加上 2000 年以来逐步消化了 20 世纪 90 年代虚高的城镇化，湖北省的城镇化将面临新的快速发展期。从近几年城镇化率增长变动情况来看趋于稳步增长，因此 2010—2020 年，城镇化水

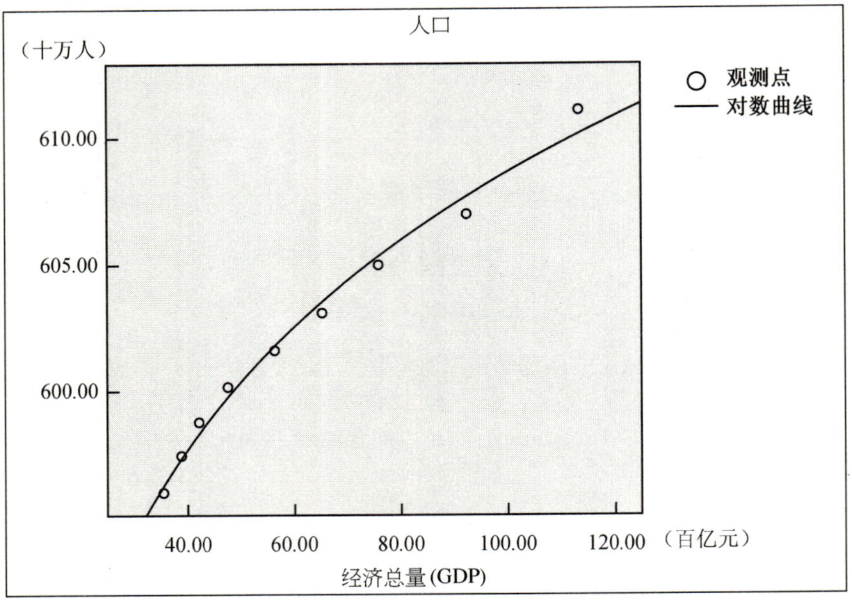

图 3-25　湖北省人口与经济总量关系

表 3-14　人口规模预测结果　　（万人）

年份	年均增长率法	经济相关法	相关规划预测修正	规划研究取值
2020	6 335	6 278	6 410	6 350
2030	6 514	6 346	6 560	6 500

平预测按照年均增长率 2.0％计算（表 3-15）；2020—2030 年，湖北省城镇化将进入快速发展中期的最后阶段，城镇化增长速度将相应下降，预测按照 1.5％的增长速度计算，城镇化水平预测结论如下：2020 年湖北省城镇化率为 57％；2030 年湖北省城镇化率为 66％（表 3-16）。

表 3-15　湖北省城镇化率增长情况预测

预 测 年 份	增长率(％)
2010—2020	2.0
2020—2030	1.5

表 3-16　湖北省城镇化水平预测(年均增长率法)

预 测 年 份	城镇化水平(％)
2010—2020	57
2020—2030	66

——GDP 关联法。采集 2000—2008 年湖北省城镇化水平和人均 GDP 数据，运用 SPSS 软件进行回归分析，拟合度最高的曲线是 Logarithmic(图 3-26)，公式为

$$Y=5.189+4.308\times\ln x$$

式中：Y 为规划期末城镇化水平，x 为规划期末人均地区生产总值。拟合曲线的相关系数$R=0.966$。

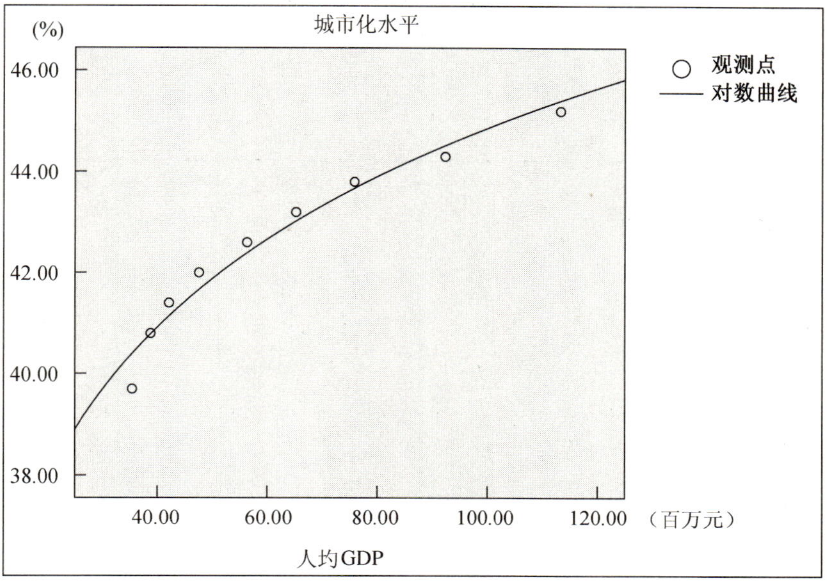

图 3－26　对数曲线回归分析图

根据上述分析结果，得到预测数据如表 3－17。

表 3－17　湖北省城镇化水平预测(人均 GDP 相关法)

预测年份	人口(万人)	GDP 总量(亿元)	人均 GDP(元)	城镇化水平(%)
2020	6 500	49 789	76 598	54
2030	6 660	101 660	152 642	57

——劳动力转移分析法。目前湖北省总耕地面积为 328.9 万公顷，乡村劳动力资源总数为 2 078.77 万人，劳动力人均耕地 2.37 亩，劳动力人口带眷系数为 1.0。2020 年城镇人口为 3 450 万人，2030 年城镇人口为 4 200 万人，以预测的城镇人口除以湖北省总人口，即得出城镇化水平预测结论如下：2020 年湖北省城镇化率为 54.3%；2030 年湖北省城镇化率为 64.6%。

对湖北省城镇化率四种预测方案取算术平均值，2020 年及 2030 年湖北省城镇化率分别为 55.5%和 63.5%。考虑到湖北省未来城镇化的良好发展势头，规划至 2020 年期间取高限值，2020—2030 年期间取中间值。具体取值如下：2020 年，湖北省城镇化率为 57%；2030 年，湖北省城镇化率为 65%(表 3－18)。

表 3－18　湖北省城镇化水平预测汇总(2020—2030 年)　　(%)

预测年份	年均增长率法	人均 GDP 相关法	劳动力转移分析法	相关规划预测修正	规划取值
2020	57	54	54.3	56.6	57
2030	66	57	64.6	64.6	65

4）城镇人口预测

根据全省总人口规模和城镇化水平预测，2020 年湖北省城镇化率按 57%计算，城镇人口达 3 620 万人，2030 年湖北省城镇化率按 65%计算，城镇人口达 4 230 万人（表 3－19）。

表 3－19　湖北省城镇人口规模预测（2020—2030 年）

预测年份	总人口（万人）	城镇化水平（%）	城镇人口（万人）
2020	6 350	57	3 620
2030	6 500	65	4 230

3.5.2　城镇等级规模结构

湖北省现有城镇 802 个，2008 年大于 500 万的城市 1 座，城镇人口占全省人口的 21.6%；100 万—200 万城市 1 座，城镇人口占全省人口的 3.8%；50 万—100 万的大城市 4 座，城镇人口占全省人口的 9.7%；20 万—50 万的中等城市 19 座，城镇人口占全省人口的 18.6%；10 万—20 万的小城市 29 座，城镇人口占全省人口的 12.9%；3 万—10 万的小城市 70 座，城镇人口占全省人口的 11.6%；小于 3 万的小城镇 678 座，城镇人口占全省人口的 21.8%（表 3－20）。由此可见，湖北省城镇等级规模结构以中小城市、小城镇占多数，城镇人口主要集中在特大城市、中等城市和小城镇。

表 3－20　湖北省 2008 年城镇规模分布一览表

规模（万人）	城镇个数（个）	城镇名称	人口数（万人）	比率（%）
＞200	1	武汉	596	21.6
100—200	1	襄樊	106	3.8
50—100	4	荆州、黄石、宜昌、十堰	267	9.7
20—50	19	潜江、鄂州、随州、仙桃、荆门、孝感、黄冈、咸宁、天门、赤壁、恩施、枣阳、武穴、麻城、洪湖、大冶、汉川、当阳、老河口	513	18.6
10—20	29	钟祥、嘉鱼、郧县、南漳、蕲春、黄梅、云梦、通山、通城、房县、丹江口、广水、石首、应城、宜城、枝江、安陆、宜都、京山、监利、浠水、公安、谷城、阳新、红安、松滋、利川、英山、沙洋	357	12.9
3—10	70	大悟、崇阳、罗田、远安、来凤、秭归、竹山、巴东、咸丰、建始、竹溪、郧西、保康、长阳、兴山、团风、江陵、孝昌、宣恩、鹤峰、神农架、将军路街办、走马岭街办、纱帽街办、金口街办、仓埠街、金牛镇、保安镇、金山店镇、军店镇、枝城、欧庙镇、卧龙镇、牛首镇、太平店镇、双沟镇、武安镇、石花镇、吴店镇、后港镇、胡集镇、肖港镇、马口镇、朱河镇、新沟镇、峰口镇、巴河镇、竹瓦镇、关口镇、散花镇、刘河镇、张榜镇、小池镇、宋埠镇、白果镇、梅川镇、历山镇、唐县镇、洪山镇、均川镇、淅河镇、毛嘴镇、三伏潭镇、西流河镇、彭场镇、岳口镇、多宝镇、渔薪镇、九真镇、皂市镇	320	11.6
＜3	678	一般建制镇	603	21.8
合计	802	—	2 762	100

按照齐夫(Zipf)在1949年提出的齐夫法则(The Law of Zipf),理想的、一体化的城市体系的规模分布遵循以下公式:$P_r = P_1/r$,式中 P_r 为第 r 的城市人口,P_1 为最大城市的人口,r 为城市的位序。也就是说,理想的城市位序—规模分布应是这样的:一个国家或地区第二位城市的人口应是最大城市人口的1/2,第三位城市的人口规模是最大城市人口的1/3,依次类推。而湖北省2008年的最大的城市武汉市城镇人口约为596万人,是第二大城市襄樊市(约为105.7万人)的5.6倍左右,彼此之间的差距仍十分显著,明显偏离理想的城市位序—规模分布法则(图3-27)。

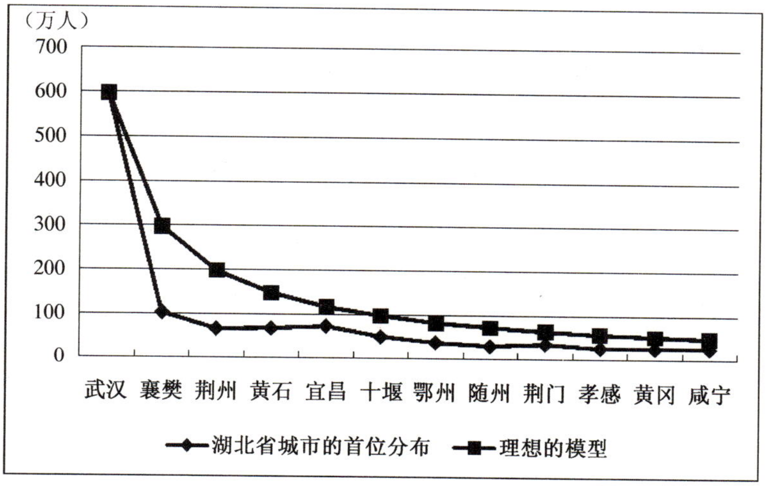

图3-27　湖北省理想城市位序—规模分布

1)2020年各市规划人口规模

目前湖北设有12个地级市和24个县级市。这些地级市都做过相关规划,现将各规划结果进行概括梳理如表3-21。根据汇总资料,到2020年湖北省各城市城镇人口规模将达3 200万人,约占全省预测人口的80%。与2008年城市现状等级规模对照,比例上升了16个百分点,显得各城市规划规模偏大。

表3-21　湖北省城市规划人口规模梳理　(万人)

序号	城市名	现状城镇人口	各城市总体规划人口规模(2020年)	各城市总体规划人口规模(2030年)
1	武汉	596	1 382	—
2	黄石(含大冶)	71.8	120	—
3	十堰	49.08	50—100	—
4	荆州	80.45	100	—
5	襄樊	105.7	100以上	—
6	宜昌	83.1	125	—
7	荆门	33.93	65	—
8	鄂州	39.5	109	—

续表 3－21

序号	城市名	现状城镇人口	各城市总体规划人口规模(2020 年)	各城市总体规划人口规模(2030 年)
9	孝感	42	55	—
10	黄冈	34.4	60	—
11	咸宁	27.4	50	69
12	随州	29.6	58	—
13	老河口	19	25—50	—
14	恩施	26.3	—	60
15	丹江口	16.5	25—50	—
16	利川	21.8	—	30
17	麻城	20.7	20—50	—
18	仙桃	36	65	—
19	赤壁	19	27.5	—
20	石首	21.3	25	—
21	应城	23.45	35	—
22	洪湖	33	20—50	—
23	天门	46.15	97.6	—
24	安陆	24	27.5	—
25	武穴	22	30—40	—
26	宜都	15.9	23	—
27	枣阳	20.8	25—50	—
28	潜江	32.2	58	—
29	广水	19.7	29.8	—
30	当阳	13.53	22	—
31	钟祥	16.4	10—30	—
32	宜城	14.1	25—50	—
33	松滋	11.8	20	—
34	枝江市	15.29	23	—
35	汉川	38.45	40	—

2）2020 年城镇等级规模结构

规划湖北省 2020 年城镇共 566 个，其中人口大于 500 万的城市 1 座，100 万—500 万的大城市 4 座，50 万—100 万的大城市增至 8 座，20 万—50 万的中等城市增至 30 座，10 万—20 万的小城市减至 23 座，小城镇由原来的 678 座减至 500 座（表 3－22）。

表 3-22　湖北城镇等级规模规划一览表(2020 年)

规模(万人)	城市数(个)	人口数(万人)	比率(%)	城镇名称
>500	1	800	22.1	武汉
100—500	4	530	14.7	宜昌、襄樊、黄石(含大冶)、荆州
50—100	8	480	13.3	十堰、鄂州、荆门、黄冈、仙桃、潜江、孝感、随州
20—50	30	750	20.7	咸宁、钟祥、天门、老河口、赤壁、恩施、枣阳、武穴、麻城、洪湖、丹江口、石首、应城、宜城、当阳、枝江、安陆、广水、汉川、宜都、松滋、利川、京山、监利、浠水、公安、谷城、阳新、蕲春、黄梅
10—20	23	380	10.5	红安、嘉鱼、郧县、南漳、秭归、建始、云梦、通城、房县、崇阳、大悟、英山、罗田、远安、来凤、通山、团风、沙洋、孝昌、江陵等县城及胡集、洪山、阳逻
3—10	100	400	11.0	竹山、巴东、竹溪、郧西、保康、长阳、兴山、五峰、咸丰、宣恩、鹤峰等县城和神农架等
<3	400	280	7.7	—
合计	566	3 620	100.0	—

3）2030 年城镇等级规模结构

2030 年规划湖北省形成一个巨型城市区和 2 个都市区，即武鄂黄黄巨型城市区，襄樊都市区、宜昌都市区，人口大幅度向巨型城市和都市区集聚，50 万—200 万人口大城市增至 12 个，20 万—50 万人口中等城市为 22 个，10 万—20 万小城市为 20 个，小城镇为 400 个(表 3-23)。

表 3-23　湖北城镇规模规划一览表(2030 年)

规模(万人)	数量	城镇人口(万人)	比率(%)	城镇名称
>1 200	1	1 200	28.4	武鄂黄黄巨型城市区
200—300	2	500	11.8	襄樊都市区核心区、宜昌都市区核心区
50—200	12	970	22.9	十堰、老谷丹组合城市、仙桃、潜江、天门、洪湖、随州、麻城、武穴、恩施、孝感、咸宁
20—50	22	590	13.9	钟祥、赤壁、宜城、枣阳、石首、应城、当阳、安陆、广水、汉川、松滋、利川、京山、监利、浠水、公安、阳新、蕲春、黄梅、巴东、红安、来凤
10—20	20	370	8.7	嘉鱼、郧县、南漳、建始、云梦、通城、房县、崇阳、大悟、英山、罗田、远安、通山、团风、沙洋、孝昌、江陵、保康、长阳等县城和小池
3—10	100	350	8.4	竹山、竹溪、郧西、兴山、五峰、咸丰、宣恩、鹤峰等县城和神农架等
<3	300	250	5.9	—
合计	457	4 230	100.0	—

4）城镇等级规模调整对策

按照统筹城乡、合理布局、节约土地、完善功能、优化城镇空间布局的原则，坚持“大小多少”和“三个层次”的城镇化发展思路，优化湖北省城镇空间布局。重点发展武汉城市圈，做大做强宜昌、襄樊都市区，培育老谷丹组合大城市，扶持恩施、武穴、麻城、随州、洪湖等发展成为大城市，布局巴东、小池等具有战略地位的城市，多做一批县级市、县城和中心镇（县域小城市），逐步归并和减少村镇数量，缩小城乡人均非生产性占地规模，形成以武汉城市圈为核心，以都市区和区域中心城市为支撑，以长江和汉江城镇带为纽带的城镇空间布局结构。具体的城镇等级规模调整的对策如下所述。

——做强做优武汉城市圈。2009 年武汉市常住人口达 910 万人，中心城区常住人口达到 650 万人，流动人口 80 万—110 万人。据 2010 年国务院审批的《武汉市总体规划 2006—2020 年》，提出应合理控制城市规模，到 2020 年，主城区城市人口控制在 502 万人以内，城市建设用地控制在 450 km^2 以内。做强做优武汉城市圈，就是要发挥武汉与周围 8 个城市（黄石、鄂州、仙桃、潜江、孝感、黄冈、咸宁、天门）相互开放、相互协作的作用。本次规划武汉城市圈城镇人口将达到 1 800 万—2 000 万人，城镇化水平达 70%左右。

——做大宜昌和襄樊都市区。宜昌都市区和襄樊都市区是鄂西生态文化旅游圈的发展核心，省重点支持发展。在完善城市功能的基础上，打造优势产业，壮大经济实力，带动区域发展，城镇人口规模尽快达到或超过 500 万人。

——加快发展地区中心城市和县级中等城市。加快荆州、十堰、仙桃、潜江、天门、随州、荆门、恩施、洪湖、麻城、武穴等城市的发展，使它们逐步发展成为 50 万—200 万的大城市。选择 20 个基础较好的县（市）率先成为人口聚集能力强、功能完善的中等城市。

——推进强县战略积极发展县城。湖北县域生产总值达到 7 208.6 亿元，对全省地区生产总值的贡献率达到 59.3%，为全省经济社会平稳较快发展作出了突出贡献，但县域经济发展潜力仍然巨大。积极推进强县战略，按重点发展县城和 1—2 个县域副中心镇规划建设县域城镇体系；对于鄂西、鄂东北等山区发展基础较差的县城，完善基础设施，扩大城市规模，提升综合实力，尽快赶超全省平均水平。

——大力培育中心镇和特色镇。湖北现有城镇 802 个，其中建制镇 740 个，平均镇区面积 2.33 km^2，平均镇区人口 11 189 人，其中 3 万以上的小城镇有 108 个。今后将加大培育县域中心镇和特色镇，加快交通枢纽型、工业型、商贸型、旅游型和历史文化等特色小城镇发展。在全省规划建设 100 个重点中心镇，实施扩权强镇和财税体制改革，增强小城镇的产业、人口、资本的集聚能力，按小城市规模和标准规划建设人口规模 5 万以上、建成区 6 km^2 以上的县域副中心；在全省规划建设 100 个左右人口规模达 3 万人以上、建成区在 4 km^2 以上的特色镇。

——农村新型社区和中心村建设。加快推进鄂州、仙洪城乡一体化试验区试点，统筹工业化、城镇化、农业现代化建设，结合国家基础设施建设，把村庄集并和土地整理结合起来，充分利用建材下乡政策，以中心村为重点，以农村住房建设和危房改造为契机，以新型农村社区为抓手，建设社会主义新型农村社区，推进城乡公共服务均等化，使更广大农民能共享改革发展的成果。全省每年建成城镇型新社区和村庄型新社区（中心村）100 个，到 2020 年实现建制镇农村新社区建设全覆盖，通过农村新社区（中心村）建设减少村庄建设用地 500 km^2。

3.5.3 城镇空间布局结构

1）“两圈一带”空间战略评价

与湖北省经济发展整体格局相一致，湖北城镇空间分布形态整体上已形成“一区两带”格局，即：以武汉为核心的城镇高密度绵延区，以沪蓉高速公路暨长江湖北段城镇高密度带和武银高速公路、汉渝铁路湖北段暨汉江沿线城镇高密集带（图 3－28）。

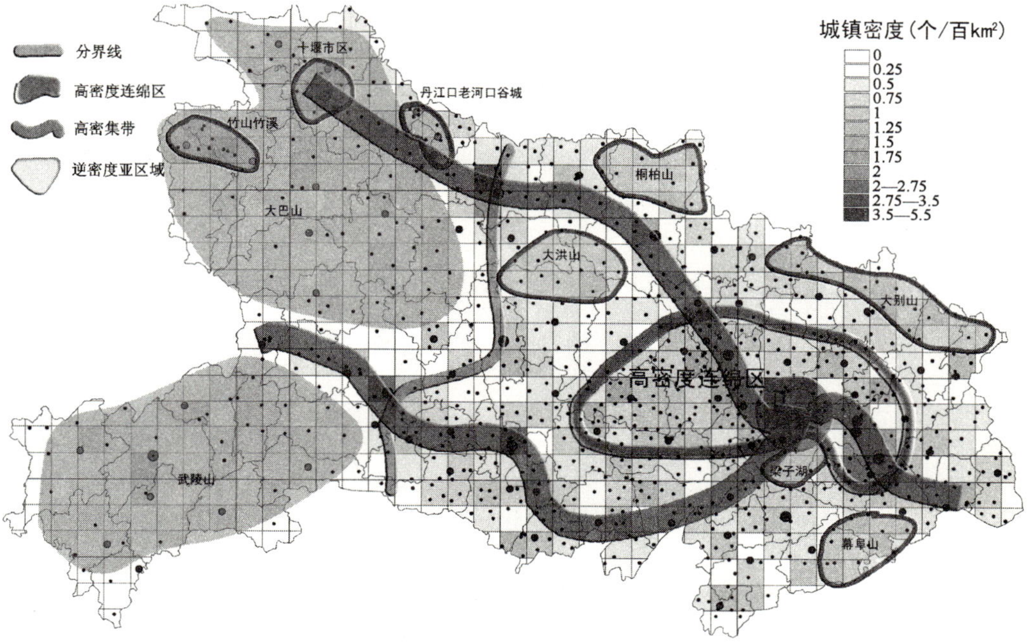

图 3－28 湖北省一区两带省域空间格局示意图

近年来，武汉城市圈加快发展，鄂中、鄂西等城市由于历史、地理、政策等原因，被武汉城市圈单极强势经济吸纳抢夺而不断被弱化、边缘化。湖北省提出了建立以宜昌为中心，兼顾荆州、荆门和恩施的宜荆荆都市圈和以襄樊为中心，兼顾十堰、随州和神农架襄十随城市圈的“两圈一带”战略。

“两圈一带”战略的基本内涵在于：以科学发展观为指导，以构建促进中部地区崛起重要战略支点为主要目标，以探索新型工业化、城镇化道路为首要任务，以改革创新为根本动力，以“二圈”和“一带”为实施载体，指导和推动新的历史时期湖北经济社会科学发展、和谐发展的战略体系。“两圈一带”空间战略反映了建设资源节约型、环境友好型社会的共性要求，有利于发挥湖北综合优势，充分调动各方面积极性，激活各种经济资源形成湖北发展的新动力源和新支撑点。

然而，“两圈一带”空间战略也存在如下弱点：(1) 泛化分散原有极化空间。“两圈一带”不是三大板块，武汉城市圈是湖北实施“中部崛起”战略的核心，也是实施“两圈一带”战略的龙头；鄂西生态文化旅游圈是湖北区域协调发展的重要支撑；湖北长江经济带则是体现流域特色、对接国家规划、推动区域发展集成集合、整体联动的重要纽带。“两圈”覆盖了全省版图，“一带”贯彻于“两圈”之中，相互重叠，“两圈”发展质量差异过大，模糊了长江经济带的战略地位，不利于制定有效的区域发展政策。(2) 空间战略重点发生置换。区域空间战略实际上是区域经济发展战略。然而，由于鄂西圈是均衡发展的政治结果，侧重点是发挥生态文化资源优势，以改善基础设施建设为切入点，以生态文化旅游为突破口，难以形成真正的区域竞争优势和带动区域经济社会全面发展。“一带”则侧重于流域开发，通过充分发挥长江“黄金”水道优势，进一步做“水”文章，建设沿江产业密集区和水资源可持续利用示范带，探索大道流域开发新模式。(3) 忽略了潜力区和后进区。湖北省人口稠密的江汉平原、鄂东地区，长期以农业为主，农村劳动力资源量大，城镇化水平低，推进城镇化的任务重，“两圈一带”战略不能实在解决湖北城镇化中这一现实问题。2009 年初，湖北省委、省政府曾作出了综合开发汉江流域的战略决策，已经考虑到汉江开放开发的重要性与战略意义，应进一步研究提升其战略功能，提升到与“一带两圈”同等重要的地位，带动包括十堰、襄樊、天潜仙等在内的汉江流域地区经济社会发展。与此同时，鄂东为革命老区，区域范围大，中心城市弱，农业人口多，产业发育不好，需要制定特定的区域政策和措施推进区域发展。

2）省域城镇发展的空间战略

基于上述省域空间现状特征，结合全省生态框架，按照“两圈一带”总体发展战略，构筑全省城镇发展的空间战略。

——强化武汉城市圈带动作用。武汉城市圈是国家“两型社会”示范区，作为政策区可以进一步发挥以武汉为中心，包括黄石、鄂州、孝感、黄冈、咸宁、仙桃、天门、潜江等 9 个城市在内的“资源节约型”、“环境友好型”社会建设的示范作用。武汉城市圈是湖北名副其实的核心经济区域，也是产业最密集、最有活力的地区。2010 年国务院正式批准武汉东湖自主创新示范区，为形成全国重要的先进制造业基地、自主创新示范基地、现代服务业中心和综合交通运输枢纽，构建中部地区发展“战略支点”提供核心支撑。但从带动湖北全省的经济社会发展看，仍然缺乏足够的带动能力，目前处在集聚全省资本、技术、土地指标、高素质劳动力等生产要素集中发展的阶段。因此，需要从城市圈空间上实施重组和整合，形成与全球城市区、巨型城市区概念一致的城市圈发展空间，裂解具有巨大发展潜力的增长空间，形成全省域的新战略增长点。

——确立长江经济带主体地位。长江从东向西穿越湖北全境，以全省大部分区域为腹地，经过 30 年的发展，长江经济带湖北段综合实力有了很大提升，长江经济带已经成为湖北经济的主要发展轴。最近，作为目前湖北的一、二位城市的武汉和宜昌，已先后被国家认定为第一批、第二批东部沿海加工贸易产业梯度转移重点承接地，在新一轮长江经济带开放开发中，长江经济带湖北段不仅有利于进一步承接国际和沿海产业转移，而且可以推进全省对内对外开放向纵深发展。

——培育汉江经济带新增长区。汉江是长江最大的支流，斜穿湖北省境 878 公里，沿程流经丹江口、老河口、襄樊、宜城、钟祥、沙洋、天门、潜江、仙桃、汉川、蔡甸等县、市、区至武汉龙王庙汇入长江，其流域面积覆盖全省国土面积的 33.8%，在长江经济带的开放开发中有着十分重要的战略地位。长期以来，湖北以汉江为纽带，构筑了武汉、十堰、荆门、襄樊、仙桃、潜江等发达城市的南北经济带，成为湖北省的汽车工业和化工工业走廊，原全省“十强”县市有 8 强位居此地。作为南水北调中线工程的补偿，引江济汉通航工程建成将在湖北境内形成一条 810 km 的千吨级航道圈，有可能形成江汉三角洲，对区域经济发展具有重要意义，通过梯级开发和航道整治工程将对汉江经济带发展起到很大的促进作用。2009 年省委、省政府曾作出了综合开发汉江流域的战略决策，培育汉江经济带丹(江口)老(河口)谷(城)组合大城市及天、潜、仙等新增长区势在必然。

——扶持鄂西鄂东山区加快发展。基于全省生态保护框架，重点培育鄂西鄂东山区中心城市(镇)发展。鄂西由于大山阻隔，水陆交通不能深入腹地，通讯发展缓慢。据不完全统计，其现有绝对贫困人口近百万，占全省的70%。鄂东的黄冈市地域面积1.7万km^2，人口730万，分别占全省9.1%和12.0%，为传统农业大市，工业不发达，2009年城镇化水平仅为33.30%，为全省最低水平。农业人口550万，现有100万新生代农民工在外打工。制定特别的扶持鄂西、鄂东山区发展政策已经显得非常必要(表3-24)。

表3-24　鄂西、鄂东山区基本状况

地区	国土面积(万km^2)	总人口(万人)	城镇人口(万人)	城镇个数(座)	城镇个数(>10万)(座)	城镇密度(座/百km^2)
十堰	2.37	349.1	161.3	68	4	0.29
恩施	2.41	391.2	100.8	45	2	0.19
黄冈	1.76	730.9	264.8	104	7	0.59

3)“一圈两带两区”空间结构

以“圈”、“带”为湖北省域城镇空间组织基本模式，形成“一圈二带两区”的城镇空间布局结构(图3-29)，实施沿江(长江及汉江)突破，以长江、汉江为发展轴的城镇发展战略，并通过主体结构外围多个城镇经济协作区的建设，达到全省均衡发展的目的。

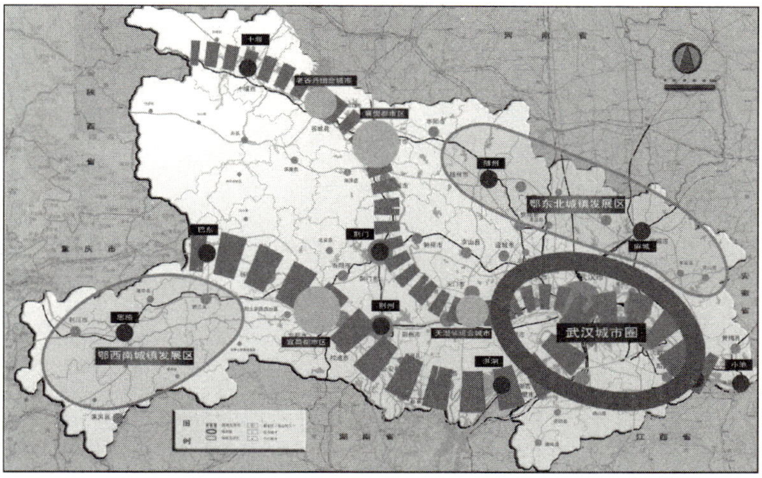

图3-29　“一圈两带两区”空间结构

——“一圈”：即武汉城市圈。以武汉为极核，以城市间经济联系最为紧密的“武汉—鄂州—黄石—黄冈”为主体的城镇化区域；以咸宁、孝感为副中心及城市圈上述区域以外的其他区域为主体的城乡一体化区域。武汉城市圈由武汉中心城区、武汉(武鄂黄黄)巨型城市区和武汉城市圈副中心城市组成。(1)武汉中心城区。武汉作为湖北省和中部地区最大的中心城市，国土面积为8 494 km^2，市域常住人口为897万人，是中国中部地区的中心城市，国家历史文化名城，全国重要的工业基地、科教基地和交通通信枢纽，承担建设“两型”社会示范、转变发展方式、培育中部增长极、构建国家重要战略支点的功能。

(2) 武汉巨型城市区。所谓巨型城市区，是由形体上分离但功能上相互联系的一连串的城镇组成，在一个或多个较大的中心城市周围集聚，通过新劳动功能分工显示出巨大的经济力量。这些城市（镇）既作为单独实体存在（大多数居民在本地工作并且大多数工人是本地居民），也被通过高速公路、高速铁路和承载“流动空间”的电信电缆传输的密集人流和信息流连接起来，作为更广阔的功能上的城市区域存在。武汉巨型城市区由武汉、鄂州、黄冈、黄石四个城市的建成区组成，形成武鄂黄黄沿江城市走廊。由于受行政区划分割，导致江南发展好、江北发展滞后的格局。因此，在组成武汉巨型城市区时，除了通过高速公路、高速铁路和承载“流动空间”的电信电缆传输将密集人流和信息流连接起来外，打破条块分割的体制障碍，淡化行政区划概念，强化巨型城市区的联系，依托现有的过江通道，推进资源共享、联动开发、跨江开发，在联动发展沿江产业、联动推进园区建设、联动建设基础设施等方面形成“以南带北、南北共建”的沿江城市走廊开发格局。规划巨型城市区人口规模 1 200 万左右。(3) 都市圈副中心城市。培育仙桃作为武汉城市圈西部副中心城市、汉江城镇带中心城市之一，具有一定的基础。随着汉宜铁路及仙天站（距仙桃城区 7 km，距天门城区 42 km）的建设，发展条件更加成熟。规划建议可以跨越行政障碍，将仙北与仙桃市城区整合统一规划建设，同时充分培育发展仙桃的重点镇（彭场、张沟、毛嘴、陈场）、特色镇（沔城、排湖区域、沙湖外滩），全面提高地区成为武汉城市圈南部副中心城市，将武汉城市圈南部副中心城市规划为生态宜居花园城市、华中温泉旅游名城，人口规模发展到 100 万左右。培育孝感成为武汉城市圈北部副中心城市，将武汉城市圈北部副中心城市规划为重要的产业基地、生态环境优良的宜居休闲城市，规划人口规模 100 万左右。

——“二带”：即长江城镇带和汉江城镇带。(1) 长江城镇带。空间范围大致为沿长江上自巴东、下至黄梅小池及沪蓉高速公路湖北段沿线，东西长约 1 000 km 的区域，具体包括宜昌都市区、荆州中心城市、洪湖中心城市、“武汉—鄂州—黄冈—黄石”巨型城市区和武穴中心城市等。宜昌都市区包括宜昌市区、宜都市、当阳市、枝江市、长阳土家自治县和秭归县，总面积 1.49 万km^2，总人口 338.31 万人。该区是长江中游地区富有竞争力的城镇集聚区、鄂渝湘交界地区枢纽型都市区、国家重要的水电工业基地和旅游发展区。宜昌都市区总体构成“核心地区＋紧密圈层”的空间组织结构，重点发展一带二轴。荆州地区中心城市，通过构筑大交通、培育大产业、建设大城市，增强辐射功能，形成长江经济带中具有一定地位的中心城市，成为承接和传递发达地区辐射、带动落后地区的关键节点。强化其在中部地区长江经济带中重要的交通枢纽地位，努力把荆州中心城区建设成为带动周边的区域性中心城市。城市规划区向江陵和长湖延伸，构建荆州大都市战略框架。荆州中心城市是国家重要的商品粮商品油生产基地，以机电、纺织、水产品加工业为特色，长荆铁路、荆沙铁路和正在修建的沪蓉高速铁路和汉宜铁路，已经初步形成立体交通网。洪湖具有优越的自然生态环境，水陆交通便捷，水土资源供给充分，具有发展大型深水港口的条件，又位于农业人口集中的地区，宜作为这一区域发展的战略点城市。武穴市中心城区是全市的政治、经济、文化中心，同时也是长江中游北岸重要的港口城市之一，以发展医药、机械工业为主的新型滨江园林城市。到 2030 年，城区人口规模可以发展到 50 万—100 万人。(2) 汉江城镇带。空间范围大致为沿汉江上自郧县、下至武汉的区域，具体包括十堰中心城市、“谷老丹”组合大城市、襄樊都市区、荆门中心城市、仙桃中心城市等。十堰中心城市建设成为汉江上游中心城市之一、国际知名生态文化旅游区、国家汽车产业集聚区、区域性现代服务中心。空间布局考虑将中心城区、房县、陨县整合形成都市区，城市规模发展到 150 万左右。襄樊都市区是鄂西北经济中心、湖北省主要城镇密集区之一，城镇地域分工中以汽车配件、纺织、农副产品加工为主，继续培育高新技术产业、做强“汽车城”，也是鄂豫渝陕毗邻地区富有竞争力的城镇聚集区。都市区发展集中构建汽车产业基地、高新技术产业基地、航空航天产业基地、劳动密集型产业基地、优质农产品生产加工基地、创意产业基地等，建成区域性旅游度假中心、区域性商贸物流中心、区域性金融中心。按照整体推进、突出重点的思路，相应培育物流、能源、生态农业、绿色食品加工产业，使外围城市综合化、多样化发展。该区以做大做强核心区为主，采取集聚和扩散结合的路径，解决都市区培育、产业体系构建、汉江水资源保护等问题，打造汉江流域增长极、辐射力强的产业基地和区域物流中心。“谷老丹”组合大城市在十堰、襄樊之间，滨水空间多，自然环境优美，用地建设条件较好，城市发展有一定基础，有条件做大做强老河口、谷城、丹江口组合大城市。通过老河口、谷城、丹江口组合大城市建设，可以更好地强化襄樊与十堰间的联系，壮大完善襄十随城市群，发挥带动湖北北部城镇化作用。荆门自然生态环境优越，具有发展宜居城市的条件。加快以工业化带动城镇化进程，重点发展荆门——钟祥城市走廊。

——“两区”：(1) 即鄂西南山区城镇发展区。主要包括以恩施为中心城市的城镇发展区。鄂西南山地城镇发展区包括恩施土家族苗族自治州辖区，属于西部大开发的范围，旅游资源丰富，但城镇发育不够。依托国家扶持西部地区、少数民族地区经济和社会发展的优惠政策，结合独特的自然资源，大力发展特色生态农业、生态林业、生态旅游，培育鄂西南新的经济增长极。(2) 鄂东北低山丘陵城镇发展区。主要包括以随州、麻城为中心城市的城镇发展区。鄂东北地区处在桐柏山和大别山南麓地区，是我国重要的红色革命圣地，有着丰富的红色革命资源，为中国革命和胜利作出了重要贡献。该城镇发展区一直以来是湖北省不发达地区，人口总量大，经济落后，城镇化水平低，同时作为地区性中心城市的黄冈市其规模太小，综合经济实力太弱，难以带动大黄冈区域的经济和城镇发展。黄冈市全市有 700 多万人口，在 10 个县市区中，除黄州区和团风县外，其他 8 个县市皆属大别山区。虽然近年来黄州城区发展势头良好，但面对地广人稀的山区，“小马拉大车”的困境难免存在，造成了较大的经济成本和行政成本。结合武鄂黄黄城镇密集区一体化的趋势，规划将“黄州、团风、浠水”作为黄冈市的核心区，与武汉、鄂州、黄石一体化发展。规划将随州纳入本区，同时在黄冈市域内培育新的中心城市区作为发展的重要节点，分片区带动大别山区发展，有利于促进鄂东地区城市合理布置，更有利于缩小行政区划的限制，变资源优势为竞争优势，利于整个鄂东地区的快速发展。

3.6 推进城镇化对策措施

3.6.1 做强“武汉圈”，做优“鄂西圈”，做活“沿江带”

全面实施“圈”、“带”城镇发展战略。做强“武汉城市圈”，突出武汉中部中心城市地位，以武汉主城区为核心，加快构筑武鄂黄黄巨型城市区，在双层次行政管理体制、快速交通体系、对接全球产业体系、统一生产要素市场等方面实现突破。做优“鄂西生态文化旅游圈”，突出生态文化特色，强调城镇发展质量，根据资源环境承载力，重点发展中心城市和特色城镇，走相对集聚的发展道路。做活“长江城镇带和汉江城镇带”，以长江、汉江为发展轴，探索多样化的城镇发展模式，重点发展宜昌和襄樊都市区，强化荆州、十堰、荆门等的中心城市地位，培育洪湖、仙桃、武穴等新兴增长点，建设“谷老丹”组合大城市。

3.6.2 加快推进城镇行政管理体制改革

建设武汉城市圈巨型城市区，构建武鄂黄黄双层次行政管理体制。配合培育汉江城市带，打造强有力的中心城市，提升仙桃地域中心城市地位，建议组建谷城—老河口—丹江口组合大城市。为了加快激活革命老区发展，建议做大黄冈中心城区，将团凤、浠水纳入黄冈城区；同时设立武穴、麻城中心城市。强化长江城市带武汉—荆州段城市发展，建议设立洪湖中心城市。做大做强长江两端小池、巴东门户城市。

按照城乡一体、精简高效、分工合理、职责明确的原则，推行县(市)行政管理体制改革试点，撤并部分乡镇，鼓励归并较小的乡镇，平原县市建制镇人口不得低于 3 万人规模，山区县市建制镇人口规模不得低于 1 万人规模。推进城市管理重心下移，强化区、街(镇)政府的管理职责。在经济发达、城镇化快速发展地区，撤销乡镇建制推行县村两级行政管理体制改革试点，或推行县下设市模式试点。建立合理的县(市)域村镇体系结构，重点发展县城和 1—3 个重点镇、特色镇。与此同时，引导规模少于 2 000 人的行政村适度合并，实现农村社区化管理。

3.6.3 全方位制度创新推进农村城镇化

经济发展是小城镇发展的原动力，但是目前镇行政职能缺失，现行财政体制不顺，土地流转制度不完善，土地审批制度繁琐，严重阻碍农村小城镇发展，需要全方位实现体制和制度创新。

3.6.4 创新城镇建设多元化投融资机制

城建投融资多元化的基本构想是充分利用市场机制，建立投资主体多元化、资金来源多渠道、投资方式多样化和建设实施市场化的城市基础设施投融资体系。首先应构建包括城乡规划建设部门和财政金融税务部门及相关专业部门在内的投融资管理与运作平台。其次要深化城市基础设施价格体制改革，加快推进城乡建设事业市场化进程。第三应提高各级政府财政投入，争取财政转移支付、低息贷款、无息信贷和赠款；探索在鄂西圈建立生态补偿机制，作为城镇建设资金的重要渠道之一；积极开放城市基础设施投资市场，鼓励社会资金投资入股建设城市市政公用项目，鼓励开展跨地区、跨行业经营，逐步建立起多元化的城市市政公用事业投资机制。第四应创新融资手段，加强对民间投资的金融支持，增强对民间资本投资城市基础设施的信贷支持力度。

3.6.5 加大高等教育投入稳步推进城镇化

发挥湖北教育大省的优势，加大高等教育投入，通过高等教育的培训吸收农村劳动力转移，是最便宜、也是比较彻底的城镇化路径之一。2009 年湖北省普通高中入学率、大专院校升学率分别只有 45%和 40%。预测到 2030 年 15—19 岁年龄段人口将为 573 万，平均每年进入高校培训的人数约 110 万，其中农村地区需要转移的人口约 60 万人。加大高等教育投入，扩大大专以上招生人数，对农村户籍子女入学高校实施倾斜政策，通过高等教育转移更多的农村人口。

3.6.6 建立省市城镇化发展考核指标体系

为了加快湖北省城镇化进程，适时建立省市城镇化发展考核指标体系。指标体系包括城镇人口占总人口比重、城镇数量和建成区规模、农村地区城市生活方式的改变等内容。

3.6.7 解放思想抓紧推行城镇化示范试点

为实施湖北城镇化发展战略，重点在双层次行政管理模式、组合城市、中心城市、强镇扩权、财政、土地、户籍和社会保障政策等方面探索城镇化道路和模式，建议尽快在沿江发达地区、江汉平原地区、鄂西山区、鄂东地区推出 10 个县市城镇化示范试点单位，先行先试。

4 同济大学研究方案综述

改革开放以来，我国城镇化快速发展，1982—2009年的27年间，城镇化水平从20.35%增长到46.6%，年均增长约1个百分点，27年间城镇人口净增4亿多；但城镇化进程中也出现了城镇化质量不高等问题。2009年的中央经济工作会议明确提出“要积极稳妥推进城镇化，提升城镇发展质量和水平”。要看到，城镇化是全球性趋势，经济一体化使得区域间的经济社会联系越加频繁，任何空间经济的发展都不再是孤立的。作为我国中部人口和经济大省，湖北省在全国的发展大局中具有重要地位，是国家整体发展战略中承东启西、联系南北的“枢纽”。湖北省城镇化推进的质量和水平关系到“中部崛起”战略的成效。

在全国城镇化高速发展的背景下，尽管湖北省的城镇化发展也取得了可喜的成绩，但面临的问题也不容忽视：湖北省快速的城镇化进程导致的区域发展不平衡日益加剧，以人口转移为标志的城镇化状态还很不稳定；生态环境压力不断加大，局部地区的城镇建设出现了无序的局面；相当一部分城镇“新市民”还未能真正融入城镇社会及享受同等的城镇社会福利。

同时，虽然湖北省经济一直处于高速增长状态，但2000年后发展速度与其他中部省份相比有一定滞后，尤其是县域经济、小城镇和农村经济发展缓慢，外迁人口规模急剧扩大。同时，人口的跨省迁移形成了大量的农村留守人口（老人和儿童），带来了很多社会问题。针对这些问题，“十一五”期间，湖北省先后实施了“百镇千村”示范工程、“仙洪”新农村建设试验区、脱贫致富奔小康试点、新农村建设试点乡镇，以及鄂州市城乡一体化试点等示范试点建设项目。这一系列努力虽取得了一些成效，但或由于试点区域的特定性、或未在本质上增强农村或小城镇的自我“造血”功能，难以在全省推广，对推进湖北省整体城镇化进程的作用尚有限。

在全球金融危机的大背景下，我国的经济发展方式正在转变，力图由“出口导向”向“内外并举”转变，由“粗放型”增长向“资源节约和环境友好型”增长转变。湖北省积极应对新的发展情势，认真落实中央关于科学发展观的精神和要求。省委领导明确指出要“加快城镇化步伐，是调结构、促转变的一个重要抓手，也是扩大内需的一项重大措施”；同时也提出要“抓紧编制全省城镇化发展总体规划，要按照‘三个层次’和‘大、小、多、少’的思路①，加快推进我省城镇化进程”。促进城镇化的快速和健康发展已成为湖北省的当务之急。

回顾历史，湖北省域城镇发展战略经历了“一主四副”、“金三角”、“一大五特”、“一主两副”的战略演进过程。2007年国务院批复了“武汉城市圈两型社会建设综合配套改革试验区”，确立了武汉城市圈在湖北省乃至中部地区经济社会发展中的引领地位；2009年

---

① “三个层次”指城市圈（群）和大城市、中等城市和县城、中心镇；“大、小、多、少”指坚定不移地支持武汉等大城市、武汉城市圈和“宜荆荆”、“襄十随”等城市群做强做大，多做大城市、中等城市和具备一定规模的县城、中心镇，进一步引导鼓励撤并规模小、辐射带动能力弱的村镇，减少村镇数量，逐步缩小城乡人均占地规模，促进集约用地、科学发展。

国务院批复武汉市建设中部地区中心城市，明确肯定了武汉市在中部地区的中心城市定位，并于同年批复设立全国第二个自主创新示范区“武汉东湖自主创新示范区”①。国家层面寄希望于湖北省引领中部崛起的意图已经十分明显。

基于历史和现实的诸多原因，“武汉城市圈”无疑是湖北省城镇发展格局中的“中坚”力量。为了平衡全省的城镇发展格局，也为了促进鄂西地区的发展，湖北省提出了建设“鄂西生态文化旅游圈”的战略构想。以发展的眼光看，2009 年三峡大坝建成蓄水，大大缓解了长江中游的防洪压力，沿线大部分城市的防洪标准从 10 年提高到了 100 年，从而也为长江经济带的综合开发提供了契机；水运优势的发挥必将促进沿江城市的发展。上述三个角度的发展条件奠定了今天湖北省“两圈一带”战略的基础。

从现实发展层面考察，不仅鄂西生态文化旅游圈内东部和西部城镇的发展条件差异巨大，即使在武汉城市圈也存在着明显的内、外圈差异及“中心隆起、外围塌陷”的特点；长江经济带的不同区段和支流(如汉江、清江)，不仅航运能力不同，生态涵养要求也不同，对城镇发展的带动能力自然也不同。各个层面的发展差异决定了“两圈一带”战略的具体实施需要更深入的研究支持，也需要更适宜的空间结构来支撑。因此，湖北省领导决定开展本项“湖北省城镇化与城镇发展战略规划研究”，以探寻湖北省未来城镇化与城镇发展的新思路、新观点和新路径。

4.1 研究设计

展开这个课题研究之前，需首先明确什么是“城镇化”，什么是“城镇发展”，只有理解了城镇化和城镇发展本身的内涵，才有共同讨论和研究的平台。

虽然城镇化的涵义非常广泛，至今仍未达成共识，但综合而言，可以认为“城镇化是人类生活方式的转化，是以人口转变为主的社会、经济和空间集聚的过程”。因此，湖北省城镇化发展战略研究应紧密围绕城镇化的上述四大属性，即人口、社会、经济和空间。从上述四大属性展开，全面理解湖北省城镇化的进程是开展本项课题研究的基础，也是把握未来湖北省城镇化趋势的前提。与此同时，国家政策、外部资本、产业转移、区域交通格局、资源和生态条件以及地域文化特点也将对湖北省城镇化进程产生重要影响。

另一方面，对“城镇发展”的概念也要解读，首先城镇是中文语境下的词汇，在中国泛指“城市”和“乡镇”；其次“发展”从一般意义上讲，是指事物演变和成长的阶段，事物由小到大、由简单到复杂、由低级到高级的变化。联合国开发计划署(UNDP)把其定义为：“发展的基本目的，就是创建一种能够使人长期地享受健康和有创造性的生活。”综合而言，可以认为“城镇发展是指城市和乡镇由小到大、由简单到复杂、由低级向高级演变和成长的阶段，也是指城镇居民生活水平提升的过程”。

基于上述认识，我们设定了两条研究路线，分别从城镇化和城镇发展角度提出了湖北省城镇化和城镇发展战略思路。两者既相互独立，又相互联系。在此框架下我们开展了如下的专题研究(图 4－1)：湖北省及相关区域发展研究，湖北省综合交通与城镇发展研究，湖北省自然资源、生态环境与城镇发展研究，湖北省文化、旅游与城镇发展研究，湖

① 另一个区是北京中关村。

北省产业发展及空间格局研究，湖北省城镇发展格局演变及机制研究，湖北省城镇化微观动力机制研究——基于村镇基础调研，湖北省大项目驱动与城镇化发展研究，湖北省人口发展与规模预测，湖北省城镇化现状、特点及趋势研究，湖北省城镇化发展情景模型及其启示意义，湖北省城镇发展战略和政策评估，湖北省城镇化发展的制度支撑与政策供给，国际相似地区空间发展和流域开发的经验借鉴，世界城镇化发展的相关理论与经验借鉴，中国城镇化发展及先发地区的经验借鉴。

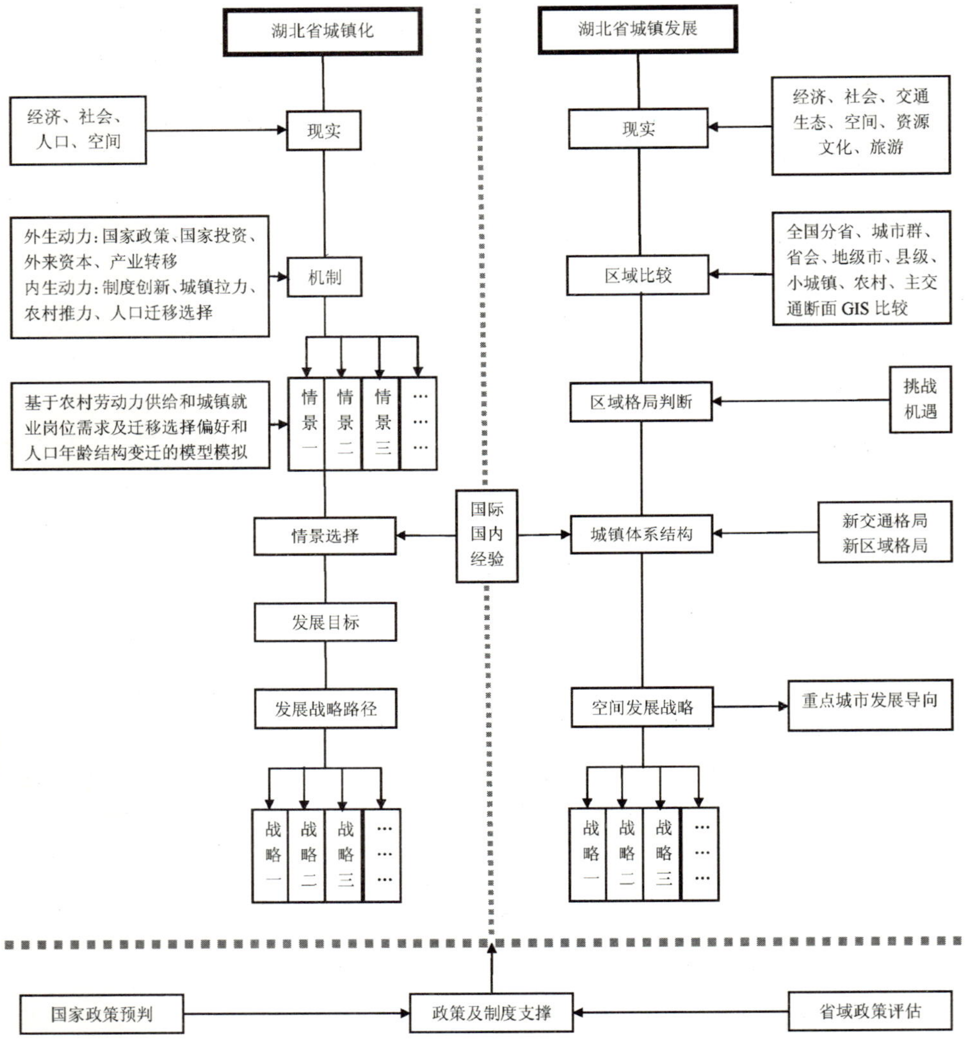

图 4－1　“湖北省城镇化与城镇发展战略规划研究”框架①

---

① 第一，考虑到湖北省的空间区位因素，在本章的区域分析中，中部地区特指安徽、湖南、江西、湖北、河南、山西、陕西、重庆七省一市，比一般意义上的中部地区多出了陕西省和重庆市，后文不再注明。第二，为增加主报告的易读性，文中图表及相关数据的出处除个别确实必须外，一般不再注明，具体出处可在相关专题报告中查阅。第三，对于“城镇化”与“城市化”的词汇区别，除国际经验部分采用“城市化”一词外，其余篇章均采用“城镇化”。第四，全章为叙述方便，“宜荆荆襄城市圈”是“鄂中宜荆荆襄文化旅游及城市发展圈”的简称，“十神恩生态圈”是“鄂西十神恩文化旅游及生态保育圈”的简称，“汉江发展带”是“汉江经济与生态综合发展带”的简称。

4.2 基础研究

4.2.1 发展条件的认识

综合来看，湖北省在中部七省一市中具备较多领先优势，在经济规模、社会发展、科技和教育、人口规模、交通条件和资源条件方面有一定的竞争优势。在承接发达地区产业转移过程中，虽然面临湘、皖、豫、赣的竞争或“阻截”，但较高的产业能级和科教资源优势使得湖北省具备后发优势和高端产业发展的潜力（表 4－1，图 4－2）。

表 4－1 湖北省制造业就业人口比重的区域比较（2008 年）

	制造业就业人口占全部就业人口比重（%）
全国	29
东部沿海江浙鲁粤四省	42
湖北	22

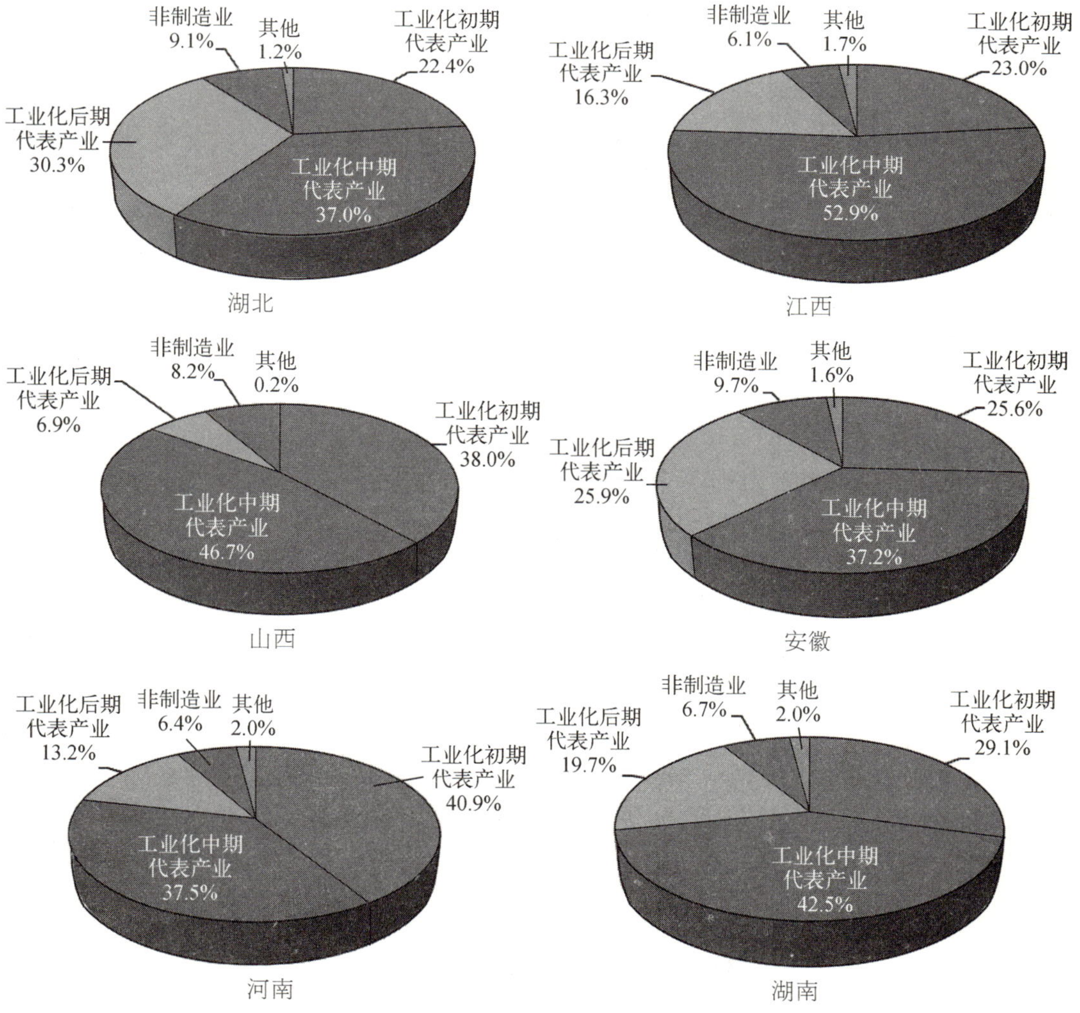

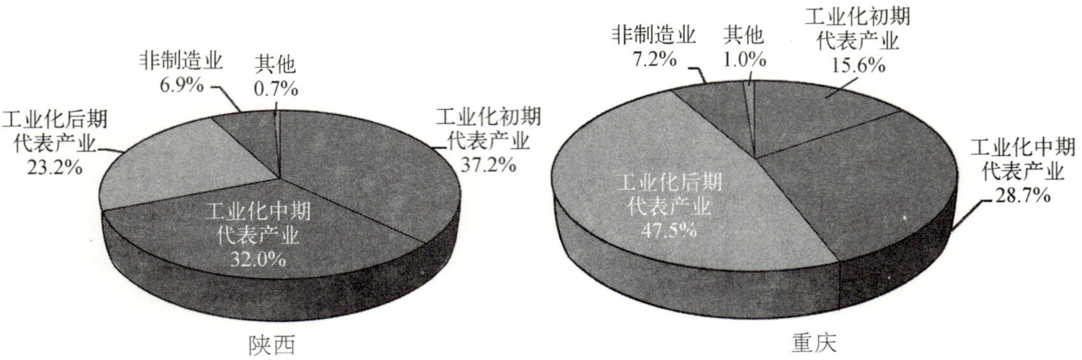

图 4－2　中部地区八省市不同时期代表产业比重

湖北省发展的主要问题在于工业的总规模较有限，制造业带来的就业岗位不足，导致人口迁出规模过大，农村发展较为滞后，存在潜在的社会问题和压力；较重的产业结构既对环境造成了压力，也使得一些资源枯竭型城市面临转型的难题；南水北调和三峡大坝的建设虽然缓解了洪水威胁，但也给长江和汉江流域的生态环境带来了压力；城镇规模增长导致的低端产业扩张也将对环境造成一定影响；虽然湖北省文化底蕴深厚，高品质的旅游资源众多，但文化及旅游资源的优势尚未转化成现实的经济发展优势。

更为突出的是，全省城镇空间发展的区域差异巨大，武汉首位度过高（图 4－3）。湖北省大量的优势资源集中在武汉，无论是国家批复的武汉城市圈两型社会建设和中部地区中心城市建设，还是东湖自主创新区，抑或国家交通枢纽等，都集中在武汉。毫无疑问，过于集中的资源和政策优势将推动武汉市的进一步快速发展，但武汉城市圈内的发展落差现象和湖北省大量的人口外迁也同样证明，仅仅依靠武汉市或者武汉城市圈的发展还不足以带动湖北省经济社会的全面腾飞。必须在武汉以外，或者是武汉城市圈以外

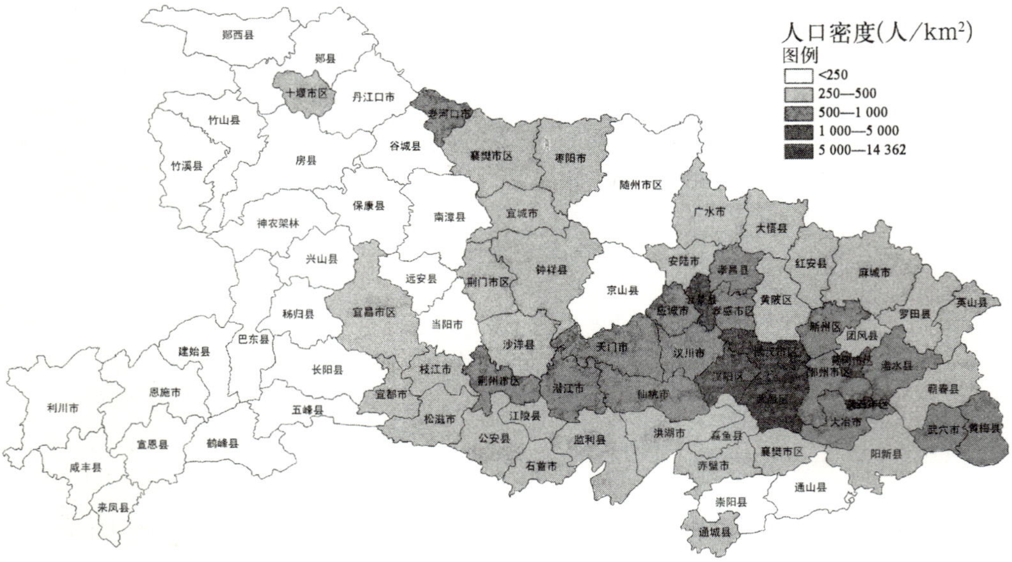

图 4－3　湖北省县市人口密度分布（2009 年）

培育新的增长点或者增长区域，与武汉城市圈共同带动湖北省经济社会的全面跨越式发展。公路、铁路和水运等交通条件的改善为湖北省中部地区提供了跨越发展的条件；接下来的问题是采取何种方式和路径，以及用什么样的空间结构来推进和承载湖北省的全面快速发展。这需要从城市圈和城市层面来进行深入的研究。

4.2.2 区域发展格局的重新审视

我国经济发展面临着深刻的转型，将从“外向依赖”向“内外并举”过渡。湖北省的地理区位优势、便捷的交通条件和历史上大项目投资的发展基础将有可能支撑起湖北省的区域竞争能力；与此同时，我国农业及相关产业发展也受到了高度重视，湖北省作为农业大省将从中受益。尽管武汉城市圈“两型社会”、武汉市“中部地区中心城市”和东湖自主创新区得到了国家政策的眷顾，但必须注意，周边省份也都有国家的支持及提出了自己的发展战略；湖北省居中的地理区位既是优势但也有所不利，如何在激烈的区域竞争中脱颖而出，这有赖于新的思路和谋略，其前提是对湖北省的优势、劣势有清醒和深入的认识(图 4 - 4)。

就湖北全省的发展来看，湖北与其他区域间的发展差距集中体现在制造业发展的不足上，而制造业的不足突出表现在地市级城市层面；县域经济的发展差距亦是十分突出。作为湖北省经济发展的最大“极核”，武汉市目前的发展优势仍集中体现在规模优势上。从某种程度上说，这种规模优势是以汲取武汉城市圈或者湖北省其他城市的发展资源和机会为代价的。因而也导致了省域整体竞争力减弱、可持续性不强等弊端。因此，当前湖北省应着力促进第二产业短板的发展，构建与不同等级、不同职能的城市相适应的不同层次和特色的产业发展体系。

作为武汉市，其发展的规模具有优势，其科教及社会服务优势也突出，但要有条件地发展“企业总部基地”，今后应在中部地区中心城市的总体目标指导下，保持产业的高端化，积极打造中部地区的服务业中心、制造业中心、金融中心、内河航运中心和国家交通枢纽，保持“山、田、河、湖”与人和谐共生的空间格局，建设现代化生态宜居城市。

与武汉的强势地位形成强烈反差的是，湖北省其他二级城市的发展明显偏弱，无法独立引领区域发展。全国地级市的 GIS 空间分析显示，经济发达省份都是在至少两个“引擎”的共同带动下实现经济的跨越式增长，比如江苏、浙江、福建、山东和广东省。湖北省经济社会发展的实践已经证明，湖北省经济社会的全面起飞仅靠武汉一市独大的空间格局无法较快奏效，而且武汉城市圈的发展目前仍处于资源集聚阶段，武汉市的产业和要素扩散作用十分有限，在武汉城市圈外围也存在明显的“灯下黑”现象。

因此，必须在省域范围内培育新的经济增长点或增长区域，与武汉城市圈共同引领湖北全省经济社会的全面起飞。更广泛的多指标 GIS 空间分析显示，宜荆荆襄所在的湖北省中部区域存在一条长期被忽视的南北向的产业发展走廊，北接中原城市群，南抵长株潭；省域中部有进一步发展的潜质，需要重新认识。随着即将打通的“荆州—常德”公路和“沙岳”铁路通道，该地区可以作为鄂西经济崛起的“发动机”。目前该区域整体发展水平不高，需要给予适当扶持。

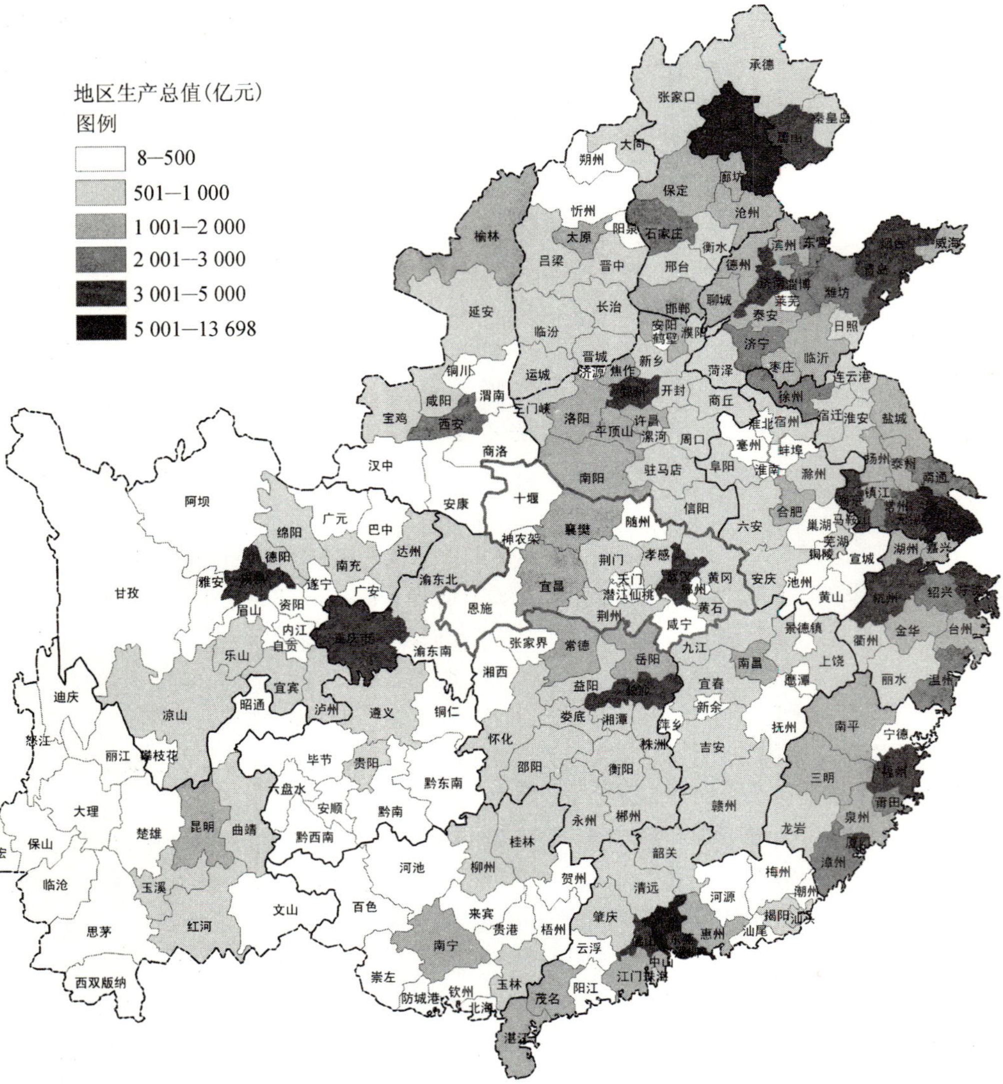

图 4-4 地级市主要经济指标比较(2008 年)

4.2.3 现时期湖北省城镇化发展的课题

湖北省的城镇化进程主要是以大项目建设为基础,以省域政策(倾向于城市)导向为调节,以建制城市为主要载体的"自上而下"的发展模式。尽管"天、潜、仙"等地区的民营经济发育良好,但这并没有成为全省的趋势。总体看,在城镇层面城镇化与工业化发展是基本适应的,但城镇化快速发展进程中仍然面临很多困惑。

1) 人口:如何促进外出农民向市民的转化

虽然湖北省的农村剩余劳动力已经基本都外出务工,有外部的就业岗位支持;但这种城镇化是一种不稳定的城镇化,今后必然要逐步使这部分农村流出人口向真正的市民转化。这就涉及两个基本问题:一是什么时间、什么速度、在哪里完成外出农民工向市民的转化？二是促进外出农民向市民转化需要有哪些制度或政策创新？

2）空间：新市民的城镇化空间载体是什么

外出务工农民向城镇居民转化最为关键的问题是其转化的主要空间载体在哪里，是武汉市这样的特大城市？还是一般的大中城市？抑或是县城及小城镇？其各自承担的城镇人口增量如何，这与未来的城镇基础设施建设密切相关。

3）社会：新农村建设和“三农”问题的出路在哪里

城镇化进程中的很多社会问题（比如留守儿童、空巢老人、流动人口犯罪、社会排斥等）和农村与城市在社会福利、基础设施、交通、教育等方面的巨大差别有内在关系。因此，如何解决新农村建设问题是湖北省推进城镇化工作的重要组成部分。目前各地开展的新农村建设试点主要是依靠各省直属单位和地方政府的直接支持，并没有显著增强农村的自我造血功能，尚不足以在全省推广。今后如何在城镇化进程中解决好农村基础设施建设、提升农业发展和农民生活水平，也是新型城镇化道路的重要内涵。

4）经济：如何通过有效的发展战略推动湖北省的全面发展

湖北省城镇化进程中的人口、空间和社会的全面发展需要经济发展的有效支撑。前文已经论述，武汉一市独大无法带动全省经济发展迈向新的更高台阶，仅仅是武汉城市圈的单独发展也不能够承担起整个湖北省经济跨越式发展的重任；湖北省需要新的发展支点，需要解决如何把湖北省目前的多项发展战略统筹在一个框架之内，以统一的思路来推动湖北省的全面发展。

4.2.4 城镇化发展的动力机制构成与演变

城镇化的动力机制可以概括为“内外并举”，包括外生动力的促进和内生动力的推动（图 4－5）。新中国成立前，湖北省城镇化发展的动力机制表现出明显的“贸易促进”特征，大部分规模较大的城镇“依水而建”。新中国成立后的“国家重大项目投资和交通等基础设施建设”不仅改变了当时湖北省城镇体系的演化格局，也奠定了今天湖北省的城镇体系空间结构。改革开放后，湖北省虽然没有获得类似于沿海开放省区的那种国家政策倾斜，也没有大量的外资推动，但得益于资源优势、历史上大项目投资的雄厚基础和三峡大坝建设，城镇化继续快速发展（图 4－6）。进入新世纪以来，大量国家投资和基础设施建设等多元动力因素继续促进湖北省的经济社会全面发展，城镇化水平也得到了很大提升，但“自下而上”的动力机制仍是“短板”。

总体而言，湖北省城镇化发展的外生动力主要来源于国家的政策扶持、国家投资、外来资本和发达地区的产业转移；与外生动力相对应的是内生动力，除了机制和体制的创新动力外，主要表现在“自下而上”的产业发展及城镇拓展，分为“城镇产业发展对农村剩余劳动力的拉力”和“农民生活水平提高，追求舒适生活环境的推力”。

在这推力、拉力之间，小城镇处于衔接过渡的节点位置——是城镇体系等级结构的末端，也是农村剩余劳动力转移的前沿阵地。因而厘清小城镇发展的内在逻辑和动力机制，对于深入理解湖北省城镇化发展进程和制定发展战略具有非常重要的理论和现实意义。

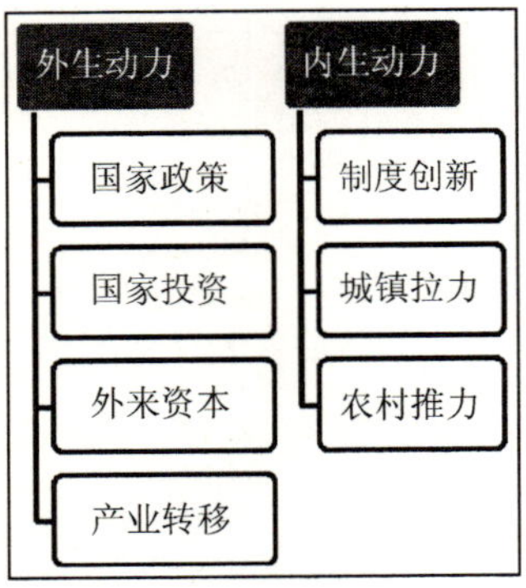

图 4－5 城镇化发展动力机制的框图

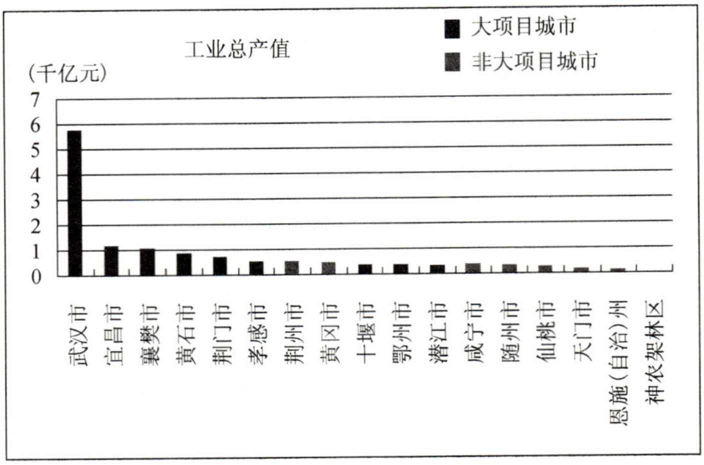

图 4－6 湖北省各市、州工业生产总值(2008 年)

4.2.5 小城镇调研和发现

小城镇层面的统计制度不完善,相关资料较为匮乏。对小城镇进行系统研究需要在已经掌握的基本资料基础上,组织一定数量的实地调研。

同济大学与华中科技大学组成了联合课题组,首先于 2010 年 4 月底进行了 4 个县、5 个镇、10 个村、20 个企业和 20 名村民的初步调研访谈;了解基本情况后,于 5 月份开展了大规模的现场调研工作,先后分三批派出了共计约 60 位调研人员。调研涉及 28 个县市、57 个小城镇、110 多个村、200 多家企业、1 000 多位村(居)民。调研的小城镇分布在湖北省各个区域,包括东部、中部、西部、武汉周边、山区和平原;调研小城镇的职能类型包括了工业型、旅游型、边贸型、资源型、生态型;调研小城镇的经济发展情况包括发达的,也包括落后的;调研小城镇的规模包括近 10 万人的人口大镇,也包括不足 2 000 人的小镇。样本小城镇的类型和空间分布基本可以反映湖北省小城镇的全貌。调研方式除了踏勘、访谈、座谈和电话回访外,还发放了近 1 400 份调查问卷,由调研人员直接指导被调查对象填写,以保证问卷的质量(图 4－7 至图 4－9)。

湖北省小城镇的工业化发展较弱,工业化远远滞后于城镇化的发展。湖北省小城镇工业发展较弱,除了自身产业基础差和资源条件弱等原因外,与管理体制、政策规定以及地方文化观念等也密切相关。

虽然小城镇的镇域总人口在减少,但大部分小城镇的镇区人口呈现稳定的增长趋势。镇区相对较好的生活环境(公共服务设施和基础配套设施优于农村地区)和相较于城市更低廉的生活成本是吸引农村人口的主要原因。农村人口迁入小城镇与小城镇人口迁出到城市的过程具有同步性,但前者略大于后者(图 4－10)。

湖北省小城镇的镇区人口稳定增长,主要原因不是集镇工业化,而是农村人口对城镇公共设施和服务的需求。实践表明,小城镇的发展并非单纯缘于工业化,改善小城镇居住和服务条件同样可以带动城镇化;城镇化反过来又推动小城镇的服务业发展,形成

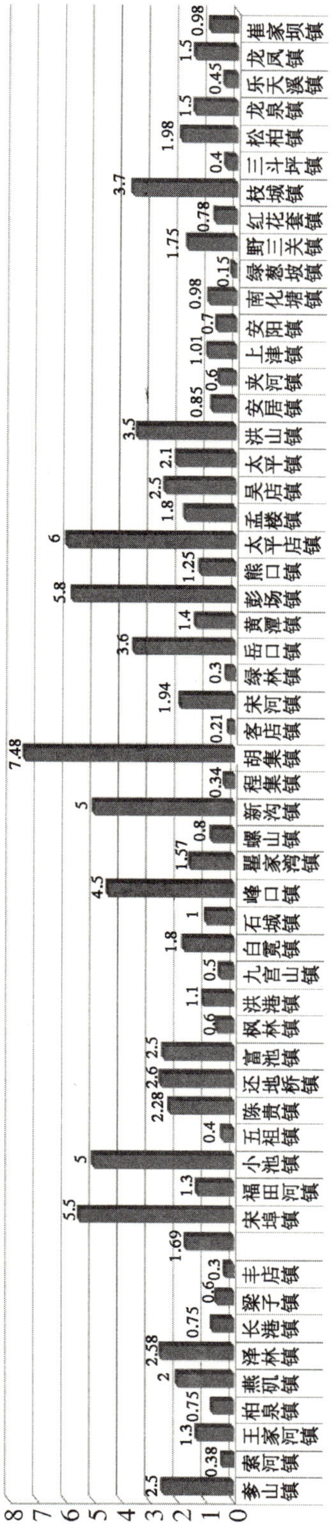

图 4－7a　57 个小城镇镇区人口统计(万人)

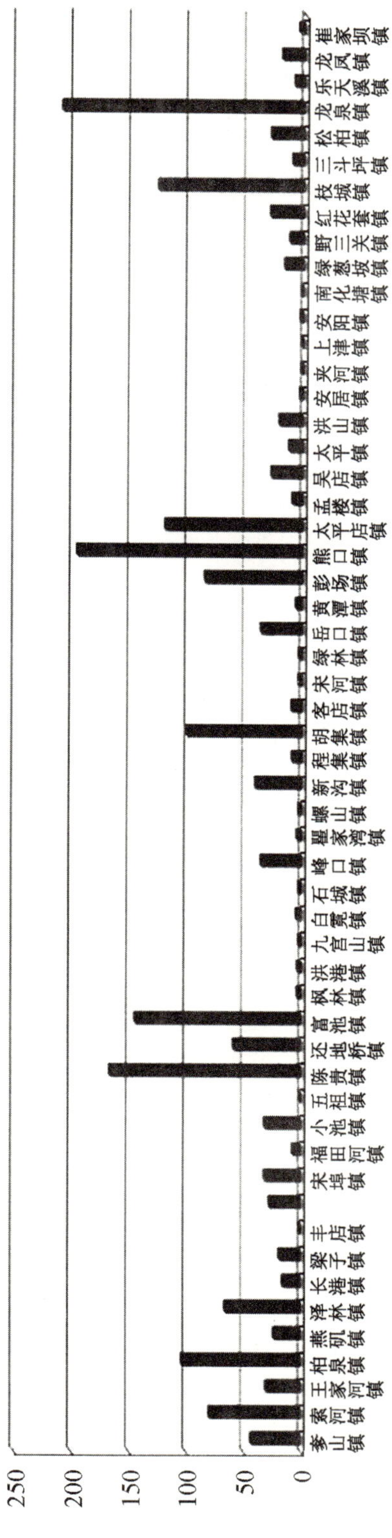

图 4－7b　57 个小城镇镇区财政收入统计(百万元)

居民居住意向调查

调查员________ ________市(县)________镇(乡)________村

华中科技大学、同济大学湖北省城市化与城市战略研究组

一、基本情况

1. 身份:(1) 农民 (2) 企业经营者 (3) 企业职工 (4) 公务员或事业单位 (5) 个体户 (6) 其他________

2. 年龄:________周岁

3. 性别:(1) 男 (2) 女

4. 文化:(1) 文盲 (2) 小学 (3) 初中 (4) 高中技校 (5) 大专以上

5. 户籍:(1) 城镇户口 (2) 农村户口

6. 现居住地:(1) 市区(县城) (2) 镇区 (3) 村

7. 本人平均月收入:(1) <500 元 (2) 500—1 000 元 (3) 1 000—2 000 元 (4) 2 000—3 000 元 (5) >3 000 元

8. 月收入与 10 年前相比:(1) 差不多 (2) 稍有增加 (3) 明显增加(翻一番) (4) 翻一番以上

9. 您有几个子女:(1) 1 (2) 2 (3) 3 (4) 3 个以上

10. 您子女现读书的学校在:(1) 城市 (2) 县城(含县级市) (3) 镇上 (4) 村里(如子女还没到上学年龄,请填写您的期望,如子女已高中毕业请填写其工作地或现居住地)

二、搬迁经历(没有搬迁经历者不填写)

11. 迁至本地时间(填写日期):19____年____月

12. 前居住地:(1) 市区(县城) (2) 镇区 (3) 村 (4) 其他________

13. 搬迁原因(请单选最重要原因):(1) 上下班方便 (2) 子女上学方便 (3) 居住环境好 (4) 设施齐全 (5) 交通方便 (6) 其他________

三、搬迁意愿

14. 是否有迁居意向:(1) 是 (2) 否(跳答 17)

15. 您希望搬到什么地点居住:(1) 武汉市市区 (2) 地级市市区 (3) 本县县城或县级市区 (4) 镇区 (5) 村 (6) 外省 (7) 其他________

16. 考虑搬迁的原因(请单选最重要原因):(1) 上下班方便 (2) 子女上学方便 (3) 居住环境好 (4) 设施齐全 (5) 交通方便 (6) 其他________

17. 计划搬迁时间:(1) 一年以内 (2) 2—5 年 (3) 5 年以上 (4) 未定

18. (农村户口回答)如果允许转城镇户口,您将:(1) 转户口并进城(镇) (2) 转户口但不进城(镇) (3) 进城(镇)但不转户口 (4) 都不考虑

19. 如果有政策鼓励搬到镇区或城区集中居住,是否考虑搬迁:(1) 是 (2) 否

图 4-8 调查问卷示意

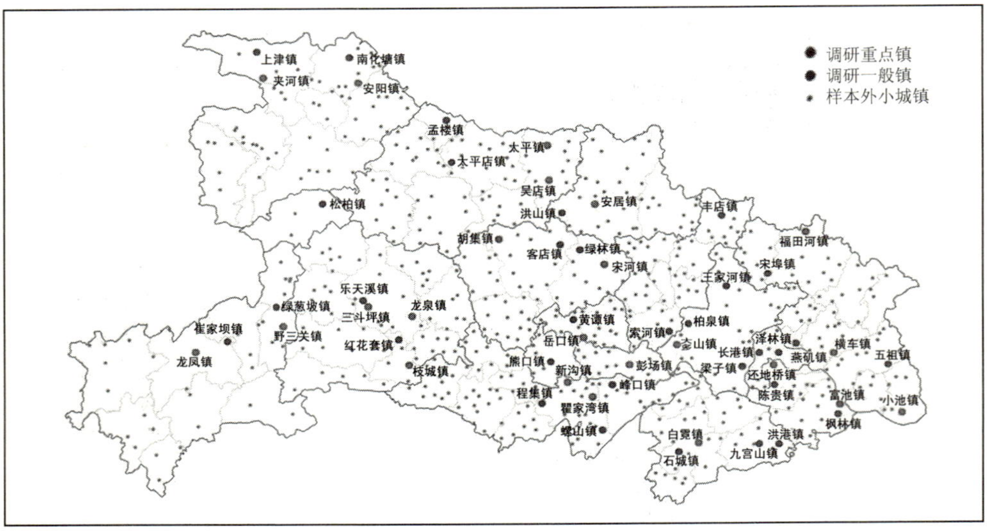

图 4-9 调查城镇分布

良性循环。但这样的发展模式需要有较大的初始财政转移支付力度。

湖北省农村的农业机械化、规模化和产业化程度普遍较低，劳动生产率低下，有较大的提升潜力，有释放更多剩余劳动力的余地，这是今后湖北省城镇化发展的潜在资源——农村仍是进一步提高湖北省城镇化水平的人口源泉之一（图 4 - 11）。

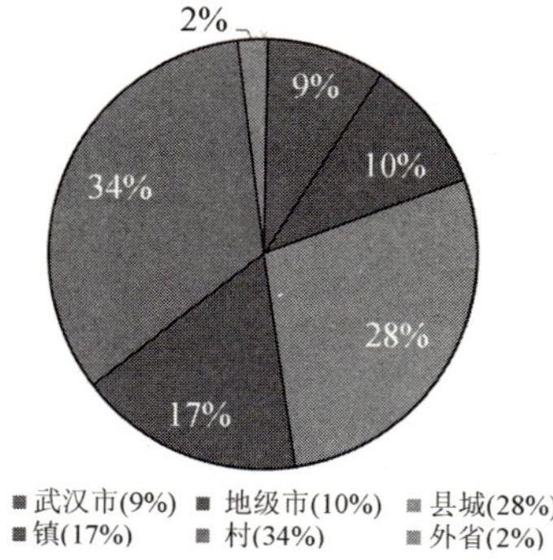

图 4 - 10 湖北省外出劳动力回迁意愿分析

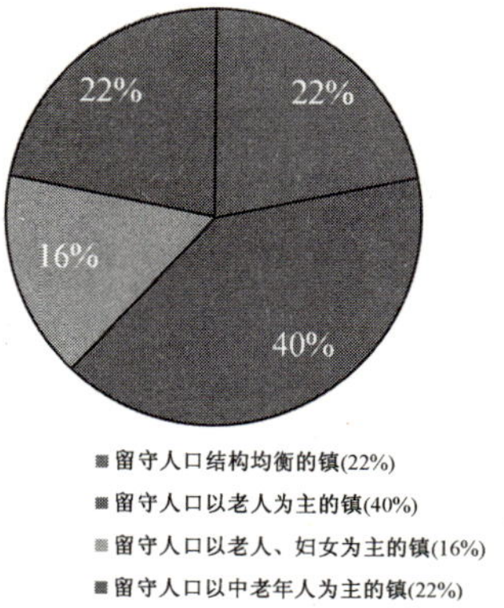

图 4 - 11 湖北省农村留守人口结构

由于小城镇是外出劳动力回流的主要目的地之一，如何提高镇区容纳回流劳动力的能力是下一步城镇化的关键。加强镇区服务配套设施建设，引导第三产业发展，适度推进工业化应是湖北省小城镇发展的基本指导方略。

小城镇是湖北省城镇化进程中非常重要的环节，承担着农业社会向工业社会过渡的人口蓄水池作用，是农村人口迁入城市的前沿接纳地，也是城市人口的重要来源地。

湖北省小城镇发展的地域差异明显，应针对区域条件和发展资源的不同，制定分类引导的政策。就全局而言，小城镇服务于“农村、农民和农业”的作用具有基础性，需要获得更多关注。

4.3 城镇化发展阶段与发展目标

4.3.1 城镇化发展阶段与趋势

2005 年对 1% 的人口抽样调查数据表明，湖北省 10—19 岁人口比重非常高，结合我国的现实情况，年轻人就学年限在逐步延长，这部分高比例的年轻人口将逐步进入到就业阶段，并需要进入城镇。因此，“十二五”期间湖北省经济发展和城镇化面临的压力将是空前的；同时，质量的提升也将是下一阶段的重要任务。双重的城镇化任务给湖北省的经济社会发展及城镇建设提出了更高的要求。

尽管湖北省在“十二五”期间仍将面临城镇化的巨大压力，但 2015 年之后城镇化发展的结构将发生变化，即本地农村劳动力供给将逐步减少，与此同时外出劳动力将可能逐步回流，两方面的共同作用必将驱使湖北省的城镇化水平要有快速提升（图 4 - 12）。

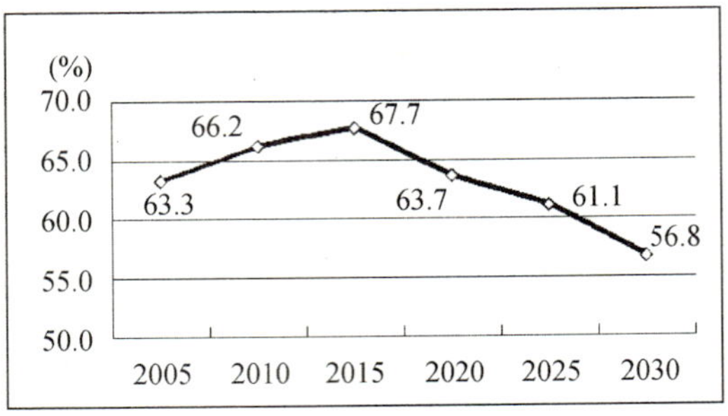

图 4－12 湖北省劳动力人口数量及其在常住人口中所占比重的趋势(20—64 岁)

4.3.2 城镇化发展的多种情景模拟

湖北省今后的城镇化发展路径并不是唯一的，这与政府的城镇化政策有关，政府可以通过相关的产业、人口、社会和空间政策引导城镇化沿着预设的路径发展。因此有必要对湖北省未来可能的城镇化发展路径加以科学模拟，以便为宏观决策提供判断依据。

城镇化进程是以人口从农村向城镇迁移为主的经济、社会和空间变迁过程，人口的迁移处于核心支配地位。农村人口向城镇的迁移主要取决于农村剩余劳动力数量的推力和城镇就业岗位增加的拉力。因此，如果能够测算出不同时期拉力和推力的大小，就能够推算人口城乡迁移的规模，以及劳动力城镇需求和农村供给的差值，进而判断劳动力供给的富余或短缺程度。农村剩余劳动力的供给与城镇就业岗位的需求两者组合形成的模型可描绘出湖北省未来多种不同的城镇化发展图景。

与不同的发展路径所对应的是不同的城镇化水平、经济发展速度、政府的产业发展导向和人口迁移政策等。如政府加强劳动密集型产业的发展以增加就业岗位，或者拓宽外省就业渠道，均可以解决农村剩余劳动力的出路问题；反之，也可以通过提升本地生产生活环境，吸引外出人口回流，以至引进外省人口补充，或是加强农业产业化规模化的力度，以释放更多的剩余劳动力。

湖北省存在大量的农村外出劳动力，未来湖北省的人口年龄结构变化和产业发展导向将改变城乡人口的就业平衡。城镇化发展的情景选择取决于我们需要在什么时点、多大程度上接纳农村剩余劳动力的供给和外出劳动力的回流。

根据湖北省未来各阶段产业发展对劳动力的需求和外出人口回流趋势的判断，推荐各时期采用不同的发展路径(表 4－2)，具体分析见本书专题研究报告部分。

表 4－2 不同情景下湖北省未来各时间段需要回流的劳动力数量 （万人）

产业选择因素	农业劳动生产率推进因素	情景	2008—2015	2015—2020	2020—2030
推动劳动密集型产业，适当发展先进制造业	延续现状速率(推荐路径)	1	－11	256	445
	稳步提高	2	－73	225	426
	大力提高(推荐路径 A)	3	－181	173	392
结合湖北省十大产业振兴计划，推动先进制造业发展，适当发展劳动密集型产业	延续现状速率	4	－32	231	387
	稳步提高(推荐路径)	5	－94	200	368
	大力提高	6	－202	148	334

续表 4 - 2

产业选择因素	农业劳动生产率推进因素	情景	2008—2015	2015—2020	2020—2030
湖北省十大产业振兴计划	延续现状速率	7	－49	217	356
	稳步提高	8	－111	186	337
	大力提高(推荐路径)	9	－219	134	303

表注：1. 负值的含义是不仅不需回流人口，而且将产生的剩余劳动力数量。
2. 本表数据为纯劳动力回流数量，不含家属等。

与上述模型相对应的问题是新增的城镇人口将在湖北省的各个区域怎样分布。我们深入分析了湖北省 12 个地级市、1 个林区、1 个自治州、24 个县级市和 40 个县的基本发展情况，综合评价各县、市、区的经济、人口、交通(含高铁)、生态承载、空间资源等发展条件，在此基础上设定新增城镇人口的空间分配，旨在为政策制定提供定量参考依据。

4.3.3 城镇化发展的空间载体

1）人口迁移意愿选择下的城镇人口增量及分布

以 2005 年 1％人口抽样调查和公安局流动数据推算，2009 年湖北省农村外出人口约 1 400 万，其中约 800 万在省外，600 万在省内。根据相关的外出农民工回迁意愿调查和我们的湖北省小城镇人口迁移意愿调查，可以计算出湖北省的省外和省内农村已流出人口的可能回流去向，再综合考虑本地农村将来迁出人口的迁移选择和原有城镇人口的内部迁移选择，仅从人口的迁移意愿来看，今后总计会增加 1 299 万城镇人口，其中有 58 万人在小城镇，444 万人在县城，797 万人在武汉市和其他地级市；考虑到存在种种现实制约，实际发生的迁移分配会有很大不同。但这 1 299 万人确实是湖北省未来城镇化人口增量发展的基础。必须指出，外省回流选择回到家乡的这 302 万人也将是今后的潜在城镇化人口。

2）考虑迁居成功概率的城镇人口增量分布

迁移意愿并不等于会形成今后的真正迁移流(并非所有愿意迁入地级以上城市的人口最终可以全部迁入地级以上城市，并非所有愿意迁入县城或小城镇的人口最终可以全部迁入县城或小城镇)。因此，我们引入迁居成功概率这一参数，以表征各类人口迁移意愿满足的比例。分别计算乡村、小城镇、县城人口的迁移分布。

3）考虑各类迁居成功的概率之后，今后湖北省将新增 1 308 万(1 450 万减去 142 万)城镇人口，其中 282 万在小城镇，525 万在县城，501 万在地级以上城市。新增城镇人口在各级城镇的配比为“地级以上城市∶县城∶小城镇＝38∶40∶22”。与仅按迁居意愿计算的新增城镇人口在各级城镇的配比结果(地级以上城市∶县城∶小城镇＝61∶34∶5)相比，新增城镇人口进入地级以上城市比重降低，进入县城比重小幅提高，进入小城镇的比重提高幅度较大。

4）2000—2008 年湖北省城镇人口增量分析

从整理出的 2000—2008 年湖北省城市建成区人口的增长变化来看，县城增长最快，8 年城区人口增长了 41％、其次是县级市、地级市和武汉市。从各等级城市人口增量占全部增量的百分比来看，地级市建成区人口增长最快，8 年增长了 29.3％；其次是县级市和县城；武汉都市发展区增长最慢，这与武汉市的人口基数较大有关。与城市相对应的小城镇人口也有一定增长，57 个小城镇调研显示，即使是人口规模小于 5 000 人的小城镇，其镇区人口在 8 年间也增长了 26.4%①，与县级市相当。但由于城市建成区空间的快速扩张，部分小城镇已经被纳入到了城市的人口统计中，所以小城镇镇区人口在总量上变化不大。

5）湖北省未来城镇化空间承载的判断

迁移意愿和各类型城市建成区人口的增量研究提供的重要信息是，县城和地级市人口增长的动力非常充足，是城镇化进程中的重要载体。与此同时，小城镇虽然会由于人口的梯度迁移，人口不会快速增长，但也会保持一定增长速度或与现阶段基本持平。

虽然地级以上城市具有相当大的吸引力，但湖北省地级以上城市仅 12 座，无法满足这么庞大的新增人口。同时必须认识到，迁移意愿并不等于会形成今后的真正迁移流，比如地级以上城市的迁移选择意愿较强，但对于农民工等低收入群体而言短期内并不现实。以“迁移选择”的预测为基础，从湖北省城镇体系结构情况、地级市的总承载规模和集聚发展的战略取向来看，今后湖北省应增强县城的吸引力，提高基础设施的建设水平，以备承载更大量的城镇化新增人口；同时，小城镇服务职能的加强也将承载更多的城镇化人口，从而分担地级城市和县城的人口增长压力。

综合考虑，湖北省今后的城镇化新增人口的配比可以“地级以上城市：县城：小城镇=40：40：20”为发展的调控目标较合适。

4.3.4 对湖北省城镇化水平的再评估

据有关资料②，湖北省 2009 年常住人口 5720 万，城镇人口为 2631 万人，据此推算的湖北省城镇化率为 46.0%，较全国同期水平(46.6%)低 0.6 个百分点。从湖北省经济发展、非农人口比率和人口迁移等角度来看，上述结果无法得到合理解释(表 4-3，图 4-13)，因此有必要重新评估湖北省的城镇化水平，厘清湖北省真实的城镇化水平是今后制定全省城镇化战略的基础之一。以下基于人口数据、人口统计、各级城镇建成区人口梳理、经济增长、劳动力供需、行政区划调整以及小城镇调研和统计局访谈等多种数据和信息渠道，对湖北省现实的城镇化水平做测算。

表 4-3 2000—2009 年中部七省一市经济增长与城市化率提升的关系 (%)

	2000 年城镇化率	2009 年城镇化率	2008 年非农人口比率	2000—2009 年均提高百分点	2000—2009 年 GDP 增长率
湖北省	40.2	46.0	38.80	0.64	13.0
湖南省	29.75	43.2	22.35	1.5	14.8
安徽省	27.81	40.5	22.23	1.4	14.3
河南省	23.20	42.1	21.79	2.1	17.3
江西省	27.67	43.18	27.25	1.7	15.8

① 为了与县级以上城市比较，本数据是应用 2004—2008 年平均增长率 3.3%推算。

② 可参见《湖北省领导干部手册》，2010。

续表 4－3

	2000 年城镇化率	2009 年城镇化率	2008 年非农人口比率	2000—2009 年均提高百分点	2000—2009 年 GDP 增长率
山西省	34.91	45.99	32.18	1.2	19.7
陕西省	32.26	42.10	28.00	1.23	19.4
重庆市	33.09	49.99	27.86	2.11	15.7
全国	37	47	33	1.2	—

表注：GDP 年均增长率未考虑价格因素，但不影响横向比较。

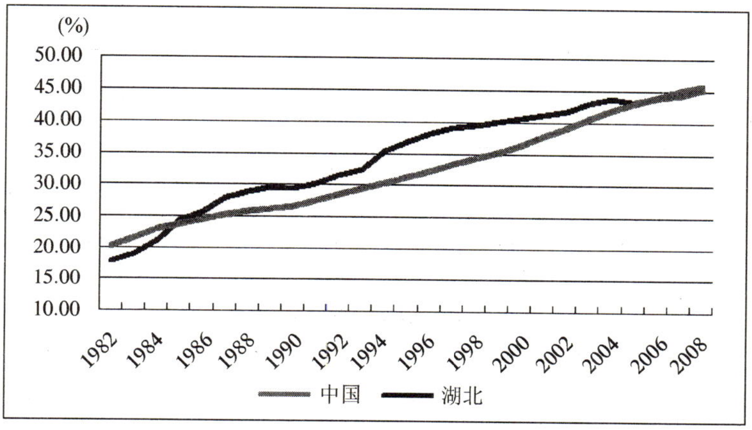

图 4－13　湖北城镇化率与全国城镇化率历史比较（1982—2008 年）

1）重新认识湖北省城镇化水平

以 2005 年湖北省人口 1％抽样原始数据计算可得，湖北省 2005 年城镇化率为 48.1％，据趋势推测 2009 年湖北省城镇化率应为 54.2％。

由整理的湖北省 2000—2008 年各级城市建成区人口规模和小城镇调研数据，计算得到 2009 年湖北省城镇化率约为 50.9％。

运用农林渔牧业用工需求和农村劳动参与率（考虑了留守老人和儿童的情况）等指标反推计算湖北省 2009 年城镇化率应为 50％—55％。

湖北省的行政区划调整对城镇化率的影响主要局限在 1990 年“四普”和 1995 年 1％人口抽样调查数据，1982 年、2000 年人口普查和 2005 年人口抽样调查数据基本反映了湖北省城镇化的真实情况。

上述分析表明，湖北省城镇化水平可能被低估，带着这样的疑问，课题组于 2010 年 6 月下旬走访了湖北省统计局，得到的信息是，“六普”的初步摸底数据显示，湖北省 2010 年城镇化水平为 50％—55％。

2）城镇化水平被低估的可能原因

那么为什么城镇化率会出现低估的现象呢？了解一下我国的统计制度就不难理解这种现象。从统计意义上讲，城镇化率的数字准确性由大到小依次为：十年一次的 100％人口普查、五年一次的 1％人口抽样、一年一次的 1‰人口抽样，而由于样本比例的偏低和我国高速的城镇化进程，各省实际上很难从1‰统计抽样来准确推断当年的城镇人口数。普遍的做法是根据历史发展的趋势进行外推来估算。梳理一下湖北省历史上城镇化水平的增长过程，就可以很明显地看出这种推算的痕迹(表4-4，表4-5)。由于1995年以前因区划变动带来的城镇化率高数值，导致了1995—2000年间湖北省城镇化率的低增长，进而相关部门人员以0.7%作为趋势外推的基准数，所以直接造成了目前湖北省官方城镇化率的明显低估。

表4-4　湖北省城镇化增长过程辨析(一)　(%)

年份	湖北省	全国
1982	17.8	20.35
1990	29.4	26.41
1995	36.9	29.04
2000	40.5	36.22
2005	43.2(48.1)	42.99
2009	50	46.6

表注：本表数据全部采用官方统计年鉴数据。括弧内为原始数据计算，2009年湖北省数据为课题组推算。

表4-5　湖北省城镇化增长过程辨析(二)　(%)

年份	湖北省	全国
1982—1990	1.45	0.76
1990—1995	1.5	0.53
1995—2000	0.7	1.44
2000—2005	0.5	1.35
2005—2009	0.6	0.90

表注：本表数据全部采用官方统计年鉴数据。

3）基本判断

湖北省实际的城镇化率应并不低于全国水平；2000年后城镇化仍然在快速发展；用多种方式测算，2009年全省城镇化率约为50%。

评估湖北省真实的城镇化水平的意义在于：一是能够认清湖北省城镇化存在的主要问题(不是数量偏低，而是质量不高)；二是更加准确地确立新型城镇化的指导思想，明确湖北省城镇化下一阶段的根本任务；三是促进统计工作的改进，不断完善统计方法和手段，为科学决策提供可靠的数据。

4.3.5　城镇化发展目标

1）推进城镇化的指导思想

湖北省城镇化发展在数量上处于全国中游水平，城镇化数量和质量均有待提升。湖北省城镇化质量偏低的主要原因在于工业化发育不足，县域经济发展滞后。因此，今后湖北省的城镇化发展必须在深入理解新型城镇化内涵的基础上，促进工业化与城镇化协同发展。同时，以武汉城市圈"两型社会"建设为契机，湖北省城镇化发展应以健康发展为导向，坚持资源节约、环境友好，实现全省城镇化发展由偏重数量增加向注重内涵提升转变；以社会和谐为导向，坚持以人为本、社会平等的理念，实现全省城镇化发展由偏重物质性发展向注重经济社会协调发展转变；以城乡统筹为导向，完善基础设施，提高公共服务水平，实现全省城镇化发展由偏重城市发展向注重城乡一体化发展转变。概括起来就是"内涵提升、协调发展、城乡统筹"。

2）城镇化水平预测

省际人口流动迁移与本省经济社会发展水平紧密相关。随着湖北省经济社会的快速发展，外出人口会逐步回流；同时考虑到湖北省的人口年龄结构以及人口自然增长特点，预测湖北省至2015年、2020年、2030年的常住人口规模分别为5 817万、6 121万和6 241万人。

基于本课题组提出的"深化两圈一带，建设三圈两带"的总体战略构想，综合考虑空间发展的要求、市(县)域人口规模、城市产业特点、交通区位、生态承载等因素，我们对湖北省县级以上城市的发展规模分别做了分析和预测，综合推断湖北省12个地级市、24个县级市、40个县和1个林区的城市和县城建成区人口规模，到2015年、2020年和2030年的总体发展规模分别达到2 570万、3 000万和3 680万人。

另外小城镇作为湖北省城镇化进程中的重要组成部分，农村人口的迁入和集镇人口的迁出将同时进行，我们的小城镇调研分析显示，小城镇人口增长不缺乏动力。随着今后小城镇基础设施建设的完善，人口将基本保持稳定缓步增长态势，2015年、2020年和2030年分别保持在800万人、900万人和1 000万人左右。

考虑到城市建成区扩展会使得部分小城镇的人口重复计算，扣除这部分影响，湖北省今后的城镇人口规模在2015年、2020年和2030年将分别达到3 250万、3 700万和4 400万人(这与人口迁移意愿的分析结果基本一致)，相应的城镇化水平是56%、60%和71%。如果以2009年湖北省城镇化水平50%计算的话，今后湖北省城镇化水平年均增长约1个百分点。但需注意的是，2010—2020年间城镇化水平的提高主要是因农村剩余劳动力的转移和外出人口的回流；2020—2030年间城镇化水平的提高除前面两个因素外，还有人口老龄化所伴随的相应较高死亡率，从而减少了人口总量；在程度上农村要高于城市，即农村老人自然减量的速度将要快些。

3）城镇化发展目标

湖北省城镇化发展目标应包括人口、经济、社会和空间四个方面的目标。

在人口方面，根据城镇化路径模拟结果：

2010—2015年间每年需要增加的城镇就业岗位约为31万个，存量外迁劳动力回流与本地农村人口迁出基本平衡。

2015—2020年间每年需要增加的城镇就业岗位约为27万个，每年需要回流的劳动力为40万人。

2015—2020年间每年需要增加的城镇就业岗位约为16万个，每年需要回流的劳动力为30万人。

上述数值表明，近期阶段若外出劳动力大量回流，靠湖北省自身的城镇产业发展尚无法消化；所以近期不宜大力推进劳动力回流，而应致力于提高本地城镇新增居民的就业率。但 2015 年以后，湖北省的城镇劳动力缺口将较大，需要积极引导回流劳动力来补充缺口，这一趋势将延续到 2030 年左右。

在经济发展方面：湖北省在国家中部崛起等相关的政策导向下将有可能保持持续快速增长。按照 2020 年前年增长率为 12.5％和 2020—2030 年为 10％的年均增长率计算，2015 年湖北省的 GDP 规模将达到 26 014 亿元，比 2009 年翻两番；2020 年达到 46 878 亿元，2030 年达到 121 589 亿元。人均 GDP 将在 2019 年突破 10 000 美元大关，2030 年达到 30 300 美元（现行汇率 6.8 折算），与现今的德国、日本相当。

在社会发展方面：湖北省要继续完善城乡居民的社会保障体系，逐步做到城乡无差别全覆盖。义务教育要向十二年制过渡，在部分发达地区推行终身免费教育；城镇居民人均可支配收入年均增长 10％，2020 年达到 40 979 元，2030 年达到 106 289 元。为应对城镇化的快速发展，需要加强保障性住房的建设供应①，2010—2015 年间每年需要新增保障性住房约为 810 万 m^2、2015—2020 年间每年需要新增保障性住房约为 340 万 m^2、2020—2030 年每年需要新增保障性住房约为 170 万 m^2。要尽快完善相应的住房制度建设。

在空间发展方面：湖北省要以资源节约、环境友好、保护生态环境为导向，推进集中型城镇化，引导产业和人口的集聚发展，以减少对环境的冲击。同时在规划上要充分考虑今后的城市机动化需求，解决好动态和静态交通，区域间运用多种交通方式联系。到 2015 年，武汉、宜昌和襄樊市要实现城市污水全收集、全处理，全省城市和县城污水处理率要达到 90％，垃圾无害化处理率达到 90％以上、人均公共绿地面积在 10 m^2 以上；2020 年全省城市和县城污水处理率达到 95％，垃圾无害化处理率达到 95％、人均公共绿地面积在 15 m^2 以上；至 2030 年人均公共绿地面积继续有所增加，质量大幅提高。

此外，在公共服务设施配建方面，要建立大中小城市和小城镇的差别化指标体系，充分考虑人口老龄化对社会福利设施的需求增长，把握教育、医疗、文化、体育等设施的需求变化趋势，因地制宜分级配置。

4.4 城镇化与城镇空间发展战略

4.4.1 省域发展战略的评估

20 世纪 80 年代以来，湖北省先后实施过“四区一中心战略”、“以中部带动周边战略”、“金三角战略”、“两江三线战略”、“武汉城市圈战略”、“一主两副战略”、“一特五大三轴三区战略”（2003 版城镇体系规划）。综合评估表明，“一特五大三轴三区”的城镇体系建设构想，并没有完全达成规划目标。“一特五大”中的黄石和荆州发展并没有达到预期

① 按照湖北省县级以上城镇人口规模，并考虑新增农村转移人口及回流人口中有 70％进入县级以上城市，其中 70％短期无购房能力（很大一部分进入山区县及经济弱县，购房成本较低），则 2010—2015 年、2015—2020 年和 2020—2030 年三个时间段将分别有约 230 万、200 万和 350 万新市民有保障性住房的需求；按照人均 20 m^2 的标准计算的话，三个时间段分别需要保障性住房 4 600 万、4 000 万、7 000 万 m^2；再假设保障性住房户中有 50％五年内可以自购住房、20％十年后可自购住房、10％十五年后可自购住房，其余 20％为永久保障性房住户。

的水平；三轴中的汉宜发展轴发育良好，但襄十随和襄荆宜的轴线尚未完全形成，除节点大城市发展较好外，其他沿线城市发展一般；三区中武汉大都市区发展较好，宜昌都市区也对周边有一定的带动作用，但离规划预期尚有差距；襄樊都市区对周边的带动作用也很有限。

对比2003年版城镇体系规划，虽然湖北省中部襄荆宜发展轴仍未完全形成，但这并不是当时规划决策失误，而是条件尚未完全具备、加之区域发展战略不当所致。

首先，时至今日，中部地区的南向与珠三角的交通联系还主要是靠国道，铁路只通向柳州，高速公路和铁路与珠三角联系必须经武汉绕道南下，一定程度上使得中部地区城市的经济联系呈现“向东”的特点。

其次，襄樊和宜昌两座副中心城市本身规模也仅仅刚到100万，受自身经济规模等因素所限，尚难以独立承担引领区域发展的重任；对此需要从更大层面来筹划。

但现今，荆岳铁路、二广高速荆州—常德段和引江济汉千吨级航道都已开工建设，中部地区南北向的交通联系将大为改观。湖北省中部地区南北发展轴的形成保证了基本的发展条件，如果再能够发挥四座城市的合力，中部地区必将展现出跨越发展的势态。

4.4.2 基于企业分支机构拓扑关系的地级以上城镇联系强度分析①

应用中国企业名录数据库，可以获得地级以上城市企业总部与分支机构的空间分布矩阵，再应用UCINET(social network methods，社会网络分析方法)软件即可得出各城市之间企业联系强度的拓扑关系图。原始图示的含义是这样的：城市间连接线宽度越宽表明城市联系强度越强；城市越居于中心位置，城市在空间网络中的等级越高；城市越靠近外围，其区域影响力越弱。

图4-14分析了中部鄂陕湘皖豫(部分)地级以上城市和京广沪渝四市的网络关系。很明显京广沪渝占据了城市网络的核心位置，湘陕皖豫的大部分地级市与省会城市联系紧密，安徽省部分城市与上海联系紧密，河南有部分城市与郑州联系较弱；湖南、江西和陕西的城市表现出与各自省会城市的紧密联系。一个明显的现象是，湖北省有宜昌、襄樊、十堰和黄石四座城市的空间网络联系明显超越了湖北省范围，跨越武汉而直接与京广沪渝等国家中心城市形成一定联系，说明这四座城市的区域影响力较强，也说明武汉市对其并不构成唯一的网络关系。

图4-15分析了湖北省主要地级以上城市的空间网络联系。由于汽车产业外溢的缘故，十堰与其他城市有较强的联系强度；此外，武鄂黄黄区域城市间形成了网络联系；在武汉之外，宜荆荆襄四座城市也形成了初级的网络联系，并且与恩施和十堰也有较强联系。

扣除武汉市的影响后，得到图4-16，鄂黄黄、宜荆荆襄及十堰恩施之间的网络联系依旧清晰。这表明“鄂西生态文化旅游圈”与“武汉城市圈”一样对湖北省同样具有重大意义。

我们应用境外咨询行2005年至2009年的经济信息报道数据库对湖北省的县级以上城市(含县城)间的信息流做了进一步的分析。咨询行经济报道数据库的每一篇经济

---

① 感谢赵渺希对本节分析工作提供的支持。

报道的标题均注明了涉及的城市名称和时间，因此在该数据库中输入需要分析的两座城市名称，即可得到涉及两座城市的经济报道数量，从而依此可以作为两座城市经济联系强度的基础数据。用此方法建立 79×79 的矩阵，再应用 UCINET 软件即可得出各城市之间经济联系强度的拓扑关系图。图 4－17 显示，武汉与宜昌、鄂州、黄石、孝感、黄冈形成强联系格局，荆州、荆门、襄樊和十堰表现出强中心的态势；此外，十堰与郧县和房县的联系较强、天门潜江仙桃三市中仙桃的经济联系强度较大，宜昌市所辖的部分县市表现出相对较广泛的经济联系。

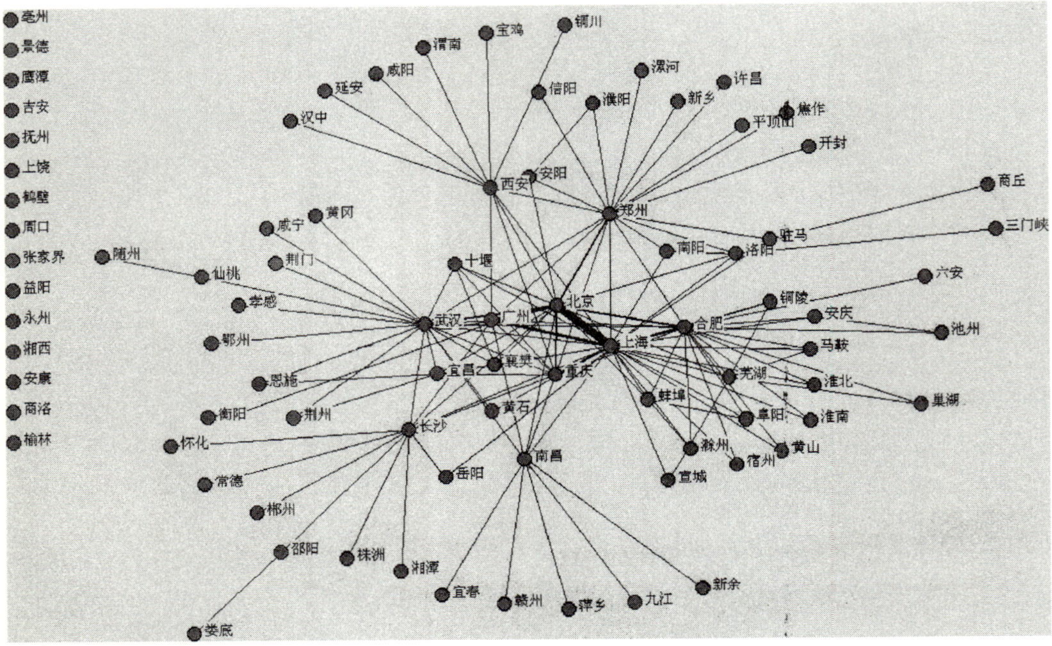

图 4－14　鄂陕湘皖豫（部分）地级以上城市和京广沪渝四市基于企业分支机构拓扑

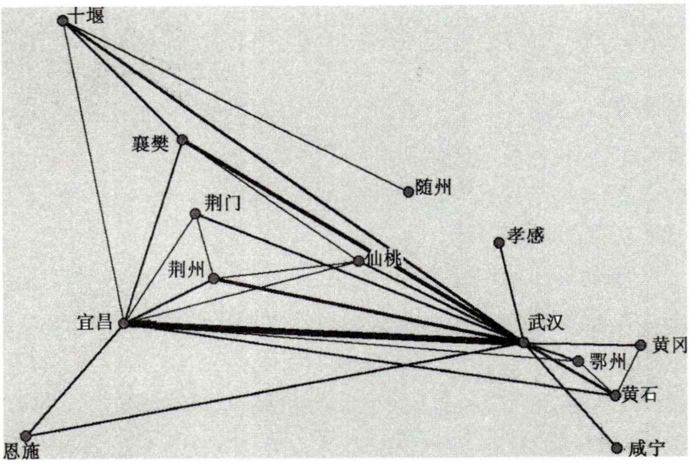

图 4－15　湖北省地级以上城市基于企业分支机构拓扑关系的城镇联系强度图

图注：不含天门潜江和神农架；空间拓扑关系被拉伸，只表达城市间联系强度。

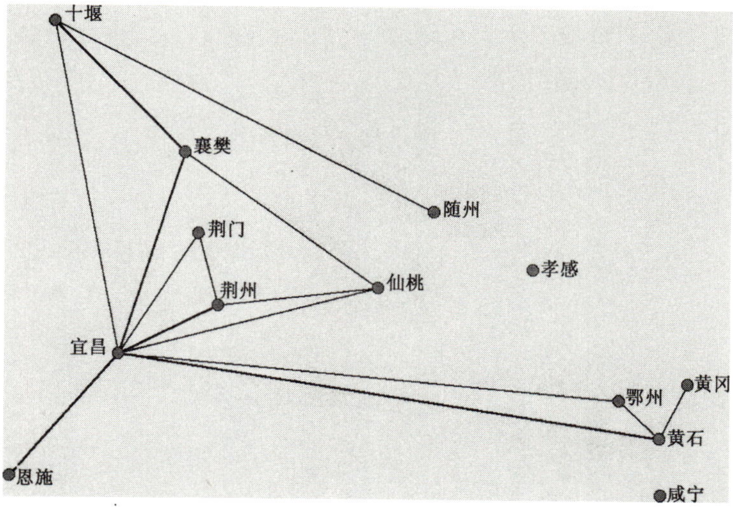

图 4-16 湖北省地级以上城市(扣除武汉)基于企业分支机构拓扑关系的城镇联系强度图

图注:不含天门潜江和神农架;空间拓扑关系被拉伸,只表达城市间联系强度。

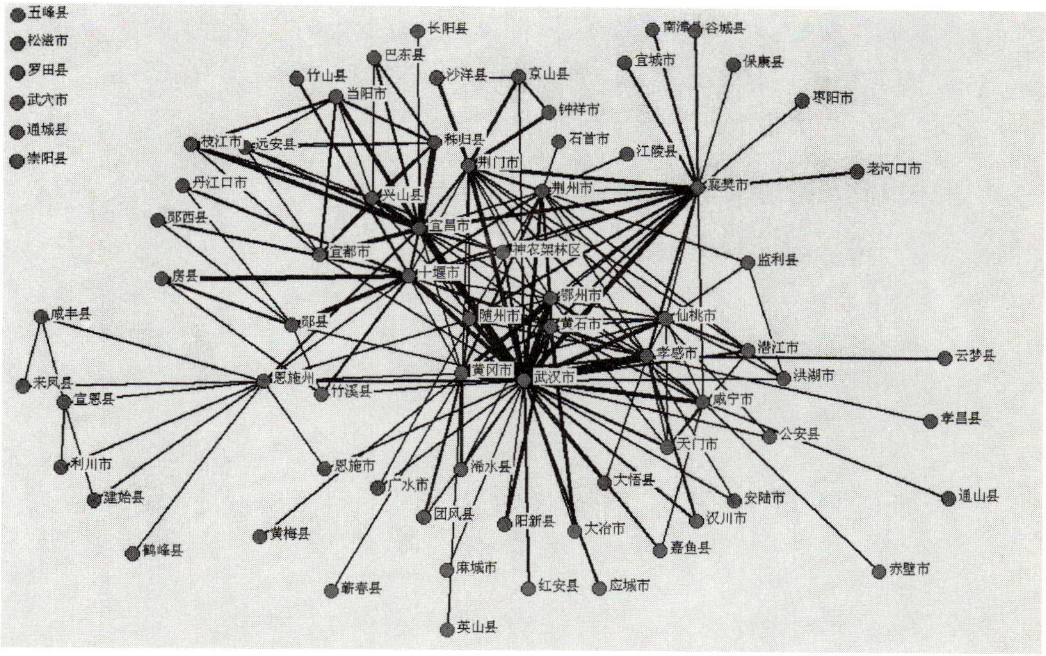

图 4-17 湖北省县级以上城市基于信息流拓扑关系的城镇联系强度图

如果把武汉、鄂州、黄石和黄冈四市作为整体,把宜昌、荆州和荆门作为整体,可以得到图 4-18。显然,两大都市连绵区构成了湖北省的两个发展支点,宜荆荆三座城市与其他县市的经济联系强度丝毫不逊色于武鄂黄黄四市与其他县市的经济联系强度。

这种城市间企业分支结构和信息流的网络结构分析对大区域城镇空间发展战略的制定具有重大参考价值。

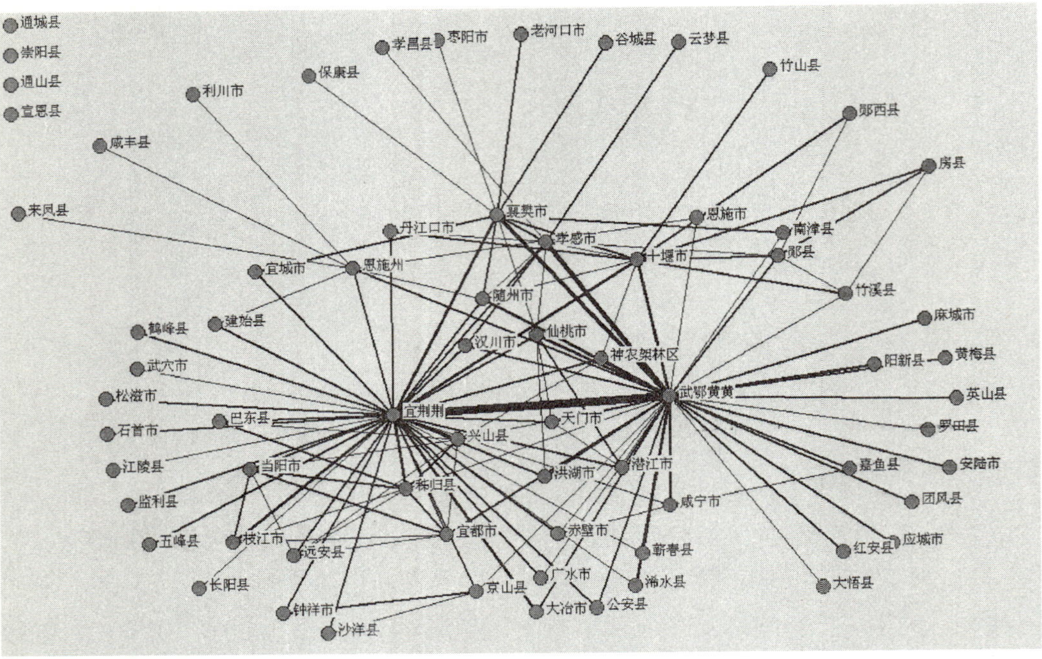

图 4－18 湖北省县级以上城市基于信息流拓扑关系的城镇联系强度图

图注：武鄂黄黄都市连绵区作为整体；宜荆荆三市作为整体。

4.4.3 城镇空间战略：深化两圈一带，建设三圈两带

经验表明，经济发达省份的崛起都是至少有两个以上的强势增长极带动，湖北省单单依靠武汉市或者武汉城市圈的带动在短时期内无法实现跨越式发展。同时，尽管宜昌和襄樊发展较好，区域影响力较强，武汉市对其并不构成唯一的网络关系；但因其各自规模有限，无法单独引领区域经济的全面发展，需要从更大层面谋划，发挥合力，形成湖北省的第二个增长引擎。

省委省政府高瞻远瞩地提出了“两圈一带”发展战略思想，对指导湖北发展有很强的现实意义。在操作层面，可对两圈一带战略进一步深化和具体化，以更好地指导湖北省的城镇化发展。为此，我们提出“深化两圈一带，建设三圈两带”的战略实施方略（图 4－19）。主要内容为：

鄂东武汉城市圈：内外差别化分工，重点发展“武鄂黄黄”都市连绵区。

鄂中宜荆荆襄文化旅游及城市发展圈：实现湖北省跨越发展的新支点。

十神恩文化旅游及生态保育圈：生态涵养是基础，特色发展是保障。

长江经济带：东进、中振、西优、北联。可以进一步划分为三部分，武鄂黄黄长江城市带：重点推进，建设大港，是城镇化的重要载体。武汉—宜昌长江城市带：提升疏港交通，完善沿线港口建设，提振荆州。宜昌—恩施长江上游城市带：生态涵养、保护控制。

汉江生态和经济综合发展带：生态优先、环保先行、产业支撑、统筹规划、分段差异化开发。可以划分为三个区段：沙洋以下的“江—汉千吨航运圈产业连绵带”、“丹江口—沙洋生态恢复带”、“丹江口上游生态保育带”。

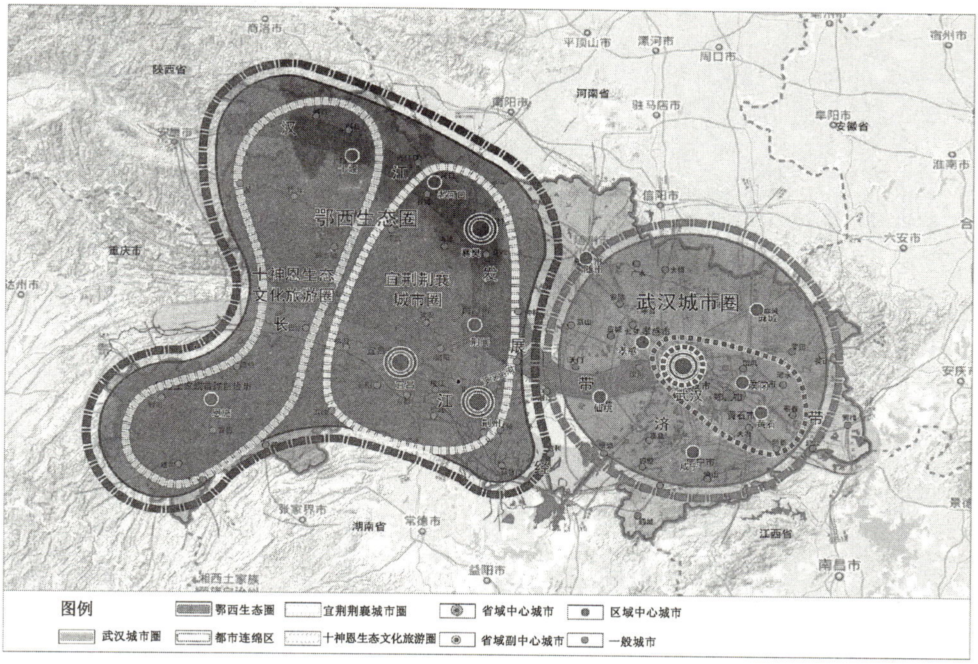

图 4-19　湖北省城镇发展结构图——“三圈两带”发展格局

4.4.4　县级以上城镇发展关系

对 2030 年湖北省县级以上城市(含县城)的城镇间联系强度做分析(图 4-20),可发现所有县级以上城市都明显呈城市群簇状发展格局。以武汉为联系核心的超级城市群包括了 33 座城市,占城市总量的 40%,其内部还包括了黄石城市群。鄂西地区则分别形成了以襄樊、宜昌、荆州、十堰、恩施为中心城市的城市群,其中以宜昌和荆州为中心的两个城市群的联系在加强,趋向于一体化。

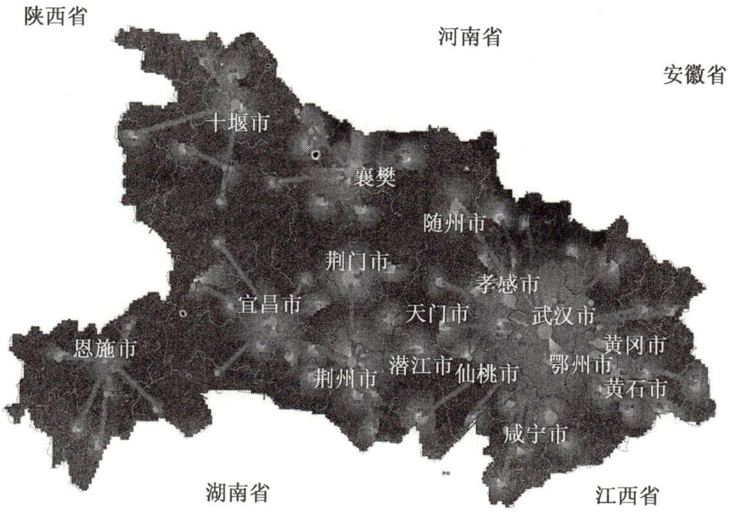

图 4-20　湖北县级及以上城市 2030 年城镇联系强度图

基于断裂点理论的城市势力圈分析表明，规划高速公路建成后，势力圈范围大大超过行政区范围的是武汉、荆州和宜昌，势力圈范围远远小于行政区范围的是黄冈、咸宁和孝感，黄石、荆门势力圈范围与形成范围不匹配（图 4－21）。

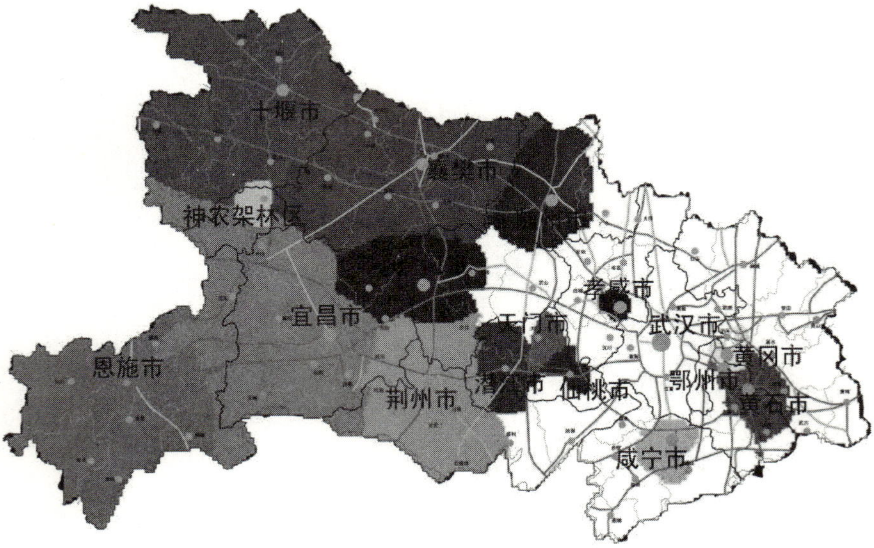

图 4－21　湖北省规划高速公路建成后主要城市势力圈划分图

城市辐射力分析表明，湖北省现状各城市的辐射力衰减较快，尽管武汉市的辐射力最强，但其强力影响范围也仅仅是在武汉城市圈内部，鄂西地区受到的辐射力极弱。对远期（规划 2030 年）湖北省的城市辐射力做分析、推测主要城市潜力面，可见宜荆荆地区呈现了发展连绵区，武鄂黄黄都市连绵区的区域辐射力也进一步增强（图 4－22）。

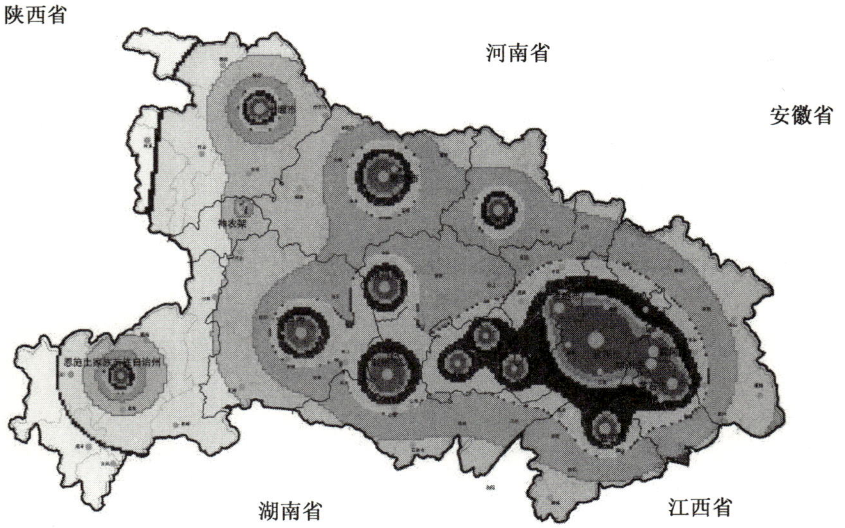

图 4－22　湖北省主要城市（规划 2030 年）潜力面

4.4.5 未来城镇体系空间格局

城镇发展在初期阶段由于交通体系的不完善和经济发展水平所限，沿主要交通干线形成“点一轴”城镇体系格局。过去由于交通联系通道的约束，湖北省的城镇发展明显以大交通通道为发展轴来组织，比如“襄十随”发展轴就是以武银高速为轴，汉宜发展轴就是以沪渝高速为轴，襄荆宜发展轴是以二广高速为发展轴，三条发展轴构成了现今湖北省的城镇体系空间骨架。随着交通网络的日益完善，以交通线为依托的发展走廊数量越来越多，亦即有越来越多的城市处在这样的发展走廊上，从而使得越来越多的城市拥有发展所需的基本交通条件。湖北省 2010 年高速公路通车里程已经超过了 3 000 km，按照相关规划，至 2020 年前会达到 6 000 km 以上；与此同时，铁路建设也在加紧进行。毫无疑问，今后湖北省的交通格局将是网络化的，区域中心城市的数量将增多，并且形成以“中心城市＋周边城市”组合而成的城市群共同发展体。

另一方面，随着区域经济发展的深化，湖北省不再是封闭的经济发展体，尤其是位于与邻省交界处的城市，会在市场力的驱动下，主动融入空间联系上更便捷的发达城市经济圈，比如鄂东的武穴和黄梅就已处在“九江都市区”的影响所及范畴；荆岳高速建成后，洪湖市和监利县也将与湘北的岳阳市发生更紧密的联系。

在新的历史时期，湖北省的城镇体系格局将呈现“网络＋多中心＋城市群”的发展格局，即 12 条发展走廊形成的网络、14 个区域中心城市和 12 大城市群。其中，武汉是省域中心城市，襄樊、宜昌和荆州应逐步建成为湖北省域的副中心城市；武银、汉宜和二广发展轴应是湖北省域城镇体系网络的主骨架；由此，湖北省城镇体系的核心组成部分呈“一主三副三轴”的空间格局(图 4－23)。

图 4－23　未来湖北省城镇空间发展格局

4.4.6 城镇化发展的路径选择

在城镇化发展战略方面，课题组提出湖北省要走集中型的新型城镇化发展道路，其中既包括了“转变经济增长方式，环境友好，资源节约，多轮驱动(多种经济类型)，规模带动，资源集聚”的内涵特征，也包含了“区域协调，逐层推进，差异引导”的路径选择。

在重点战略区域实施策略层面，课题组提出“区域协调统筹，提振武鄂黄黄都市连绵区；引入大项目，带动武汉城市圈外围城市群跨越发展；拓建荆州新城区，助推鄂中发展实现新突破；确保财政转移支付，强化鄂西山区的生态保育功能；差别化引导，综合开发长江、汉江带，争取上升为国家战略”。

在县域发展层面，提出“城市群联动，县城圈集聚；引导强市，扶持弱市；扩权强县，强县扩权，跨越发展的规模门槛”。

在小城镇层面，提出“注重强弱差别、地域差别、类型差别；择优、择强扩权，理顺管理体制；政府支持若干强镇、大镇建设成为有一定规模的小城市；县级财政统筹，确保发挥小城镇服务‘三农’的职能；择优扶持10余个大镇和强镇成长为有规模的小城市”。在城乡统筹层面，提出“改善民生，多元驱动，支持小城镇建设，破解新农村建设难题；加快城乡建设用地‘土地增减挂钩’的制度设计，集约节约利用土地”。

在人力资源发展方面，提出“本地与异地城镇化结合，政策调控，积极应对人口回流；改进农村人口的教育状况，提升其就业竞争力；探索‘低门槛，渐进式、弹性退出’的居住证制度”。在文化发展方面，提出“弘扬荆楚历史文化之精华，发展新文化为方向；区域文化特色化发展，体现地域文化价值；策划城市‘大事件’，提升城镇品牌美誉度与号召力”。

在产业发展方面，提出“充分利用科教优势，推进信息产业发展；转变发展方式，发展先进制造业，强化现代服务业；扶持农业县市，做大做强农副产品加工业；延长产业链，提高产品附加值；坚持绿色低碳，保持产业高端化；多轮驱动，促进‘两廊两带’产业集群化发展；三大区域的产业发展要体现差别化原则”。

在交通发展方面，提出“完善公路网络，加大铁路密度，提升水运比重，完善长江中段交通，强化中部四市交通联系，重视特大城市轨道交通建设”。

在生态环境保育方面，提出“构筑‘六区四廊三水一心’的生态格局，建立生态协调机制；改善城市环境，建设宜居城镇”。

在旅游发展方面，提出“构建高铁为基础的便捷换乘旅游交通体系，打造武汉和宜昌为旅游综合口岸；旅游与生态协调发展，及时转型升级旅游产业，优化旅游资源；建构‘二心三圈四线八大板块十八区’的旅游发展空间格局，从‘旅游经济大省’向‘旅游强省’转变”。

此外，在区域协调方面，课题组还提出了“建构五大战略区域的区域联合管治体系，协调‘12＋2’城市群规划，建立市县统筹发展框架”等构想。

5　南京大学研究方案综述

5.1　核心思路与技术路线

湖北省作为中部崛起的关键省份，其发展历来都与国家政策和区域格局息息相关。曾经的辉煌和现今的迷茫，勾勒出湖北城镇化进程中的起伏，也构成了本次湖北省城镇发展与城镇化战略规划的现实基础。

本研究方案（图 5－1）主要由四部分构成，包括发展背景的宏观审视、地理格局的深入剖析、实践框架的理性构建以及支撑体系的特色规划。其中在发展背景的宏观审视部分，本研究采用了从国家发展环境到区域发展态势，再到全省发展责任的层次渐进分析思路，将湖北省的发展置于国家崛起、绿色发展等时代背景之中，从宏观层面为湖北发展进行了初步定位。其次在地理格局的深入剖析部分，本研究通过多维视角对湖北省城镇化发展的现状问题和根源进行探讨，以历史地理、人文地理、经济地理的多维整合，重点采用文献综合分析、制度与文化分析以及经济流、人流、物流等经济分析手段，改变过去

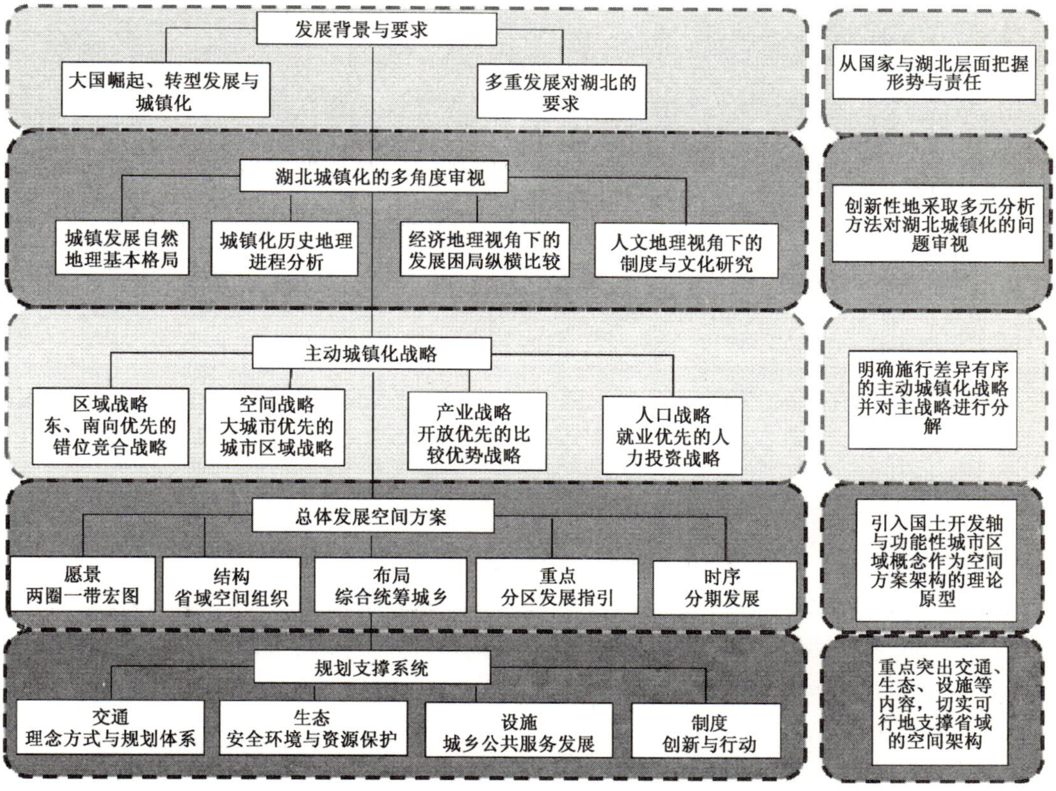

图 5－1　南京大学研究方案技术路线

简单地自上而下的规划思路。然后，在实践框架的理性构建部分，本研究采取一个总战略、四个分战略的总分形式，以主动战略统领发展思路，而以四个分战略构建支撑，形成方向明确同时兼顾全面的战略体系。最后，在支撑体系的特色规划部分，本研究选取了功能性城市区域与国土开发轴这一组较新的空间概念以重组省域城乡空间结构，确立更加完善的聚落体系结构，同时突出规划重点，针对省域发展的核心问题从交通、生态以及城乡服务均等化等方面进行空间落实并辅以相关政策及近期重点项目予以支撑。四个部分的创新点突出明显，针对湖北省发展的核心战略问题，从理论引入到空间落实逐步推进，为湖北省城镇化的发展提供了鲜明而有特色的思路。

5.2 全面视野：发展背景的宏观审视

5.2.1 形势：大国崛起、发展转型与城镇化

1）大国崛起的黄金发展期

金融危机使得发达国家的经济增长速度明显减缓，中国与美国的综合国力差距进一步缩小，从而提前成为世界新兴强国。面对全球化时代的全球性金融危机，已经大规模融入国际社会的中国自然不能幸免，但由于中国的资本市场和金融市场并未全面与世界接轨，因此中国的损失相对来讲要比其他大国小得多。与此同时，金融危机使得发达国家的经济增长速度明显减缓，从而使得中国在金融危机中大幅度地缩小了与前几位国家在综合国力上的差距（表 5 - 1）。

表 5 - 1 中国经济起飞期人口、GDP、出口和制造业与美国、日本情况比较

指 标		美国	日本	中国
		1870—1913 年	1950—1973 年	1978—2001 年
总人口（万人）	初期	4 024	8 381	96 259
	终期	9 761	10 871	127 627
GDP 占世界总量比重（%）	初期	8.8	3.0	4.9
	终期	18.9	7.8	12.3
出口额占世界总量比重（%）	初期	4.44	0.60	0.45
	终期	8.12	5.29	3.92
制造生产值占世界总量比重（%）	初期	11.0	2.9	5.0
	终期	32.0	8.8	22.7

从中国崛起对世界的影响看，如果中国能够选择绿色发展战略，走绿色崛起之路，则其负外部性还将大为降低。目前，中国已经进入资源环境矛盾的尖锐期，以自然资源和生态环境"透支"为代价的黑色发展模式导致了严重的生态环境问题，如土地资源大规模严重退化、水资源环境迅速恶化、城市空气质量显著降低、自然灾害致损日益严重等。可见，资源环境问题将是中国崛起面临的最大挑战和最大的瓶颈因素。

在资源环境矛盾的制约下，强调经济发展与环境保护协调统一的绿色发展之路是中国发展的必然且可能的选择。绿色发展之路强调经济发展与环境保护的统一与协调，而中国有可能不需要经过先污染的过程直接进入绿色发展阶段。现阶段中国实现绿色发展是具有有利条件的，如后金融危机时期经济发展对中国经济结构调整的需求，尤其是资源能源结构的调整以及产业资源能源利用效率的调整、市场化改革对资源能源价格竞争机制的引入、城镇化发展与人口集中带来的农村生态环境压力的缓解和城市基础设施使用效率的提高、各类新技术的发明和应用，以及经济全球化时代开放贸易对清洁技术和绿色生产方式的鼓励和推动等。

2）二次转型的机遇与挑战

由于金融危机后外部市场的投资和消费都将持续低迷，对中国经济的拉动作用将极为有限，因此近期内中国的经济增长模式必须从出口导向的增长模式转向内需增长的主导模式，以内部消费为生产提供动力，开拓国内庞大的市场，由生产大国向消费大国过渡，从世界工厂转向世界消费市场和服务业提供商。

与此同时，中国也将开始由生存型阶段向发展型阶段的转变，需求结构将会逐步发生明显变化。在生活水平快速提升的基础上，中国社会需求将由生活必需品向耐用消费品升级，由私人产品需求向公共产品需求升级。近年来，中国农村居民各项支出比重中，用于服务消费的支出比重持续上升，预计今后将超过商品消费支出比重，电器基本实现普及，机动车普及率也进一步提高。而城镇家庭的支出比重中，在总食品支出比重下降的同时，外出就餐费用比重显著上升，可见食品加工和餐饮服务的需求进一步上升；教育文化、交通通信等公共服务性消费成为主要支出项目；家用汽车已开始在城市家庭中普及。现在的城镇家庭消费结构中，服务消费比重已超过商品消费比重。与中国居民消费结构转型相一致的是在中国“十二五”时期国家发展规划纲要的总体思路中，也将经济结构调整作为其重要内容，尤其是提高服务业产值和就业比重。

3）城镇化成为推动转型的突破口

无论是以消费为主导的经济格局，还是以扩大服务业比重为重点的结构性调整，实际上最终都需要直接依赖于城镇化进程。城市是消费的主要载体，加快城镇化进程是构建消费大国的战略性选择。因此，对中国长期发展而言，城镇化是扩大内需、实现由投资出口主导向消费主导转变的关键，也是促进服务业发展、解决就业矛盾的有效载体。

未来5—10年中国城镇化正处在由投资主导向消费主导转型的关键阶段，以服务业为主题的消费型城市的兴起将成为中国城镇化的一个基本趋势。城镇化的增长很大程度上可以代替出口拉动，形成发展方式由投资主导、出口驱动向消费主导转变的坚实基础。与此同时，城镇化进程带来的住房需求可对钢铁、水泥、建材、家具、家电等多个相关行业产生重要的拉动作用，产生大量新增就业岗位。因此，加快城镇化是解决中国城乡发展失衡的根本途径。城镇化速度的加快将有利于提高农民有效工作时间，提高农民收入，进而缩小城乡收入差距，提高基本公共服务设施的发展水平。

5.2.2 责任：多重发展对湖北的要求

1）先行先试的两型示范区

建设“两型社会”试验区是国家从改革发展全局的战略高度做出的一项重大决策，既是中央配置给湖北的重要资源，也是中央在新的发展起点上赋予湖北的一项光荣的历史任务，它蕴含着中央对武汉城市圈、对湖北省作为推动中部崛起重要支撑点的殷切希望。而两型社会的建设需要健康的城镇化支撑，通过城镇化将能够促使人口适度地集聚在城市地区，减轻广大乡村地区的人口生态压力，为各项节能技术的推广提供基本的门槛规模，并且通过城镇化的要素集聚和需求优势推进产业结构的调整升级，实现社会生产的环境友好化，缓解经济发展和生态环境保护之间的矛盾。因此可以说，两型社会的建设是湖北省的现实责任，而健康城镇化是实现两型社会建设的必由之路。

2）中部崛起的战略支点区

随着改革的深化和国家发展战略的重构，东中西、沿海—内陆梯度转移格局已经形成，中部即将迎来发展的黄金期。而特殊的区位优势与发展基础，决定了湖北省在国家战略格局中的责任，预示着湖北省即将迎来"千年未有之大变局"。与中部的中原城市群、关中城市群和长株潭城市群相比，湖北省作为支点的区位优势非常明显。随着国家各项重要交通基础设施的建设推进，至 2010 年中国东部三大主要城市群和西部各大主要城市群都在武汉地面交通 3.5 小时到达范围内（图 5－2，图 5－3）。从城市群竞争力角

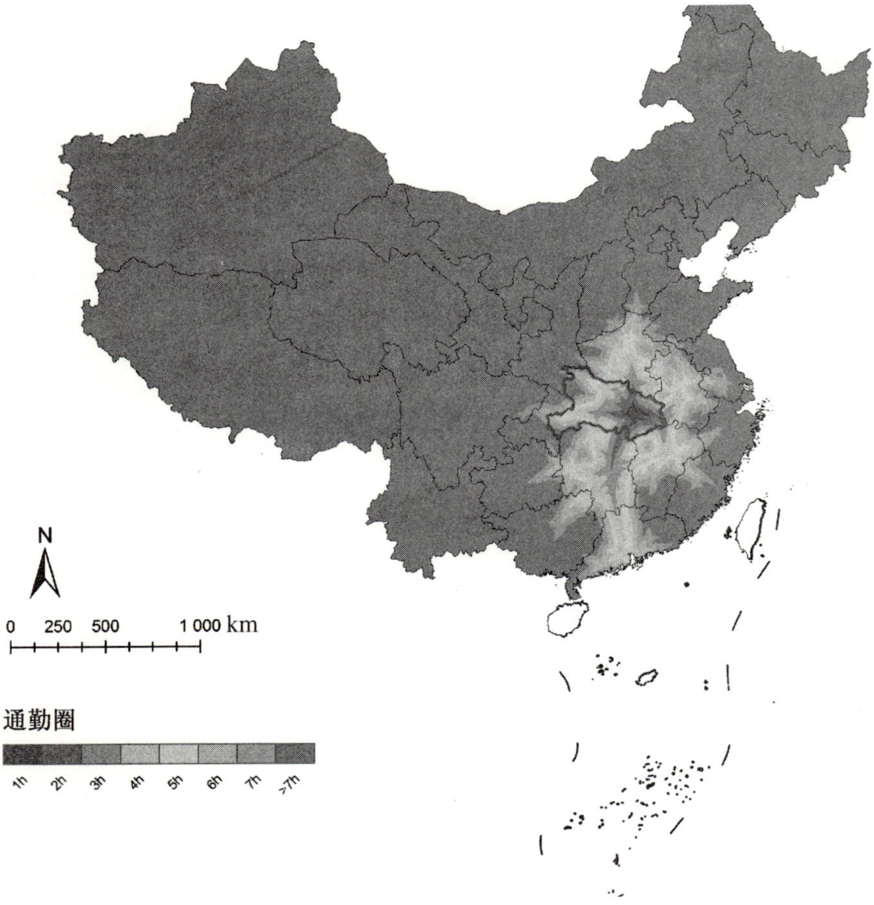

图 5－2 湖北现状可达性

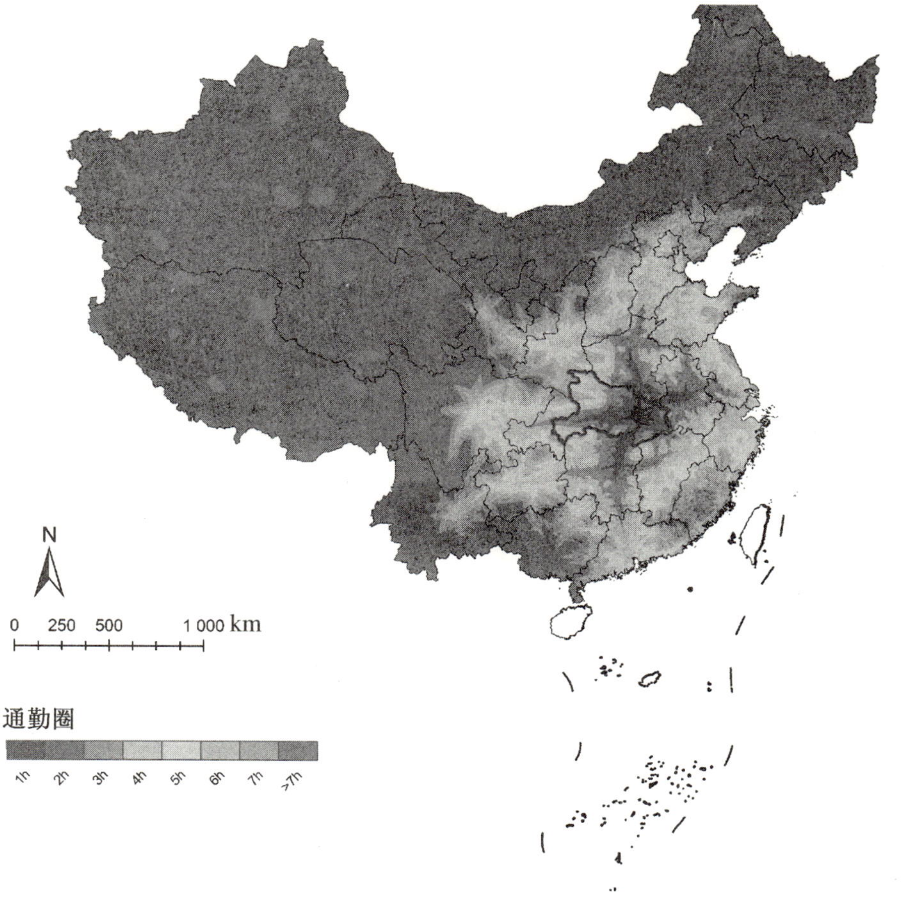

图 5-3 湖北未来可达性

度看，江汉平原城市群具有区位优越、交通发达、产业基础好、科技教育资源丰富等特征，是中国中部崛起和长江经济带发展的重要战略平台，在中国未来空间开发格局中，具有举足轻重的战略地位和意义（图 5-4）。

3）保障民生的复合统筹区

湖北省作为中国重要的老工业基地之一，在国务院办公厅下发的《关于中部六省比照实施振兴东北地区等老工业基地和西部大开发有关政策范围的通知》（国办函(2007)2号）中，武汉、黄石、襄樊和十堰四个城市已经被确定为比照实施东北地区等老工业基地有关政策的城市，这些城市的产业转型、人口就业等问题有待妥善解决。与此同时，湖北省自古以来就是中国的重要粮食产地，曾有“湖广熟，天下足”一说。新中国成立后，作为全国农业大省，始终把农业放在重要位置。但 1975 年以后，“鱼米之乡”却为“鱼米”背上了沉重的包袱。老农业基地所存在的体制机制问题不仅阻碍了城镇化的健康发展，更为直接地影响了湖北省农业人口的民生改善。此外，湖北省是承担国家重大工程移民的重点省份之一，为国家的发展建设做出了巨大贡献，但同时也对湖北省的民生保障提出了一个又一个难题，而长江沿线的分、蓄洪更是一个长期而艰巨的工作。

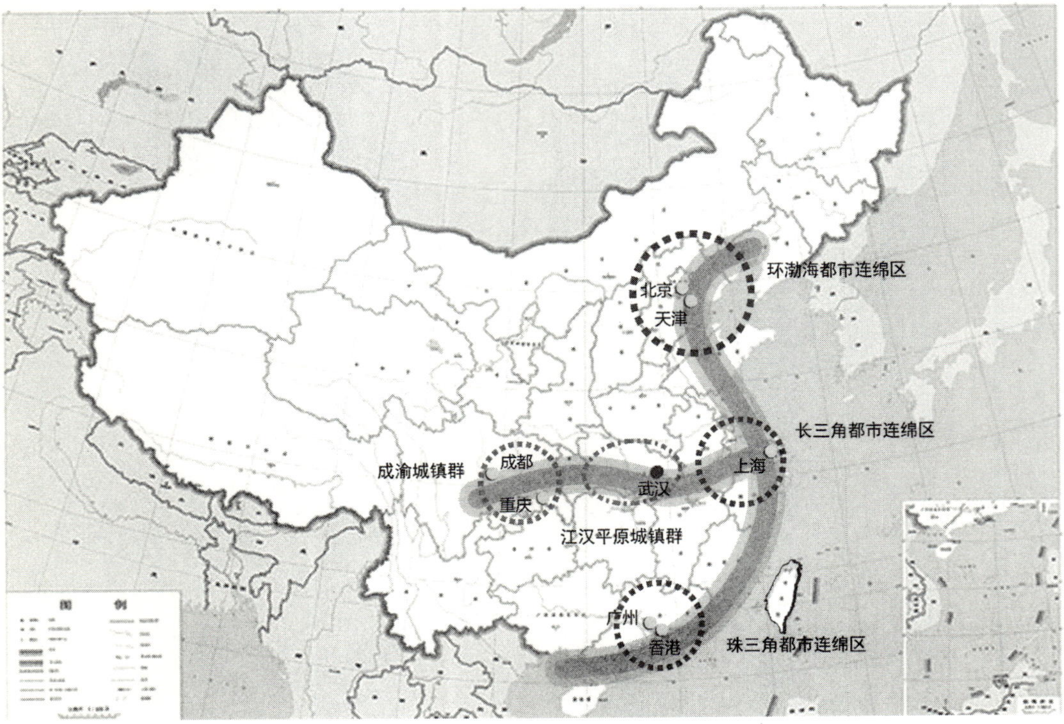

图 5-4 国家 T 形开发轴上的五大国家级城市区域

5.3 多维解读：地理格局的深入剖析

5.3.1 历史地理：发展阶段的综合归纳

1）新中国成立前的商业化与城镇化

在漫长的历史时期中，多元力量的相互作用使襄、荆、鄂依次成为湖北省政治经济与文化中心，构成省域三大地域格局。自古荆襄为兵家必争之地，政治与军事力量造就了荆襄地区众多军事重镇。摊开中国地图，湖北省坐拥神州中心，其位置之显要一览无余。其中，荆襄地区的政治军事地位的重要，自古以来都被作为军事重镇而建设。除荆襄而外，到了近代湖北省的另一极（汉口等港口城市）开始崛起，这与湖北省自古以来的农业基础有密切关系。清朝前期，湖北省成为全国最大的商品粮产地之一，粮食价格具有明显优势，每年外运米谷甚多，汉口则是其汇聚分销之处，粮食贸易相当兴盛。汇聚汉口的米谷除一部分在汉口消耗外，一部分则经长江运往江苏，供应江、浙、闽三省的粮食市场。粮食贸易的兴起促进了汉口等港口城市的繁荣。洋务运动以来，随着洋务派尤其是张之洞在湖北省所推行的新政，使汉口迅速成长为中国最为重要的工商业城市之一，号称东方芝加哥。张之洞官鄂十八载，兴办了不同部类、不同层次的实业单位，既有轻、重工业，又有军需、民用工业。这种大型企业与中小型企业具备重点工业与一般工业并举的格局，使湖北省出现了一种全新的工业面貌。然而，即便是张之洞所谓的“湖北新政”并未动摇湖北省传统小农经济的主导地位，汉口模式现代化的动力是商业化而非工业化。

2）新中国成立后的工业化与城镇化

新中国成立后湖北省雄厚的工农业优势为其成为国家赶超战略的重要空间奠定了基础。计划经济时期，赶超目标指导下的重工业优先战略的实施以及三线建设塑造了湖北省“一点、一线”的基本城镇格局，也塑造了典型的城乡二元结构（图 5－5）。

图 5－5　2008 年湖北各区县城镇化率图

三线建设初衷在于备战，因而相当于将原本应该依托大型城市和交通枢纽发展的产业类型强行布局在中西部地区，特别是山区。加之国家以重工业为先导的赶超战略，最终导致了湖北省在这一时期着力发展的产业类型与本地的资源条件和产业基础基本没有上下游关联。这一时期建立的以生产职能为核心的体系结构里，中坚力量基本都是国有企业，其产品的下游链条也由于国家统筹而不在本地。因此，这些企业的正外部效应几乎不能被所在城市以外的其他周边地区所享受，但却消耗着湖北省自身的农村剩余劳动力和剩余农产品，加上工农产品剪刀差的存在，造成武汉等大城市对江汉平原广大乡村地区的“剥削—被剥削”关系（表 5－2）。时至今日，江汉平原经济发展与城镇化水平的塌陷很大程度上源自武汉等大城市对于江汉平原的“剥削”。与此同时，国家三线工程的嵌入式发展直接造成的城镇化与当地农村、农业发展的分离，形成严重的城乡二元结构。国家强大外力的介入和对私营小型企业的打压，使得湖北省域文化中本来富有经营头脑和开放精神消磨殆尽，一些小富即安的精神则进一步发展为对国家支持的“等、靠、要”惯性思维，曾经辉煌的楚文化积淀失去了其应有的光彩。

表 5-2 新中国成立初期国家对湖北省重大项目投资基本情况

时　期	开工项目	项目类型	主要项目名称
1950—1952 恢复期	9	农业基础建设、工业、交通	荆州分洪工程第一期等
1952—1957 “一五”时期	28	农业基础、冶金、建材、能源、交通	武汉钢铁公司一期工程、武汉重型机床厂、青山热电厂一期工程、大冶钢厂、武汉肉类联合加工厂、武昌造船厂、武汉锅炉厂等
1958—1978 “二五”到“五五”时期	316	基础产业、重工业、交通,三线建设各省份第一,项目数占 30%强	葛洲坝水利枢纽工程、青山热电厂、江汉油田、荆门炼油厂、汉丹、襄渝、焦枝、武大铁路、第二汽车制造厂、湖北化肥厂、第一冶金建设公司水泥厂、丹江口水电站等

3) 改革开放后的工业化与城镇化

改革开放带来的经济发展模式与国家发展格局的巨变使得湖北省的工业化与城镇化进程形成了一定的波折。改革开放之初市场经济改革与全球化进程的推进,使得国家经济发展重心迅速东移。东南沿海地区世界工厂的形成,使得湖北省工业发展缺乏足够动力和竞争力,逐渐沦为高速经济与快速城镇化的边缘地带。在国内市场全面开放的同时,原来湖北能够配给全国的工业产品却面临着市场萎缩的严峻形势:一方面由于主要的工业项目很多都与本地原有的比较优势缺乏紧密关联,生产成本较高,在市场经济环境下竞争劣势迅速显现;另一方面全省的工业产出主要为产业链中上游产品,在失去国家统销统购的优势之后,利润很难保证。加之湖北省原有的大量国有企业要承担一定的国家义务,为国家的战略重点地区供应较市场更为廉价的产品,税收压力与日俱增,最终导致市场经济环境下的湖北省产品市场不断缩小的尴尬境地。在产业发展面临严峻挑战的同时,国家的区域发展政策,沿海开放、西部开发、振兴东北等,都不同程度地削弱湖北省的战略职能与发展动力,使得计划经济时代依靠国家投资支撑的庞大生产骨架逐渐陷入困顿(图 5-6,图 5-7),计划经济时期形成的城乡二元结构、产业二元结构及缺乏功能关联的弊端更为明显地暴露出来,过去的辉煌与优势一定程度上反而成为了负担。

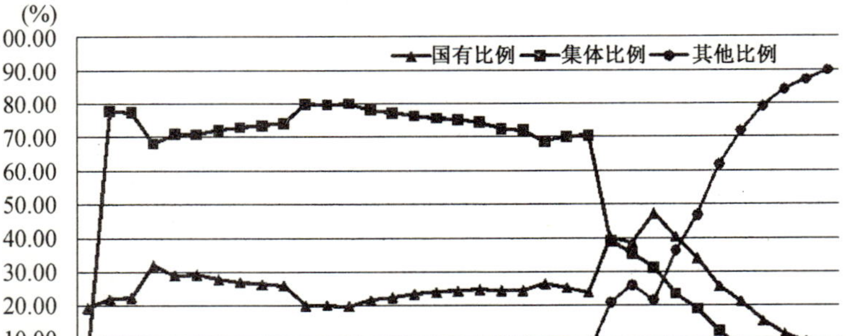

图 5-6 新中国成立后湖北省工业中国有企业、集体企业和其他类型企业数量演变

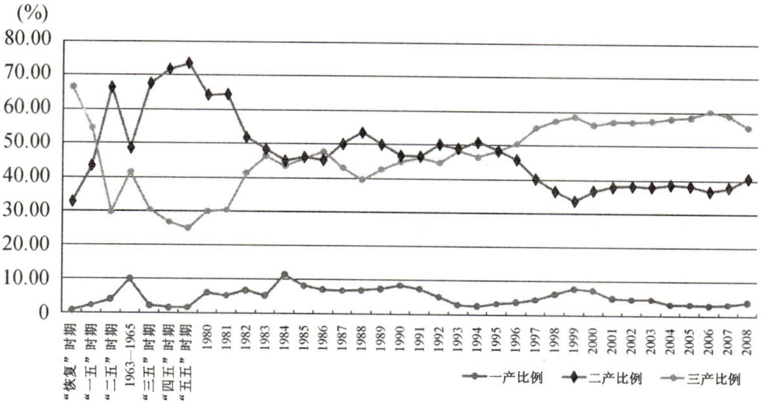

图 5－7　新中国成立后湖北省三次产业投资所占比重演变

5.3.2　经济地理：发展水平的纵横比较

1）退居中游：湖北的迷茫

建立在历史的回顾之上，湖北省的今天更为重要。从当前静态数据比较可以看到，湖北省的各项经济以及竞争力发展数据均位居全国中游地位，与东部沿海省份存在较大差距，在中部地区也没有明显优势。湖北省设市城市总量排在全国第五位，但城镇化率却低于全国平均水平。从动态数据比较可以看到，湖北省近年来经济发展速度有所减缓，与东部省份差距逐渐拉大，甚至沦为中部的中游。进入 21 世纪以来湖北省域城镇化发展较为缓慢，不仅在城镇化率上迅速地被多个省份超越，而且在城镇化的经济效能方面也没有明显优势，与东部沿海差距明显，在中部地区也基本处于中间位置。总体而言，标兵已经渐行渐远，追兵却是近在咫尺。

与自身发展所遭遇的困境相对的是，湖北省还未形成对于省域城镇化与城镇总体发展战略的系统思考。基于对湖北省区域发展特征的总体把握，“两圈一带”战略形成了覆盖全省的发展构想，承载着湖北省差异有序、均衡发展的期望。然而由于编制背景、关注重点、研究深度各有侧重，因此“两圈一带”战略还不是一个一致、统一的清晰、系统体现湖北省城镇化整体发展思路的详细路线图。与整体发展战略缺失相对应的还有战略发展方向的模糊。湖北省与目前任一城镇密集地区都不邻近，与中部地区其他省份相比，安徽省紧贴长三角，湖南、江西紧靠珠三角，河南、山西围绕京津，湖北的战略发展方向似乎并不清晰。

2）大而不强：大武汉之惑

除了省域整体发展的困局外，作为全省核心的武汉发展也同样面临着问题。实际上湖北省域范围内“大武汉”的概念由来已久，自汉口成为工商业重镇继而一跃成为湖北省域政治、经济、文化中心之后，武汉就一直雄踞中部大区域中心的地位，成为国家政策关注、中央领导关爱的重点城市。然而武汉很大，但大而不强；武汉城市圈很大，但武汉与腹地区域呈现的是高首位度、低带动力的关系，“众星拱月”、“一超多强”的格局迟迟未能形成。

“大而不强”反映在湖北省内的表现则是首位度非常高，基本长期稳定在 8 以上，四城市首位度指数也基本在 2 以上，武汉城市圈的首位度就更高，大武汉所形成的都市阴影区非常明显（图 5－8 至图 5－10）。在武汉城市圈中，除了黄石是因为资源富集而成为大城市外，其他城市不仅规模不大，城镇化水平也相当的低，典型的“灯下黑”格局，因此武汉城市圈也基本呈现大而不强的特征。虽然武汉相对较弱的带动能力近年来已经开始逐渐改变，武汉周边县域经济的强劲发展一定程度上反映了武汉区域带动能力的提升，但仍需进一步培育和引导。

图 5－8　湖北省域 GDP 空间分布

图 5－9　湖北省域固定资产投资

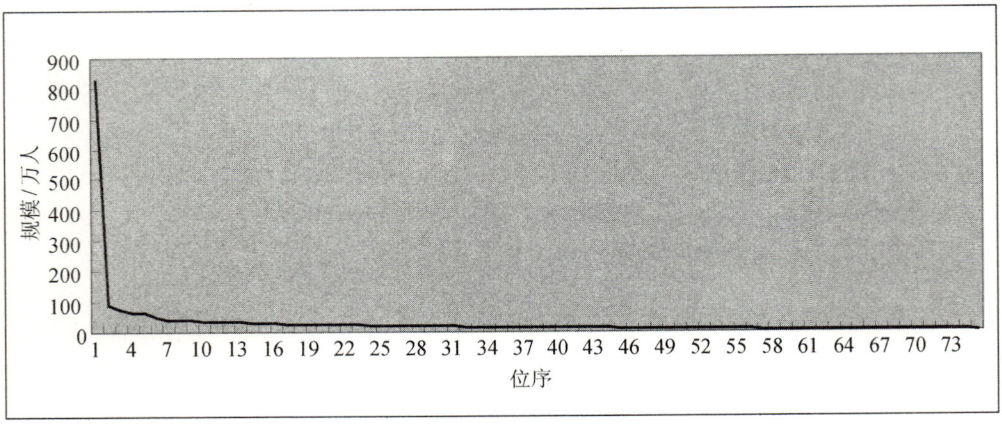

图 5－10　湖北省各等级城镇位序—规模图

3）发展洼地：塌陷的中部

湖北省的中部是江汉平原，这一广袤而富饶的鱼米之乡几千年来孕育了光辉灿烂的农耕文明，长期扮演着国家粮仓、经济柱石的重要角色。然而在农耕文明走向工商文明的过程中，江汉平原衰落了，无论是经济发展水平还是城镇化发展水平，江汉平原都是湖北省塌陷的中部，构成湖北省“东高、西低、中塌陷”的总体特征（图 5－11 至图 5－14）。

图 5－11　湖北省域一产产值空间分布

图 5－12　湖北省域城镇化空间分布

图 5-13　湖北省域二产产值空间分布

图 5-14　湖北省域三产产值空间分布

更深层次来看，中部的塌陷更是缺乏战略引导和战略投资基本自发城镇化的结果。与武汉城市圈和西部产业带相比，湖北省中部地区的城镇化过程基本没有外力助推，其城镇化方式完全是自下而上的建立在农业富余基础上的自发城镇化、中小城镇化。新中国成立以来，雄厚的农业基础并没有给江汉平原带来快速的城镇化，反而被计划经济和赶超战略塑造成支援工业发展、支援重点工业城市发展的原材料基地和资本原始积累基地。中部地区尤其是江汉平原长期承担着国家商品粮生产任务，自新中国成立以来除部分特殊区域如江汉油田等，基本未被作为国家产业投资的重点，能够进行城镇化发展的不多的农业富余地区也基本被武汉市等大城市吸聚，传统市场经济发展进程受阻，城镇化进程更加缓慢。

5.3.3　人文地理：制度文化的交织整合

1）国家发展重心的转移

新中国成立初期湖北省被作为二线、三线建设的重点地区进行战略开发，获得了巨大的发展动力。然而改革开放以后，随着经济特区的建立与沿海开放战略的实施，东南沿海地区迅速成为中国最具活力的区域。国家的政策优势与全球产业转移的结合使得珠三角、长三角、环渤海地区迅速成为经济发展最为迅速、城镇化水平提升最快的区域。而这一时期的湖北省经济发展和城镇化进程的步伐缓慢，与东部的差距逐渐加大（图 5-15）。2000 年以来，随着东南沿海地区发展的渐趋成熟，国家战略的目光开始转移，但首先投向的是西部开发，继而是东北振兴。国家战略从南向北、自东到西的转换过程中，始终绕过湖北省。

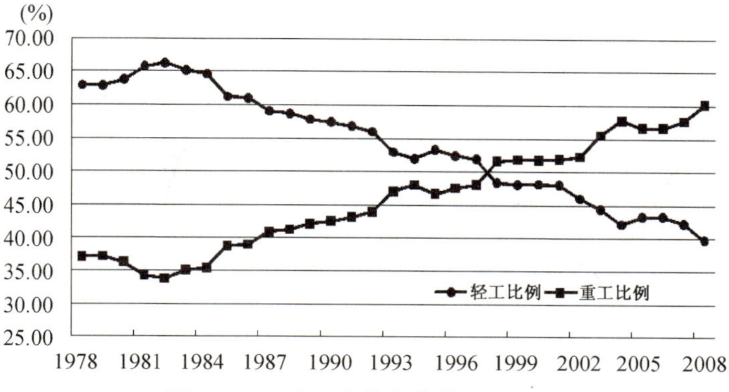

图 5-15　重工业化依赖的不断加剧

2）发展模式的路径锁定

如果说国家发展重心的转移是湖北省发展陷入困境的外因，那么对原有发展模式的路径依赖，以及与原有发展模式相配合的制度对发展路径的锁定可以认为是湖北省改革后陷入发展困境的内因。作为计划经济时代国家经济建设的重点区域，依靠城乡二元结构和工农业剪刀差形成资本积累进行赶超型重工业化发展是湖北省经济发展的主要模式。重工业化所需的资本以隐性方式积累，通过工农业产品的价格剪刀差，把农业生产的剩余价值集中到城市中去。改革开放以后，虽然经济体制已经逐渐由计划经济转向市场经济，计划经济时代形成的一系列制度安排却依然在许多领域发挥作用。尤其是在湖北省经济发展模式以及产业结构没有发生根本性改变的情况下，城乡二元结构只会进一步强化。

3）现代人文精神的缺失

无论资源还是区位都不是一个地区发展的根本动力，真正的根本动力仍旧来源于人的主动作为，来源于积极开拓的人文精神的激发。尤其在全球化、市场化、信息化多重发展环境巨变的伟大时代中，富有朝气、刚毅果敢的现代人文精神是许多国家和地区摆脱困境、进入发达行列的最深层原因。反观湖北省，三千年历史所孕育的雄奇瑰丽的楚文化的积极元素日渐式微，而严重扭曲的发展模式所塑造的二元结构衍生出的“等靠要”思想成为发展的主流。现代人文精神的缺失可能是湖北省当前发展中众多迷惑的主因。

5.4 主动战略：实践框架的理性构建

5.4.1 战略目标

1）突破低水平均衡，开启良性发展循环

在外部动力势微、内部动力不足的环境中，因发展路径锁定而陷入低水平均衡是湖北省“中游迷茫”的结构性原因。低水平均衡与二元结构如果没有主动的“大推进”，低水平的结构就会具有很强的自我固化能力。而湖北省城镇化的滞后以及第三产业与经济发展不匹配，恰恰导致省内传统农业与重工业比例同时过高的二元经济结构存在难以转换的固化倾向。因此，要打破马尔萨斯低水平均衡陷阱，必须通过强有力的合理干预推动转型，重新启动良性循环。

2）跨越中游格局，回归战略枢纽地位

“中部崛起的战略支点”是中央政府从全国发展战略层面对湖北地位的肯定与期许，是湖北省内聚能量、提振功能的战略共识。随着全球与中国沿海两大产业转移步伐的加快，这一自上而下的战略构想正逐渐变成自下而上的市场选择。如果改革开放后外向型经济发展模式所引起的国家发展重心的转移导致了湖北退居中游地位，那么随着中国经济发展模式由出口导向型向内需带动型的调整，随国内消费市场成为经济发展的重点，湖北已经进入跨越中游格局、回归战略枢纽地位的黄金机遇期。回归国之中枢、邦之基石应当是湖北战略崛起的必然目标。

3）弘扬楚文化精神，重塑积极人文环境

文化在区域发展中具有至关重要的基础性作用。湖北省的兴衰乃至国家发展重心的转移，表面上看似取决于技术、资本、资源、军事实力等物质层面的东西，而实际上起根本作用的则是制度、法律等制度层面的文化以及信仰、理念等精神层面的文化。优良的精神气质奠定优良的文化基础结构，进而形成优良的制度、环境与秩序，即优良的文化上层结构，吸引和聚集经济发展的各类资源，形成良性循环。弘扬楚文化精神，本质上就是要发掘楚文化的优良基因，塑造湖北省积极的现代人文环境。

5.4.2 总体战略：差异有序的主动城镇化

1）主动城镇化，跨越无序发展阶段

主动城镇化是自上而下主导的、以有序干预跨越无序自发阶段的城镇化。如果说城镇化还只是一个结果，那么作为总体战略的主动城镇化就是一个态度、一种手段、一套体系。对于湖北省，主动城镇化是打破低水平均衡实现突破发展的进取态度；主动城镇化是促进湖北省经济转型、实现省域持续健康发展的必需手段；主动城镇化最终体现为区域、空间、产业、人口相互配套、互为支撑的完整体系。

2）差异化发展，形成有序的国土格局

差异化发展是有重点的、以不均衡过程实现均衡结果的发展。差异城镇化通过聚焦重点、分类指导，最终实现有序协调、疏密有致的国土开发格局。湖北省目前刚刚进入工业化中期，各级大中城市仍处于较为典型的集聚发展阶段，省域整体经济水平不能支撑全面、全域城镇化模式。而另一方面，湖北省的自然地理格局与历史发展进程决定了城镇发育存在客观差异，发展需求及潜力不尽相同。因此，在湖北省城镇化的谋篇布局阶段必须坚持分类指导、聚焦重点，优先促进潜力集中区、比较优势明显区率先发展，进而“以点带线、以线代面”带动全省经济与城镇化水平的提升，坚决防止“一刀切”、避免“一个模式”。

5.4.3 分战略一：区域战略——东、南向优先的错位竞合战略

作为中部崛起的战略支点，湖北省在国家战略发展格局中承担着承东启西、承南起北、推进区域均衡发展的重任。如果说过去30年的发展存在战略方向迷茫，那么在回归国家战略枢纽地位的发展目标下，湖北省必须在区域发展战略层面做出准确而清晰的判断：错位竞合、弯道超越。综合分析国内区域发展态势，对接长三角、承接珠三角、联系京津冀、引领中西部，并以东向、南向为战略联系优先方向，应当是当前湖北省发展的必然选择(图5－16)。

5.4.4 分战略二：空间战略——大城市优先的城市区域战略

空间战略的实质是城镇化道路的选择，大城市优先的城市区域战略是湖北省主动城镇化战略的必然选择。大城市优先的集约型城镇化、城镇群化道路是适应中国资源环境高度稀缺特征的最优选择。大城市优先的城市区域战略，不仅仅强调大城市，更为强调的是围绕大城市构建城镇群，最终形成高效一体的城镇区域化、区域城镇化，彻底改变首位度极高、单个副中心城市带动能力不足的失衡境地。因此，大城市优先的城市区域战略更为充分的表述应当是“大力推进特大城市和大城市建设，积极合理发展中小城市，择优培育重点城镇，全面提升城镇群发展质量”(图5－17)。

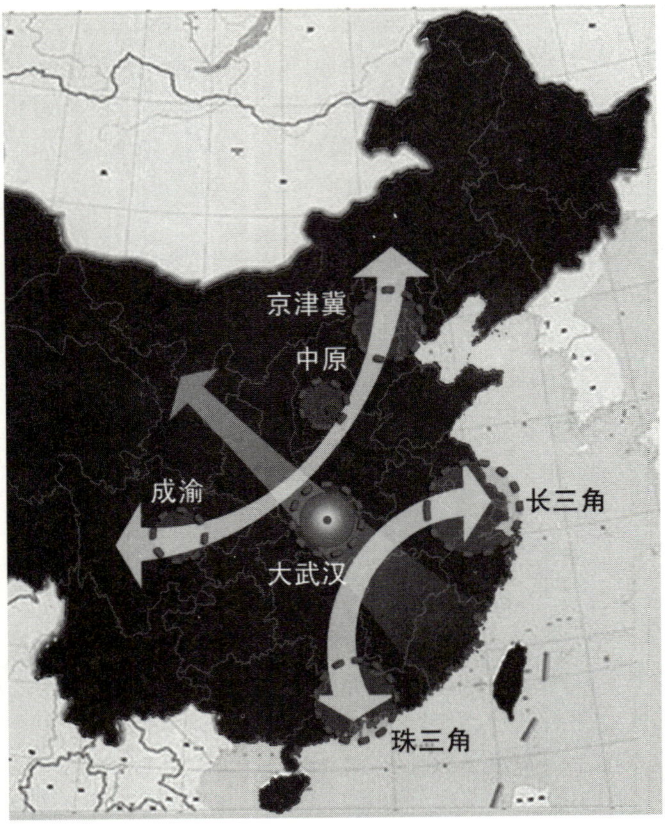

图 5－16　湖北省未来区域战略示意图

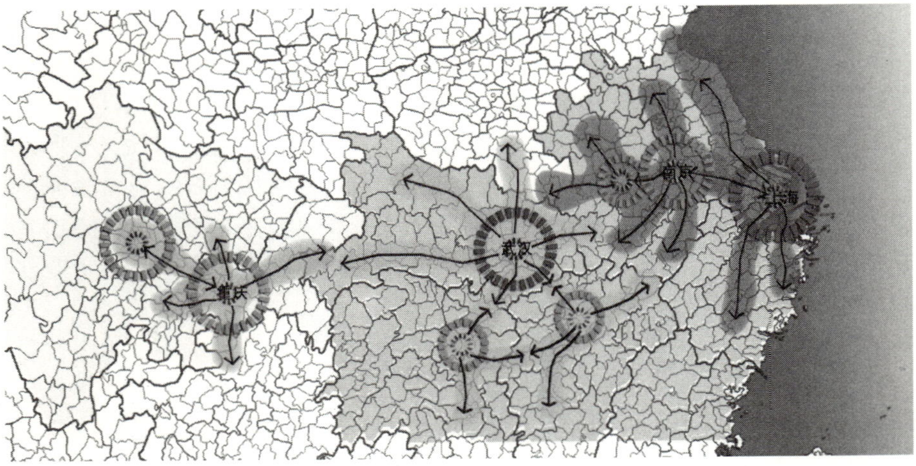

图 5－17　武汉在长江中游的中心地位

5.4.5　分战略三：产业战略——开放优先的比较优势战略

发展经济学的理论基础迄今为止仍是比较优势理论（樊纲，2009）。遵循比较优势缔造了湖北省历史上的长期辉煌，而违背比较优势、扭曲比较优势则影响了湖北可持续发展能力和综合竞争力的提升。历史发展的经验和教训再次印证了比较优势理论的强大生命力，因此站在新的历史起点上，湖北省的产业发展应当坚定的回归比较优势战略，通过内外开放，重构产业关联，重塑比较优势。

5.4.6 分战略四：人口战略——就业优先的人力投资战略

城镇化的本质是人的城镇化，是人的解放和发展，是以农民为核心的"三农"问题的最终解决途径。人们为了生活而来到城市，人们为了生活得更好而留在城市。城市承载了人们对于美好生活的期望，城镇化应当成为人们实现美好生活期望的过程。湖北省是人口大省、农业大省，也是劳务输出大省。据统计，全省 2008 年年底总人口为 6 110 万人，乡村人口为 3 348 万人。2009 年底全省转移农村劳动力 1 050 万人次，占农村劳动力总数的 47.83%，其中外出务工农民为 949.51 万人，占农村劳动力总数的 43.25%。由此可见，湖北省城镇化就是解放农民、减少农民、富裕农民的过程。因此，人口战略将成为主动城镇化战略的最终落脚点。协同空间战略和产业战略，人口战略以坚持就业优先为根本，倡导投资人力资源，重塑人文精神，通过人口迁移实现远离平衡的人口配置均衡。

5.5 重点落实：支撑体系的特色规划

5.5.1 愿景："两圈一带"展宏图

1）"两圈一带"承载着湖北省差异有序、均衡发展的期望

建设武汉城市圈"两型"社会综合配套改革试验区，建设鄂西生态文化旅游圈，加快湖北长江经济带新一轮开放开发的重大战略构想，组成了"两圈一带"的总体发展战略。"两圈一带"战略是湖北省委、省政府在充分研究湖北省自然地理、经济地理和人文地理的基础上提出的战略蓝图，它承载着湖北省差异有序、均衡发展的期望。

2）"两圈一带"的突破在于武汉城市圈的率先发展

作为湖北经济、人口密度最高的地区，武汉城市圈是国家长江开发轴线上承东启西的关键接力点和加速器，是推动湖北省域发展的核心引擎。"两圈一带"总体战略的突破在于武汉城市圈的率先发展，进而充分发展、协调发展。

3）"两圈一带"的关键在于长江经济带的强势崛起

作为联系湖北省东、中、西纵深方向的战略纽带，长江经济带是引领湖北省经济社会发展的现代产业密集带、新型城镇连绵带和生态文化示范带，它历来都是湖北省域最主要的经济联系方向，是推动湖北省域协调发展的主轴。"两圈一带"总体战略的关键在于长江经济带的强势崛起，同时需要长江经济带乘势崛起、优势崛起。

5.5.2 结构：省域城镇空间组织

1）城镇空间结构

基于主动城镇化的定量目标和战略意图，结合湖北省城镇发展的自然地理约束与经济功能联系，规划将"两圈一带"的发展蓝图进一步深化为"一圈两群、一带四轴"的省域

城镇空间结构(图 5－18)。以“提升一圈、培育两群”凸显三大城市区域,以“强化一带、构建四轴”形成国土开发主轴。全面促进城市区域之间以及城市区域内部的交流,通过城镇群的协调发展,构筑空间、产业、人口的相互配套和互为支撑的完整体系,形成湖北省城镇化快速、健康、持续发展的有力保障。

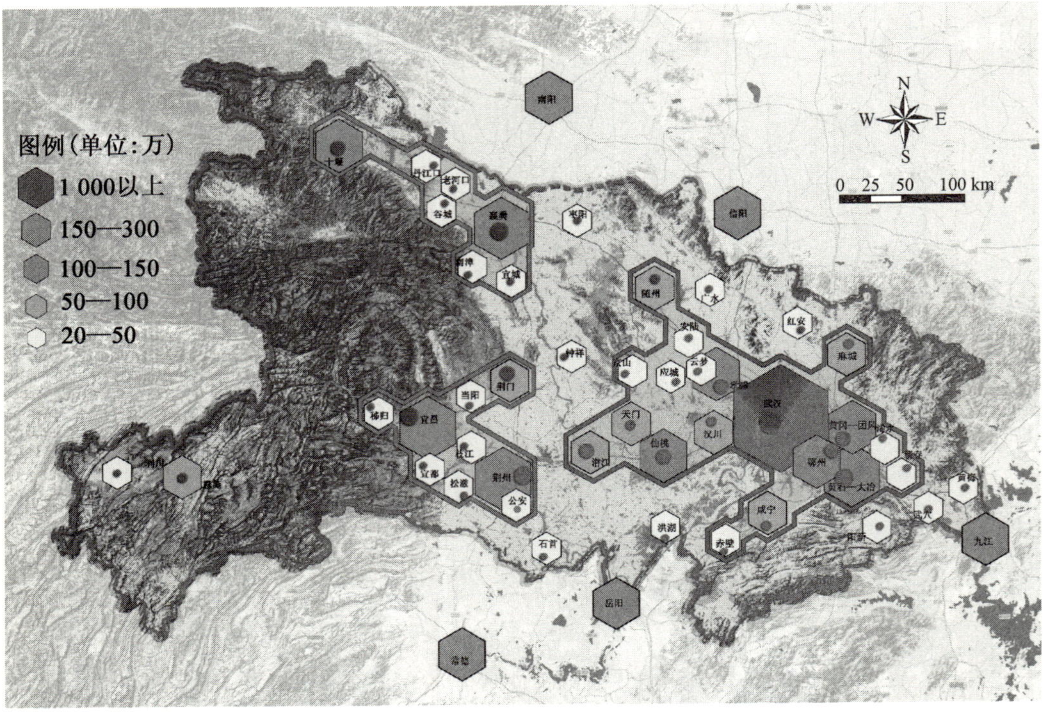

图 5－18 湖北省域“一圈两群”空间结构示意图

“一圈两群”,即武汉城市圈、宜荆荆城镇群、襄十城镇群,是构筑湖北省域城镇空间格局的三大巨型城市区域。一圈两群是湖北省域“一主两副”空间结构在区域城镇化与城市区域化发展趋势下的主动空间拓展,是“大城市优先的城市区域战略”的必然空间选择。其中,从主动城镇化构建更趋均衡合理的省域空间结构角度出发,武汉城市圈的空间结构应当突破现有一圈范围,以功能联系空间替代行政建制空间,让这一巨型城市区域充分发展,充分发挥省域引擎的辐射带动作用,彻底变武汉的“大”为城市圈的“大”,以城市圈的“强”拱卫武汉的“强”。与此同时,培育两群就是在宜昌、襄樊两大都市区格局的基础上整合周边城镇一体化发展。其中宜荆荆城镇群涉及宜昌、荆州、荆门三个地级市,形成“3＋6”格局,即包括宜昌市区、荆州市区、荆门市区三个市区和宜都市、枝江市、松滋市、当阳市、公安县、秭归县六个县市。襄十城镇群涉及襄樊、十堰两个地级市,形成“2＋5”格局,即包括襄樊市区、十堰市区两个市区和丹江口市、老河口市、宜城市、谷城县、南漳五个县市。

“一带四轴”,即长江中游城镇连绵带和汉宜国土开发轴、汉十国土开发轴、荆襄国土开发轴、咸麻国土开发轴(图 5－19)。一带四轴是呼应一圈两群空间结构、构建差异有序国土空间开发格局的优化选择。规划在坚持“一带”战略地位的同时,调整“一带”的空间

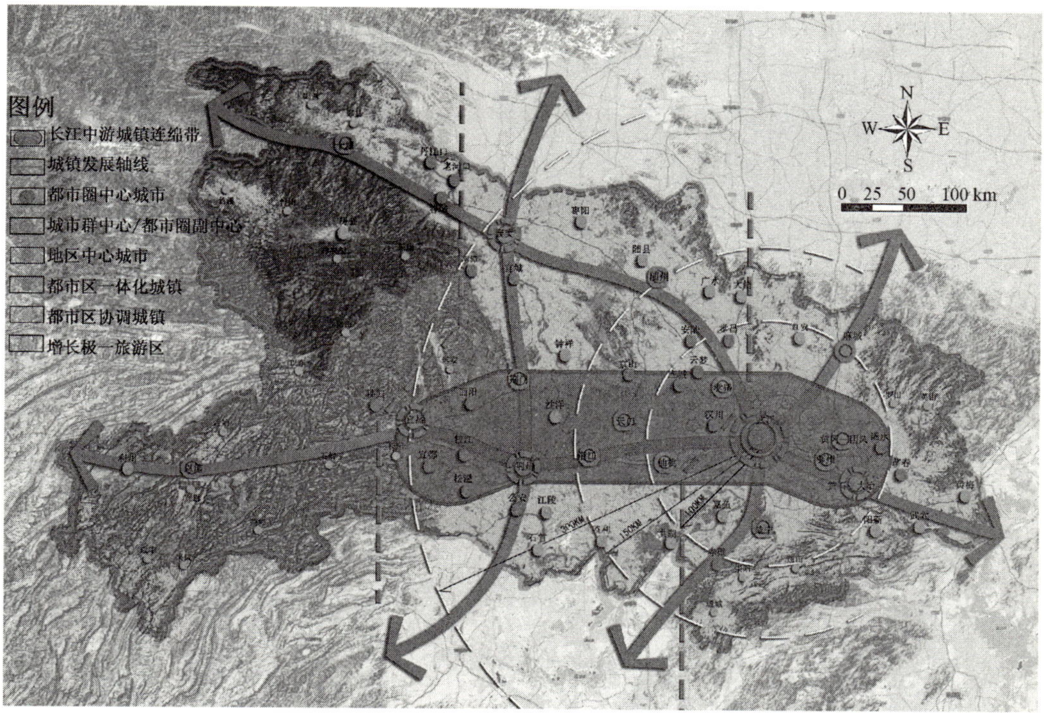

图 5-19　湖北省域“一带四轴”空间结构示意图

重心与内涵，整合江汉平原城镇群为长江中游城镇连绵带，将长江中游城镇连绵带定位为崛起中的第四极。这条城镇连绵带东起黄石，西至宜昌，以武汉为核心，以沪蓉高速、沪渝高速、武天高速以及汉蓉—武九高铁为复合轴，绵延三百余公里，覆盖整个江汉平原城镇密集区。以武汉城市圈、宜荆荆城镇群为两端，长江中游城镇连绵带无论从强化基础设施建设、填补中部塌陷、推进城镇化进程角度，还是从充分发挥武汉中心枢纽作用推进产业梯度分工角度，都是湖北省最为集约高效的空间路径选择。与此同时，汉宜、汉十、荆襄、咸麻四条国土开发轴是传导长江中游城镇连绵带能量，推动省域集约均衡发展的重要空间路径。“两横两纵”的四条轴线均有双重功能，向内统筹省域发展重点与时序、整合省域重点城镇化地区；向外沟通全国重要城镇化区域，为湖北省构筑开放的城镇空间结构、率先实现中部崛起提供支撑。

2）城镇中心体系

省域城镇中心体系是城镇空间结构、规模等级结构及职能结构的综合体现，是指导省域内城镇规划与建设，配置重大公共服务设施和市政基础设施的依据。基于“一圈两群、一带四轴”的省域空间结构，结合主动城镇化战略的目标与定位，规划将湖北省域中心体系划分为国家中心城市、省域中心城市、地区中心城市、地方中心城镇四个层次。力图构筑“一主四副多中心”的中心体系（图 5-20）。

国家中心城市是指在国家发展格局中具有重要的战略地位，在发展外向型经济以及推动国际文化交流方面具有重要作用，并有可能发展为国际性金融、贸易、文化、管理中心的城市。作为中部地区中心城市、湖北经济与城镇化发展的龙头，武汉市最有潜力成

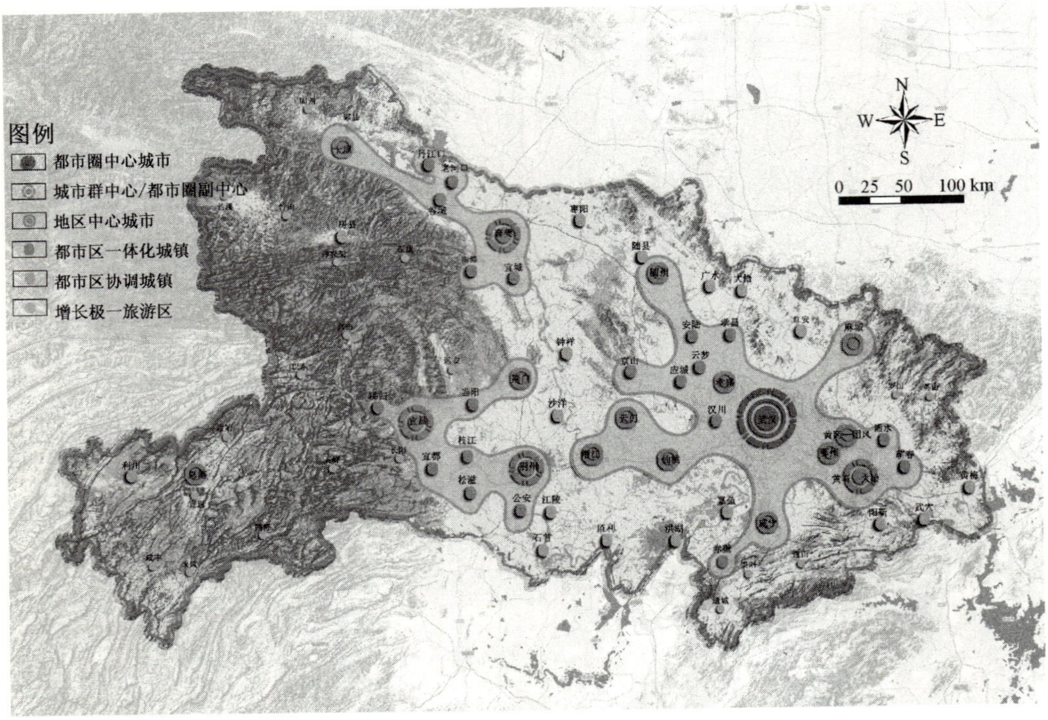

图 5-20　湖北省域城镇中心体系规划图

为国家中心城市。

省域中心城市是实施国家战略、提升全省综合竞争力的核心城市。综合考虑湖北省的城镇化历史，结合“一圈两群”的建设目标和城市综合发展潜力，规划四座省域中心城市，即宜昌、襄樊、荆州、黄石。

地区中心城市是在一定规模地域空间内，能够高效集约促进各类社会经济要素集聚，带动区域城镇化健康持续发展的、相对独立的核心城市。结合湖北省域城镇发展的历史与现实格局，规划在“一圈两群、一带四轴”的总体战略指引下，确定 12 座地区中心城市，分别是十堰、荆门、随州、孝感、咸宁、黄冈（含团风）、鄂州、恩施、仙桃、潜江、天门、麻城。

地方中心城镇是组织城乡经济社会发展、引导人口和产业集聚的重要城镇化地区，是县域尺度提供城乡综合服务的主要载体，以县城及县域重点中心镇为主，是主动城镇化建设最低层级。地方中心城镇以提升基本公共服务能力为重点，积极推进优质社会公共服务设施和市政基础设施建设，成为吸引农村人口集聚的主要空间。

3）聚落规模体系

根据湖北省域城镇化目标与城镇人口的综合预测，结合“一圈两群、一带四轴”的总体空间结构与“一主四副多中心”的中心体系定位，聚落规模体系规划将湖北省 2030 年聚落规模等级划分为五个等级，即超大城市、特大城市、大城市、中等城市、小城市（镇）（图 5-21），并进一步针对湖北省域首位度极高、城镇规模等级“两头大、中间小”的特征，结合大城市优先的城市区域战略目标优化省域聚落体系结构。首先，降低省域 4 城市指数。湖北的高首位度具有历史、地理的必然性和合理性，因此简单的降低首位度难度较大，但通过次级中心城市的整体发育降低 4 城市指数是合理可行的。其次，促进大城市和中等城市的发育，降低 11 城市指数。

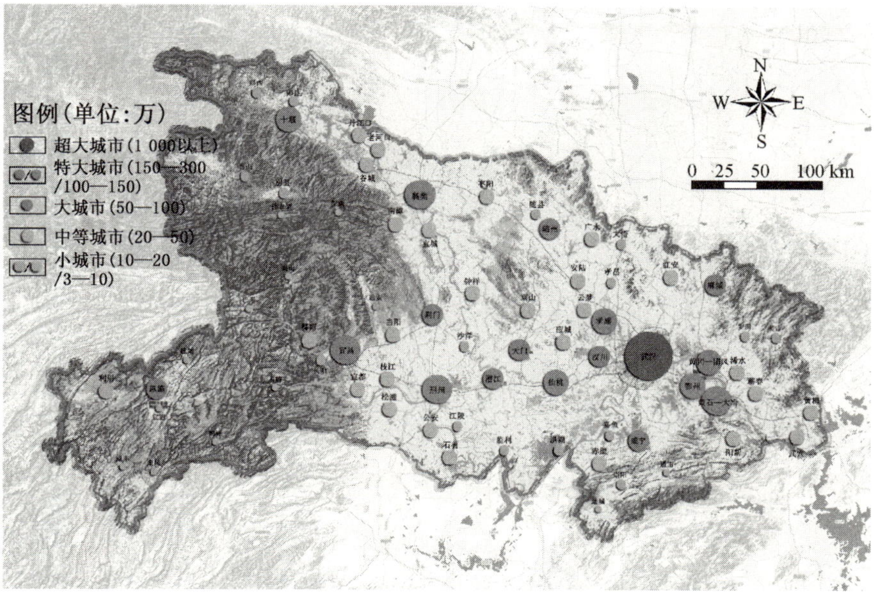

图 5－21　湖北省域聚落规模体系规划图

5.5.3　布局：综合统筹城乡发展

1）产业布局与协调规划

“一圈两群、一带四轴”在产业方面的具体化就是层级式的产业梯度和网络化的产业链体系。产业梯度关系的形成能够为产业链的延伸和整合带来机遇，而产业链的延伸反过来可以促进不同产业按照市场需求和自身发展规律进行有序分工，两者之间相辅相成，将共同构筑湖北省域高效有序的产业体系，为各级城镇的发展给予有力的支撑。为此，湖北省需要以中心城市为核心，以城市区域为单元，以省域整体为基底，构建产业梯度发展格局，同时以现代服务业为带动，优先塑造各级中心城市辐射职能；以产业链延伸为手段，强化各城市区域间的功能联系；以高效农业发展为依托，促进乡村集聚，推进规模化生产。在此基础上规划省域内部将形成“一核一轴一环三带七区”的产业空间格局（图 5－22）。

“一核”为武汉高端生产服务极核，“一轴”为武鄂黄沿江复合产业轴，“一环”为城市圈劳动密集型产业集聚环，“三带”则为汉十汽车工业带、宜荆(门)襄电力化工产业带、沿长江复合产业带，而“七区”则为孝随京产业综合集聚区、天潜仙产业综合集聚区、咸嘉赤产业综合集聚区、宜荆综合产业集聚区、两江现代农业产业区、宜恩神特色生态产业区、一江两山特色旅游区。

2）中心城市综合发展布局

基于“一圈两群、一带四轴”的总体结构，结合城镇中心体系、聚落规模体系和产业总体布局，规划对湖北省域 17 个地市州的总体发展提出战略性建议。

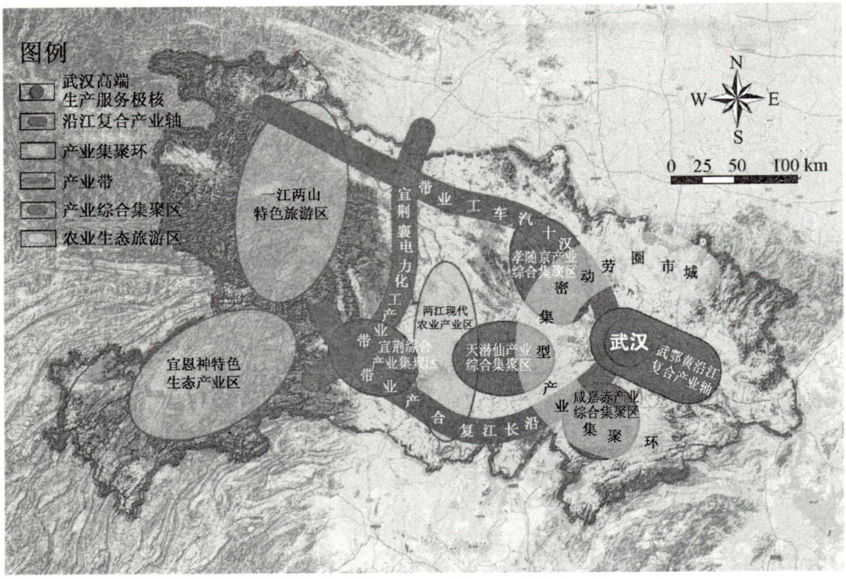

图 5 - 22　湖北省域产业空间布局结构图

3）乡村发展与城乡统筹

基于此，湖北省应首先明确农村人口集中居住的重点和方向，即通过基本公共服务体系的完善优先将人口集中在中心城市或城市区域内，尽量彻底扭转农村人口“离土不离乡”，回流人口“留土又归乡”的情况出现。省域范围内应该对乡村层级进行梳理，减少层级，明确功能。远期乡村居民点的规划分为两级：符合发展条件的城镇明确为重点镇，人口规模与发展潜力不足的一般城镇取消建制，作为新型农村社区建设；选择具有区位较好、发展条件优越的村庄建设新型农村社区，促进周边乡村居民点整合归并入，其他乡村居民点鼓励其主动撤并或自然消亡；将具有文化景观等特殊优势的村庄发展为特色村，向农业乡村旅游基地发展。

5.5.4　重点：分区联合发展指引

基于“一圈两群、一带四轴”的总体空间结构和差异城镇化战略提出的三大密度分区框架，规划进一步将全省划分为六个次区域，构建联合发展区，进行差异化指引。六个次区域由东至西分别是鄂东联合发展区、天潜仙联合发展区、孝随京联合发展区、宜荆荆联合发展区、襄十联合发展区、恩施州综合发展区（图 5 - 23）。

其中，鄂东联合发展区的空间范围包括武汉、鄂州、黄石、黄冈、咸宁五个城市，是武汉城市圈的核心区域，应当主动顺应空间发展态势，从形态一体向功能一体乃至治理一体化方向发展。

天潜仙联合发展区包括天门、仙桃、潜江三个省辖县级市和荆州市下辖的监利、洪湖两县市。作为武汉都市圈重要组成部分的天潜仙联合发展区是“一圈两群、一带四轴”空间结构中重要的城镇群发展潜力区，是主动城镇化战略的重点关注区，应充分利用武汉城市圈和长江中游城镇连绵带的发展建设，联合发挥区域比较优势，积极承接内外转移，崛起为武汉都市圈西部的增长中心，填补湖北省中部塌陷困局。

图 5-23　湖北省域联合发展分区示意图

孝随京联合发展区包括孝感市、随州市和荆门市下辖的京山县，作为武汉城市圈西北向战略伸展区，应充分利用武汉城市圈和汉十国土开发轴的发展建设，联合发挥区域比较优势，积极承接内外转移，崛起为武汉都市圈西北部的高度一体化区域，填补湖北省中部塌陷困局。

宜荆荆联合发展区位于省域西南，包括宜昌市，荆门市区及下辖的钟祥市、沙洋县，荆州市区及下辖的松滋市、公安县、江陵县、石首市，应通过区域整合为宜昌提供强化区域中心职能的空间，为荆州提供推进发展突破的外部动力，为荆门提供城市转型的产业支持，联合发展是宜荆荆城镇群成长的必由之路。

襄十联合发展区位于湖北省域西北部，包括襄樊市和十堰市。襄十联合发展区是承载襄十城镇群发展的主要空间。围绕汽车产业，襄十联合发展区城市间协同关系已牢固确立，下一阶段发展应将产业协同内容进一步扩大，进而推进城镇群体的功能协同。

恩施州综合发展区中，恩施州是湖北省唯一的少数民族自治州，是中部地区唯一享受西部开发政策的地级行政单元。相对独立的自然与经济地理格局以及相对特殊的发展政策，使恩施州成为湖北省域非常有潜力的发展区。因此规划将恩施州的行政辖区范围完整地划定为一个以彰显特色为主的综合发展区。

5.5.5　时序：分期发展有序突破

基于“一圈两群、一带四轴”的总体空间结构和主动城镇化战略目标，规划将省域空间发展时序划分为三个阶段，即 2010—2015 年、2015—2020 年、2020—2030 年。力图通过不同阶段战略重点与措施的有序推进最终实现省域总体发展目标。

第一发展阶段（2010—2015 年）是主动城镇化战略的第一个五年，是主动城镇化战略的谋篇布局打基础的阶段，因此也是三个阶段最为艰巨的阶段。阶段一的稳健有序发展对于后续阶段的发展意义非常重大。针对湖北省现状发展态势，结合主动城镇化战略目标与省域城镇空间的总体结构布局，阶段一重点完成构建“一圈两群”核心圈层，形成省域综合增长引擎；率先突破江汉平原腹地，构筑长江中游城镇连绵带骨架；同时推动区域性基础设施建设，构建全省要素合理流动渠道。

第二发展阶段(2015—2020年)是主动城镇化战略的第二个五年，属于战略攻坚阶段。阶段一战略实施的绩效在为阶段二的发展奠定基础的同时也将为阶段二的发展提出新问题和新挑战。结合主动城镇化战略目标与阶段一的战略要点，规划阶段二的主要工作为强化区域城镇联系，拓展“一圈两群”发展空间；强化江汉平原基础设施建设，拓展长江中游城市连绵带发展空间。

第三阶段(2020—2030年)是主动城镇化战略的发展远期，基于前两个阶段的强势推进，省域城镇发展基本进入高水平城镇化发展阶段。总体而言，阶段三是“一圈两群、一带四轴”空间结构的最终完善与充实提高阶段，需要通过全面推动区域联合发展、整合发展，最终实现省域空间疏密有序、差异均衡格局。

5.5.6 支撑体系：理念、方式与体系规划

1) 综合交通

公路和铁路是湖北省域交通的最主要方式，作为省域“一圈两群、一带四轴”总体结构的核心支撑体系，公路与铁路的联合发展与层次化组织尤为重要。根据省域圈、群不同的发展阶段和需求，湖北省应构建层次化功能组织的公路、铁路综合交通系统。

水运与流域则采用防洪、输运兼顾的交互体系的开发模式，重点发展区别于传统的江河干流大运量交通体系，支流模式是针对干流防洪减灾压力较大、水运发展成本较高、支流城镇发展较好的地区定制的开发策略与交通组织方式。

省域综合交通组织方式构建的重点可以简单地归纳为“三网、两港、一枢纽”，即高速公路网、铁路交通网、水运航道网、水运港口、空港、综合交通枢纽(图5-24)。其中，高速公路系统目标为三环三纵十四射，促进职能整合；而在铁路交通系统方面则目标为四横

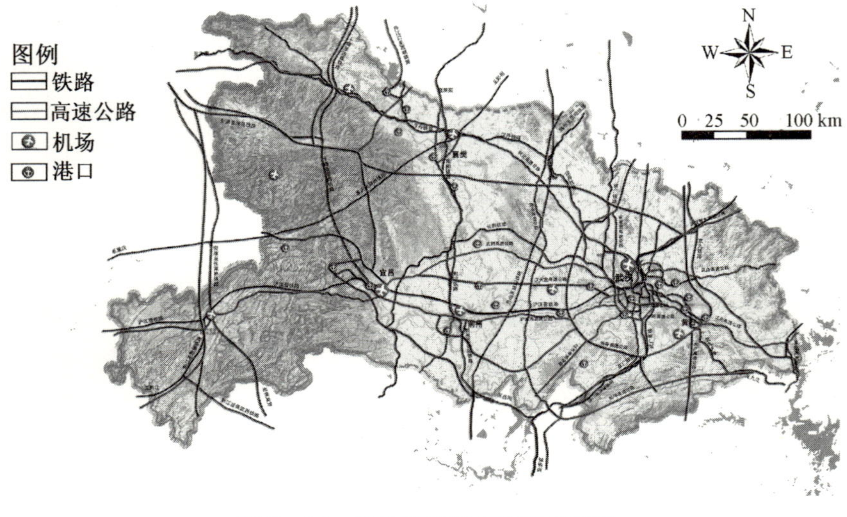

图5-24 湖北省域综合交通规划图

六纵，推进城际铁路建设；水运航道系统目标为重建网络，支撑港口开发；水运港口配置方面，目标为统筹梳理，有序整合；空港配置方面则强调有序增调，明晰层级；最后在综合交通枢纽配置方面，规划彰显水公铁空联动优势。

2）生态安全、环境与资源保护

如何在推进省域城镇化的过程中保障城镇发展的生态安全是构建省域生态安全格局的核心问题。湖北省整体自然格局四面环山、中为平原，仅有几个出口与省外联通，形成了省域内部生态系统相对完整、自我调节能力较强的特征。实际上，只要城镇的生态安全问题得到妥善解决，省域内部的生态系统平衡就能够得到较好的保持。

在此基础上，省域生态格局将以山脉、水系为骨干，以山、江、湖、田为基本要素，构建“两带四屏五核、网状廊道”的区域生态框架（图 5－25）。并以此为基础，通过网络状的生态廊道将主要生态要素进行串联，通过对城镇群中大型生态空间的保护、培育及自然恢复，形成多层次的复合型区域生态网络体系。

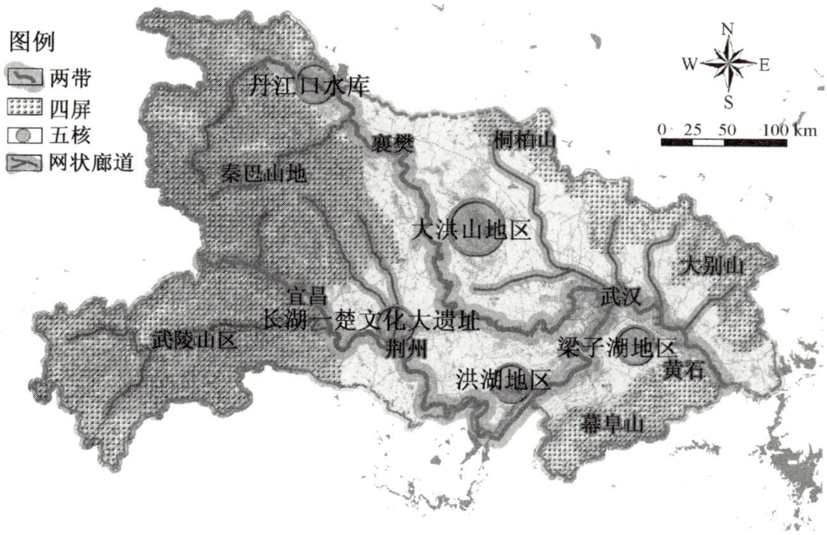

图 5－25　湖北省域生态安全格局结构图

在生态安全格局的基础上，对于城镇发展与生态建设间的关系应该采取“点面兼顾”的策略，以城镇发展作为安排生态建设工作、确定生态保护重点的主要依据，采取短期优先强化城镇群生态核、长期巩固生态发展基底的思路，构建一套支撑城镇快速发展、避免造成生态失衡的完善体系。

3）城乡公共服务设施发展

在社会保障体系方面：省域内部应建立健全全覆盖、保基本、多层次、可持续的社会保障体系，切实保障人民群众的基本生活，健全就业公共服务体系，实现城乡劳动者平等就业；同时以城镇圈、群为试点深化完善社会保险体系，实现职工社会保险基本全覆盖。在圈、群以外的非城镇一体化地区，着力推进多种渠道解决低收入家庭生活困难。

在社会事业体系方面：省域内部应基本建立配置公平、发展均衡的社会事业体系，满足人民群众教育、医疗卫生、文化、体育等方面基本公共需求，使城乡教育公平程度不断提高，覆盖城乡的公共卫生体系和基本医疗服务体系不断健全，城乡公共文化服务网络更趋完备，全民健身服务体系进一步完善。综合考虑省域内部现状差异，鼓励地方依据城市圈、城镇群、都市区等不同空间单元，寻找适合地方情况的社会事业体系建设标准和方法，逐步推进圈、群内部的配置体系整合，最终形成省域层面较为均衡合理的社会事业体系。

在公用设施体系方面：努力实现城乡公用设施一体化，加快形成布局合理、城乡共享的公用设施体系。推进城乡公共交通一体化，基本实现城乡供水供电一体化，实现城乡邮政通信一体化，基本实现城乡污水和垃圾处理一体化。公用设施的建设不仅为省域圈、群内部中心与外围地区之间建立紧密联系提供了现实可能，同时更为圈、群发展带动全省整体腾飞奠定坚实的基础。

在公共安全体系方面：公共安全是形成城镇、都市区、城市圈、城镇群乃至省域居民归属感的重要方面。湖北省应进一步加深对区域内灾害现状的调查与分析，划定各类灾害的易发区与危险区，明确防治目标与任务，确定总体部署与防治项目，制定基本措施与资金安排，完善群测群防机制与信息系统建设，设立监督机构。同时结合省域城镇圈、群地区的实际情况，构建预防、预测、监督、抢救四位一体的公共安全体系，突出预防为主的理念，保护生态环境，防治地质灾害，保障公共财产和公民生命财产安全。

在此基础上，不同层级的城镇由于其功能定位和人口规模有所差别，因此公共服务需求必然存在一定差异。借助省域相对扁平化的城镇中心体系格局，湖北将建立一套多层次、全覆盖、功能完善的综合公共服务体系（表 5－3）。

表 5－3　省域基本公共服务配置建议标准

项目	分项指标		国家和省域中心城市	地区中心城市	地方中心城镇			重点镇	新型农村社区
					都市区一体化城镇	都市区协调城镇	增长极——旅游区城镇		
义务教育	义务教育水平	9 年				√	√	√	√
		12 年	√	√	√				
	设施覆盖	居民出行 30 分钟					√	√	√
		居民出行 15 分钟	√	√	√	√			
公共卫生和基本医疗	基本医保水平	初等							√
		中等			√	√	√	√	
		中高等	√	√					
	基本医疗设施覆盖	居民出行 30 分钟					√	√	√
		居民出行 15 分钟	√	√	√	√			
基本社会保障	基本社保水平	初等							√
		中等			√	√	√	√	
		中高等	√	√					

续表 5－3

项目	分项指标		国家和省域中心城市	地区中心城市	地方中心城镇			重点镇	新型农村社区
					都市区一体化城镇	都市区协调城镇	增长极——旅游区城镇		
基本就（失）业保障	非农就业失业保险	初等							√
		中等			√	√	√	√	
		中高等	√	√					
	就业培训		√	√	√	√	√	√	√
基本市政设施	自来水		√	√	√	√	√	√	√
	供水		√	√	√	√	√	√	√
	铺装道路		√	√	√	√	√	√	√
农业设施与服务	农田水利								√
	农技、农业信息服务点								√
	农机、农贸服务点								√
	农业金融服务点								√
文化体育	2000 本以上图书室		√	√	√	√	√	√	√
	专用体育场所		√	√	√	√	√	√	√
交通设施与公共交通	县道					√	√	√	√
	快速干道		√	√	√	√	√	√	
	轨道交通站点		√	√	√				
	公交站点覆盖	居民步行 30 分钟					√	√	√
		居民步行 15 分钟	√	√	√	√			
供气			√	√	√	√	√	√	√
电信网络			√	√	√	√	√	√	√
污水收集与处理系统			√	√	√	√	√	√	√
高等教育			√	√	√	√	√		
二级以上医院			√	√	√	√	√	√	√
中型以上综合体育中心			√	√	√	√	√	√	
中型以上综合文化艺术场馆			√	√	√	√	√	√	
博物馆			√	√	√	√	√		
旅游服务设施			√	√	√	√	√	√	√
旅游地垃圾集中处理设施			√	√	√	√	√	√	√

5.5.7 政策措施：制度创新及行动策略

1）统筹：区域与城乡协调发展策略

首先，根据省域“一圈两群、一带四轴”的整体发展格局和城镇分区联合发展策略，建议建立四个区域协调试验区，即两个跨省协调试验区、两个跨市县协调试验区。四个区域协调试验区以差异化协调政策为关键指引，以促进区域共同发展为核心理念，在每个试验区内部推进不同的政策措施，以“先行先试”的思路实现“小跨步、大飞跃”，为省域城市圈、城镇群的健康发展以及整体功能格局的快速形成提供政策和项目上的试验与示范。其中跨省协调试验区选择两类典型区域，即流域经济区和少数民族集聚区，其中最具代表的跨省流域经济区就是襄樊—十堰—南阳经济区，最具代表的少数民族集聚区就是恩施—石柱—酉阳—彭水土家族苗族集聚区。跨市县协调试验区的设置以湖北省率先开展的城乡一体化和城乡统筹试验区为基础，根据“一圈两群、一带四轴”的总体结构调整扩大，两个试验区分别是鄂黄黄城乡一体化协调试验区和天潜仙洪监城乡统筹协调试验区。

其次，基于区域协调试验区的建立，省域行政区划有必要密切配合主动城镇化和“一圈两群、一带四轴”的总体结构进行适度调整。主动城镇化的核心思路要求湖北省域以城市区域作为发展核心，进一步拓展中心城市的发展空间，打破行政区域束缚，以交通为纽带，以经济分工协作为基础，形成以特大城市、大城市为中心的城市区域，发挥中心城市对周边地区的拉动作用。因此，湖北省行政区划调整当以做大做强中心城市为主要目标，充分发挥中心城市的作用，提升区域综合实力。

2）创新：城镇化政策与体制、机制

在住房保障制度方面，湖北应促进农村人口向城市转移并在城市“安居”需要从推力、拉力两方面着手，即一方面妥善处理农村的住房与土地问题为农民进城提供有力支撑；另一方面妥善解决城市的住房保障以及就业等问题促使农民真正城镇化。具体而言，首先要推行“地票”制度，降低农村人口向城镇转移的门槛；其次是因地制宜实现“居者有其屋”，差别有序地落实保障性住房的规划与建设，将保障性住房规划作为推进主动城镇化战略实施的重要抓手。此外还应积极推动居住证制度的建立和基本公共服务的均等化建设。

在城镇建设管理权限划分方面，为提高各级城镇实施主动城镇化战略的积极性，湖北省应根据主动城镇化战略目标和地方实际发展情况，合理划分城镇建设管理权限与层级。首先应积极推进集权与分权的辩证统一，适当分权；其次应合理下放城镇规划建设管理权限；另外，还应统分结合处理建设用地的空间配置，并完善财政转移支付制度。

3）行动：近期规划与策略

首先，应提升武汉国家中心城市地位，抓住时机，强化武汉市对外交通基础设施建设和交通网络的完善，加强武汉与东、南、北三个方向的区域联系。重点推进项目包括建设武汉城市圈金融改革试验区，武汉新港、武汉东湖国家自主创新示范区，武鄂黄循环经济核心发展区，武汉现代服务业中心区，武汉综合交通物流枢纽，武汉城市圈建设指标交易平台，举行武汉城市圈协调发展联席会议和发展论坛等。

其次，应培育壮大襄樊、宜昌、黄石、荆州四大中心城市，以长中游城镇连绵带和“一圈两群”为依托，扩大四个省域中心城市的发展规模和辐射能级。重点推进项目包括建设宜昌三峡国际会展中心、宜昌国家循环经济示范区、襄樊航天工业园、襄樊高端汽车产业集聚区、荆州华中纺织品交易中心，举办宜昌三峡库区经济合作项目推介会、宜昌三峡物流商贸中心、襄樊—珠三角产业合作发展交流会、荆州—长三角投资洽谈会，推行黄石后劲项目奖励计划、黄石产业链延伸工程等。

在扶持省域门户地区城镇发展方面，应通过省际交通网络的构建发挥这些地区在矿产资源、生态环境、劳动密集型产业等方面的优势，以交通为先导，以特色优势为依托，以集中建设为手段，促进省域开放发展，实现资源的流动与互补。重点推进项目包括建设中小企业工业园、中小企业创新资源共享服务体系以及门户物流节点区。依托省际交通线路在门户地区设置物流节点区，促进节点区形成物流交换转运职能，带动城镇产业发展。

在主动培育城乡良性互动关系方面，应在省域内部建立推进城乡一体化的体制和机制，建立完善城乡统一的新型户籍管理制度、就业制度、社会保障制度、土地管理制度，建立适合社会主义新农村建设发展需求的城乡规划建设管理制度和乡镇管理体制。同时在公共服务体系和基础设施建设等方面加大工作力度，以资源节约、环境友好为突出目标，以土地合理集约经营为主要手段，推动新型工业化和农业产业化，最终形成以工补农、以城带乡的合理互动机制。重点项目包括建设城市圈城乡一体发展示范区、特色农林产业化发展示范工程、推进新农村建设试点乡镇工作、省级土地整理示范工程、国家基本农田保护区示范工程、高产农田建设工程等。

在积极整合省域旅游资源方面，应该在现有景区基础上着力提升知名度，强化服务能力，促进旅游产业的壮大与可持续发展。在旅游目的地，特别是山区、民族地区、农业地区等实现旅游产业对其他产业的带动，提高人民收入。由于景区众多，还应通过差别化的引导和市场覆盖范围的侧重，实现旅游产业内部的协调发展，促进旅游业的产业化和产业链化。重点项目包括建设纪南城楚文化大遗址项目、楚文化寻源活动与楚文化主题公园以及开发三国文化游等。

在促进省域各级中心间的设施一体化方面，应加强东西向交通线路的建设，重点联系“一圈两群”和长三角地区。在经济主导联系与交通需求的引导下，增强武汉、襄樊、宜昌、黄石、荆州“一主四副”中心城市与江西、安徽、湖南等周边省区的联系，强化武汉与九江、合肥、长沙、南昌、重庆等核心城市之间的功能关联，缩短交通时距，增强运输能力，初步建立起区域一体化的综合交通运输网路。重点项目包括建设武汉城市圈环线高速公路工程、长江中游城镇连绵带综合交通网络加密工程、省域城际铁路工程、综合枢纽体系构建工程、新能源建设工程等。

在大力推进土地整治和环境建设方面，应该防止城镇无序蔓延，造成破坏性后果，实现湖北省域社会、经济、生态、城镇发展的区域整体持续与协调发展。重点项目包括建设大东湖生态水网构建工程、梁子湖区域生态保护与建设示范区、省域河道治理工程、水系生态整治与修复工程、汉江中下游滩涂开发工程等。

第三编　经验研究

6 韩国城镇化过程及其经验

韩国位于朝鲜半岛南半部，国土面积为 99 538 km^2，相当于湖北省土地面积的 53%，人口为 4 840 万，只有湖北省总人口的 79%。韩国由首尔特别市、京畿道、江原道、忠清北道、忠清南道、全罗北道、全罗南道、庆尚北道、庆尚南道和济州道等 10 个道和釜山、大邱、仁川、光州、大田和蔚山 6 个广域市组成。

韩国曾经是一个落后的农业国，自战后尤其是从 1962 年实施第一个五年计划到 1990 年，韩国经济实现了国民生产总值平均每年 8.7%的增长(20 世纪 70 年代国民生产总值增长速度高达 9.6%)，经历了"从进口替代的内向型经济向出口导向的外向型经济发展战略"的第一次产业调整，继而又根据世界经济格局的变化，从 20 世纪 70 年代起先后进行了"资本技术密集型"产业结构和"技术知识密集型"产业结构的调整。到 1990 年人均 GDP 超过 6 000 美元，20 世纪 90 年代中叶人均国民生产总值已超过 1 万美元，使其从一个贫穷落后的小农国家一跃而成为新兴的工业化国家。目前，韩国城镇化水平已接近 90%，是新兴的工业化城镇化国家，被誉为亚洲"四小龙"之一，跻身于亚洲经济发达国家行列。2009 年首都首尔公布的城市人口总数约为 1 020.8 万人，约占全国人口的四分之一。

6.1 韩国城镇化过程

韩国的城镇化过程可以划分为四个时期：第一个时期日本把殖民地政策从剥削农业转变为工业的 20 世纪 30 年代。第二个时期是光复后大量回国人员和韩国战争期间从北方来的难民为寻找就业机会定居于城市。第三个时期也是最为重要的转折出现在 20 世纪 60 年代以后。随着经济开发和工业化加快，无数的农村人口流入城市，在此过程中伴生急速的城镇化。政府推行了以低工资为基础、轻工业为中心的输出主导型开发政策。为扩大输出，政府扩大既有工厂的生产能力，随之城市人口也增加。新建制造企业也建立在基础设施较好、又易于取得劳动力的城市地区。第四个时期全球化对韩国城镇化的影响期。

6.1.1 城镇化史前阶段(1876—1947 年)

1876 年，日本强加的《江华条约》打开了朝鲜王朝的大门。在 1930 年，韩国城镇化水平在 5%以下，还是一个典型的农业国家。据统计，韩国 1944 年的城镇化率仅为 13.0%。1945 年独立后，又被苏联和美国一分为二，美国占领军接管了韩国。即使在这样的社会下，还是催长了一些城市。这些城市被当成获得出口产品的中转站，而不是促进国内商品经济发展的市场。所以，当时的韩国还是典型的农业经济社会。

6.1.2 城镇化起步阶段(1948—1960 年)

这一时期，韩国经济大致经历了殖民地经济向独立经济转移(1945—1950 年)、朝鲜战争与重建(1950—1959 年)。李承晚政府时期,城市人口有了大幅度的增长,其主要原因是:韩国光复后一批归国人员到城市居住;战争引起了大规模的人口移动,使得大批难民及农民从北方朝鲜或农村涌入城市;而政府依赖美援进口了大量的美国粮食,这使农业经济遭到破产,大批的农民弃地入城。尽管政府采取了一些限制措施,但是韩国城市人口依然增长很快。

6.1.3 城镇化加速发展时期(1961—1987 年)

在这一时期,韩国政坛主要经历了朴正熙、全斗焕和卢泰愚政府时期。三届政府的城镇化政策一脉相承。1961 年朴正熙利用军事政变控制韩国政权,在朴正熙政府期(1961—1979 年)开始了各方面的改革。经济发展经历了从低增长到高增长过渡(1960—1969 年)、出口主导型发展(1970—1977 年)、不稳定及萎缩(1978—1982 年)几个阶段,以利用外资发展的进口替代向出口导向战略转变的工业化进程开始启动。韩国政府开始实行"政府主导性增长战略",奉行"工业为主,大企业为主,大城市为主",以低工资为基础、轻工业为中心的输出主导型开发政策。国家产业体系由劳动密集型的纺织业逐步发展到以汽车、电子、钢铁、造船业为支柱的制造和出口加工业体系,由发展轻工业向发展重工业转变。重工业的发展为韩国的城镇化进程作出了重大的贡献,依托原有城市实行工业的集中布局,1962 年在蔚山建立了第一个工业区。此后,在汉城及其卫星城和东南沿海城市中建立了许多工业区,原有城市和新兴城市同时发展。这一时期,韩国没有在乡村发展工业,而是把工业集中到城市,利用集聚效应推动工业的发展,也促使城市规模的扩大和城市数量的增加。与此同时,政府奉行人口自由流动政策,导致了大量农村人口向城市的迁移和城市人口的增加。在 1960—1980 年间,全国城市由 27 个增至 40 个,城镇化水平 1960 年为 28%,到 1970 年达 50%,1985 年达到了 77.3%,1987 年提高到 78%。韩国用了 30 年的时间,完成了城镇化快速发展阶段,城镇化水平提高了约 45 个百分点。这样快速的发展带来的直接后果是城市人口的急剧增加给城市带来巨大的压力。从全国城市发展来看首都圈高度集中,城市发展极不平衡。这时首尔的人口密度每平方公里竟高达 13 343 人,高于大阪和纽约。大城市摊大饼式地向外扩展,致使绿地锐减;由于城市工业的发展和小汽车数量的激增,造成了城市空气的污染和交通的拥堵,导致城市社区人居环境质量的下降。城市内大量机动车辆的使用带来了严重的大气污染(包括一氧化碳、氮氧化物和碳氢化合物等)。城市土地极为紧张,住房、交通、环境问题凸现。卢泰愚政府对修订后的 1987—1991 年《第二次国土综合开发修订规划》实施非常有力,促进了中部圈、东南圈和西南圈的发展。

6.1.4 城镇化平稳发展时期(1988 年至今)

在经历了 30 多年的威权统治后,1987 年韩国实现了向民主国家的转轨。从过去的农业占统治地位的"70%"年代(国土的 70%为山地,国民的 70%是农民)过渡到非农业部门产值占 GNP 的 90%以上的工业化国家时代。到 1990 年,韩国城镇化率已达 82.7%,1991 年韩国农业在 GNP 中的比重只占 8%,韩国进入了工业化和城镇化时代。随着全球化进程加速和新经济时代的到来,从中央政府到地方政府,韩国更加关注经济发展方式的转变、产业和城市的转型升级,相继出台了一系列的政策措施,将一些传统产业迅速转型到“以知识为基础发展”（knowledge-based development，KBD），用知识经济引领城市发展的未来，走上了知识城市之路。1985 年韩国城镇化水平达到 77.3%，2000 年更高达 89%。到 2000 年，韩国 99 460 km^2 的国土，农耕地和林地占 87%，而住宅用地（2.4%）、工厂用地（0.5%）等城市用地仅占 2.9%，道路、铁路、学校用地等公共用地占 2.7%。4 800 万人居住在占国土面积 2.4%的区域，所有产业活动在仅占国土 0.5%的空间上展开。

6.2 韩国城镇化主要特征

概括起来，韩国城镇化具有如下特征。

6.2.1 政府主导型城镇化

从 20 世纪 60 年代开始，一方面，政府主导了整个国民经济的发展，制定了工业集中在城市布局以及劳动力自由流动的宽松政策；另一方面，政府引导基础设施建设，增强了城市的集聚功能。韩国政府实行“政府主导性增长战略”，并强调规模经济效应和对有限资源的有效配置，确立“工业为主，大企业为主，大城市为主”的政策，把产业区位发展中心区设在了首都首尔、仁川地区和东南地区，在京仁地区集中建设劳动密集型轻工业园地，在东南地区集中进行大规模重化学工业园地的开发。集中的产业布局使得中心的城市迅速发展起来，高效的经济增长结合要素按照市场规则自由流动，促使企业在生产力布局、劳动力就业结构等方面发生根本性变化，进而实现了核心地区工业化与城镇化的协同发展和资源要素的高度集聚。

6.2.2 首都圈的集中发展

韩国经济空间集聚的重点特征之一，是在政府主导性增长战略下，依托工业化优先发展大城市，是人口高度集中的大城市集聚模式。到 1990 年，面积仅占全国的 0.6%的首尔市，常住人口高达 1 060.3 万，约占全国人口的 1/4。整个大都市区基本上占了整个韩国人口的一半左右，而且也为韩国 GDP 贡献了将近一半的规模。韩国公共机关的 65%、金融存贷总额的 66%、轿客车的 46%都落籍首尔。此外，全国大部分名牌大学、100 多个大企业的总部也几乎都设在首尔，首尔已成为世界上最大的城市之一。20 世纪 90 年代以后，韩国进入后工业化和城镇化发展相对稳定时期。在城镇空间布局上，首都圈边缘地区迅速增长，中心城市规模继续扩大。同时，经济要素逐步在中心城市周边的卫星城市集聚，如首尔周围的富川市等 6 个卫星城，逐步形成大中小城市相对稳定的发展局面。在推进要素的空间集聚上，一方面，韩国继续完善城市的功能配套，尤其是着力兴建了一套相互补充、相互配合的海、陆、空交通运输网路系统。到 20 世纪末，全国主要城市之间实现了高速公路一日生活圈化，首尔已经建成比较完善的城市轨道交通系统，极大地提升生产要素的运载效率，成为支撑城市空间的集聚的生命力，并为城乡一体化发展提供可能。

6.2.3 城镇化的个性特色

韩国快速的城镇化：一方面，从农耕社会转型为工商社会。人们通过机器、工业、科技对自然条件和社会生活的改造实现了物质文明，但资本主义工业化带来的消极影响之一就是导致了人的异化和劳动的异化，同时也产生了经济两极分化和阶级矛盾激化、环境危机、对民主的否定和战争危险等负面问题，这是现代化在其历史进程中具有的深层自身矛盾。另一方面，从传统社会转型为现代社会。对于非西方的人民而言，人们对现代化的矛盾心态还有另外一个原因，即现代化实际上等同于西化，现代化这一过程就是以西方的模式颠覆东方传统的社会秩序和重组东方传统文化的过程，这种复杂的影响比现代化的内在矛盾性更让韩国人感到困惑。利用儒家文化和韩国民众的国民意识影响城镇化的发展也成为重要的特征。韩国政府和社会对工业污染的管理和控制也极其严格，位于庆尚北道海岸线南端的浦项，是一个港口城市，世界第二大钢铁企业浦项钢铁厂就设于此处，干净、整洁的环境，丝毫感觉不到工业对环境的影响。韩国的蔚山市，被称为“现代城”，那里集中了韩国现代集团的许多大企业，被誉为韩国的笠业首都，但就是这个拥有百万人口的大城市，在韩国被称为无污染绿色城市的典范，成为国际经济向往投资和人们向往旅游的城市。

6.3 韩国城镇化的机制

韩国是少数几个没有跌入中等收入国家陷阱形成贫民窟城镇化的国家。城镇化过程应对了两大挑战：第一个挑战是城市和农村人群的收入差异的不断扩大。第二个是大都市区和边缘地区的区域差距的不断扩大。韩国政府注重经济发展、基础设施建设和政治决策等措施应对这些挑战。

6.3.1 经济发展是城镇化的核心推动力量

韩国城镇化的快速发展是与工业化进程及经济的高速增长相一致的。韩国用了30年左右的时间完成了城镇化的高速发展。这种高效的经济增长方式，必然要求优化配置资源，实现生产要素按照市场规则自由流动。同时，这种经济增长方式也促使企业在生产布局、劳动力的就业结构等方面发生根本性的变化。高度集中的工业布局有利于发挥集聚效应，也要求生产要素向城市高度集中。韩国政府实行的外向型经济发展战略，决定了工业及人口向沿海港口城市集中。

与欧美国家相比，韩国的经济增长是时间上“压缩型”的，即在相对短的时间内完成同样的工业化过程，这种时间上的压缩性直接导致了空间上的压缩性。为了在尽可能短的时间内获得尽可能快的经济增长，必然要以经济效益为首要原则来衡量经济活动的区位选择，而空间集中式的格局可以获得很高的规模效益，从而决定了城市发展空间的高度集中模式。另外，外向型的经济战略又决定了产业活动向沿海港口城市高度集聚。因而，韩国的城市发展均体现出既迅猛又集中的特点。统计资料表明，1992年汉城人口达1 080万人，约占全国总人口的四分之一；韩国第二大城市釜山人口385万人，大邱直辖市有224万人，仁川直辖市有196万人，大田直辖市有110万人，加上光州直辖市，韩国这6个主要城市人口总数约为2 200万人，约占全国总人口的一半以上。经济活动的集聚导致了城镇化的快速发展，使得大量农村人口向城市集聚。1960—1980年，汉城人口从244.5万人增加到836.4万人。汉城的城市范围也不断扩张，1973年面积达到627 km^2，比 1949 年增加了 2.3 倍。

此外，适时的产业转型也是城镇化持续推进的重要因素。例如韩国著名的纺织名城、六大直辖市之一的大邱市(Daegu)，早在 20 世纪 50 年代初，韩国将近四分之一的纺织厂集中于此，为韩国经济的振兴发展做出过重要贡献。随着 20 世纪 70 年代第一次国际石油危机爆发，原材料价格和生产成本大幅上升，再加上进口国的订单减少，导致产品价格猛跌，库存增加，工厂开工率下降。虽然 80 年代，政府采取了一些政策复兴纺织业有些起色，但在 1998 年金融危机的冲击下，大邱的纺织企业又一蹶不振，陆续倒闭数百家企业。面临曾经的传统优势产业的破落，大邱市政府顺应新经济的潮流，大胆探索经济发展方式的转变模式，促使产业转型和升级，1998 年制定了《大邱、庆北地区纤维产业培育方案》，提出了要让大邱在服装和技术上分别达到意大利和德国的水平，使韩国跻身世界纤维和服装大国的行列的“米兰计划”。全力加强技术研发，集中力量攻克纳米纤维、超级细纱及智能性纤维和数字染色工程、新型服装设计、尖端纺织机械等高附加值项目研发，将大邱纺织服装的技术和质量迅速提高到世界先进水平。经济发展方式的转变大大改变了大邱纺织工业昔日破败的景象。技术研发和技术革新的加快实施，产业结构和产品技术、质量竞争力显著提升，高附加值、新面料接连诞生，带动了出口扩大，到 2007 年纺织品出口额增加 11%。在取得复兴纺织业成功的基础上，如今的大邱市又通过建设知识基础产业综合园区、知识产业经济特区、软件产业中心，集中投资发展游戏、动画、服装设计、音像等文化产业和会展产业等以加速城市的转型，大邱市从此走上了“以知识为基础”的知识城市发展之路。

6.3.2 基础设施建设是城镇化发展的重要基础

高水平的交通、通讯基础设施，无论在韩国城市发展的集聚时期还是分散时期，对城市体系结构的形成和推进城镇化进程均起到了不可低估的作用。在城市发展集聚期，便利的基础设施为生产要素高度流动提供了条件，使城市的集聚成为可能，大都市区、城市群、都市带的形成均由高水平的基础设施作保证。例如韩国第一条高速公路——京釜高速公路成为连接两大城市集聚区的通道，而且在通道上形成了韩国的主要城市集中区。汉城都市圈的形成是由交通线作导向的。在城市的分散发展期，一方面，发达的基础设施为加强各等级城镇间、城乡间的联系，实现城乡一体化发展提供可能；另一方面，基础设施通过改变时空距离概念直接影响中心城市等级结构的框架，使中心城市的数量、辐射范围产生变化，从而影响城市体系结构。

6.3.3 政府与政治制度对城镇化模式的引导作用

韩国虽然是市场经济型国家，但是政府在经济中的作用始终左右着发展的时空结构，区域经济开发和规划很大程度上是在行政计划框架之内运行的，一般通过工业化用地(经济开发区)的设立和开发来推动人口等要素向某些区位的快速集聚，这似乎是一种典型的“计划空间”结构。这是韩国工业化战略实施尤其是新兴工业城市迅速崛起的重要机制。20 世纪六七十年代，人口迅速向东南沿海地区集中的原因，就在于韩国所推行的工业化模式——开放型工业化。

在韩国的政治制度中，中央集权的特征比较明显，这又是城市高度集中发展的主要因素。作为这种制度的象征，国家的首都在全国经济、政治、文化生活中发挥着卓越的作用，在城市体系中居于突出的城市功能地位。这在一定程度上削弱了非首都城市的竞争能力，从而制约着全国城市的体系结构。全国几个主要的中心城市在整个城镇化过程中始终处在规模结构以及功能结构上的突出地位，如 1990 年韩国的六大城市占全国城市总人口的 59.7%。首位城市的集聚度和优先增长非常突出，这一特征一直保持到国土高度城镇化阶段。如 1990 年首都首尔的人口规模为 1 060.3 万人，城市首位度为 2.79。

这种政治制度对城市发展的引导作用，还表现在因制度的若干差别而产生的城市体系的差别上。韩国的中央集权程度很强，在城市体系中，除了首都之外，较强的是一些新兴工业城市，而地方中心的发展活力并不强。

6.4 韩国城镇化过程中的问题

总体上说，在韩国城镇化过程中，出现过如下问题。

6.4.1 人口集中的超短期性及超高密度性

韩国人口向首都圈及大城市集中的主要原因是城市中各种公共基础设施的投资回报率较高，以及大城市生活带来的多样性与便利性。但是，一旦集中超过一定程度，则会出现各种社会问题，如交通堵塞、环境恶化、物流费用增加与住宅价格上涨，这些因素直接导致城市居民的生活环境水平下降。韩国城市在很短时间内超高密度人口的集中，造成了市民的隐私意识过强，传统的亲密交往关系支离破碎，而共同体意识的肢解引起的后果之一是犯罪问题严重；同时，韩国大量的城市基础建设属于应急型，因人口短时期内向京釜轴及首都圈集中，引起了在有限空间内对住宅、道路、上下水道以及教育、防火等城市基础设施需求的急剧扩张。结果，引发了城市财政困难及基础设施不足的现象。

6.4.2 地价暴涨及剩余分配的不平衡性

城市人口超短时间、超高密度的集中使得土地价格暴涨。地价的暴涨尤其集中地表现在汉城及大城市中。城市又因地价高涨而进行了高密度开发，而两者相互影响，形成地价高涨与城市高密度开发的恶性循环。地价暴涨和剩余分配的不平衡恶化了居住环境，市民们承受不起由地价暴涨而带来的住宅价格的暴涨，甚至联系到当时的劳动运动等变成社会问题。

6.4.3 城市交通问题凸显

交通建设是城市发展的命脉。虽然韩国全国主要城市之间，已经实现了高速公路一日生活圈化，但城市交通问题仍然突出。韩国城市不是以交通网带动了城市的成长，而是膨胀的城市逼迫了交通网的建设。其结果导致韩国大城市的交通问题比其他国家更为严重。韩国交通政策主要是通过高速公路来改善大城市间的联系，这使得城市内部交通问题无法解决。而且，韩国大部分的城市形成于汽车工业发达时期，因此，老城区道路面积狭小和长度不足。据调查，在 1997 年，汉城停车场普及率只有 58.7%，结果车辆的 50%以上停在居住地或道路，蚕食了步行空间，阻碍了消防车、救护车等紧急车辆的通行，引起了安全问题和居住环境恶化问题。

6.4.4 应急型新城市的出现

韩国新城市建设的最大特征是应急型，即新城市计划的决定和建设不是系统的，而是超短期的。而此类应急型城市导致了以下不良影响：首先是导致职、住分离。大量居住在应急型城市的居民前往有生产机能的城市上下班，造成地域间交通混乱，为了改善这种情况政府不得不加大城际交通基础设备的投资。第二是导致居住环境不良。因超高层公寓、中心建筑随着高层密度化而出现“过密居住”，绿地空间及文化休闲空间不足，引起了在城市郊区地域形成高密度公寓村现象。这是因为不考虑新城市的环境水平，而只考虑开发事业的经济性造成的。

6.5 韩国城镇化经验和教训

6.5.1 通过“新村运动”应对城乡差异问题

1960 年代，韩国推行了两个五年经济开发计划，启动了“出口导向”的工业化战略，加快了工业化和城镇化的发展。但在同一时期，由于政府忽视农业和农村的发展，造成农业和农村的严重落后。第一个经济开发五年计划(1962—1966 年)，全国 GNP(国民生产总值)和工矿业增长率分别达到 7.7%和 14.1%，而农林渔业增长率仅为 5.1%。到了第二个经济开发五年计划，这样的差距更严重，全国 GNP 增长率和工矿业增长率分别达到 10.5%、20.3%，而农林渔业增长率反而下降到 2.3%。此外，1960 年，农户收入超过城市家庭收入，但到了 1970 年，反而减少到城市家庭收入的 70%。农业的相对落后导致国内工业产品市场的缩小和粮食进口外汇的浪费，威胁到工业和经济的可持续增长。

面对这些严峻问题，1970 年 4 月 22 日，当时的韩国总统朴正熙在旱荒对策会议上发起了“新村运动”。1979 年 11 月朴正熙遇刺身亡，新村运动急速落幕。这项运动最初在农村推行，后来扩展到城市、工厂和学校，工作内容也由单纯的管理改革扩展到政治、经济、社会和文化等诸方面，成为一场席卷全韩的全方位社会改革运动。

“新村运动”的工作内容主要有五个方面，即：基础设施投入增加，福利、环境改善，精神启发和城市与工厂建设。在 1973—1974 年，投资集中在基础设施、福利和环境改善方面；在其后几年，政府发现如果居民收入没有增加，就不能保障居民参与农村建设，所以工作重点转变为增加农民收入。从 1977 年起，政府强调村容村貌的建设。新村运动主要成果包括农村道路建设、农民住房改造、自来水设施建设、农村电气化、农作物高产新品种的普及、乡村礼堂建设以及大规模培训乡村领导人。具体内容如下：(1) 改善了农村生活和居住环境。1971 年，新村运动刚开始时，全国 80%以上的农家都是茅草屋，马路、桥梁、渠道、供水设备等基础设施也都落后不堪。为改善农村生活环境和基础设施，政府推进了房屋改造、道路铺设、桥梁修建、给水设备建设等项目，并取得了不小的成果。比如 1970 年农村电力供给量仅达 24%，到 1979 年达到 98%。这是新村运动的最大成果。(2) 改善了农业生产基础设施，增加了农民收入。到 1979 年，农村道路建设超过当初目标，达到 61 201 km。通过推广高产种子，农家经济从自给自足转变为商品经济。同时还节省了农村劳动力并增产粮食，促进了农业机械化。据统计，1970—1980 年期间，农户的平均收入由 26 万韩元增加到 270 万韩元，增长 10.5 倍。(3) 重视教育和培训。新村运动的核心是教育和培训，从中央到地方都建立了相应的教育和培训机构。教育与培训内容包括地区开发、意识改革、领导培养、提高市民素质、技术推广等。教育与培训使农民培养起了“自立、自助、勤勉、合作”的思想观念。国民素质迅速提高，为农村富余劳动力顺利转移创造了必要条件。韩国战后多数年份教育经费的增长率超过经济增长率，文盲率从 1945 年的 78%下降到 1990 年的 3.7%。国民素质迅速提高，为农村富余劳动力顺利转移到城市创造了必要条件。

1974 年新村运动向城市的各个领域延伸，使韩国顺利转移农村富余劳动力，使农民较快融入现代城市社会。城市的新村运动从精神秩序、行动秩序和环境秩序这三大秩序建设开始，避免了农民进城可能引发的社会问题。精神秩序建设，是指通过强化邻里之间的和睦意识和继承传统伦理的忠孝思想等内容增强整体意识；行动秩序建设，是指强调遵守道路秩序、公共道德等；环境秩序建设，是指注重搞好自己家和单位门前的卫生、整理街道环境、绿化城市等。在工作单位开展新村运动，旨在使员工确立正确的价值观，在社会上贡献一份力量；通过整理单位环境，使员工产生整体意识，推动单位发展。工厂的新村运动打出了“把员工当做一家人，把工厂的事情当做自己的事情”的口号，开展“第二家庭”运动，促进劳资双方同心协力，降低成本、改善品质、节约资源，改善工作环境，增加福利设施，共同创造幸福生活。学校的新村运动致力于充分发挥学校的教育功能，教育所有的教职员工和学生——未来的社会主人——学习和具备新村运动所倡导的自强自立精神。城市新村运动的开展，造就了大批道德和文化素质较高的城市居民，解决了进城农民遇到的一些问题，避免了农民进城可能引发的社会问题以及可能给城市以及工厂、学校等带来的问题。这样，农民进城不但没有引起严重的社会问题，反而使城乡更加文明和谐、社会更加奋发向上。

韩国新村运动，除了着力改善农民的基本生产、生活条件和发展农村公共事业外，关键是快速稳妥地向城市转移了大量农村富余劳动力。1970 年韩国新村运动开始时，农业人口的比重高达 50%，到 1975 年急剧下降为 37.15%，到 1985 年又下降为 20.18%，现在仅为 7%。也就是说，韩国仅用了约 30 年的时间，就完成了发达国家上百年甚至几个世纪才完成的农村富余劳动力转移过程，而且没有出现严重的失业问题和社会动荡。

韩国城乡收入差距的缩小最终是在新村运动结束后才实现的。经过 20 世纪后 20 年的高速经济发展，韩国迅速实现了城镇化，农业人口占总人口的比重不足 10%，农民在其他非农部门大量兼业，农民收入增加更为迅速。20 世纪 90 年代初，韩国农村居民人均收入已经占到城市居民收入的 95%。2005 年，韩国农民收入达到 3 050 万韩元，20 多年里又增长了 11.3 倍。

然而，新村运动尽管很快地促进了农村和农业现代化，然而，极为有限的政府投资加上中央政府主导的推进方式，不可能根本改变农业和农村结构。更由此产生了农户负债、劳动力转移和对中央政府依赖等问题。近几年，韩国农村增收速度有所放缓，农村空心化、劳动市场波动和城市贫困等又成了新的问题。

6.5.2 通过集中发展大都市区应对区域不平衡挑战

韩国 1970 年颁布了《韩国城市规划法》，监控和规划城市的居住和工业用地，改造贫民区，在城市外围建设新的居民点，并提出在首尔外重新安排政府机构。1971 年，政府开始设置开发限制区——绿带。1972 年，韩国政府颁布了《首尔土地利用控制》的法案，限制首尔地区的土地开发。1977 年，韩国政府又同时颁布了《工业分散法》和《环境保护法》，分散原有的密集工业区为城市健康发展腾出空间，同时开始注重治理城市环境问题。1982 年，政府颁布《首都地区管理法》，1984 年开始首都圈整治规划。针对全国城市不均衡发展，制定了 1982—1991 年《第二次国土综合开发规划》，实施多中心的发展战略，但在实施过程中受到很大阻力，于是进行了修订。卢泰愚政府对修订后的 1987—1991 年《第二次国土综合开发修订规划》实施非常有力，促进了中部圈、东南圈和西南圈的发展。从 1973 年到 1998 年已经实施了四次政府搬迁计划。卢武铉政府想把韩国的首都从首尔移到首尔以南几百公里的地区，或者把中央的部委，包括总部和办公地点还有一些半官方化的机构迁移到比较偏远的地区。当然，国会和其他核心的政府机构，还是会在首都区。另外还出台了一些税收和财税方面的鼓励措施以及优惠措施，政策导向是希望能够鼓励均衡发展。

韩国政府的这一系列措施非常及时，尽管不是很健全，但还是十分有效的。在政策的引导下新兴城市快速增长，1970—1975 年间，釜山、浦项、马山、蔚山的年均人口增长率分别高达 5.3%、10%、13.3%、9.3%，大大超过首尔的 4.4%增长率。与首都圈相对应，中部圈、东南圈和西南圈发展起来，他们都拥有自己的中心城市，并且各有各的特点。同时，首尔市的地理区域停止扩展。1970—1989 年，首尔的制造业从业人员比例从 33.9% 下降到 17.2%，同时首都圈的制造业从业人员比例却从 44.0%上升到 47.4%，表明汉城的首位度有所下降，而首都圈的功能得到了加强。另外，依靠法律严格控制绿带的规划，到 1980 年政府规划的绿带已达 5 397.1 km^2，占国土面积的 13%，城市治理的效果初步显现。

6.5.3 通过城市交通等基础设施建设不断提升城镇化质量

从 20 世纪 60 年代开始，韩国就有重点地兴建了铁路、公路、地铁，还扩建了港口，发展了航空运输。1980 年韩国的旅客运送量为 87 630 百万人 km（包括铁路、公路、地下铁路、海运和空运）。1990 年公路线长度达到 56 715 km，全国旅客运送量达到 135 336 百万人 km。到 1990 年韩国有公交车 383 738 辆，全国有各种机动车辆 3 394 803 辆。交通拥挤、汽车尾气排放严重等问题相应而生。1990 年韩国的交通事故达到 255 303 起，所以政府同时着手解决城市交通问题，扩建公路，建设高速路、高架路，建设新的海运和空运中心，从而形成了一套互相补充、互相配合的陆、海、空交通运输网络系统，有力地推进了城镇化进程并提高了城镇化质量。

6.5.4 通过弘扬地域文化解决城镇化进程中的问题

首先，是强烈的全民节俭意识。在韩国城镇化发展的过程中，城市建设、城市扩展与土地资源短缺的矛盾日益突出，于是节约土地和向海、陆、空要土地，进行深层次的土地开发，便成为韩国缓解这个矛盾所采取的基本对策。“海”指利用滩涂填海修建机场、港口及开发沿海岛屿，这是韩国向海洋要土地的重要举措。“陆”指对陆地上的土地精打细算，节约使用，同时，注重对城市地下空间作深层次的开发。“空”指空间开发，反映在大城市新区居住社区的开发上，就是主要采用高层公寓楼建筑。节约每一寸土地，成为其城市建设必须遵循的原则。其次，韩国国民的国家意识和民族精神尤其强烈。尽管有人将其称之为“狭隘的民族主义”，但对传统文化的尊重，对传统道德信仰的追求，在韩国是根深蒂固的，一些在我们看来并不起眼的历史遗迹，会被当做“有形文化财产”进行保护。时至今日，这种文化内涵的概念仍然得到了很好的发挥。首尔市政府在2002年公布的《首尔2006年蓝图》中始终把文化政策和对生态环境的改善放在首位。例如，清溪川的改造工程就是该政策实施的结果。

6.5.5 通过“首尔效应”的持续放大展现城镇化的效果和问题

2000年来首尔一直是朝鲜半岛的首府，这是首尔多年来扮演的历史角色。然而，中央集权的统治史并不是首尔人口膨胀的唯一因素。韩国政府自20世纪60年代以来实施的一些人口政策和经济战略远远超过了历史对首尔的影响。为了配合出口导向型发展战略，1964年，韩国政府在首尔投资兴建了国内首个出口工业区——九老洞工业区，1967年，另外一个工业区也在首尔正式开工。工业区的兴建吸引了大量的出口导向型企业入驻。1970年，庆尚北道开始筹建综合钢厂，龟尾市筹建了一个电子工业园区。同年，现代集团在庆尚南道蔚山地区开设了造船公司，之后又在该地成立了一个汽车配件公司。1974年，一个为支持军工行业而规划兴建的机械化工业区在昌原揭牌。在此期间，韩国政府的富农政策效果不甚理想，二元经济效应凸显，城乡差距日益扩大，对本地区居民产生了推力。两种效应的综合作用导致大量的农民迁移到了城市，首尔的城市规模再一次被扩大，韩国人口单极化现象进一步加剧。当时，大约有1/4的居民居住在首尔及其周边，其中又有一半的人集中在大都会地区。

于是，劳动密集型的轻工业区集中在了京畿道，而资本密集型的重工业区集中在了庆尚南道和庆尚北道。通勤时间，年轻的女工们蜂拥至京畿道，开始她们一天的工作——制造服装和电子零部件。这种模式运行一段时间后，人们发现了一个特殊的现象：首尔地区的男女比例严重失调。据统计，1985年，首尔的男女比例为86.9∶100，而其他轻工业密集地区的人口比例也呈现这样的趋势，重工业地区则恰恰相反。这种强烈反差表明，对于首尔地区而言，轻工业吸引到的女性要比重工业吸引到的男性数量多，女性移民的总规模大于男性。

20世纪70年代，首尔市第一次出现了自然增长（出生）超过社会增长（移民）的现象，人口反向流动（从首尔流向周边城区）开始。到了80年代，新型城镇应运而生。与此同时，首尔市经历了另外一场结构性的变化，即城市功能再配置。在此之前，几乎所有的功能区都集中于首尔市的市中心，是典型的单核城市。由于人口迁移方向的变化，城区面积不断扩展，城市功能也获得了第二次配置的机会，1963年功能区再配置后，多核心的城市架构逐渐形成。

1988年奥运会，韩国对江南地区进行了大规模开发，兴建了完善的基础设施，使江南地区从农田一跃成为韩国最繁华的商业区和最昂贵的住宅区。而奥运会带来的“奥林匹克效应”，更促使韩国经济在“汉江奇迹”的基础上开始新的飞跃，拉开了韩国经济由劳动密集型向技术密集型、由加工业向服务业升级转化的序幕，使韩国经济出现了连续10年的高速增长。

首尔的快速增长既带动了整个韩国的工业化进程，也带来了住房短缺、交通拥挤、地价房价飞速上涨、环境污染、城市生活舒适程度下降以及地区间贫富差距加大等问题。为了妥善解决城市发展中日益出现的问题，首尔市政当局顺应新经济发展的历史潮流，采取相应措施，使城市从产业结构到对外形象发生了巨大变化，在走“以知识为基础”发展的道路上迈出了坚实的步伐。

6.5.6 借鉴硅谷模式大田领跑亚洲高新技术产业

韩国大田(Daejeon)借助硅谷模式，通过发展高新技术产业转变了经济发展方式，走上了知识城市之路。大田市原是一个土地贫瘠、资源匮乏、面积不大的小城市，但目前大田市的国民经济总额却占韩国的20%，既是支撑韩国实现经济腾飞的成功典范，也是一个成功的知识城市。一个弹丸之地之所以能发挥如此巨大的经济能量，领跑亚洲的高新技术，主要得益于该市成功推行了以科学城带动城市创新的政策。早在20世纪70年代，韩国政府为了摆脱经济过分依赖加工型行业的状况，从根本上提高国家竞争力，集中投入15亿美元在大田市设立了大德科学城。在起步阶段，大德科学城一直处于低迷状态，发展十分缓慢。1990年经过整合的韩国高等科学技术学院在政府的主导下，由汉城迁入大德科学城，使大德科学城获得了强劲的发展动力，从此走上了健康发展之路。目前，大田市科教实力雄厚，拥有韩国科学技术院、韩国电子通讯研究院、大田尖端产业振兴财团、韩国生命工学研究院、忠南大学、韩国情报通信大学、韩国原子力研究所、韩国电力研究院、韩国原子力安全技术院等国家级科研院所，科技人员多达数万人之多，高密度的知识研究机构、大专院校和知识工作者，加速了城市经济发展方式的转变，强化了大田领跑亚洲高新技术产业的基础。这里尤其值得一提的是，大德科学城的成功在某种程度上得益于韩国高等科学技术学院的支持。它按市场需求和市场规律办学，迅速集聚人才和各类资金，科研成果直接面向创业企业。由于教育、科研、产业自然连接，占地面积27.6 km^2的大德科学城在短短10年里迅速崛起，成为大田经济发展的助推器和原动力。在大田市116家政府和民间的科研和教育机构中，有近70多家集中此地，韩国中部地区约2 000家高科技企业，有900余家落户于大德。在此形成了总体规模现代、科研设施先进、人文精英荟萃的专业化科研基地，同时它又是科研与成果转化融为一体、科研与产业密切结合的高科技企业孵化基地。一所成功的大学，形成了一座科学城，一座成功的科学城又推动相关产业和相关区域的经济发展，也成就了大田的经济发展模式转型和城市升级。

6.5.7 建设航空港构建仁川世界级枢纽城市

仁川(In-Cheon)位于韩半岛中西部，是韩国的第二大贸易港口城市，城市面积达958 km^2，拥有人口256万人，离首都首尔西28 km，起着首尔门户的作用。在城市转型的过程中，仁川凭借独特的区位优势，着力打造世界级交通枢纽中心，以加速信息、资金、人才的聚集，为城市可持续发展提供保障机制。仅以机场为例，根据国际机场协会(ACI)提供的统计数据显示，截至2008年仁川机场的客运吞吐量达到3 000万人次，一跃成为世界上第十大最为繁忙的机场。目前，仁川机场共有来自全世界的70家航空公司在此运营，连接的城市达到169个。大韩航空有限公司(Korean Air Lines Co. Ltd)和韩亚航空公司(Asiana Airlines Inc.)占到全部旅客吞吐量的65%。交通枢纽的构建大大促进了人流、货物流的便捷性，推动了城市经济发展方式的转型和城市功能的提升。在2003年仁川又投资214亿美元设立了自由贸易区，允许此前曾被韩国政府禁止的制造业方面的投资，各企业可以在产品保税状态下，很方便地进行制造及加工等生产活动。继建立总面积达到1 700公顷的5个物流园区后，仁川又开始实施大规模港口开发建设，其中包括集装箱码头工程、港口通道设施工程和连接首都首尔以及内地商贸工业基地的庞大物流园区。如今，世界交通枢纽的建成已经使仁川转型为一座“生态型和智慧型”的城市，成为韩国实施东亚金融物流中心宏伟规划的重点城市和韩国向东北亚中心起飞的平台。

6.5.8 “后城镇化时代”的新问题

首先，城镇化过程中地方保护主义情绪激增。前文曾提到，韩国的工业化政策需要在某些地区创建新型工业区，这导致了大量的工人涌入市区。在为城镇化加速的同时，这部分人口与本地人口的融合也改变了当地人口的民主意识和政治观念，使地方保护主义和地方主义情绪与日俱增。例如，在1987年的总统选举中，每个地区都只支持本地区的候选人，这种现象在1988年的普选、1989年的大选和1996年的普选中都有所体现。

其次，城市贫民队伍扩大。早在殖民地时期，城市贫民阶层就已存在。20世纪60年代，这一阶层的人口数量达到空前水平。1964年，首尔的棚户区数量为8.4万个，之后由于贫富差距的不断拉大，棚户的数量以每年10%—15%的速度增长，1970年到了18.5万个。一个由首尔自治政府1979年进行的调查显示，贫困人口占全体市民的22%，按照韩国当时的居住权保护法标准计算，有20万人被划为贫困人口。

第三，棚户区清理受阻。有韩国学者曾经上交过规划棚户区的提案。提案指出，城市发展情况的判断不仅要考虑到棚户区的搬迁率，更要考虑棚户区居民搬迁后的居住状况。棚户区居民大都没有稳定的工作，他们有的是不法商贩，有的靠为他人打零工为生，因此，搬迁意味着很多棚户区居民失去了原有的生存环境，丧失了收入来源。在这种背景下，棚户区规划遭到了严厉抵制，1971年8月光州地区的棚户区骚乱就是一个最具代表性的案例。

7 日本城镇化过程及其经验

日本自1868年明治维新以来，尤其是在昭和时期(1925—1989年)，经历了工业现代化和大规模快速城镇化的发展阶段，逐步从一个农业国发展成为今天的后工业化和城镇化国家。

7.1 日本城镇化过程

7.1.1 战前的城镇化

日本在1889年城镇化水平约5%左右，城镇化过程开始于1920年代的明治维新时期。日本的明治时代(现代化开始时期)，民族主义成为日本政策发展的基础。不仅如此，民族主义还赋予其他权力，特别是引导工业分散发展以及阻止向主要城市移民。但直到1940年，城镇化水平仍落后于当时欧美工业化国家。二战以后，日本在短短30年内一跃成为世界第二经济大国，同时其城镇化进程快速推进，仅用了50年时间，完成了欧美国家100年的城镇化进程，城镇化水平由1955年的56.1%提升到1960年的63.5%，至1975年城镇化水平达到了75.9%，1992年达到77%，2008年为86%。

7.1.2 战后重建时期城镇化

然而，由于日本太平洋战争战败，一方面，原来的民族主义已经消除，取而代之的是含有竞争性利益集团的美国分散民主权力结构模式；另一方面，二战末期日本的大城市遭到毁坏，东京住房的56%被毁坏，51%的人无家可归。但是，战后的东京比日本其他城市恢复更快，从而导致从其他被毁坏区域大量移民的迁入。与此同时，为满足政治分权，中央政府控制减少，允许人口和经济加速集中。1945—1964年间建立了150万套住房，其中的四分之三套由私人企业建设，但许多贫民窟也应运而生。

为了"管理"和"调节"东京人口增长以及制止其蔓延，以解决由人口和产业过度集中造成的问题，东京市长安井诚一(Seiichi Yasui)依据《国家首都区域发展法(1956)》成功地为东京市制定了专门法，涉及的原则完全同于早期阿伯克隆比(Abercrombie)的大伦敦规划：城市的建成带可以识别；提议建设12 km宽的环形绿带；并在绿带之外建设用于容纳大都市增长的新城。但是，这一立法被证明是无效的。为了获得特殊权力，1962年《新工业城市建设法》引导工业迁往较小城镇，1959年出台了《限制国家首都区域建成区内的工业和教育建设》。

此后，联合国调查组将类似的政策推广到区域管理中，例如在阪神(大阪—神户)(Hanshin, Osaka-Kobe)及其邻近地域，即是依据《近畿地方调整法》(The Kinki Region Readjustment Law)(1965)。在1966年下半年，议会为名古屋(Nagoya)通过了《中部地区区域发展和调整法》(The Chubu Region Development and Readjustment Law for Nagoya)。然而，由于国家加速经济发展规划造成对国际市场高度敏感的经济活动的快速集聚，但制定的规划却在分散着人口，这就产生了一个政策矛盾。为了努力消除这一矛盾，依据《新工业城市发展促进法》(The New Industrial City Development Promotion Law)条文，在北海道(Hokkaido)、东北(Tohoku)、中部(Chubu)、中国(Chugoka)、四国(Shikoku)和九州(Kyushu)规划了16个新城。然而，由于地方政府出于经济发展的竞争态度，尽管在国家层面上对协调行动有明确的需求，却收效甚微。

7.1.3 20世纪60年代：工业化与城镇化伴生期

在20世纪60年代后期，日本开始编制新的《全国综合发展规划》(The New Comprehensive National Development Programme)，旨在按法国规划方式将国家发展政策作为地方政府规划的宏观背景，划定增长区域和非增长区域。这一行动伴随着一种危机，即：如何使集中发展不造成日本海域在环境污染方面的失控。正因为如此，《全国综合发展规划》颁布后，日本进入了寻求全国性和大范围发展政策的阶段。类似的规划一直持续到第五次《全国综合发展规划》。在这一时期，日本的制造业高度集中在东京、大阪、名古屋、福冈这四大城市圈，尤其是四大城市圈的临海部，即所谓的四大临海工业地带。1960年仅占日本国土面积2%的四大临海工业带占据当时日本工业生产总值的30%以上，占国土面积12%的四大城市圈更是独占了工业生产总值的70%。从这一数字中可以看出工业化时代的制造业强烈地倾向在大城市圈周边布局。

1960年日本全国城镇化水平为43.7%，2000年增至65.2%(图7-1)。1956—1973年是日本工业化与城镇化快速发展的黄金时期，工业生产年均增长13.6%，农业劳动力年平均转移递增率达到3.6%，城镇化水平年均增长约1个百分点，到20世纪70年代初人均GDP达到6 000美元的发展水平。在经济增长的同时，日本全国人口迅速向城市集聚，城镇化进程加快，进入城镇化发展中期——加速时期。从日本全国40年间城镇化过程来看，前20年的城镇化水平增长了16个百分点，处在城镇化发展的加速阶段，后20年仅增长了5.5个百分点，已经进入“S”型曲线的后期饱和阶段。

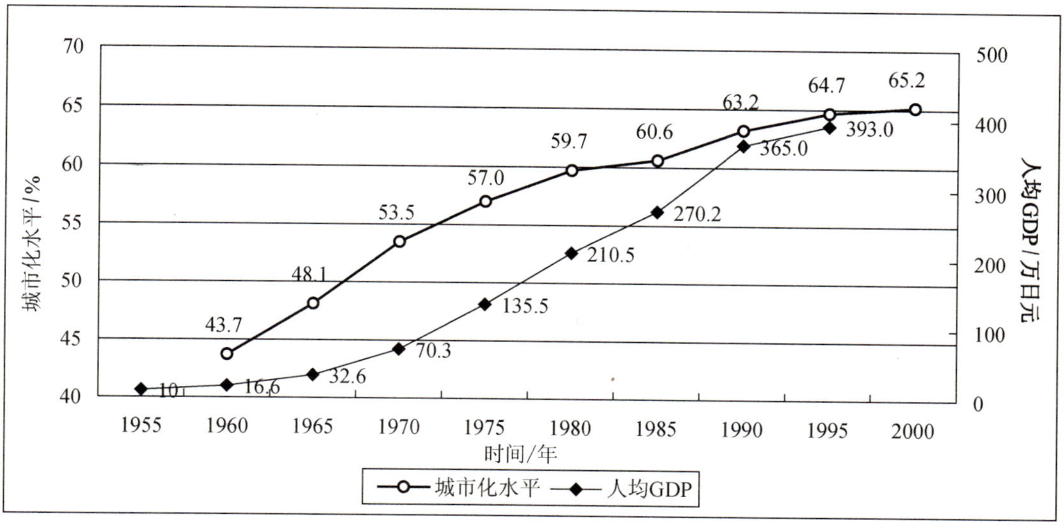

图7-1 日本城镇化水平和人均GDP的增长

这一时期，与美国城市沿交通线轴向辐射形成城市群的不同之处在于：日本的大城市以近域蔓延和同心圆式辐射为主，形成了独特的圈层状大都市区空间结构，即大都市圈。各大都市圈均有重要而强大的中心城市，如东京大都市圈由东京都、神奈川县、千叶县和琦玉县，共一都三县组成，其人口、经济、社会活动呈现出向东京都一级集中的形态。然而，当时的日本政府并没有充分认识到这一点，反而从国土均衡发展的理念出发以“向地方圈进行工业分散”作为国土政策的首要目标。结果虽然一部分工业生产功能分散到了地方圈，但实际上今天日本 GDP 的近八成仍然集中在东京、大阪、名古屋、福冈四大城市圈。这是因为服务业和信息业集中在这些大城市圈内，而这些新崛起的产业更具有城市经济的属性。

日本在实现人均 GDP 达 6 000 美元以后，东京、大阪、名古屋三大都市圈进入结构性调整和优化时期，主导产业转向知识密集型，人口以近距离流动和都市圈之间的相互流动为主，区域结构趋向均衡化。以东京都市圈为例，20 世纪 70 年代以后，东京都成功地完成了由制造业中心向服务业中心的转变，其区位商高于 1 的产业高达 9 个，且都隶属于第三产业，在空间分布上高度集中于中央商务区。虽然东京都的制造业依然在规模上保持领先，但其内涵已逐渐向高效、智能和信息服务化转变，如这一时期东京出版印刷业的雄起；同时制造业的生产环节逐步外迁，其区位商已略低于周边三县。周边地区通过产业承接和分工协作得到积极发展，如神奈川、千叶地区以国际港湾和国际空港，吸引了大量运输和贸易业的集聚，同时加强了商务、国际交流等职能。1975 年，三大都市圈的三次产业就业人数分别占全国就业总数的 9%、37.9%和 52.8%，到 2000 年，三次产业的就业人数占全国就业总数已进一步调整为 3.2%、30.6%和 64.8%。

7.1.4 20 世纪 70 年代：三大都市圈发展

20 世纪 70 年代，从整体的集聚动力来看，工业产业带与三大都市圈的空间复合，为日本经济发展要素的空间集聚提供了必要的条件。在京滨、阪神、中京、北九州四大工业地带的基础上，日本制造业进一步高度集中在东京—横滨、大阪—神户、名古屋—东海道的临海工业地带，尤其是出口型产业进一步向港口工贸城市集中。近年来，日本的东京、大阪、名古屋利用高速铁路和通讯手段连接起来，形成世界上最现代的城市带空间形式，总人口超过 4 000 万。1980 年以后，人均 GDP 发展速度虽仍较快，但城镇化水平的提高速度已明显放慢(图 7－1)。

7.2 日本城镇化特征

概括起来，日本城镇化具有如下特征。

7.2.1 东西方独特文化的混合体

日本的城镇化过程实际上是工业城镇化与亚洲生活方式的共存，是一种东西方独特文化的混合体。但日本制定的城镇化政策，一方面，通过社会组织在保证每个人最低生活保障的基础上平衡经济效益；另一方面，每个人能够选择居所，并利用本地创新技术找到工作。

7.2.2 政府引导型城镇化

快速经济增长带动高度集中发展的城镇化，再进行城镇化的综合治理，走自上而下的城市发展道路(沈悦，2004)。

7.2.3 工业化带动城镇化

二战后，特别是20世纪五六十年代，日本政府十分重视工业重建，大力发展出口导向经济，使产业向沿海城市高度集中，全国最大的10个城市均集中分布在太平洋东岸的工业带，其中7个位居东京—大阪都市带(宁越敏，2005)。

7.2.4 高度紧凑发展模式

受国土狭窄、资源贫瘠等条件的限制，日本城镇化空间以东京、大阪、名古屋三大都市区为中心，尤其在东京首都圈自20世纪60年代呈现大城市以近域蔓延和同心圆式分散为主的圈层状大都市区空间结构，几乎囊括了国家政治、经济、文化及国际金融等全部城市职能。

7.2.5 多极多圈层空间结构

一方面，日本城镇化发展速度快，另一方面空间过度集中，城镇化过程中出现住房困难、地价高涨、交通拥挤、远距离通勤、生活环境恶化等一系列城镇化带来的问题。鉴于对高度集中城镇化模式的反思，自20世纪70年代中后期开始实施“多核分散”的设想，试图将东京的部分城市功能分散到周边的神奈川、千叶、埼玉、茨城、群马、枥木诸县，构建区域多极多圈层的城镇化空间结构。

7.3 日本城镇化的新动向

全球化正在导致全球产业的重构与转移，其结果给城镇化过程也带来广泛的影响。一方面，参与全球化的地区经济成长迅速，新领域得到发展，新网络获得延伸，城镇化进一步加速；另一方面，远离全球化的地区、国家、城市和个人边缘化倾向明显，城镇化进程趋缓。在日本，最近的城镇化新动向表现为：世界城市东京持续增长、区域性城市停滞和地方性城市衰退。

7.3.1 世界城市东京持续增长

东京作为日本的首都，在二战前1920年其常住人口为370万人左右，约占日本总人口的6.61%。1940年增长到734.7万人。第二次世界大战结束后，日本的经济迅速恢复和崛起，尤其是近年来全球化进程的影响，城市始终处于快速增长之中，1990年总人口为1 185.6万人，2005年达到1 246.1万人。

——大都市区三产加速集聚。由于东京大都市人口的过密化带来许多城市问题，东京和世界上许多大都市一样也采取了分散多核的城市发展道路，在大都市内部形成了以一个城市中心(东京)和六个城市副中心(新宿、上野、涉谷、池袋、大崎、锦丝町)为核心的城市地域空间结构(图 7－2)(小川一郎,1989)。

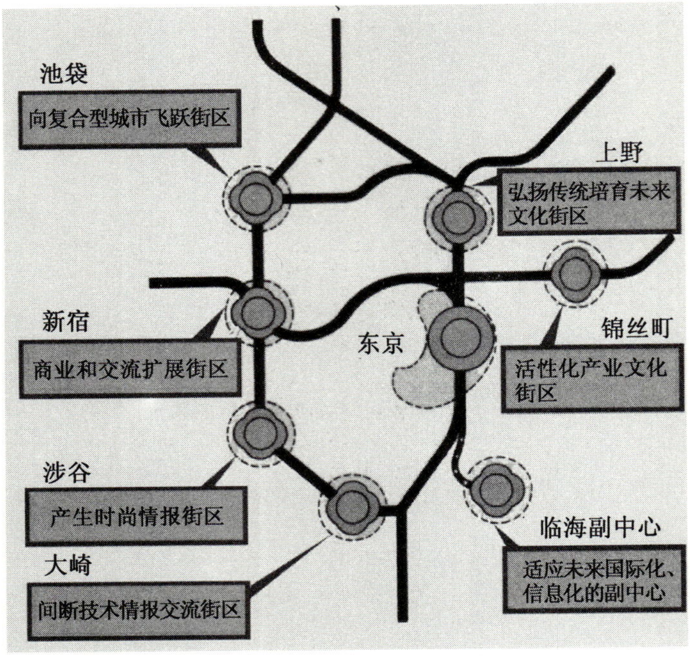

图 7－2　东京大都市多核心城市地域构造

20 世纪 80 年代以来,全球化加快了东京大都市的国际化和信息化进程,使大都市地域范围内人口和第三产业的集聚越来越显著。在 1975—1995 年期间,东京都市区办公人员从 457 万人增加到 714 万人。1995 年以后,传统的办公区东京都(Tokyo)和神奈川县(Kanagawa)开始减少,郊区的千叶县(Chiba)和埼玉县(Saitama)处于增长之中(表 7－1)。在 1984—2004 年,从 81 家增加到了 457 家,楼层面积从大约 581 万 m^2 增加到大约 3 245 万 m^2(图 7－3)。2000 年后出售的大型办公楼有向 JR 山手线集聚的趋势,特别是接近商业中心(CBD)的地区,如 Roppongi 和 Shinbashi。在以后的几年里,大型办公楼建在 CBD 的趋势仍将存在。到 2004 年,东京都市区大型的办公楼又增加了 75.0%,进一步显示都市区办公楼的增长需求和就业岗位供给潜力(图 7－4)。

表 7－1　日本东京办公人员变化(1975—2000 年)

时间		1975	1980	1985	1990	1995	2000
东京	区	2 684 985	2 782 360	3 114 512	3 510 669	3 520 695	3 373 976
		58.7%	55.7%	53.4%	51.9%	49.3%	48.3%
	其他	327 730	384 517	469 223	550 749	616 406	608 234
		7.2%	7.7%	8.0%	8.1%	8.6%	8.7%
神奈川		783 995	864 060	1 058 768	1 270 273	1 374 312	1 352 748
		17.1%	17.3%	18.1%	18.8%	19.2%	19.4%

续表 7-1

时间	1975	1980	1985	1990	1995	2000
埼玉	411 925	509 257	635 929	761 220	857 413	869 049
	9.0%	10.2%	10.9%	11.2%	12.0%	12.4%
千叶	367 090	453 013	556 924	676 652	772 622	777 780
	8.0%	9.1%	9.5%	10.0%	10.8%	11.2%
东京大都市区	4 575 725	4 993 207	5 835 356	6 769 563	7 141 448	6 981 787
	100%	100%	100%	100%	100%	100%

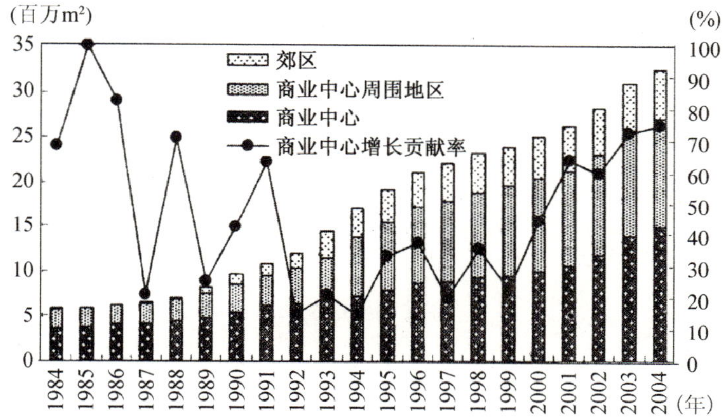

图 7-3　日本东京大型办公楼变化趋势图

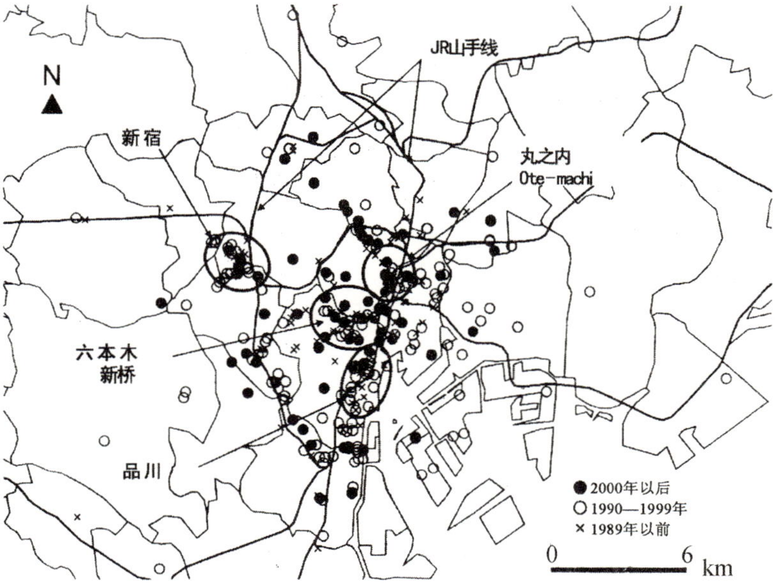

图 7-4　东京大型办公楼的增长地区

——临海副中心建设。为了解决城市地价飙升、办公用地不足、人居环境质量下降等城市问题，东京都政府于 1988 年开始编制实施临海地区城市副中心开发及晴海、丰州地区旧城改造规划（图 7－5）。该规划的主要内容包括：推进以东京国际商务中心和东京会展中心为核心的东京大都市临海副中心的建设，改善东京大都市临海地区的交通条件，促进东京大都市临海地区的高度商务化和商业化；以职住接近为理念，积极推进东京大都市临海地区高层住宅区的建设；以区域人居环境的综合整治为目的，强调自然与城市文化相结合的近水亲水型的适应现代城市生活方式的街区设计。

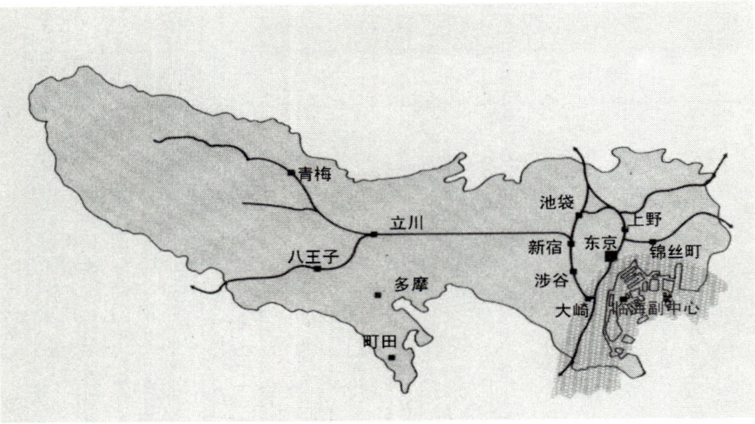

图 7－5　东京大都市临海地区区位

——修建筑波快线。为了避免东京人口过分集中，并改善研究所的研究环境，日本政府决定于 1963 年开始建设筑波科学城，20 世纪 70 年代初具规模。但随着全球化的趋势，筑波科学城的区位不能适应科学研究的发展：一方面，与全球信息关联度高的学科已经开始向东京搬迁或建设研究分部；另一方面，于 2005 年建成世界上最快的连接东京与筑波快线，自东京的秋桒原到千叶县的筑波科技城，全线 58.3 km，通行时间为 45 分钟，通勤列车时速达每小时 130 km，主要用于缓解东京与筑波之间日益增长的通勤需要，估计每天约有 80 万人使用该线通勤。

——横滨新型港口城市建设。为了适应经济全球化的大趋势，横滨市立足于 21 世纪新型港口城市的建设，于 1981 年 10 月开始编制实施名为“港口未来 21 世纪”的城市改造规划，对临海港口地区进行了大规模的改造。该规划区包括横滨市中央地区、新港地区和高岛码头、高岛编组站及仓库用地所在地区，土地总面积为 186 公顷，与东京大都市圈的中心城市——东京及其他周边地区的交通联系十分方便。为了使横滨成为国际文化交流中心，“港口未来 21 世纪”规划了以“太平洋横滨”（横滨国际和平会场）为中心，将办公、文化、商业、居住等各种职能有机地结合在一起的城市新区，突出城市的会展功能，建设充满活力、洋溢国际化魅力的国际性城市。为了加强与东京大都市圈中心地区的交通联系，“港口未来 21 世纪”规划了首都高速横羽线。横羽线是东京大都市圈环东京湾城市高速公路的一部分，该条线路将“港口未来 21 世纪”地区直接与羽田机场相连接，同时也大大方便了横滨与东京、千叶等地的交通联系。自 1994 年 12 月横滨跨海大桥的建成，该线全线开通（图 7－6）。

图 7-6 “港口未来 21 世纪”规划区建成效果图

7.3.2 区域性城市停滞

在 20 世纪末，日本的城镇化特点之一曾经是区域性城市快速扩大(HINO，1999)(图 7-7)。然而，这些区域性城市增长，不是由于工业化带动，而是由于全国范围内企业分公司的集中发展形成的。到 20 世纪 90 年代末期，区域性城市在全球化进程中的作用下降，分公司机构的数量开始下滑(表 7-2)，而且当地企业的分公司就业人员数量减少，尤其在批发、建筑、运输和通讯、金融和保险等产业中也出现了大量就业人员的减少，从而导致区域性城市停滞发展。虽然在这一时期，区域城市中心的生产服务分公司的就业有所增加，但与过去相比成熟行业的就业人口少很多，这种增长仍难以抵消在成熟行业中就业的减少。

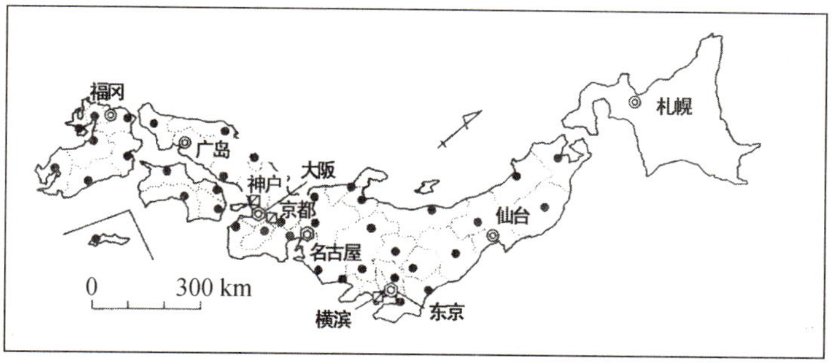

图 7-7 20 世纪末日本的区域性城市

表 7-2 区域城市分公司总部职工的减少

区域城市	1996—2001 年职工减少数	当地总部贡献率			
		东京	大阪	所在的区域	其他区域
札幌	−9 989(−100%)	−44.8	−17.2	−22.3	−15.7
福冈	−14 468(−100%)	−70.0	−43.1	−7.1	20.2
广岛	−13 213(−100%)	−77.9	−16.5	−1.9	−3.6
仙台	−3 608(−100%)	−179.9	−19.3	9.5	89.7

7.3.3 地方城市的衰退

在日本，一些小城市由于日渐增多的人们选择迁出导致进一步的衰退(Abe，2005)。在这些小城市，过去曾经作为精密机械工业的生产中心，现在该类生产基地纷纷向劳动力便宜的中国和越南城市搬迁。例如，Nagano县的许多紧密机械厂都已经搬迁到大连的工业区内。与此相对应，Shimosuwa城市中心失去了往日的喧闹，许多店铺已经关门歇业。这样的状况在整个日本的小城市或多或少都是类似的情形。即使这些城市采取措施要拉回这些制造业那也是难上加难，因为中国劳动力资源充足而且工资水平很低，日本在这方面已经彻底失去了竞争力。小城市的中心区都已经成为"关门歇业的大街"(shutterstreets)，全日本县城的人口开始全面下降。

为了加强地方经济，日本政府和工商界都做出了巨大的努力。特别值得注意的是对涉及中心城区活力再造、大型零售店选址和城市规划修订(revised city planning)的三个社区建设法(laws of community building)进行检讨。这一运动的目的主要在于通过整顿郊区大量的大型零售店促进小城市中心地区的复兴。

1973颁布的《大型零售店法》(The Current Large-Scale Retail Store Law)规定大型超市和其他零售店的建筑面积，迫使许多县城的大型超市和零售店停止在城区争夺客源，而纷纷转向郊区建设，如Ito-YokadoCo、DaieiInc和AeonCo(Jusco)这类大型超市。小城市的客户也纷纷被吸引到郊区，进一步加剧了城市中心区"关门歇业的大街"(shutterstreets)的现象。

当然，并不是所有在郊区的超市都运行很好，它们竭尽全力吸引顾客。有些小城市的老城区通过一系列巧妙的想法已经成功地将顾客拉回到城里。例如青森市，在狭窄的城市道路两边加宽步行道，举办各种有利于步行、自行车和残疾人交通的文化经济活动。结果步行交通量一下增加了20%—30%。在Mie县的Ise市，著名的Ise神社就位于此，通过增加盲道等，增加一些升降机，电线和电话线采取地埋手法等，旅客数量几乎翻了一番。近几十年来，在Saitama县的Kawaguchi市，这里曾经是一个著名的铸造工业城市，现在因铸造工业都已经搬迁到中国或其他地方而形成了该城市产业的空洞化(hollowed out)。当札幌的Breweries Ltd公司于2001年在Kawaguchi Namiki区关闭它的工厂时，城市复兴社(the urban renaissance agency)与城市和县政府一起，决定利用工厂倒闭的机会讨论如何利用这12公顷的工厂土地。2003年10月札幌的Breweries Ltd公司与城市复兴社一起对这一地区进行"建设绿色社区"的再开发，由于其地理位置优势吸引了许多居民居住。

与此同时，土地、基础设施与交通部也开始制定旨在鼓励老城区进行住宅综合，吸引居民居住并促进衰退区的商务活动。2005年6月建立"老城区居住基金会"(fund for downtown residences)，规定如果开发商在市政府指定的专门地区建设50个出租用公寓房，将获得最多30%的成本补贴。一旦该计划实施，土地、基础设施与交通部住房局就开始忙碌起来。很显然，有许多人有兴趣在县城建设公寓楼。土地、基础设施与交通部计划在下一个五年将基金从125亿日元增加3 000亿日元。

7.3.4 郊区化的终结

20世纪90年代的经济全球化浪潮，再次粉碎了实施"多核分散"的设想。江崎

(2006)把1990年代后期以来首都圈的人口分布变化概括为"郊区化的终结"和"都心回归"两种趋势。以下本书主要基于该文的观点进行归纳。图7-8是六大都市(东京、大阪、名古屋、横滨、京都、神户)住宅地价的变化情况(以2000年住宅地价为基准)。从图中可知,1991年前地价一直持续增长。特别是1986—1991年的泡沫经济期,地价以惊人的速度上升。1992年后地价开始持续下降。其间有些反复,但都无关痛痒(图7-8)。

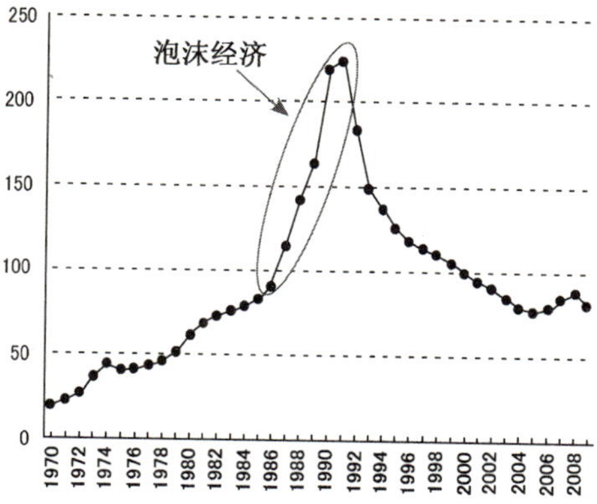

图7-8 六大都市住宅地价指数的变化(以2000年为基准)

1991年前持续上升的地价孕育了"土地神话"。利率低的时候,资金更热衷于土地购买,于是又带动地价大幅上升,这样的过程对日本城市规划形成阻碍。这一状况随着泡沫经济的崩溃而消失,但作为泡沫经济后振兴经济的手段,低利率政策被保留下来。日本政府还推出了房地产证券化、城市再生特别措施法等政策来刺激房地产投资,但地价下跌的趋势始终未能改变。而这次地价的长期低迷是20世纪90年代后大都市圈人口"都心回归"的基本根源。

图7-9显示了1985年和2005年关东地区各市町村居民在东京都区部(市中心23区)通勤的比率。如果把东京都市圈的范围定义为上述通勤比率≥10%的话,可以看到,这个范围大体上就是60 km圈,并且该范围从1985年到2005年没有大的变化。

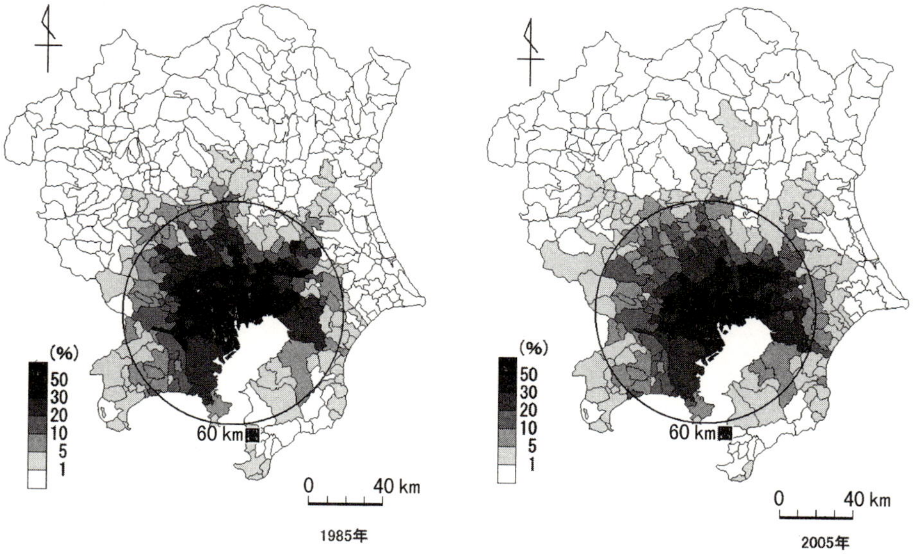

图7-9 关东地区居民在东京都区部通勤的比率分布(1985年,2005年)

其次,考察1985—1990年和2000—2005年东京都市圈各市町村的人口增减可见(图7-10,图7-11),1985—1990年中心区人口不断减少,而30—60 km圈层内市町村的人口增长最为显著，这代表了20世纪后半叶东京都市圈扩展的类型，人口激增地带向都市圈外围移动。而2000—2005年人口增长率在10%以上的市町村数量大幅减少，由于人口向郊区迁出，人口减少的中心区逆转为人口增加，并且在中心的外缘也出现了人口较快增长的区域。另一方面，30—60 km圈层仅有一部分地区人口增长率在10%以上，并且总体人口增长率都较低，出现了大量人口减少的区域。这是仅仅15年间发生的变化。

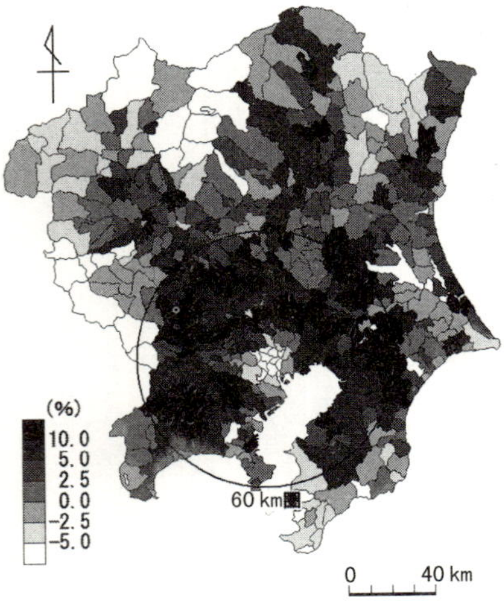

图7-10　1985—1990年东京都市圈的人口增减率分布

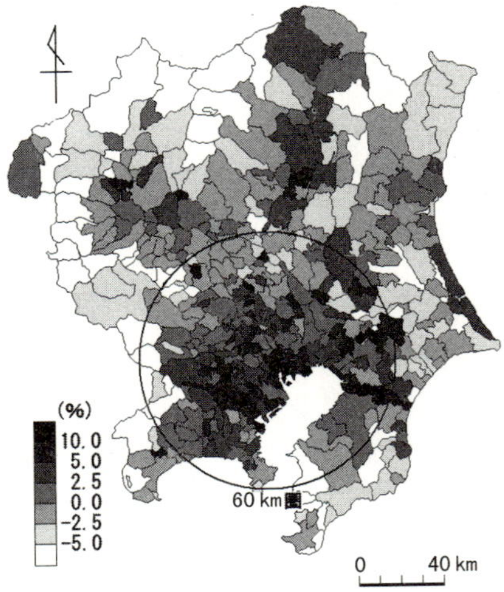

图7-11　2000—2005年东京都市圈的人口增减率分布

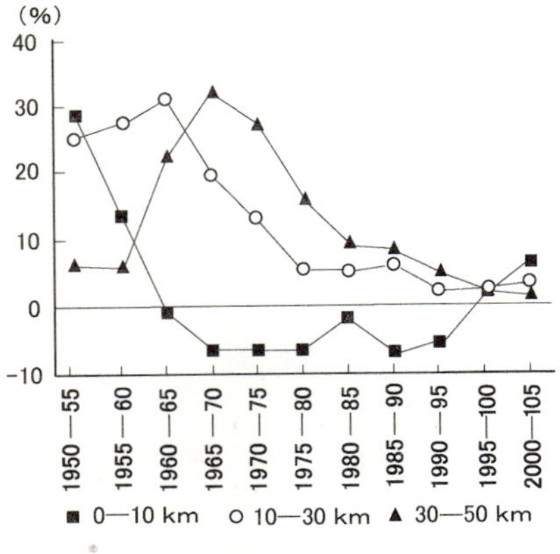

图7-12　东京都50 km圈内不同距离带人口增长率的变化

根据上述现象，江崎在2006年分析了从都市圈中心向外不同距离带的人口增减变化(图7-12)。从都心开始10 km圈层内，1960—1995年人口持续减少，但之后转为增加。另一方面，30 km以外圈层，20世纪六七十年代增加明显，但之后增长幅度迅速放缓，90年代后期则与中心区的人口增长基本达到同一水平。

另外，以小区域为单元分析郊区的人口增长率(江崎，2006)，可以看到其随铁路站点距离的不同而异。离铁路站点远，其他公共交通便利性也差的住宅团地出现了人口减少。由于小孩长大成人后都离开父母移居它地，而替补的新迁入者又少，所以居住区内出现了人口老龄化和人口减少(川口，2007)。此外，东京都市圈内持续增加的白领阶层则倾向于选择交通便利、铁路站点附近的再开发地区作为居住地(小泉，2010)。因此，郊区居住区今后的走向分化势必不可避免。部分地区将面临人口急速减少和老龄化同时发生的现象(长沼等，2006)。

图7-13、图7-14显示了1990年和2005年东京都市圈老年人口比率(65岁以上的人口比率)的分布。可以看到15年间东京都市圈的人口老龄化正在急速上升。在1990

年，东京 60km 圈内除中心区外，其他地区老年人口比率几乎都在 15%以下。但是 2005 年，比率 15%以下的地区已如孤岛一般变得很少了。并且，20 世纪 90 年代前相对来说中心区的老年人口比率更高，但是到 2005 年这样的差异已经消失了（图 7－13、图 7－14）。这是郊区人口老龄化迅速推进的结果（长沼等，2006；伊藤，2008）。

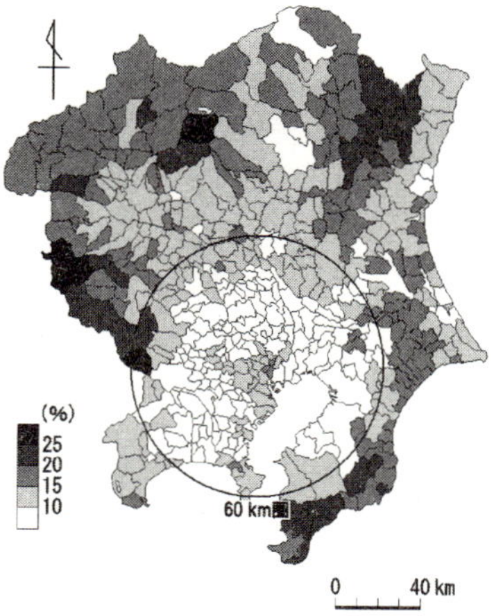

图 7－13　1990 年东京都市圈老年人口比率分布

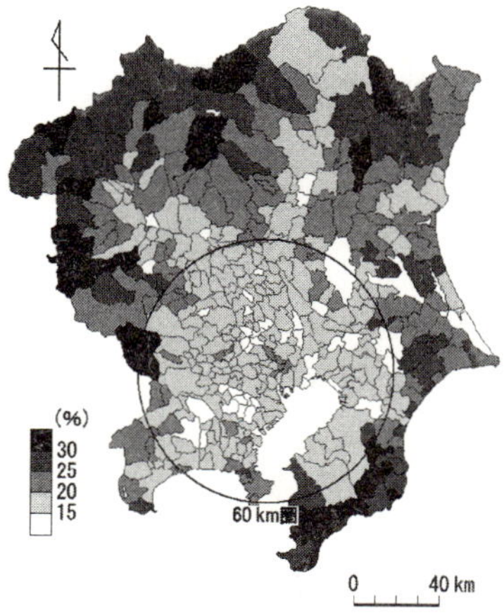

图 7－14　2005 年东京都市圈老年人口比率分布

因此，从上述 20 世纪 90 年代后期以来东京都市圈人口分布变化的分析可以得出，日本大都市圈今后继续通过住宅建设向郊外扩展的时代已经结束，这就是“郊区化的终结”。但是，这也并不意味着郊区会立即缩小向中心区方向收缩。1980 年以来，东京都市圈、大阪都市圈等的郊区地带都出现一些新的就业和消费的中心，这被称为都市圈的多核化（藤井，2009；富田和藤井，2010），这种倾向目前仍在继续（石川，2008）。但是，这是一种等级树状的形态结构还是一种水平网络状的形态结构？目前还不明确。

20 世纪 90 年代后期以来，东京中心区人口由减少转为增加，而另一方面郊区则出现了人口减少的征兆，“都心回归”一词即是对这种现象的概括。图 7－15 显示了中心区商品房供给户数的变化情况，可以从一个方面说明“都心回归”的状况。1994 年后中心区商品房供给激增，同时新建住房户数在中心区的份额也不断增加，到 2000 年该比率已达到 40%的水平，这说明商品房的供给日益在向中心区集中。

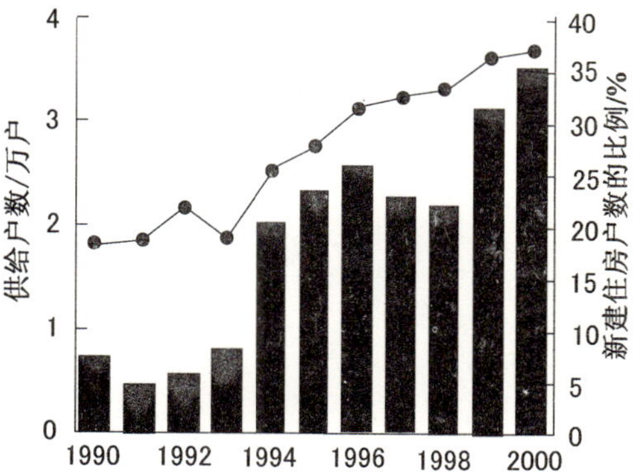

图 7－15　中心区商品房（公寓楼）供给户数变化

8　中国发达地区城镇化经验

8.1　中国发达地区城镇化经验

8.1.1　长三角地区的城镇化

长江三角洲是我国城镇化水平最高的地区。苏南、温州和浙中是长江三角洲三个最典型的城镇化地区。

1）苏南模式

苏南地区包括苏州、无锡、常州、镇江和南京等城市。苏南地区城镇化动力机制早期是以农村工业化为主要动力、以小城镇为主要空间载体的城镇化模式，后来逐步发展为以资本带动、制造业发展、开发区建设为主要动力。

（1）苏南模式的背景与基础

在20世纪70年代，苏南地区大部分乡镇利用靠近大中城市和商品短缺的机会优势，因陋就简地办起了社队工业。改革开放后，市场经济与计划经济双轨并行，苏南地区在乡镇政府的支持和引导下，利用原有社队工业的基础，大力发展乡镇企业，走发展小城镇的道路（图8－1）。

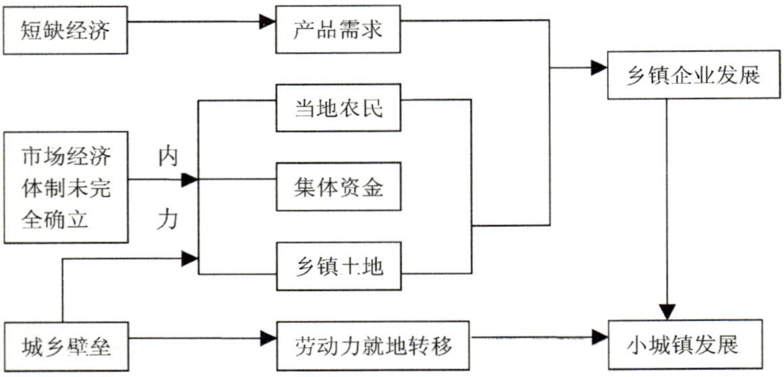

图8－1　“苏南模式”运行机制示意图

由于乡镇企业脱胎于计划经济体制，尽管一开始就具有产权不清和政企不分的弊端，但比起当时计划经济的“大全民”而言，具有市场导向性与灵活性的特点，而且善于利用新旧体制的摩擦力；在计划经济向市场经济转轨初期，政府直接干预企业，动员和组织生产活动，具有速度快、成本低等优势；加之当时我国供给导向型的宏观经济局面，苏南模式带动了苏南农村经济和社会的全面繁荣，为苏南地区的城镇化发展打下了坚实基础。

（2）苏南模式的转型

从本质上讲，苏南模式的孕育是在计划经济的框架下进行的。在计划经济向市场经济转轨的过程中，具有经济形式单一、经济主体产权模糊、政企不分、规模效应低下和发展模式不可持续等缺陷。在经济全球化和社会主义市场经济体制逐渐确立的发展背景下，苏南模式开始面临水土资源紧缺、劳动力价格上涨和生态环境恶化等城镇化发展要素制约，因而急需转变。

20 世纪 90 年代苏南地区展开了以新区开发为载体、以乡镇企业产权制度改革为手段、以建立现代企业制度为目标的改革。经济全球化和现代国际制造业基地建设为苏南地区的城镇化注入新活力，同时，海外直接投资成为苏南地区城镇化直接的推动力。由以高新技术为动力，通过要素流动重组、城市产业升级，金融、信息、服务等生产型服务业在城市集聚，这些发展条件的变化共同推动着苏南城镇化模式向“新苏南模式”转型。

“新苏南模式”的城镇化形成了开放型经济、民营经济、园区经济、外资经济、新兴产业等百业兴旺、百舸争流的大好局面，苏南地区的城镇化推动力由依靠自身力量转变为内力和外力相结合的经济社会发展模式（图 8－2）。

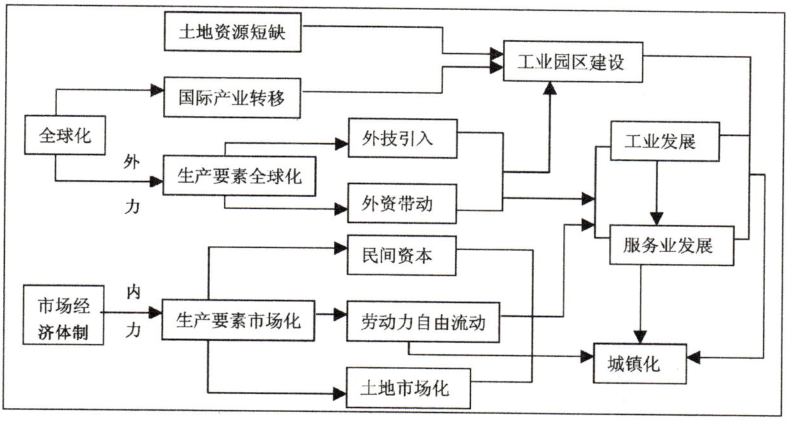

图 8－2　“新苏南模式”运行机制示意图

（3）苏南模式的缺陷

城市公共服务设施缺乏，城乡发展不协调是苏南模式的突出问题。由于城市政府过于关注做大城市规模和经济总量，一方面忽略了城镇化质量的提高，在一定的时期内苏南地区缺乏具有完善城市服务功能的中心地区，表现为城乡用地均质化，景观风貌半城半乡，在外来人口聚集地区的公共服务设施缺乏的问题尤为明显。城乡之间的关系一直处于城乡混杂阶段，无法达到城乡协调共生的理想状态（张敏等，2002）。

大规模的开发区、新区、工业园区建设，导致城市空间过于分散。苏南地区的城市在城市增长过程中采用的方式大多为跨越式发展，即跳出旧城建设新城和开发区。

过度依赖外资的投资推动型城市化并没有带来效益的加速提升，很大一部分利润为外商带走。以昆山为例，2005 年规模以上外商及港澳台企业上缴增值税仅占利税总额的 17%，大部分利润为外商及港澳台企业留存，而民营企业上缴增值税却占到利税总额的

42%(徐海贤等,2007)。

2) 温州模式

浙江省是中国民营经济和股份制改革的发源地,作为社会经济发展的空间载体和空间过程,城镇化发展形成了独特的温州模式,即"自下而上"的以市场化和私有化推动工业化和城镇化发展模式。

(1) 温州模式的背景与基础

温州模式发源于温州和台州南部地区,更多侧重于民间力量的推动,是一种依靠市场机制的内源性城镇化。温州模式一般可概括为"小商品,大市场"。温州模式还可进一步细分,在台州地区的城镇化模式可概括为"台州模式",其侧重地方政府对城镇化的调控能力,是民间和政府合力推动的城镇化模式。

温州地区位于浙江省的南部,属于国家海防前线。由于三线建设的原因,在改革开放前缺乏投资,据统计,从 1950 年到 1978 年全国人均投资 600 元以上,浙江省 240 元,温州地区 88 元,仅相当于全国的 1/7(胡兆量,1987)。全民所有制的大型企业无法为大量的剩余劳动力提供就业的机会。而且温州地区是我国人口最稠密、土地压力最大的地区之一,巨大的人口压力迫使温州人民必须另谋出路。

温州地区具有悠久的商品经济发展和手工业生产历史,在改革开放的春风下,1982 年国家允许个人搞长途贩运,温州人充分利用宽松的政策,甚至采用先干起来再等待政策明朗的策略(胡兆量,1987)。温州地区的人民抓住了市场流通体制改革的机会,利用短缺经济时代的市场空当,大力发展"低、小、集、散、轻"的劳动密集型加工产业,培育了大量的专业市场,由于具有一定的超前性,给其他地区带来了示范效应。

进入 21 世纪,温州模式进一步发展,将民营经济与外资结合,通过产品品牌化推动社会经济发展,全面推动温州地区的城镇化,城镇化格局出现了区域政治中心与经济中心城镇空间分离、区域经济中心职能由多个城镇共同承担的现象,即首位城市的"弱中心"现象。

(2) 温州城镇化的历程

在民营家庭企业和专业化市场的带动下,温州地区的农民逐渐摆脱了第一产业的束缚,广大农村地区的土地利用发生了巨大的变化,非农人口不断集中和建设用地迅速扩展,小城镇数量迅速增加。温州全市的建制镇由 1978 年的 18 个增加到 1996 年的 172 个。温州模式的城镇化主要经历了以下三个阶段(易千枫等,2009)。

第一阶段:1978—1991 年。以乡村工业化推动形成了以村落和小城镇为基础的专业市场和专业化产业区,推动了以小城镇为先导的城镇化发展进程。

第二阶段:1992—1999 年。强县战略的实施赋予了重点工业卫星镇某些经济管理权限,并确立了龙港和柳市为城乡一体化试验区。各地小城镇纷纷完善基础以及生活文化设施的建设,建立了工业小区和商贸市场。

第三阶段:2000 年至今。随着中国加入 WTO,国际化程度提高,资本流动跨区域化等因素使得温州地区的家族企业向现代化企业转型,企业发展国际化,政府积极引导和鼓励私营企业加强同国际知名企业开展技术与品牌合作。城镇化增长方式也随着转型,强调资源节约、环境友好、经济高效、社会和谐、大中小城市和小城镇协调发展和城乡互促共进逐步转向。

(3) 温州模式的问题

温州模式主要面临着三大问题：第一，未能逾越城镇化发展初期的“低、小、散”的困境，主要表现为小城镇的兴起与迅速扩张。由于档次低、规模小、布局散，形成了“村村像城镇，镇镇像农村”的现象。由于城镇规模过小，造成了城镇综合实力的不足，也难以进行较为完善的基础设施配套。第二，城镇发展依靠小城镇和广大农村作为载体，工业化并没有像多数国家和地区那样带来人口和产业的大规模集中，缺乏大城市的带动作用，其结果造成城镇化明显滞后于工业化。第三，由于传统体制惯性的束缚，民营经济的发展阻力较大，逐渐形成由若干个城镇共同承担区域经济中心职能的弱中心现象(李王鸣等，2006)，导致了人才、资金等生产要素纷纷外流。随着民营经济的快速发展，出现了生产基地向外扩张行为，但往往跨过市场等级较低的县级市区，而向更高等级的上海和杭州等地迁移。

3) 浙中模式

浙中地区包括金华市区、义乌市、东阳市、兰溪市、永康市、武义县、浦江县、磐安县以及绍兴的诸暨市等。改革开放以后，在“温州模式”的影响和市场经济体制的促动下，浙中地区形成了以义乌市场为核心、专业化产区群块发展、加速工业化推动城镇化的过程。浙中模式的典型特征是“以商建市，工贸联动”，在义乌专业市场的基础上发展工业，在提升市场等级和推进工业的基础上推动城镇发展，形成多个城市快速发展、大中小城市社会经济联系紧密、较大范围的经济协作区和城镇化区域。

(1) 浙中模式的背景与基础

改革开放前，与沿海大部分地区一样，受国家战备和投资政策的影响，浙中地区的城镇化发展缺乏动力，出现了徘徊、波动和倒退的现象。直至 1978 年，浙中地区呈现以金华市区为中心、其余县城为次一级中心的按行政等级递减的城镇体系特征，金华中心城市的职能与作用突出，但中心城市和各级城镇规模小、发展缓慢。以义乌市为例，1980 年，义乌还是很不起眼的一个农业县，建成区仅 2.8 km^2，城区人口为 2.8 万，城市化率为 8%。

由于浙中地区不具备苏南地区和浙北地区与大城市距离较短的区位优势，因此缺乏发展商品经济的动力。与温州地区不同的是，其交通条件较好，浙赣线从东北向西南穿过浙中地区。1982 年，义乌人在“鸡毛换糖”的经商传统下，利用交通优势，政府在商业经营模式上采取了与温州模式“无为而治”不同的管理方式，由政府主动推动发展小商品专业市场(王鉴，2005)。在民营经济发展热潮的影响下，开始发展个体和民营企业，如永康人利用五金手艺在家乡办起了工厂。

(2) 浙中模式的发展过程

浙中模式城镇化经历了以下三个阶段。

第一阶段：1978—1992 年为浙中地区城镇化起步阶段。以个私经济、专业市场为主导的块状经济发展取得巨大成绩，“县域优势”突出，如义乌的小商品市场成为全国同类市场之首，东阳横店集团进入全国最大的乡镇企业方阵，但此间中心城市金华发展不快。

第二阶段：1992—2000 年为工业园区建设和市场提升阶段。随着商业资本的积累和向工业资本的转移，义乌市政府积极抓住时机，提出了“工贸联动”的发展策略，工业园区的建设提上议程，大大缓解了民营企业发展的空间限制，同时大量的工业园区建设吸引了大量的农村劳动力转移，城镇化速度不断加快。国家工商局于1992年将义乌小商品市场命名为“中国小商品城”。义乌市政府于1992年兴建了第四代小商品市场，完成了中国小商品城全面提升改造、整体搬迁的历史任务。义乌市场的升级同时带动了周边县市工业制造业的全面发展。

第三阶段：2000年至今为步入现代市场经济时期。浙中地区经济组织出现专业化、集团化、规模化趋势，形成义乌小商品、永康五金、东阳建材、浦江水晶、磐安药材等一批具有特色的块状经济，并具有相当的规模，在全国有一定的影响力，涌现出许多知名的企业集团，如浪莎、梦娜、东磁、星月等等。这种阶段性的转变，反映到浙中城市群的组织形式上是多核心、集群式城镇群体模式，并出现了首位城市转移的现象（李王鸣等，2009）。

（3）浙中模式的困境

随着义乌市场的扩大，浙中地区工贸联动发展战略的推行，浙中地区的发展面临资源要素的瓶颈，尤其是土地和水资源的束缚，浙中城市群的城镇化发展模式也面临着一定的困境。

与温州模式一样，放权与分权使浙中城市群呈现了“全面开花”之势，地区性中心城市增长迟缓，发育滞后，形成了城市群首位城市转移的现象，中心城市规模偏小直接导致区域中心辐射能力较小，人才、资金等生产要素外流，长此以往将影响区域的整体竞争力和综合实力，城镇化的后续动力亦会受到影响（孟海宁等，2007）。

粗放式的土地利用方式，扩张式的增长，使得浙中城市群的城中村现象较为严重。浙中城市群由县域经济起步的，以“块状经济”为特征，大部分城市均为人口规模较小的城镇发展而来，在不断的扩张中必然使得原城郊密集的村落成为都市中的“城中村”，浙江城市群的融合也将给生态环境带来极大的挑战，如何处理好自然环境与人工环境的融合，是浙江城市群提升城镇化质量的极大挑战。

8.1.2 珠三角地区的城镇化

珠三角地区的城镇化模式趋于多样化，按照不同主体及其发展路径可以分为三种城镇化模式，即以东莞为代表的“外向型的经济发展”模式，以顺德为代表的“公有制经济为主、工业为主和大型骨干企业为主”的发展模式和以南海为代表的“三大产业齐发展，六个轮子一起转”的发展模式。

1）东莞模式

东莞模式是珠江三角洲地区外向型经济带动城镇化发展的典型模式，其主要特征是以“三来一补”起步，以加工贸易为主，依靠外来劳动力，通过外资推动的工业化促进城镇化。东莞模式在实现工业化超常规发展的同时，在完成本地劳动力转移的基础上，吸引大量的外来人口，解决了大量的农村劳动力转移，形成“候鸟式”城镇化现象。

（1）东莞模式的背景与基础

改革开放前，东莞是一个传统农业县。1978年，全市工农业生产总值7亿多元，工业基础十分薄弱，城镇发展缓慢。改革开放以后，由于东莞市位于广深经济轴，靠近香港，吸引了大批港、台“三来一补”加工业产业的转移（薛凤旋，1995）。

（2）东莞模式发展历程

东莞模式城镇化大体经历了三个阶段。

第一阶段：1985年之前为城镇化起步阶段。东莞实行家庭联产承包制后，农业生产从传统自给向商品农业转变。1985年，东莞户籍人口达120.85万人，其中非农人口为25.49万人，城镇化水平达32%（郑艳婷等，2003）。

第二阶段：1985—2000年为城镇化加速时期。这一时期东莞市大力引进外资和“三来一补”企业，同时吸引了大量的外来劳动力。2000年，东莞市外来劳动力达244.84万，96%从事非农产业（黄靖，2003）。

第三阶段：2001年至今为城镇化成熟期。东莞市城镇化率的增速减缓，生产要素紧缺，产业结构转型成为东莞市必须面对的问题，而东莞也相应提出了“腾笼换鸟”政策，第三产业在产业中的比重提升，随着劳动密集型企业的转移和“民工”缺口等，外来人口的迁移逐渐减少，外来人口推动的城镇化增速逐渐减缓，城镇化转向追求质量的提升。

（3）东莞模式的缺陷

经历了30年的快速增长，东莞的城镇化逐渐凸显出东莞模式所固有的缺陷：第一，由于产业和人口的高度聚集，改变了原有的需求和供给结构，土地资源的有限性和投资增加导致地价上涨，原有的比较优势不复存在。第二，对外资的依存度最高，多是“松脚型工业”，当区位条件变化时再次发生转移，使之有可能出现“空洞化”现象（许学强等，2009）。第三，外延粗放型的增长与可持续发展之间的矛盾。东莞模式是靠牺牲环境和土地等资源来换取经济增长，空间混杂，半城半乡，真实城镇化水平低，城中村现象和外来人口生活水平差、教育水平低等决定了人口城镇化率的虚高假象，城镇化质量仍待提高。

2）顺德模式

顺德模式以乡镇企业为动力，以“公有制经济为主、工业为主和大型骨干企业为主”，带动村、组、联合体和个体企业共同发展。“顺德制造”已经成为顺德的名片，强有力的经济发展推进了城镇化进程。

（1）顺德模式的背景与基础

顺德的城镇化起步于改革开放以后，当时市场经济逐步建立，国外产业向国内转移。顺德抓住地缘优势，大力发展农村乡镇工业，为城镇化的起步提供了很大的机遇，乡镇企业的发展带动了农村剩余劳动力的转移，使得农民实现了职业上的转换。顺德除了引入国外资金以外，还将主要精力集中于对国外管理经验和企业文化的引入，并将主要面对国内市场转向面对国外市场，顺德的制造业得到了快速发展（刘季云，1991）。

（2）顺德模式的发展过程

顺德城镇化经历如下三个阶段。

第一阶段：1978—1992年为城镇化起步阶段。1978年顺德三大产业GDP比重为49.65∶30.54∶19.81。经历了十几年的发展，顺德乡镇企业以平均每年30%的超高速发展，总收入增长了28倍，总产值增长了13倍，对国家的贡献增长了近20倍。乡镇企业的发展带动了农村人口的就地职业转换，由于政府投资多注重工业的发展，缺乏对城镇生活的公共产品投入，城镇化质量未有大的提升。

第二阶段：1992—2002年为城镇化发展阶段。1992年顺德撤县设市，一方面加大县域经济的发展，扩大县域权力，实现国家分权政策；另一方面，通过强化中心城区的发展起到人口往城区聚集的作用。这一时期坚持的“城乡一体化”也未能实现，实则为半城半乡的格局。

第三阶段:2002 年至今是城镇化质量提升的阶段。2002 年顺德撤市设区,隶属于佛山市。城镇化发展战略从城乡一体化调整为城市化战略,进行了大量的中心城市和中心镇的规划建设、村合并、工业区集中等形式上的战略,还进行了户籍制度、就业制度、社会保障制度和土地制度等一系列制度改革,体现了政府提升城镇化质量的导向(赵过渡等,2003)。

(3) 顺德模式的问题

目前顺德区城镇化面临如下问题:首先,工业发展集中依然困难,各镇的招商引资竞争无法引导工业区"集约"发展,产业转移后的产业升级之痛仍有待解决。多级发展主体导致了同质竞争无法解决:政府的大型工业园仅能吸引部分大型企业,村集体的小型工业园对厂房租金造成冲击,反映的是正规经济与非正规经济之间的博弈。

其次,人口难以集中,农村生活方式仍然落后,消费方式也较落后,在部分农民转为居民后,成了双面人,既不是农民又不是城市居民,许多村民获得了宅基地指标却无法获得用地,造成了一定程度的社会不和谐,如何真正实现城镇化向城乡统筹阶段的发展,解除农民和市民在身份上的差异,使其仅仅成为一种职业的差别,成为了未来顺德地区必须解决的问题。

3) 南海模式

南海模式的核心为采用土地股份合作制,在集体农业用地上发展非农产业,通过乡村工业化带动城镇化。

(1) 南海模式的背景与基础

改革开放后,珠江三角洲地区利用外资大力发展乡镇企业和民营经济,早期大多为政府征用农用地转换为非农业用地,即传统的"农转非",采用"产值倍数法"对失地农民进行一次性补偿。由于乡镇企业在发展的过程中逐渐表现出政企不分、产权模糊等弊端,1992 年南海实行土地股份制,在保留农民对集体土地所有权的情况下,将土地使用权转换成股权,并将集体用地交于村集体统一开发,并以分红的形式向农民提供收益(蒋省三等,2003)。

这种改革由于以集体土地启动工业化,降低了工业的门槛,促进了第二、三产业的全面发展和农村劳动力的转移;它将土地非农化的级差收益保留在集体内部,减少了农民失地以后的风险。

南海利用集体土地大多采用开发基础设施,建设厂房,出租土地或者厂房,即传统的"筑巢引凤"的招商引资,由于集体组织大多不经营企业,保障了土地级差收益的增值,从而降低了开办乡镇企业的风险。

(2) 南海模式的发展历程

南海城镇化可分为如下三个阶段。

第一阶段:1978—1992 年为城镇化起步时期。在国家体制改革的机遇和家庭联产承包责任制的推动下,一些农民办起了一些个体私营企业,非公有制经济开始起步。到了 1990 年代初期,南海的非公有制经济已经与国营、集体三分天下。这一时期主要是农村工业化时期,农民只是职业转换,离土不离乡,城镇化水平不断提高。

第二阶段:1992—2002 年为工业化推动城镇化快速发展阶段。由于 1992 年的土地股份合作制发挥的初期优势，南海的工业化速度大幅度攀升，吸引了大量的外来劳动力。工业化也开始进入园区，本地农民大多依靠集体租赁厂房的分红和个人租赁房屋的租金维持生计，区位优越地区的农民生活条件不断改善。高度分散的经济导致了土地利用的破碎化，形成了半城半乡的格局。

第三阶段：2002 年至今为城镇化质量提升阶段。2002 年，南海撤市改区，隶属于佛山市，行政体制的调整对南海城乡一体化发展模式提出了挑战。南海的工业化已经进入后期，产业结构转型压力大，大力发展现代服务业和培育城市中心，并利用工业园和大学城相结合的方式提升产业等级。

（3）南海模式的问题

进入 21 世纪，南海已经意识到自己所面临的各种城镇化问题，传统的模式已经难以为继，面临以下四个问题：① 如何转变工业增长的模式，从"低成本要素驱动"转向"创新驱动"，使得经济增长能转变为"集约式内涵发展"，从而获得城镇化质量提升的持续动力；② 如何从"分散的半城半乡"格局转向"适度集中的城乡一体化"格局；③ 如何将靠租赁经济的寄生型经济体转变成城镇的主人；④ 如何完善社会保障制度，改善外来人口的生存环境，构建和谐型城镇化（袁奇峰等，2008）。

8.2 发达省域城镇化发展经验

8.2.1 浙江省城镇化发展经验

浙江省经济发达，人民生活水平较高。2009 年底，省域常住人口为 5 180 万人，城镇化水平为 57.90%。从 1949 年到 2009 年的 60 年间，浙江省城镇化水平从 11.8%上升至 57.90%，年均增长 0.77%；城镇人口从 246.02 万人上升至 2 999.20 万人；县级以上市的数量从 9 个增加到 69 个，建制镇数量从 167 个增加到 735 个。20 万以上的大中城市人口占全部城镇人口的 54.8%，大中城市已成为浙江省城市人口的主要聚集地。城镇体系结构呈现扁平化特征。从城镇化空间发展格局来看，环杭州湾、温州地区和浙中盆地三大城镇密集地区是浙江城镇化的主要空间载体；在密集地区内部，高密度发展的城市中心地区与低密度蔓延的城郊地区同时并存，呈现出"大集中、小分散"的空间格局特征。

审视新中国成立以来的浙江城镇化进程，总体来看浙江城镇化大致遵循"与全国基本一致的波动型城镇化"到"具有浙江特色的城镇化模式"，再到"科学发展的新型城镇化"的演化路径。在此过程中，主要有如下经验值得借鉴：

（1）构建产业发展与城镇化的良性互动机制

从"家家点火，村村冒烟"的家庭作坊到"一镇一品，一县一业"的块状经济格局，到逐步形成各具特色的区域产业集群，城镇化的空间载体从专业村、专业镇到产业园区、大城市的城郊功能区、大都市区，伴随着产业高级化的过程，城镇化也不断升级和转型。因此，推进城镇化不能脱离当地的经济发展水平，城镇化的梯度推进要与产业结构高级化及产业在区域内的梯度辐射和转移结合起来，要形成与城市梯度结构相适应的区域产业空间分布体系。

（2）构建城镇化多元驱动的动力机制格局，重视培育城镇化内源性动力改革开放以来，浙江省城镇化动力机制经历了“以农村工业化和专业市场共同推进”、“以块状经济、强县战略和行政区划调整为重点推进”和“以产业集群和多轮驱动为重点推进”的历程。在此过程中，以“内生活力、民营经济、民间资本、创业氛围”为基本特征的“自下而上”动力始终占据主导地位。在省域范围内，通过构建国有、集体、外资、民营等多元化的城镇化动力格局，驱动城乡的多维发展，逐步健全城镇积累功能和自我发展机制，为实现城镇化的可持续发展奠定了坚实的基础。

(3) 构建以制度创新为主的政府引导和推动机制

充分重视制度创新对于促进城镇化的关键作用。在城镇化的各个发展阶段，各级政府遵循社会发展规律，把握机遇，顺势而为，制定相应的城镇化发展战略，如强县战略、撤乡并镇、扩权强镇、城乡统筹、山海协作、强镇扩权、三集中政策、集体非农建设用地流转(两分两换、宅基地使用股份化、宅基地有偿选位和梯度置换)等。通过微观层面的不断制度创新和宏观层面的区域发展政策，释放和激励民间活力的释放，同时合理引导市场力量，实现对省域城镇化的速度、水平、模式与路径的有效推动和引导，并进一步推动浙江城市化进入新的转型发展时期。

在组织机构方面，浙江省政府在制定城镇化发展纲要和城镇体系规划之后，先后成立省委城镇化办公室、城镇化网站、年度城镇化研讨会与城镇化工作会议等专门的组织机构，全省大部分市县都建立了城镇化协调指导小组，并组织规划、建设、体改、财政、公安、国土、民政、计生等有关部门共同制定政策，注重利用政策的宏观导向效应发动群众，凝聚城镇化发展的合力。

(4) 构建区域差异化的城镇化发展模式

浙江城镇化区域差异明显，发展模式多样。目前，基本形成了以市场为主导、民营经济为主体的“温州模式”，以和谐创业为内涵的“杭州模式”，国有、集体、民营、外资经济四轮驱动、混合发展的“宁波模式”，以市场先发、商贸主导的“义乌模式”，以及接受上海、苏南、浙南等多方面影响、区域经济社会均衡发展的“浙北模式”等。所有这些都是浙江发展模式的有机组成部分。其中，“温州模式”和“义乌模式”因为都是在资源匮乏、国家投资贫乏、区位优势和交通优势较差的基础上，依靠制度创新解除体制束缚，激发民间内生动力，获得经济社会和城镇化的超常规发展，最终实现产业集聚与城镇化良性互动，从小城市迈向大中城市，从而成为浙江“自下而上”城镇化的“缩影”和典型。

(5) 构建根植性、内生性、群众性的创业文化机制

独具特色的专业市场、家庭工业、块状经济、小城镇建设等可见的形式只是“浙江模式”的表达方式，其内在的“自主改革、自担风险、自我发展、自强不息”的创业精神及由此产生的创业文化机制才是“浙江模式”的本质。

8.2.2 江苏省城镇化发展经验

至2009年末，江苏省全省常住人口为7 724.5万人，市镇常住人口为4 294.82万人，城镇化率为55.6%。从1949年到2009年的60年间，江苏省城镇化水平从14.83%上升至55.60%，年均增长0.70%；城镇人口原为520.83万人，增加了8.1倍；县级以上市的数量从10个增加到40个。在城镇化空间载体上，江苏省已从小城镇为主要载体发展成大城市和大都市区、城市密集区为主，但小城镇仍是城镇化进程中不可忽视的重要部分；

而城镇密集区和大都市圈也并非是单一大城市的空间扩张，而是形成了区内大中小城市合理结构的网络化体系。

综观江苏省城镇化的发展历程，有以下经验值得借鉴：

（1）建立所有制类型多样，外向型经济与民营经济并驾齐驱的经济体制

随着20世纪80年代后期国家的沿海开放战略实施和90年代初浦东的大开发，苏南地区凭借毗邻上海的区位条件和廉价丰富的劳动力优势，吸引了大量外国直接投资，对外经济依存度显著提高，对外贸易量逐年增加。同时，苏南的乡镇企业经过1998年和2000年两次改制，基本转制为股份制、股份合作制和私有制企业，建立了“产权明晰、权责分明、政企分开、管理科学”的现代企业制度，改制后的乡镇企业成为苏南民营经济发展的重要力量。苏南地区已经形成了“公有制经济、外向型经济、民营经济”三分天下的经济体制格局。

（2）建立工业化发展与城镇化推进同步提升的机制

改革开放后，江苏省城镇化呈现出与浙江省相类似的“乡镇企业为主导、小城镇为主体”的发展模式；20世纪90年代后逐步转向以“外资驱动”的城市新区开发为主导的集聚和规模扩张模式；进入21世纪以来，技术创新引发的功能城镇化与网络化成为主导动力，城镇化以大城市、大都市圈和城镇群为主要人口集聚地和空间载体。总之，城镇化发展模式从“苏南模式”转向“新苏南模式”，即以开放为基础的外资、民资和股份制混合经济结构，先进制造业和现代服务业并举发展，强调城乡统筹，以及市场与政府的协调发展；城镇化空间载体从小城镇为主要载体发展成大城市和大都市区、城市密集区为主，其根本原因是建立了工业化发展与城镇化推进同步提升的机制。

（3）以新型产业园区为载体，制造业和服务业并举，高新技术产业迅速发展，使之成为城镇化的持续动力

随着建设现代制造业基地步伐的加快，江苏省也加快生产性服务业的发展，两者成为江苏省经济发展的两大驱动器。一是坚持实施“三集中”战略，既节约资源，又发挥集聚集约的优势，形成产业集群，开发区和工业园区对经济增长的贡献度越来越大，产业园区的发展进一步集聚带动了人口和资金的集聚，推动城镇化发展；二是以特色产业基地为依托，以各类经济开发区为载体，以高新技术企业为主体，大量外资、外企、外技的引入，为高新技术产业发展提供技术和资金。江苏省、特别是苏南地区的高新技术产业发展迅速，成为江苏省城镇化的持续动力。

（4）充分发挥大中城市的带动作用，构建以网络化大都市圈为主体的城镇化格局

通过“大力推进特大城市和大城市建设”的城镇化战略的实施，以及“撤县建区”等行政区划调整措施的实施，大中城市的经济实力不断增强，集聚和辐射作用不断强化，对城镇化的带动作用充分得到发挥。同时，大中城市间生产要素流动不断加强和加快，加大了城市间网络的联结度，推动区域基础设施等网络支撑体系的建设，并在区域协调机制方面进行探索，城市区域化和区域城镇化进程明显加快，以网络化都市圈为主体的城镇化格局基本形成。以苏锡常都市圈为例，为协调苏锡常三市的发展，提高苏锡常区域整体竞争力水平，江苏省政府提出了构建苏锡常都市圈的战略决策。决策重点在于整合三市的城市功能，强化节点城市之间的功能异质性、互补性和水平联系，构建弹性交换环境和高速交通通信网络支撑体系，提升苏南社会经济的整体发展质量和发展水平。都市圈

构建的关键在于建立实施协调机制，在规划实施的各个阶段动员圈内城市和为营造城市互动的氛围创造条件，建立利益共享和共识互信的机制，才有利于达成战略决策的目标。

8.2.3 山东省城镇化发展经验

截至2008年年底，山东省年末常住人口为9 417.23万人，其中城镇人口4 480.27万人，占全省总人口的47.6%。从1982年到2009年，城镇化率由19.5%上升到48.30%，提高了28.8个百分点。目前，基本形成6个特大城市、10个大城市、30个中等城市、62个小城市和1 314个小城镇的层级合理的城镇体系结构。

在全球化与区域一体化作用背景下，以区域整体竞争力替代单个城市竞争力、以城市群促进区域经济社会发展成为国内外城镇化发展的重要经验。山东省在区域城市群发展中不断调整优化区域经济结构和城镇布局，从“七五”到“九五”期间，按照“东部开放、西部开发、梯次推进”的思路，依托交通轴线展开产业布局，形成产业聚集带，提高全省区域经济水平。“十一五”期间，顺应城市群、经济圈成为产业人口聚集的主要载体和经济社会发展主要动力的大趋势，山东省积极推动东部优化发展，加快山东半岛城市群、山东半岛蓝色经济区等一系列区域城镇化建设。

山东省在推进城镇化过程中，注重从战略层面研究城市定位与空间布局，将推进城镇化与优化区域经济布局相结合，大力推进特大城市和大城市建设，积极发展中小城市，培育中心镇，发展城市群，凸显城市带。通过相关规划编制，在山东省范围内形成了“一群（半岛城市群）一圈（济南都市圈）一带（鲁南城市带）”的城镇格局，也形成了梯次明显、功能互补、层级合理的城镇体系，大中小城市和小城镇协调发展的格局基本形成。

山东省城镇化发展的一条重要的经验是形成产业发展推进工业化与城镇化形成良性互动机制，吸纳农村劳动力就地转移。根据2004—2007年的人口转移数据，在597万农村转移劳动力中，大约30%在镇内、50%在县内、70%在市内、90%在省内，跨省域的人口流动较少，城镇化速度和质量取得较好平衡。

近年来，在大中城市就业吸纳能力减弱以及小城镇发展增速缓慢的背景下，县域发展成为山东省城镇化发展的主要增长空间。尤其在县域范围全面放开户口迁移政策后，农村人口在没有制度壁垒的情况下大量向县城聚集，推动了县域和县级市的城镇化发展。山东省各地因地制宜，积极探索具有自身特色的城镇化发展模式，典型模式包括“城阳模式”、“南山模式”和“寿光模式”等。

（1）城阳模式

城阳位于青岛市郊，非农产业发达。“城阳模式”基于农户分化视角，在非农经济发展的基础上，将农户分化为二兼农户和纯非农户。分化农户集中于本地劳动密集型企业就业，通过旧村改造和相邻村庄的集中，实施农村新型合作医疗保险和社会基本养老保险等社会保障制度，初步实现了农民居民化、农村就地城镇化。

（2）南山模式

南山村隶属于烟台市下辖的龙口市，改革开放后村企业不断发展壮大，逐步形成南山集团，经济发展迅速，但却遇到了空间和劳动力方面的约束。为提供更大的发展空间，促进弱村脱贫，进行了山东省较早的村庄兼并工作，通过合并周边村庄整合土地，推动了城乡一体化，也调整了农村各种资源的合理优化配置。在发展过程中，南山村注重以产业集群化、链式化为特征的工业化发展过程，并促进城镇化与工业化之间的良性互动，通过发展旅游开发公共设施，逐步形成了工业兴村、村庄兼并、村企合一的发展路径。

（3）寿光模式

寿光市将以农业产业化作为区域城镇化的基础，发展“农业导向型”城镇化。其重点是以农业产业基地为纽带，将农户与市场相联系，形成蔬菜的商品化、规模化生产。在此基础上，萌发上下游产业的发展，如上游产业中生产资料交易、农业产业中介服务、农户协会发展等，以及下游产业引发的蔬菜加工、配送和销售服务等。农业产业化的发展带动了第三产业以每年30%的速度递增的局面，开创了产业转型的新路径。农业产业化为集体经济的发展注入活力，集体经济在转移农村剩余劳动力、提高农业生产效率、发展地区经济方面具有直接推动力，并成为了迁村并点、村庄合并等的重要基础。

8.2.4 广东省城镇化发展经验：以珠江三角洲地区为例

广东省按空间发展格局可分为珠三角地区、东西两翼和山区五市，各区域城镇化发展各具特色。珠三角地区是广东省的核心发展地区、经济发展和城市发展的“龙头”，呈现出工业化、城镇化、信息化和国际化互动共进的良好格局，是国内乃至世界最具生机与活力、经济增长最快的地区之一。2008年，广东省地区生产总值为35 696.46亿元，占全国的11.37%，全国排名第1位，城镇化率为63.37%，30年间城镇化率年均提高1.6个百分点。其中，珠三角地区生产总值达到29 745.58亿元，占广东省的83.33%，城镇人口占常住人口的比重高达68.93%。

20世纪90年代初以来，在政府建设投资拉动和外资、民间资金的多重推动下，珠江三角洲的城镇化发展表现出鲜明的政府主导与地区自发增长相结合的特征，城镇化模式也由计划经济体制下“自上而下”转变为“自上而下”与“自下而上”共同发展的城镇化格局，涌现出多种城镇化发展模式，如东莞模式、顺德模式、中山模式、南海模式等等。

在城市拓展和乡村城镇化的双向作用之下，推动了珠江三角洲城乡一体化发展格局的形成。产品、资本和劳动力在城乡之间快速流动，城市建成区迅速向外扩张，乡村地区广泛城镇化，城市的规模和数量不断增加，形成了大中小城镇相结合、多层次的城镇体系，总体上呈现出集聚性、区域性的趋势。90年代中期以来，区域发展重心逐步向大、中城市集中，与此同时，小城镇亦成为新的人口和产业集聚点。

随着珠江三角洲城市群产业结构的整体调整和升级，珠江三角洲城市空间结构和布局也发生了根本性的改变。以广州、深圳为中心的双极结构已成为目前珠江三角洲城市群的结构特征。近年来，珠海、佛山、中山、东莞、江门、肇庆等城市也相继进入了中等城市行列，珠三角已发展成一个城乡一体的多层次城镇体系，双极模式正逐渐向网络化模式演化。

珠三角地区城镇化发展的顺德案例：

广州市顺德地区的城镇化发展历程显示了珠江三角洲地区城镇化的典型过程。在珠三角城镇化的初始阶段，依靠农村集体土地资本化为基础的农村集体经济组织引导农村工业化是其经济迅猛发展的重要组成部分。农村集体土地资本化的核心理念是让农民以土地权利参与工业化，分享工业化进程中农地非农化的增值收益。其具体做法是用集体土地股份制来替代原来的农户分户承包制，农地的使用权和所有权合二为一，村集体作为土地所有权的代表人重新获得土地经营权，农民按股份获得分红。

随着农村土地股份制的实行，以村委会或村民小组为单位的对土地的集体经营权替代了以家庭为单位的农民土地承包权。土地使用者角色的转换，使农村土地由过去的集体所有、农民家庭分散承包变成了集体所有、集体经营。所有权与经营权的又一次统一，导致了农村土地向集体经济组织的又一次集中（图 8－3）。

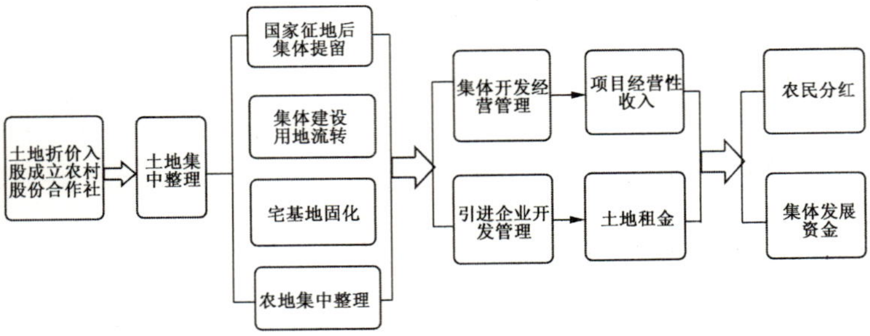

图 8－3　农村股份制运作机制示意图

随着农村集体土地资本化，工业化获得了较低的门槛，集体经济从农业逐步演化为工业、商业、运输业等非农产业，形成以非农产业为主体的综合型产业结构体系。这种工业化进程带动了农村地区快速发展。农民离土不离乡，降低了农村工业化的进入门槛和投入成本，自下而上地推动工业化和城镇化进程。工业化进程带动城镇化进程。同时，土地资本化为村镇集体和农民个人带来了良好的收益，成为集体收益的重要来源。

农村股份合作制，打破了农户式的传统经营、组织模式，以产权明晰的股份制代替了原来高度集中、模糊不清的集体所有制，促进了农村土地使用权流转，实现产业的多元化、规模化和集约化。随着集体土地的资本化经营，集体经济实力显著提升，乡镇企业和民营经济的快速发展壮大推动城镇化发展进程，城乡差异逐渐减小。

然而，集体土地按照“廉价土地—吸引资本—收取租金—再开发土地—继续出租”的滚动开发模式是只有不断地推出土地，才能确保农村集体经济组织收入的不断增长。这就导致了土地利用粗放、城市扩张成本加大，也导致农民长期依附于集体土地、缺乏提升自身素质和参与市场竞争的动力，反而最终抑制了城镇化的质量提升和持续发展。

综上所述，珠三角城镇化的发展有其自身区位和历史条件的优势，但主要归功于股份合作制等一系列制度创新的推动，近十年来广东省的城镇化政策经历了城镇化、小城镇建设、中心城镇建设、区域协作与城乡一体化几个阶段，到目前基本形成了城乡户籍、就业、社会保障等制度的城乡一体化创新体系，基本形成了城乡一体化发展的格局。

9 国外典型地区空间开发经验

9.1 兰斯塔德大都市区的空间开发经验与借鉴

9.1.1 兰斯塔德简介

兰斯塔德(Randstad)地区是一个多中心大都市地区，位于荷兰西部，是荷兰最重要的经济引擎和人口最密集地区。兰斯塔德包括了荷兰最大的4个城市，阿姆斯特丹(Amsterdam)、鹿特丹(Rotterdam)、海牙(The Hague)和乌特勒支(Utrecht)及其间众多的小城市，4个主要城市没有哪个可以称之为这个区域的首位城市，它们之间也不具备层次结构，因为4个城市都有自己的特殊角色。阿姆斯特丹是国际商务中心、创意活动及信息枢纽，鹿特丹是世界第一大港，海牙是荷兰中央政府所在地和若干国际组织驻地，乌特勒支则是全国会议展览贸易中心及创意文化、科研中心和铁路枢纽。

兰斯塔德地区空间结构的另一特点是"多中心城市围绕绿心"，形成了开敞式的城乡空间景观。兰斯塔德城市间形成一个三角形的高速公路网络；同时，各个城市之间还通过铁路相连，包括了欧洲干线和国家铁路网络。现在，兰斯塔德城市之间的交通时间都在1个小时之内(表9-1)。

表9-1 2007年兰斯塔德四大主要城市人口列表 (万人)

	中心区人口	市区	大都市区
阿姆斯特丹	75.2	136.4*	215.8
海牙	47.4	—	70
鹿特丹	58.2	102.4	—
乌特勒支	29.5	—	—

表注：* 指中心区加上两个郊区

众所周知，荷兰是低地国家，洪水泛滥是在城乡规划中不能不考虑的重要因素。因此，城市不宜过大，水利工程是重中之重，主要措施包括：针对海平面上升而加强对海岸线的保护；对于冬季河水和低洼地区水平面上升留出区域；创造绿心利于排洪；改进水质等(图9-1，图9-2)。

兰斯塔德地区城市众多，但并没有设立一个统一的行政机构，而是建立了一批区域管理机构(商业促进办公室、兰斯塔德管委会、绿心平台等)来协调该地区的发展和管理。为了确保各个行政区域能够协商结果进行，则通过政府、大城市管理部门和省之间的城市发展协议来进行控制。同时，中央政府也对一些区域性的重要项目进行专门的控制和建设，这也避免了地方上协调工作困难的问题。

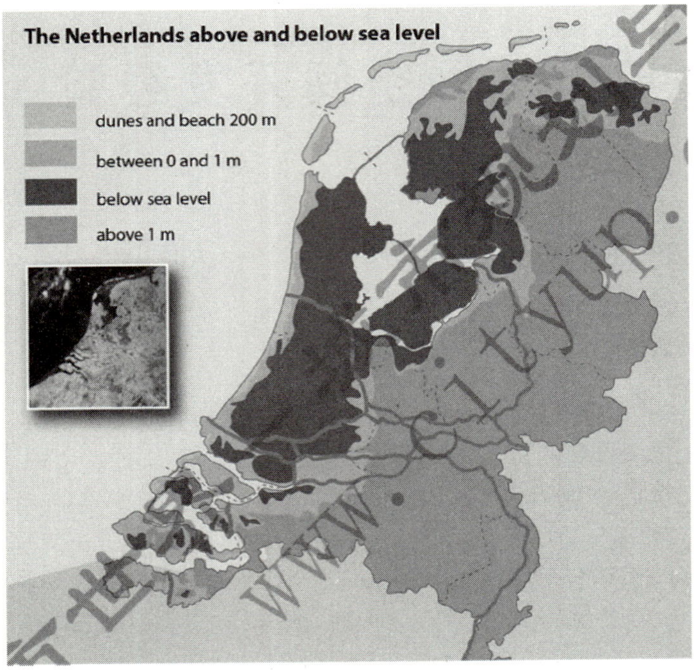

图 9－1　荷兰海拔高度

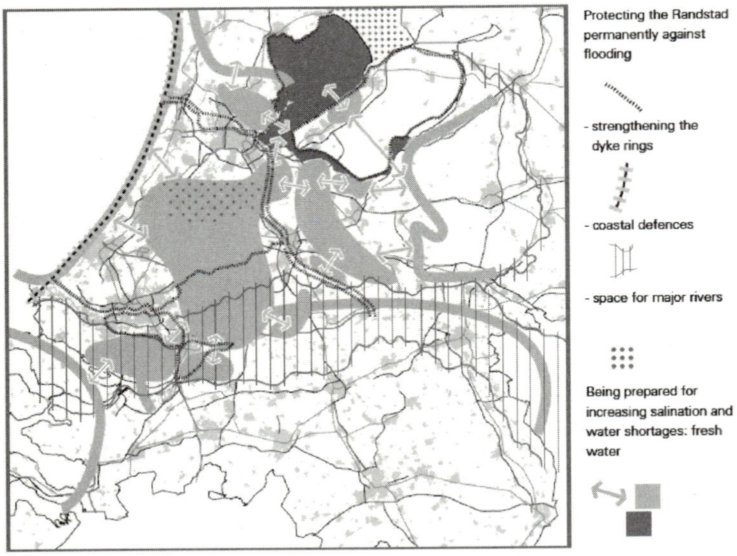

图 9－2　水利工程示意图

9.1.2　兰斯塔德都市区的空间开发经验与借鉴

1）将多个核心城市作为一个整体发展，实现优势互补，提升区域竞争力

兰斯塔德区域内没有任何一个单独的城市甚至经济核心区可以达到与欧洲最强大的大都市地区（类似伦敦、巴黎和法兰克福等）进行抗衡。但由于该地区的多样化，多中

心形态带来的组合发展机会，使兰斯塔德作为一个整体成为集聚经济产生的舞台，由此而发展起来的高端服务功能是其参与国际竞争的根本。

2）制定区域层面规划推进多中心城市区域的形成

兰斯塔德多中心空间结构的形成依赖于国家层面的规划引导。从 1988 年荷兰第四次国家空间规划到 2000 年第五次国家空间规划（spatial planning policy document），直至最近的“2040 兰斯塔德战略议程”（Randstad Strategic Agenda 2040）都对城市之间如何联系，各个城市的功能定位，大都市区的空间布局起到了引导和控制作用。

3）在既定行政区划制度下实现空间优化

兰斯塔德案例为多中心大都市地区的发展提供了在既定行政管理框架内加强区域合作的途径。多中心大都市地区并不是一定要成立一个独立的行政单元，也不用打破现有的行政管理框架，可以通过建立一批区域管理机构来协调该地区的发展和管理。同时，在区域层面制定一些促进区域发展的重点项目，委任区域级干部和地方事务管理人员进行协调等。

4）充分考虑社会和环境效应，坚持可持续发展

多中心地区的规划除了要考虑空间上的物质环境建设外，还要重视社会和环境效应。在兰斯塔德的发展过程中，最初绿心成为城市扩张竞相争夺的目标，但在几次规划中都被严格地保留下来了，为区域的整体环境和后续发展提供了条件，也成为兰斯塔德在国际竞争中的独特优势。在区域规划层面必须严格划定受保护的农田范围和城市扩张界线，城市区域可以围绕农村展开，这样可以最大化地利用绿地资源。

5）强化主要城市间的交通网络，提升区域对外联系度

在兰斯塔德地区，高速公路是各个城市之间的主要交通联系方式，铁路在该地区的发展并不十分理想。这种情况也导致该区域交通比较拥堵。如今，荷兰正在推进该地区高铁的建设，来增强城市间的联系。区域快速交通是保障区域内部要素快速流动的基础和保障。

6）通过筑坝和预留排洪区域抵抗洪水

兰斯塔德地区是受到洪水威胁的区域，防洪措施是区域发展考虑的重要问题之一。兰斯塔德的经验表明：其一，城市不宜过大，因此也形成了兰斯塔德城市群的空间形态；其次，积极协调沿江的城市建设与行滞洪区的矛盾；最后，尽可能多地保留绿色植被区域，有利于洪水的排泄，同时也可以调节环境。

兰斯塔德都市区的发展历程表明，多中心的区域结构是组合区内城市发展优势、引导城市互补发展、提升区域整体竞争力、减轻和避免环境及交通问题等大城市弊端的一种良策，也是增强区域整体竞争力的有效途径。通过建立不可侵占的“绿心”、“绿楔”和缓冲带，建立中小城镇群，还可以控制城市规模的无序膨胀。

9.2 美国密西西比河流域综合开发的经验与借鉴

9.2.1 密西西比河概况

密西西比河是美国第一大河，全长为 6 021 km，它与南美洲的亚马逊河、非洲的尼罗

河和中国的长江一起并称为世界四大长河。密西西比河流域面积为 322 万 km^2，占美国本土面积的 41%，河口平均年径流量为 5 800 亿 m^3（包括阿查法拉亚河），平均年输沙量为 3.12 亿吨。百余年来，密西西比河曾发生重大洪灾 37 次，平均 3 年就有 1 次水灾。密西西比河流域开发的 4 个阶段：第一阶段，1928 年防洪法案之前，自然泛滥，航运中枢。第二阶段，1928 年防洪法案颁布到 60 年代初，堤坝防洪，渠化航运。第三阶段，从 60 年代到 70 年代中期，航运发达，反思防洪。第四阶段，从 70 年代中期至今，综合开发，生态防洪（图 9－3，图 9－4）。

图 9－3　密西西比河上的闸坝设施

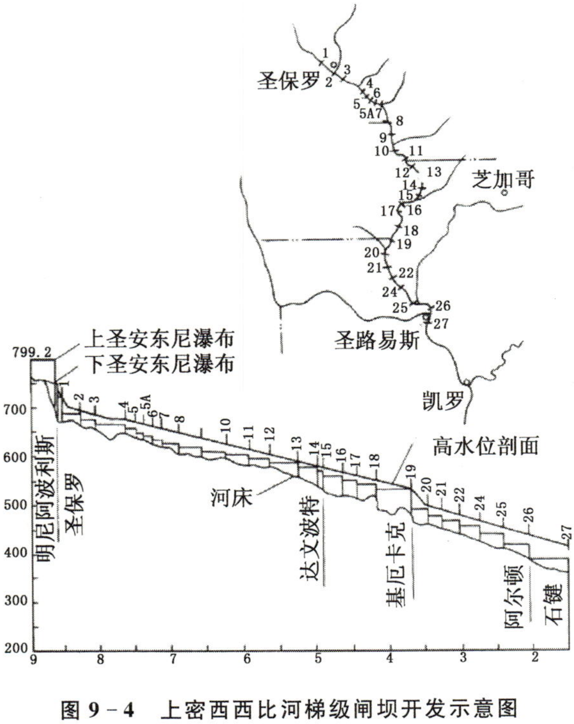

图 9－4　上密西西比河梯级闸坝开发示意图

图注：此图缺数字 9、23，为保证原图风貌，不做改动。

9.2.2 密西西比河流域开发的经验及借鉴

1）充分运用国家和政府的推动力

制定流域规划并立法，由专门机构统一运作逐步实施，并由国家财政予以支持。流域的开发同样需要由省级政府来做出整体的决策和规划安排。充分运用政府的力量，制定有权威性的流域规划，并成立专门机构实施规划，是具有战略意义的重大举措。在融资方面，在政府财政支持的同时可积极引入市场资金参与开发建设，是在公益性流域开发的同时也能实现一定的效益。

2）利用渠化等措施建设全水系标准化航道网

密西西比河是世界上航运事业最发达的河流之一，主、支流主要通航里程为 19 875 km，其中约 9 700 km 的主体皆按照水深 2.74 m 的标准统一控制，可通过千吨级驳船组成的船队。通过部分航道改造、疏浚和运河建设，密西西比河干支流与江湖河海相连，形成四通八达的航道网，网内的航道、船闸以及船舶等均采用统一的标准，使各航道彼此沟通，航运不受限制，而通航标准随货运量的增加而逐步提高至使节约初期投资，这些措施支撑了密西西比河航运业的持续繁荣。自 20 世纪 50 年代以来，密西西比河的货运量约每 10 年增加 1 倍，1980 年的货运量达 5.27 亿吨。虽然遇到了铁路的强烈竞争，但密西西比河的航道发展经久不衰，对美国的繁荣起了不可估量的作用。

3）综合运用各种措施防治洪水

20 世纪 30 年代起，在密西西比河下游开展了大规模防洪工程建设，普遍加高了堤顶高程。现在共有堤防为 3 543 km，其中干堤总长为 2 590 km，平均高度为 7.5 m，个别堤段高度达到 12 m。修建了 3 座分洪道，总分洪能力每小时可达 56 600 m^3。裁弯取直工程共 16 处，使 740 km 的河段缩短了 274 km，此外，还结合航运修建了大量的 T 形坝和护岸工程。

随着地区经济发展，支流的综合开发提到了议事日程。1936 年，国会通过防洪总法案，规定防洪以支流水库调洪为主，辅以筑堤、分洪以及河道整治。但是过后不久即发现，在密苏里河和阿肯色河上修建水库，并不能彻底解决密西西比河干流下游的防洪问题。因此，后来又强调综合防洪措施，如改变洪泛区的土地利用，实施防洪保险等非工程措施。

密西西比河的防洪，虽然经过长期的努力，修建了许多防洪工程，但尚未完全控制洪水。随着洪泛区经济的发展，洪灾损失越来越严重。1993 年洪水后，对这次洪水进行了全面总结，对各种防洪措施进行了重新评估。在国会授权下，陆军工程师兵团对密苏里—密西西比水系 21 世纪的防洪方略进行研究，于 1995 年专门提出了河滩地带经营利用的评估报告，明确了必须有综合性的措施才能实现防洪减灾，诸如：按洪灾风险科学地规划土地利用、加强汛情预报预警、确立紧急应变与救援机制、推广洪水保险等等。报告还指出，应从自然环境保护的总体来考虑江河防洪。

密西西比河的经验，不仅仅在于多年的工程设施建设，更在于对于单靠工程建设无法完全防止洪水的认识，应该从生态环境、土地利用、工程设施、预警机制、救援机制等多方面采取综合措施防止洪水灾害。

4）避免过多的开发改造导致生态环境破坏

由于密西西比河早期开发活动是防洪和扩大航运，耗费了巨大的财政投资，规划参与人员主要为水文学家、水工工程师等水利方面人员，规划和建设治理方面存在一些不足：

水质问题。水质是密西西比河全流域的一个关键性问题。沿岸的5个州被列入美国地表水排放有毒废水量最大的15个州之中。很多河段达不到1972年颁布的《清洁水法》中有关鱼类、游泳方面的水质标准。排入上密西西比河的许多化学物质来自农业非点源污染。

洪水问题。虽然美国政府对密西西比河的治理十分重视，建设了大量工程，但计划中的工程仅完成60%左右，实际还只能勉强防御一般性大洪水。由于洪泛区遭到占用，20世纪90年代该河的洪水损失已上升到40多亿美元。20世纪90年代的几次大洪水都说明，密西西比河的洪水威胁依然存在。

航运与自然环境恶化。航运一直是上密西西比河重要的商业活动。在明尼苏达州的明尼阿波利斯到密苏里州的圣路易斯之间的河段建造了27座船闸和大坝，虽然极大地改善航运条件，但很少考虑到这些大坝的运行对整个流速或生态系统的负面影响。建坝前，年水文变化和多年水文变化维持的一些生态功能和价值随着大坝的建成而减少，航运与其他活动的相容性仍是密西西比河管理的一个重要课题。

泥沙淤积。水库回水区和湿地的泥沙淤积是上密西西比河的主要环境问题。过量泥沙使水生植物的光透射性减少，并淤填在上密西西比河的回水区。上密西西比河的渠化、一系列船闸、大坝以及通航水库也形成了一个拦截冲刷泥沙的系统。

湿地减少。湿地减少是密西西比河流域各州的一个关键性问题。出于农业和商业目的对湿地的排水和转化（特别是流域高原地区），导致数百万平方公里湿地消失，其相关的功能遭到削弱。

生态系统退化及环境污染。1727年以后陆续兴建的堤防工程使自然的洪泛平原面积减少约90%。梯级航道使河道水流变慢，泥沙淤积，上游农业和土地利用产生的水土流失，使泥沙淤积在多级水库的尾闾地区。河道梯级化和两岸兴建的堤防，使河道生态和鱼类生存环境发生了很大变化，鱼类生产锐减。农业及城市化发展也对河谷平原森林资源造成巨大影响。目前，上密西西比河流域森林仅局限在几公里宽的河谷地带。

5）重视统筹组织和规划协调

许多团体在密西西比河问题上存在利害关系，一些管理政策难以统一。在上密西西比河，各种与水有关的流域规划不够协调。时至今日，上密西西比河仍没有全面规划，只是最近才采取整体考虑的方式研究航运与环境的关系。但防洪仍然没有从整个上游流域综合考虑，结果导致20世纪90年代以来发生了几次严重水灾。

9.3 莱茵河流域的发展经验与借鉴

9.3.1 莱茵河流域简介

莱茵河是具有历史意义和文化传统的欧洲大河之一，也是世界上航运最繁忙的河流之一。莱茵河起源于德、瑞、奥三国交界的波顿湖（Boden），流经瑞士、列支敦士登、奥地利、德国、法国和荷兰等国，自河源康斯坦茨至入海口鹿特丹全长1 360 km，流域面积

25.2 万 km^2(图 9－5,图 9－6)。

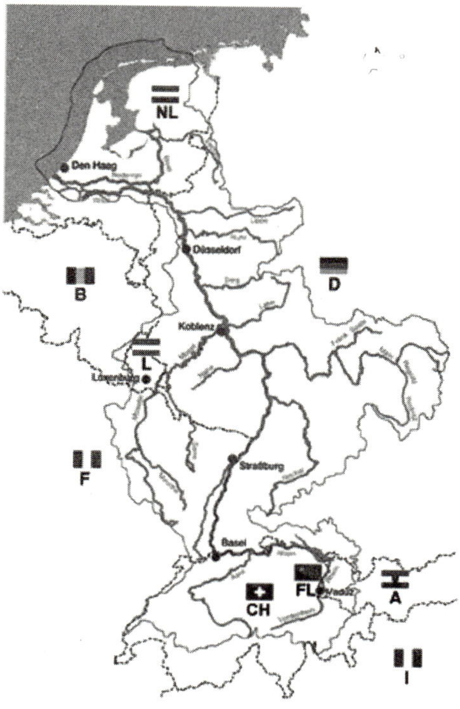

图 9－5　莱茵河流域(Rhine)区位图

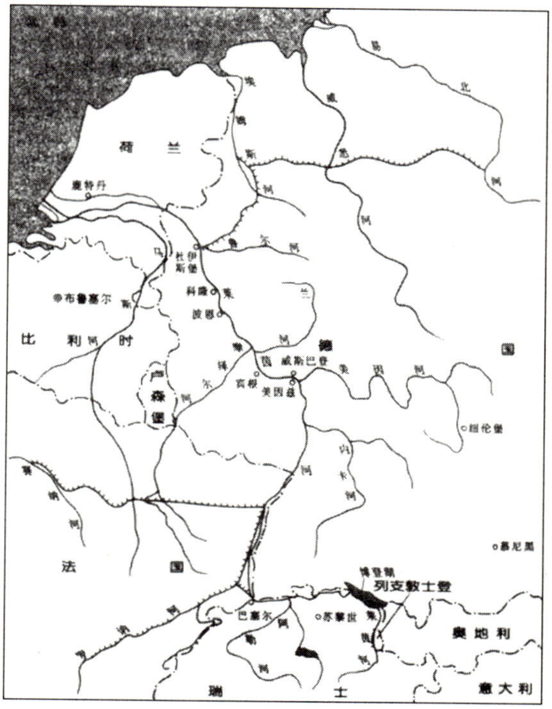

图 9－6　莱茵河(Rhine)水系示意图

莱茵河是欧洲通航里程最长的河道,是欧洲最重要的工业运输大动脉。莱茵河流域集聚了近 1 亿人口,康斯坦茨、巴塞尔、路德维希港、美茵茨、法兰克福、科隆、杜伊斯堡、鹿特丹等许多世界著名城市,以及钢铁、石化、电力、建材、机械、电子等重要产业部门均集中于此,已成为世界著名的人口、产业和城市密集地带。

9.3.2　莱茵河流域的资源开发

在共同利益的驱动下,沿江各国能够始终从全流域的整体高度出发,制定各历史时期全流域发展的综合规划,并切实贯彻执行;流域各国能够密切结合各河段的实际,以梯级开发为中心,实行干支流并举的综合开发方针,优先开发水能资源和水运资源;重视基础设施建设,建立四通八达的水运网,完善水运与陆上交通、航空运输等的综合运输网络建设;注重沿江产业的配套选择与重点培育,大力发展能源工业,充分发挥各方面的综合优势,促进产业优化组合;高度重视环境保护,建立国际间的流域污染治理与环境保护的有效机制;特别重视制定和完善相应的法律法规并建立行之有效的管理监督机构,来实现莱茵河的综合整治与开发。

9.3.3　莱茵河流域的发展经验与借鉴

1) 将多个城市作为一个整体发展,实现优势互补,提升区域竞争力

莱茵—鲁尔(Rhine-Ruhr)地区实行的均衡发展策略,与法国和英国以大巴黎和大伦

敦为特大中心城市不同，城市和经济区之间的合作多于相互竞争，全国产业和城镇体系相对均衡。

2）实行城市更新，推动产业升级

莱茵河流域城市及地区通过对老的工矿城市在职能上进行改造，把环境污染大的产业外迁、停产，发展高新技术制造业；并对一些工矿城镇进行重新规划，转换职能，对一些办公建筑进行改造，将其变为居住、办公或公益用土地。

3）推进内河航运业，发展现代物流

莱茵河是欧洲航运量最大、航运业务最为繁忙的内陆河流，其中包括年吞吐量超过2000万吨的欧洲最大河港——杜伊斯堡港。整个莱茵河的崛起与其物流网络系统建设密切相关，从最初水域通道开发到现在物流综合运输体系形成，物流网络建设一直伴随着经济发展进程。

4）在整个流域层面实行统一规划

莱茵河流域开发依赖于跨国层面的规划引导。早在1950年，莱茵河交界的国家就已经联合起来，组成保护莱茵河防治污染论坛。1963年，在莱茵河保护国际委员会(ICPR)框架下签订了合作公约，奠定了共同治理莱茵河的合作基础。1976年，欧洲共同体加入这个协定，使莱茵河保护国际委员会在欧洲更具广泛性。对于流域的管理，应该在省域层面的引导下，通过确立统一的发展目标，制定统一的流域法规体系，建立各地区之间相互信任合作的机制，以可持续发展为原则，加大公众参与力度，政府、企业、各行业密切合作，统一开发，综合治理。

5）注意环保和可持续发展

流域地区的规划除了要考虑沿线城市群的物质环境建设外，还要重视社会和环境效应。在莱茵河流域的发展过程中，最初也不注意环保，20世纪70年代，莱茵河成为“欧洲最浪漫的臭水沟”。但30年后，它已变成世界上各大河流管理的样板。2002年，联合国教科文组织将莱茵河中游的宾根到科布伦茨的65 km长的河段，列为世界文化多样性景观自然保护遗产。

6）强化城市间的综合交通，提升区域对外联系度

在莱茵—鲁尔地区，交通发展最重要的特色就是发达的联运交通。对于湖北地区而言，已经形成了发达的高速公路、铁路网络。但该地区内河港口建设比较滞后，下一步应着重港—铁（路）、港—公（路）联运。同时，加强各港口设施建设，提高吞吐能力，降低转运成本，使长江黄金水道真正发挥作用。

莱茵河流域的建设经验表明，对于流域建设，必须在全流域统一规划的基础上，建立各种协调机制，通过产业和交通基础设施的综合发展，提升流域在防洪、发电、航运、环保方面的合作力度，促进区域的共同发展。

9.4 法国的案例

法国是典型的西欧国家，实施过全国性的以平衡区域发展为目的的规划，首都巴黎首位度较高，在不同发展阶段的发展策略及实施效果亦值得湖北借鉴（表9-2）。

表 9-2　目标国家与湖北基本情况对比

指标	常住人口(万人)	土地面积(万 km^2)	人口密度(人/km^2)	GDP(万亿美元)
湖北	5 711	18.59	307.2	0.151
日本	12 743	37.78	337.0	4.346
法国(本土)	6 087	54.7	111.3	2.067

9.4.1　法国城镇化发展的总体历程

在经济发展与产业结构演变方面，按照经济发展速度及结构变迁，二战后法国的经济发展一般分为四个阶段：战后重建期，20 世纪 45 年代至 50 年代中期，主要是以传统重工业专门化地区为主的恢复重建，产业结构中二产比重尤其是重工业比重上升；剧烈增长期，20 世纪 50 年代至 70 年代，以福特主义为主导的制造业大幅发展，二、三产比重上升，且制造业逐步取代基础产业成为二产发展的重点；重组期，70 年代中期至 80 年代末，受石油危机影响，传统工业基地衰退，而第三产业及新型制造业兴起；弹性发展期，80 年代末至今，第三产业成为主导产业，巴黎更成为各类全球性生产性服务业集聚的中心。

在城市化率与人口密度分布的空间格局方面，法国工业化起步早，城市发展起点较日本高，但是同样经历了五六十年代的剧烈增长期，并在 70 年代以后基本稳定在 75%的水平。其人口密度分布也极不均匀，工业地区及沿海地区发展较好，北部以巴黎为中心，依托矿产资源及传统工业基地，人口聚居；东南港口城市发达，城镇密集，同样集聚了较多的人口；而西部地区濒临相对落后的意大利，工业基础薄弱，人口稀疏(表 9-3)。

表 9-3　法国不同时期领土整治的背景、主要目标及实施策略与效果

名称	二战后重建期	剧烈增长期	重组期	弹性发展期
时期	1945—1950 年中期	1950 年中—1970 年中	1970 年中—20 世纪 80 年代末	20 世纪 80 年代末至今
城市化	45%—50%	50%—65%	70%—75%	75%—80%
背景	恢复重建；集体福利国家	经济高度成长；乡村地区衰退	传统工业地区衰退；分权化改革	分权化改革；全球化：本土服务业集聚与生产功能输出
目标	重建工业地区； 平衡全国发展	平衡全国发展； 传统农业区工业化发展	振兴传统工业地区； 提升地方生活质量	强化工业专业化程度； 提高国际竞争力
实施方式	支持落后地区：补贴落后地区，支持工业投资；限制巴黎地区：征收特别赋税	基础设施投放；扶持偏远地区；发展地方中心城市；建设平衡性新城	恢复极：以投资、公共支出补贴(职教)或税收减免方式，促进工业区振兴。技术极：建立科学园或研究型高科技城；放宽对巴黎产业的限制	培育竞争力极：全国选定优势发展区域，由政府制定政策或提供配套资金，促进研究机构及企业建立有效合作，提升产业竞争力

续表 9-3

名称	二战后重建期	剧烈增长期	重组期	弹性发展期
组织主体	—	中央为主：由首相直接管辖的国家机构（DATAR，领土整治与发展局）	中央与区域：中央同区域政府协商达成“规划契约”	多级多元主体：中央政府牵头、地方政府参与并落实，自下而上、基于项目需求
实施效果	—	正面：经济活动重新分配。负面：“植入型”工业产业链不完善。问题：地区在产业专门化方面差异持续扩大；巴黎极化趋势进一步加强	正面：衰落地区通过公共支持（区域转移支付、福利支出）避免了彻底崩溃。问题：国家政策向优势地区倾斜，而落后地区发展不足	正面：技术创新能力提升，国际竞争力强化。问题：都市区极化发展，区域间集聚，区域内部差异化增长

9.4.2 法国区域开发规划与核心策略

1）法国不同发展时期国土开发的背景、目标、重点与绩效

作为具有集权制传统的欧洲国家，法国也极为重视区域性的开发政策。但区域性发展策略的实施并不局限于空间政策，而是通过“领土整治”（aménagement du territoire）的方式，将空间、教育、就业、培训、环保等各个方面的政策作为整体，通过多样化的公共机构干涉并调整人和活动的空间分布，以实现更好的经济发展，获得更好的集体福利。

2）法国对应湖北发展阶段的国土开发的策略、建设重点

法国在 20 世纪 50 年代中期至 70 年代中期，福特主义生产带来工业区经济高度成长，而结构性转变导致乡村地区的农业人口减少，区域及城乡差异扩大。因此这一时期，其领土整治以促进工业向传统农业地区扩散，带动落后农业地区发展为主要目标。

为此，法国制定了三类策略保障平衡全国、缩小全国及城乡发展差距的目标实现，即交通策略、产业策略及城市开发策略。其中，交通策略提出以高速交通连接全国范围内的主要城市，缩短国土联系的时空距离，作为促进地方经济发展及工业扩散的必要条件。产业策略提出国家资助布局在指定区的工业项目或直接在偏远地区布局制造业工厂；而对布局在巴黎地区的公司企业增加额外赋税。城市开发策略则提出在全国选择发展条件较好的城市，建立八座“平衡大城市”，通过各种政策优惠及资金扶持，提升其发展水平及区域影响力；在巴黎地区内，建立五座以职住平衡为目标的新城，分担巴黎主城功能。

从法国高速增长期的发展绩效来看，它首先导致了经济活动的进一步分散，落后的西部、西南部及中央高原地区工业及城市经济都有了长足发展，促进了经济活动一定程度上重新分配，地方三次产业间差距缩小。然而，这一时期的发展也造成了植入型产业带动能力不足，实施“植入型”工业发展的落后地区未能建立完善产业链，产业纵向带动能力不足；同时由于产业门类限制，对地区就业及城市发展的拉动低于预期。与此同时，这一时期的发展导致了新的区域差异的形成，虽然产业门类的区域平衡度提高，但在产业纵向分工上，高端及专业化部门仍然集中于以巴黎为代表的优先发展地区，取决于生产功能专业化的地区发展差异出现。

第四编　专题研究

10　中部地区城镇化现状研究

中部地区范围一般包括湖北、湖南、安徽、江西、山西、河南六省，即所谓“中部六省”，城镇化水平均低于全国平均水平。随着我国区域发展政策从“沿海开放”到“西部大开发”，再到“振兴东北”，直至提出“中部崛起”的战略构想，中部地区的城镇化发展势头迅猛，将成为继东部沿海地区之后城镇人口的第二大载体地区。

10.1　省域城镇化水平与质量比较

在城镇化的水平与质量的研究中，一般采用城镇化率代表城镇化水平，可用城镇化要素的综合评价近似代表城镇化质量。本课题在对中部地区城镇化水平与质量的研究中，进一步提出城镇化的健康度的评价指标，主要是从城镇化各要素的协调度和城镇人口在空间上的聚集两个方面进行阐述。

10.1.1　省域城镇化水平与质量总体比较

1）省域城镇化水平比较

城镇人口占总人口的比重即为城镇化率，是衡量城镇化水平最常见的方法。根据此法可得，2008 年中部六省城镇化水平均低于全国的城镇化水平 45.68%[①]。由图 10－1 得出，中部各省的城镇化水平低，湖北省的城镇化水平为中部六省最高，其后依次为山西、湖南、江西、安徽和河南五省。

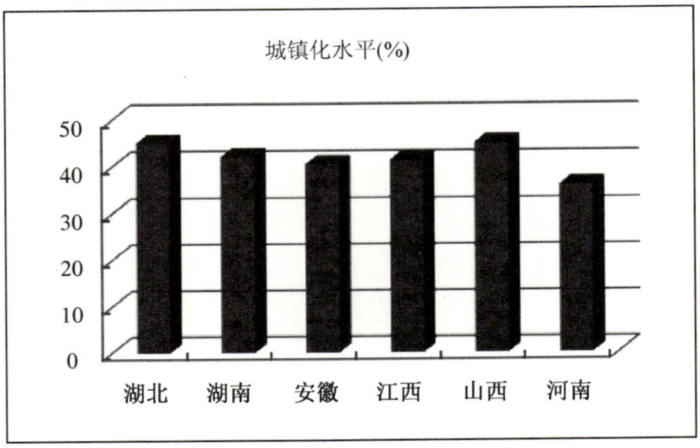

图 10－1　中部六省城镇化率

2）省域城镇化质量比较

综合指标的城镇化水平测度方法似乎更能说明城镇化的复杂状况（顾朝林和吴莉

① 数据来源于中国统计年鉴 2009 年。

娅，2008），本课题通过选取人口空间、经济发展、基础设施、景观环境、社会发展、信息创新等 6 个一级指标、25 个二级指标，使用主成分分析法对全国各省城镇化质量进行系统分析，从而得出中部六省的排名情况（表 10－1）。

表 10－1　中部六省城镇化质量比较（2008 年）

	湖北省	湖南省	安徽省	江西省	山西省	河南省
城镇化质量得分	－0.23	－0.29	－0.53	－0.49	0	－0.26
在全国总排名	14	17	27	26	9	15
六省排名	2	4	6	5	1	3

通过聚类分析，将全国 30 个省市、自治区①的城镇化质量综合得分分为三类：第一类，即高城镇化质量，包括上海；第二类为较高的省（市、自治区），包括广东、浙江、江苏、天津、北京、山东和福建，主要为沿海地区；第三类为其他省市、自治区，属较低城镇化质量类型，其中包括中部六省（图 10－2）。

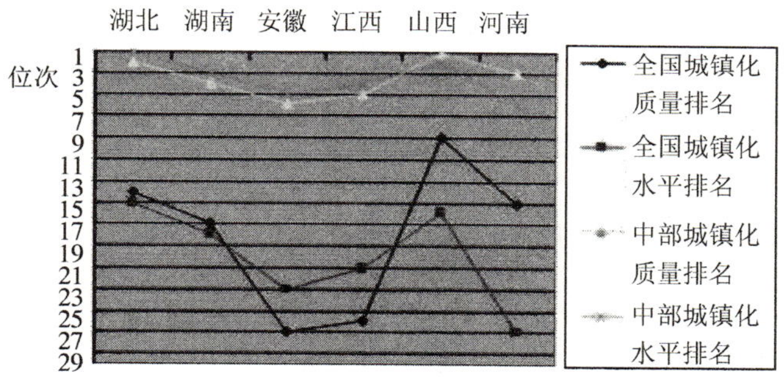

图 10－2　中部六省城镇化水平与城镇化质量排名结果比较

综合城镇化水平与质量的分析可以看出，中部地区的城镇化发展落后于全国，城镇化质量的提高一方面有赖于城镇人口的不断增加，同时也与城市经济的拉动作用、城镇人口的就业情况等要素密切相关。因此，在对省域城镇化水平和质量的比较中，有必要进一步分析各个要素，从而更深入地了解其城镇化发展的状况。

10.1.2　省域城镇化质量分要素比较

基于前文所采用的主成分计算的得分，分别用 Y1—Y6 代表人口空间、经济发展、基础设施、景观环境、社会发展、信息创新 6 个一级指标，对城镇化的质量分要素进行比较分析。

1）人口空间要素

人口空间要素的二级指标分别是第三产业从业人员比例、城镇人口比重与建成区面积占省面积比率。中部六省的人口空间要素城镇化水平得分均为负数，表明全部低于全国平均水平，在中部六省中，湖北最高，江西最低（表 10－2）。

---

① 数据来源于中国统计年鉴，由于数据获取的限制和可比性问题，未统计西藏、香港、澳门、台湾地区。

表 10－2 六省人口空间要素排名

省 份	人口空间要素得分	全国排名	六省排名
湖 北	－0.028 87	17	1
山 西	－0.029 73	18	2
安 徽	－0.029 87	19	3
湖 南	－0.034 29	20	4
河 南	－0.035 31	21	5
江 西	－0.039 04	22	6

2）经济发展要素

经济发展要素的二级指标分别是第二产业产值占比、第三产业产值占比、人均 GDP、城镇居民人均可支配收入、农村居民人均纯收入、社会固定资产投资额占 GDP 比重与进出口额依存度。从分析可以看出，除山西省外，其他五省的经济发展要素水平均低于全国。在中部六省中，山西最高，安徽最低（表 10－3）。

表 10－3 六省经济发展要素排名

省 份	经济发展要素得分	全国排名	六省排名
山 西	0.011 05	10	1
河 南	－0.085 78	12	2
湖 北	－0.097 49	13	3
湖 南	－0.099 82	14	4
江 西	－0.288 74	25	5
安 徽	－0.374 48	30	6

3）基础设施要素

基础设施要素的二级指标分别是城市人均拥有道路面积、每万人拥有公共交通车辆、每万平方公里铁路营运公里数和每万平方公里公路通车公里数。分析结果显示，中部六省的基础设施建设良好，高于全国平均水平。其中，河南最高，江西最低。湖北处于第三位，明显低于河南与安徽（表 10－4）。

表 10－4 六省基础设施要素排名

省 份	基础设施要素得分	全国排名	六省排名
河 南	0.043 848	3	1
安 徽	0.040 399	5	2
湖 北	0.025 541	8	3
湖 南	0.018 572	10	4
山 西	0.010 524	13	5
江 西	0.008 204	16	6

4）景观环境要素

景观环境要素的二级指标分别是城市人均公园绿地面积、工业废气排放量和工业废水排放达标率。分析得到，中部六省在景观环境要素上均低于全国平均水平。在六省中，江西最高，湖南最低（表 10－5）。

表 10－5　六省景观环境要素排名

省　份	景观要素得分	全国排名	六省排名
江　西	－0.011 38	14	1
山　西	－0.027 96	20	2
安　徽	－0.034 96	22	3
湖　北	－0.036 78	23	4
河　南	－0.053 39	25	5
湖　南	－0.069 22	29	6

5）信息创新要素

信息创新要素的二级指标分别是每百户拥有的固定电话、移动电话与电脑平均数、互联网上网人数占总人口比率、技术市场成交额占 GDP 比率、大中型工业企业 R&D 经费占社会固定资产投资额。中部六省的信息化与创新水平的差异也比较大。在中部六省，山西最高，河南最低（表 10－6）。

表 10－6　六省信息创新要素排名

省　份	信息创新要素得分	全国排名	六省排名
山　西	－0.019 11	10	1
湖　北	－0.044 56	11	2
湖　南	－0.114 47	15	3
江　西	－0.125 99	18	4
安　徽	－0.142 35	20	5
河　南	－0.161 88	24	6

6）社会发展要素

社会发展要素的二级指标分别是高校教师数、普通高中专任教师数、在校大学生人数和卫生机构床位数（含乡镇卫生院）。中部六省的社会发展要素的城镇化水平差异很大。通过聚类分析发现，山西省在社会环境要素上的城镇化水平比较高，河南、安徽与湖南属于中间水平，江西与湖北属于较差水平。在六省中，山西该要素水平最高，湖北该要素水平最低（表 10－7）。

表 10-7　六省社会发展要素排名

省　份	社会发展要素得分	全国排名	六省排名
山　西	0.058 843	5	1
河　南	0.029 67	12	2
安　徽	0.016 131	16	3
湖　南	0.008 895	18	4
江　西	−0.034 21	23	5
湖　北	−0.045 9	26	6

7）省域城镇化分要素综合比较

中部六省城镇化分要素比较显示：湖北省人口空间要素最优，信息创新要素第二，社会发展要素最低；湖南省信息创新要素第三，景观环境要素最低；河南省基础设施要素最优，经济发展要素和社会发展要素第二，信息创新要素最低；山西省社会发展、经济发展和信息创新要素最优，基础设施要素较差；安徽省基础设施要素第二，经济发展要素最低；江西省景观环境要素最优，人口与空间、基础设施要素最低。

10.1.3　省域城镇化系统协调性比较

1）城镇化系统的总体协调性比较

城镇化系统协调性以各要素同步发展程度为标准。因此，系统协调性的衡量可以建立在对各要素得分的变异系数测算的基础上（陈东，陈茂竹，付晓东，2008）。计算公式为：

$$C = 1 - S/U$$

其中，C 表示协调系数，U 表示各要素综合得分的样本均值，S 为其样本标准差。

计算后经过修正得到的结果如图 10-3 所示①。中部六省各要素的总体协调性分析结果显示，中部六省城镇化发展的协调性（"好"，即质量）和水平（"快"，即速度）并不完全一致。可大致分为：高速高质，山西；中速高质，湖北、河南、湖南；低速中质，安徽、江西（图 10-3）。

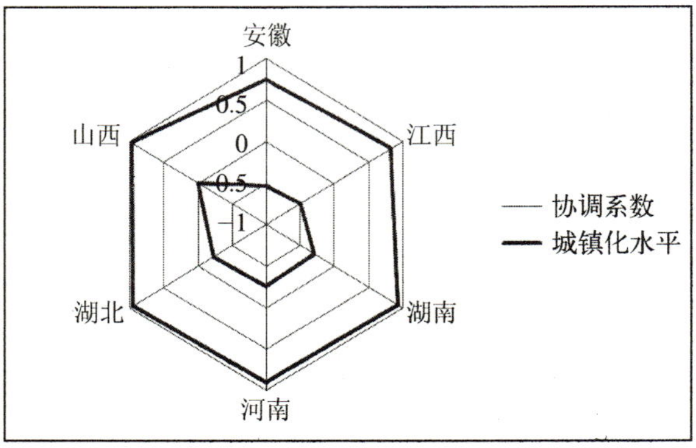

图 10-3　城镇化水平总体协调性

① 由于前面用主成分分析求出的各要素水平有正有负，导致计算出来的均值水平也有正有负，不便于计算协调系数，因此有必要对原始均值水平进行调整，拟采用线性比例变换的方法对它进行处理。又由于线性比例变换后的数据必有一数值为零（均值为分母，不能有 0），不适合用来计算协调系数，故这里借用功效系数的思想对它进行了一定的改造，改造后的各要素的均值在 0.6 和 1 之间。

2）城镇化系统的内部协调性

从城镇化系统的内部看，其协调性由人口空间、经济发展、基础设施、景观环境、社会发展、信息创新等六个要素之间的差异性体现（图 10－4）。

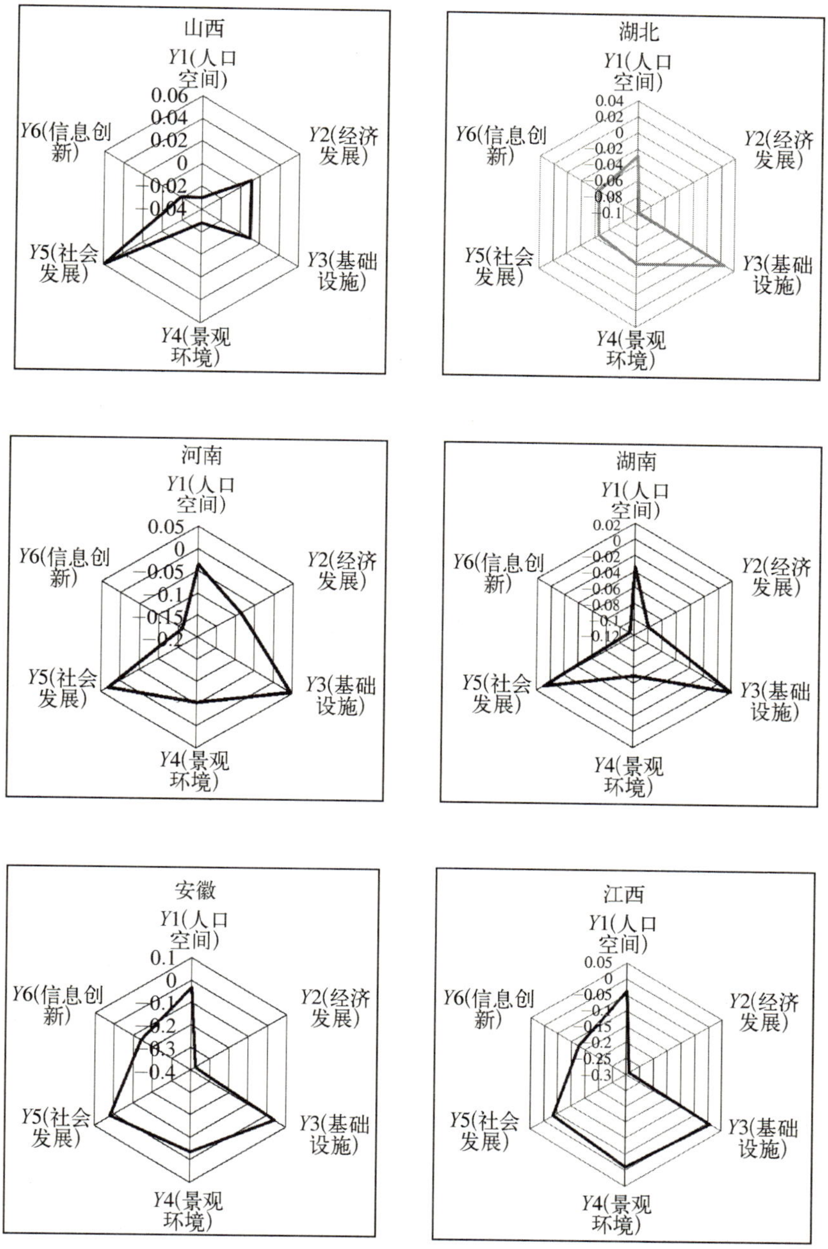

图 10－4　中部六省城镇化系统各要素之内部协调性比较

中部六省普遍存在城镇化系统内部结构不协调的现象。山西省社会发展非常突出，但是人口空间、景观环境两大要素发展非常弱；湖北省除基础设施比较突出外，其他五项明显较弱；河南省最弱的是信息创新，其次是经济与环境；湖南省比较突出的是社会发展与基础设施，比较弱的是经济发展、信息创新；江西省与安徽省比较类似，比较突出的都是基础设施，比较弱的是信息化与创新，最弱的是经济。

10.1.4 省域城镇化空间聚集度比较

在对区域的空间聚集度进行描述时，较为常用的简单方法是测算区域的首位度或首位指数，其是衡量某一区域城市规模分布的常用指标，通常包括：2 城市指数、4 城市指数、11 城市指数。为了比较中部各省的城镇化发展的聚集度，对六省的三种指数分别进行计算(表 10－8)。

表 10－8 中部六省省域中心城市首位度比较表

指数＼省份	湖北	湖南	河南	山西	安徽	江西
2 城市指数	5.86	2.13	1.82	2.10	1.72	3.73
4 城市指数	2.64	0.78	0.73	1.04	0.63	1.38
11 城市指数	1.89	0.62	0.59	1.06	0.57	1.18

结果显示，湖北省的首位度最高，其中三个指数的得分均排在首位。安徽省的首位度则排位最低。湖北省在城镇化的发展上聚集于部分特大城市，其高度聚集的要素一方面可以加大中心城市的吸引力，从而实现对土地资源的节约。相对而言，安徽省在城市首位度上的不足，也给其经济的快速发展和提升带来造成了一定困难。可以看出，在城镇化发挥的初级阶段，较高的首位度与区域综合实力具有相关性，集中发展或可促进城镇化的快速发展。

10.2 省域城镇化发展历程分析

10.2.1 省域城镇化水平发展历程

本课题对 1978—2008 年中部六省城镇化水平与增长速度进行分析。河南、安徽和湖南在 1995 年以后城镇化发展速度明显加快；江西和山西在 2000 年后开始加快增长，湖北省的城镇化自改革开放以来增速趋缓(图 10－5)。

10.2.2 省域城镇空间体系发展演变

1) 中部各省不同等级城镇人口演进

通过分析中部六省 1989—1999 年、1999—2007 年两个阶段不同等级城镇人口数量增长情况，得出 20 世纪 90 年代以来中部各省城镇人口增长具有如下特征(图 10－6)。

(1) 湖北省：城市人口增长较快。1989—2007 年间，湖北省 20 万以下的城镇人口数量整体上呈下降趋势。2000 年以来，特大城市、大城市成为城镇人口集聚的主要空间，在 20 世纪 90 年代发展相对较快的中等城市已优势不再。

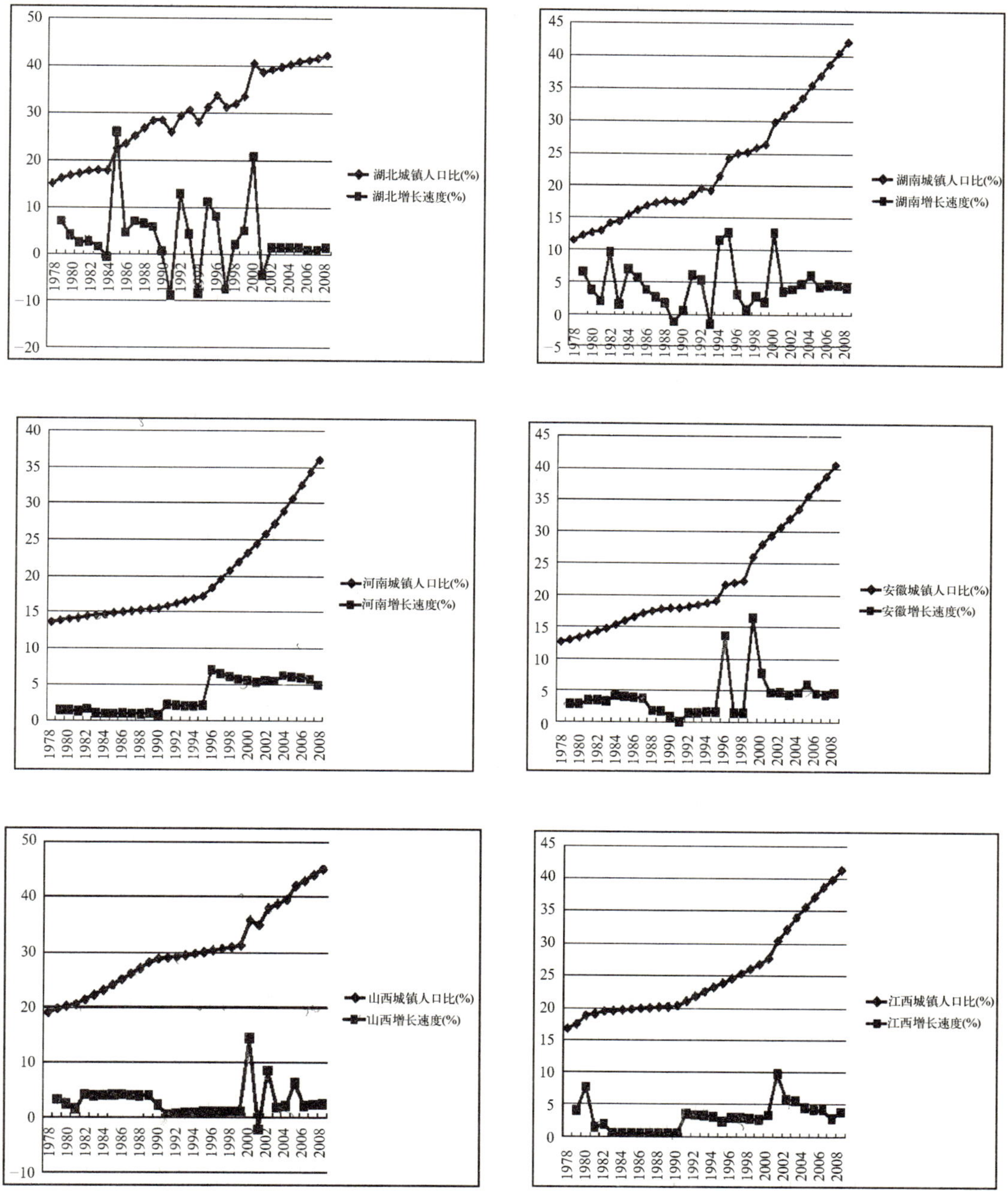

图 10－5　中部六省城镇化水平的发展过程

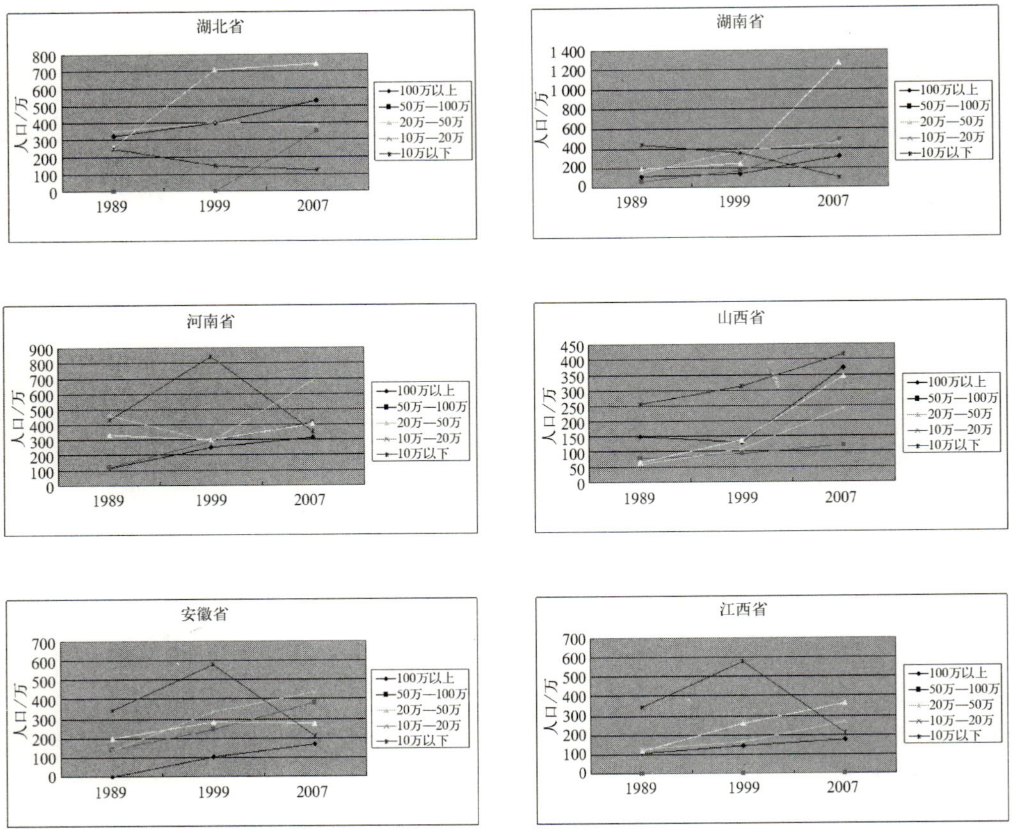

图 10－6　中部六省不同等级城镇人口变化曲线（1989 年、1999 年、2007 年）

（2）湖南省：中等城市人口快速增长。湖南省城镇人口增长主要集中在中等城市，尤其进入 21 世纪以后，中等城市人口呈现快速增长趋势。10 万以下城镇人口则呈下降趋势。

（3）河南省：10 万—20 万人口城镇发展较快。河南省 10 万—20 万城市人口发展趋势呈正“V”形，10 万以下城镇人口发展趋势呈倒“V”形。10 万—20 万城镇成为人口集聚的主要空间。

（4）山西省：特大城市、中等城市人口增长较快。中等城市人口增长速度一直最快，进入 21 世纪以后，特大城市发展迅速，人口集聚速度赶上中等城市，大城市则发展缓慢。与其他 5 省不同，山西省 10 万人口以下集聚效益较差的小城镇的人口仍处于增长状态。

（5）安徽省：整体发展平稳，中等城市人口增长缓慢。除 10 万人口以下小城镇外，其他规模的城镇人口均呈现增长状态且速度平稳。其中，中等城市在进入 21 世纪后呈现人口略降的趋势。

（6）江西省：大城市未能成形，等级序列缺失。20 世纪 90 年代以来，江西省的城镇人口增长整体上较为平缓。

综合以上六省不同等级人口演进的基本情况，分析得出六省在各个等级城镇人口增长上存在一定的共性和差异性，可总结为三点。

(1) 中心城市:中部城镇化增长态势最优地区

从中部六省比较来看,湖北省、山西省的省域中心城市人口总量与增长在各等级规模城镇中呈现优势地位,是主要的增长极。可以预计,在湖北省、山西省将来的城镇化发展中,中心城市将成为主要的带动力量。

(2) 中等城市和小城市:中部城镇化发展最大贡献力量

从图表中可以看出,中部六省城镇化发展的最大贡献力量来自中等城市和小城市。其中,湖北省、湖南省、江西省以中等城市的增长为主;河南省、山西省、安徽省以 20 万人口以下的小城市的增长为主。

(3) 小城镇:中部城镇化推进中的弱势地带

小城镇由于其自下而上的发展特点,能自给自足,不需投入太多人力物力,因此成为城镇化发展道路初期的较佳选择,此阶段的城镇化发展属低水平均衡状态。当城镇化发展进入了中心城市极化阶段,小城镇在发展上处于弱势地位。

2) 基于 Kernel 密度的城镇空间演进比较

(1) 研究方法与数据选取

Kernel 分析方法主要是借助一个移动的单元格(相当于窗口)对点格局密度进行估计。在区域研究中,利用 Kernel 分析方法有助于确立区域数据的峰值,同时也可以看出这一数值在区域的分布格局。基于不同年份的数据可以看出区域空间格局在一定时期的演变历程。此处运用 ArcGIS 软件实现(丁俊伟等,2010)。

本课题以县域为基础统计单元,分别选取了六个省份 1990 年、2000 年和 2008 年的非农人口比率三个断面数据,利用 ArcGIS 对中部六省城镇空间点格局进行 Kernel 密度分析,分别采用了 75 km 和 125 km 的半径进行分析(图 10-7)。

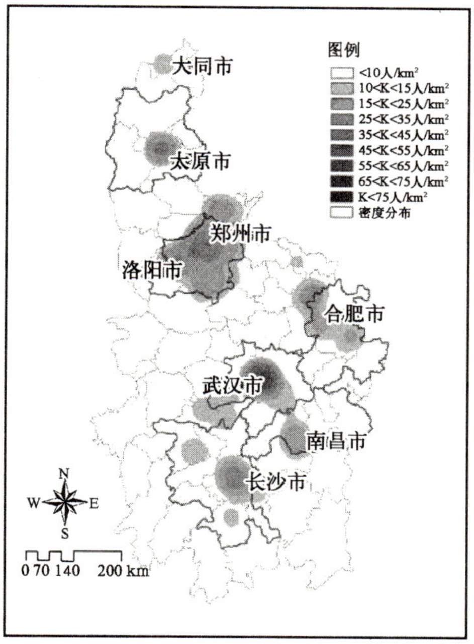

a. 1990 年中部地区客纳尔密度分布图
(R=75km)

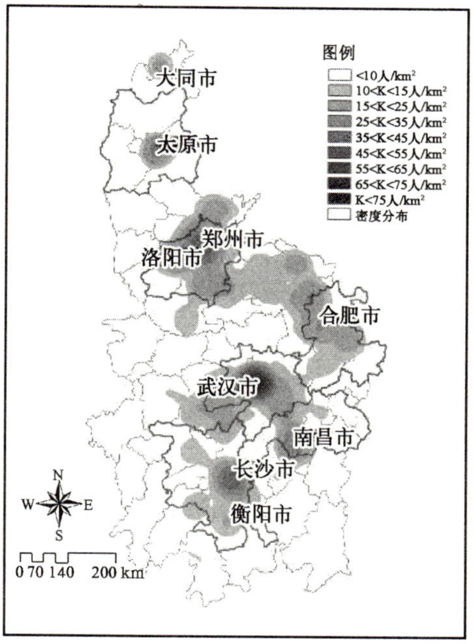

b. 2000 年中部地区客纳尔密度分布图
(R=75km)

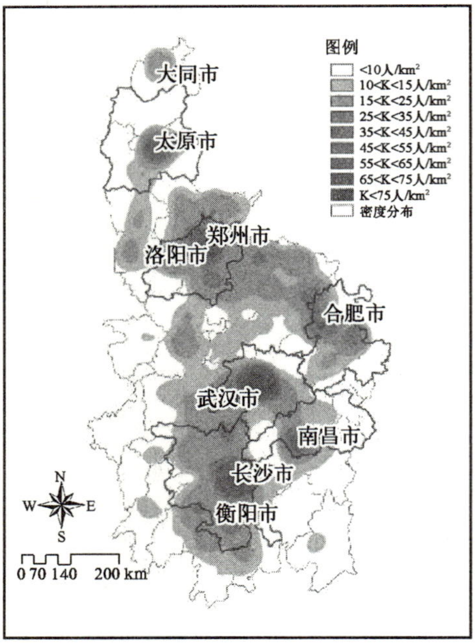

c. 2008 年中部地区客纳尔密度分布图
（R=75 km）

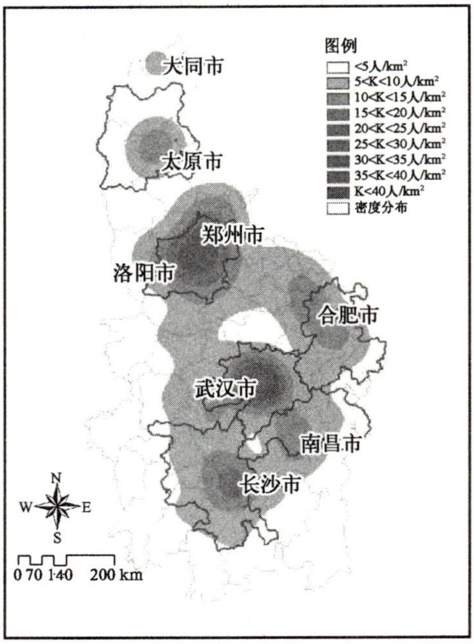

d. 1990 年中部地区客纳尔密度分布图
（R=125 km）

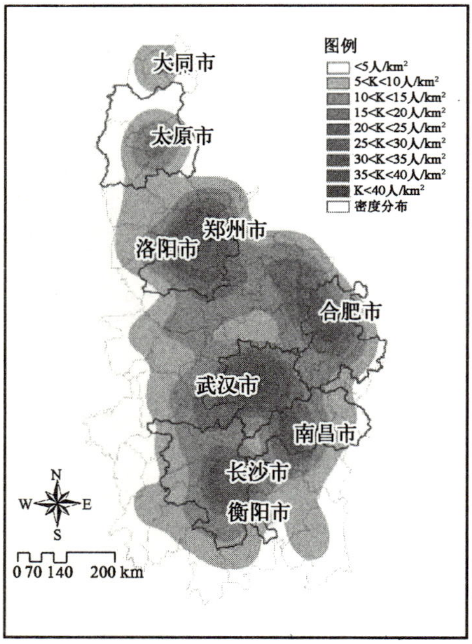

e. 2000 年中部地区客纳尔密度分布图
（R=125 km）

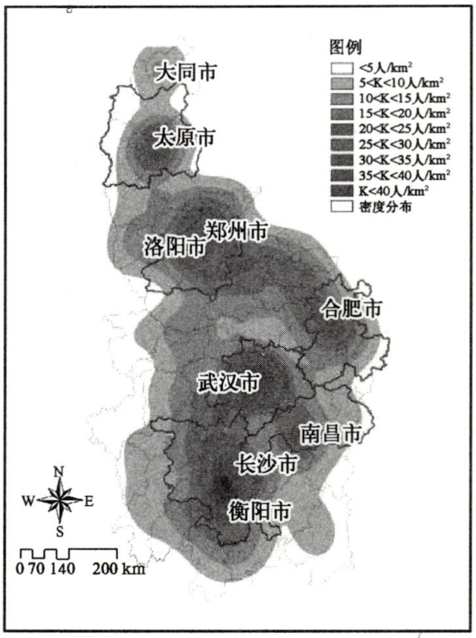

f. 2008 年中部地区客纳尔密度分布图
（R=125 km）

图 10-7　中部地区 Kernel 密度分布分析

(2) Kernel空间分析结果

① 中部地区城镇密集区正逐渐形成

从图10－7c和f中可以看出，中部地区六大城镇密集区已经逐渐形成以省会为核心，对比可以发现武汉的集聚度最高，长沙、郑州次之。从六个省份的对比也可以看出，河南、湖北、湖南三省城镇空间集聚度较高，山西、江西、安徽三省集聚度较低。

在城镇密集区的发展中，高等级的城镇密集带正在逐步形成。由图10－7a和d中得出，1990年中部地区主要形成了“武汉—南昌”、“郑州—洛阳”两大城镇密集区。由图10－7b和c中得出，2000年中部地区则形成了“武汉—南昌”、“郑州—洛阳”、“长沙—衡阳”三大城镇密集地区。由图10－7c和f得出，2008年中部地区形成了“南昌—武汉—长沙—衡阳”的“N”字形城镇密集带，两江四水（长江、鄱阳湖、洞庭湖、湘江）成为三市之间的联系纽带。河南、安徽两省间，沿陇海铁路线形成“芜湖—合肥—郑州—洛阳”城镇密集带，但城镇聚集度较“南昌—武汉—长沙—衡阳”低。

② 中部地区城镇密集区逐渐呈现多中心的态势

在整体空间演变方面，一、二级节点进一步增加，三级节点也大量形成，形成了多空间层次的地域城市节点系统。2000年时，中部地区只拥有武汉市一个集聚核心区（K＞75）；到2008年，中部地区出现了三个集聚核心区：武汉市、长沙市和郑州市，并且长沙、郑州这两个集聚核心区增长迅速，成为中部城镇化演变的另外两极。中部地区已经摆脱了武汉市一元独大的局面，走向多元竞争的态势。

10.2.3 省域城镇化发展动力分析

城镇化的动力机制一直是学术界关注的观点，人口迁移理论、经济学解释、交通通讯理论、政策与制度被视为城市化主要的动力机制理论。经济、政治、人口因素与人口城镇化关系紧密，“比较利益—互补利益—选择利益”共同构成了利益关系链，是引致城市聚集的基本动力。其中，新古典主义经济学的关于城镇化的动力观点，可将城镇化的影响因素大致归结到资金、劳动力、土地、制度、技术等五个方面。

本课题根据相关理论，进一步将城镇化的动力机制总结为基础条件、推动条件、支撑条件和制度环境四个方面。认为城镇化是指在土地的基础条件上，通过劳动力转移和资本注入，在技术的支撑下，在制度环境的影响作用下，向前推动的一种过程。本课题将使用灰色关联度对中部81个城市进行分析，选用2008年的数据进行横向对比，分析中部地区城镇化的动力机制。

1) 城镇化率与影响因素的灰色关联度分析

为了弥补在省域城市化差异影响的众多因素中并非一定是线性关系的缺陷，本课题采用灰色关联分析法（赵新正，2009），使用中部地区81个城市的16个指标值进行分析。

可以看出，计算结果中灰色关联度均高于0.75，属于高度关联，说明这些指标与城市化之间关联性强，而且这些因素都对城市的城市化水平有很高的影响力，各省的城市化水平差异的影响因素是复杂的（表10－9）。对16个影响因素进一步分析，使用聚类分析法，这16个影响因素可以分为五类（表10－10）。

表 10-9　中部六省灰色关联度计算值

评价指标	第三产业从业人员比例(%)	非农人口比重(%)	建成区面积占比(%)	第二产业产值占比(%)	第三产业产值占比(%)	人均 GDP(元)
灰色关联度	0.763 461	0.888 243	0.903 396	0.842 062	0.818 366	0.897 169
评价指标	职工平均工资(元)	每万人拥有公共交通车辆(辆)	每平方公里货运总量(万吨)	每平方公里客运总量(万人)	城市人均公园绿地面积(m^2)	—
灰色关联度	0.861 466	0.855 398	0.887 808	0.872 004	0.881 077	—
评价指标	社会固定资产投资额占 GDP 比重(%)	每万人拥有在校大学生人数(人)	每万人拥有床位数(床)	每万人拥有的高校专任教师数(人)	每万人国际互联网用户数(个)	—
灰色关联度	0.869 01	0.913 626	0.888 378	0.915 431	0.902 256	—

表 10-10　中部六省城镇化主要影响因素聚类分析表

影响力	影响因素
影响力高	每万人国际互联网用户数、建成区面积占总面积比率、每万人拥有在校大学生人数、每万人拥有的高校专任教师数
影响力较高	每平方公里客运总量、城市人均公园绿地面积、每平方公里货运总量、非农人口比重、每万人拥有床位数、人均 GDP、社会固定资产投资额
影响力中	第二产业产值占比、职工平均工资
影响力较低	第三产业产值占比、城市人均拥有道路面积
影响力低	第三产业从业人员比例

2）省域城镇化发展动力分析

从以上分析可以看出，土地和技术是中部地区城镇化的主要影响因素。在影响力最高的四项因素中，建成区面积占省面积比率越大的地区，城镇化水平越高，这说明了土地为城镇化过程的载体。当城市人口不断扩大的过程中，土地的增长也不断加快，因此如何实现土地的有效利用是中部地区的城镇化之关键。其他三项因素分别代表了信息技术和科研技术对于中部地区城镇化的支撑作用。这说明了中部地区的人才的质量和高校的研究能力影响了城镇化的进程，其中互联网的发展也同时与城镇化的发展相关，这与信息社会所带来的新经济形式相关。

从影响力较高的因素看，资本（社会固定资产投资）、劳动力（非农人口比重）和制度因素（外在和内在）为中部城镇化次要的影响因素。在影响力位于较高以下的三类中，主要包括第二产业产值比重、第三产业产值比重和第三产业从业人员比例等，可以看出，中部地区的二、三产业对城镇化的带动作用不强，表现出了与传统城镇化动力机制不同的新型城镇化动力机制。

从国外城镇化的经验来看，英美等国家的城镇化是在工业技术不断革新的过程中发展起来的，因此工业技术的革新历程与城镇化历程具有较大的相关度，由于工业化革命历时 100 年，技术更替周期较长，增长速度较慢。日韩等国家的城镇化直接使用了英美国家的工业技术，工业技术不再作为推动力，而作为支撑条件，相反，信息化革命成为了日韩等国家城镇化的推动力，信息化变革速度快，历时较短，在城镇化加速时期达到了2%—4%的增长速度（罗志刚，2007）。中部地区在世界工业化进程不断完善和信息化革命逐渐完成的历史条件下，工业化和信息化不再作为城镇化推动的相关制约条件，而作为一种支撑条件，不再需要与工业革命和信息革命的周期相互匹配。在未来一定的时间内，中部地区的城镇化速度将进一步提高。

11 城镇化发展情景模型研究

11.1 研究模型概述

湖北省今后的城镇化发展路径并不是唯一的，这与政府的城镇化政策有关，政府可以通过相关的产业、人口、社会和空间政策引导城镇化沿着不同的路径发展。为了对湖北省未来可能的城镇化发展路径做出科学的模拟，为决策提供判断依据，我们先进行城镇化发展情景模型的研究。

11.1.1 城镇化发展情景模型的基本原理

城镇化发展情景模型的基本原理即是劳动力供需关系的模拟。城镇化的进程是以人口从农村向城镇迁移为主的经济、社会和空间变迁过程，人口的迁移处于核心支配地位，而人口从农村向城镇的迁移主要取决于农村剩余劳动力数量的推力和城镇就业岗位增加的拉力，如果我们能够测算出不同时期拉力和推力的大小就能够判断人口城乡迁移的规模，以及劳动力城镇需求和农村供给的差值，进而判断是劳动力供给富余还是短缺。如果是前者就需要政府加强劳动密集型产业的发展以增加就业岗位或者拓宽外省就业渠道；如果是后者，则需要提升本地生产生活环境，吸引外出人口回流，引进外省人口补充，或者加强农业产业化规模化的力度从而释放更多的剩余劳动力……总之，城镇化发展情景模型的目标是模拟不同的发展路径结果，对应着不同的城镇化水平、经济发展速度、产业发展导向和人口迁移政策等(图 11－1)。

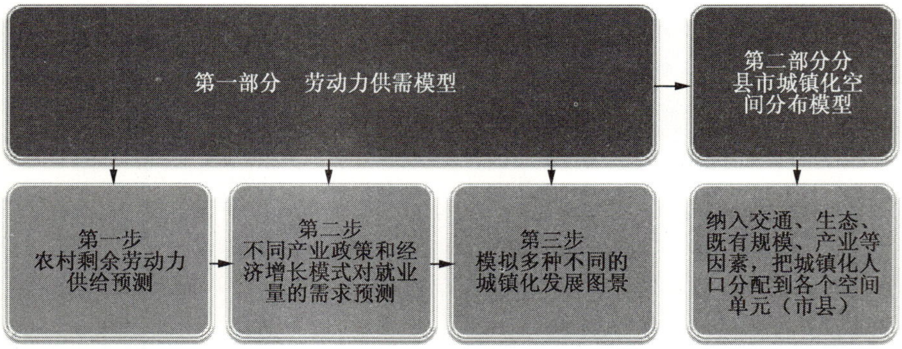

图 11－1　模型构成框架

11.1.2 模型的参数调节

基于劳动力供需关系的城镇化发展情景预测模型主要涉及两方面数据的计算。

一是农村剩余劳动力的数量变化。需要注意的是在目前的劳动生产率条件下，湖北省农村劳动力的供给需求基本平衡，剩余劳动力基本全部外出打工，这为我们预测今后的农村剩余劳动力提供了方便。实际上，我们只需知道今后各时点农村适龄劳动力数量的变动数和相应的农林渔牧业用工需求两者的差值，即可计算出剩余劳动力数量。前者可通过人口年龄结构数据进行推算，而后者可以根据耕地面积、林地面积、渔牧业产量和相应的用工需求计算出需要的劳动力数量。在预测农村剩余劳动力数量的过程中，主要涉及农村人口的年龄结构、劳动参与率、农林渔牧业单位用工需求、农业劳动生产率等参数，其中农业劳动生产率是可调节的，与政府政策有关，如果大力推进农业规模化和产业化经营，农业劳动生产率势必大幅提高，从而释放出更多的剩余劳动力。

与农村剩余劳动力供给相对应的是城镇就业岗位的需求。城镇就业岗位的需求与产业门类发展紧密相关，某产业的产值增长不仅仅是带动本产业的就业，而是带动一系列的相关产业就业的增长，产业门类之间的影响是相互的。我们利用湖北省产业经济投入产出表和就业增加值弹性系数，可以测算出某产业产值增长所带动的综合就业量，其引申的意义在于，我们可以模拟湖北省在不同的产业导向下城镇新增就业岗位的数量。

农村剩余劳动力的供给与城镇就业岗位的需求二者组合形成的模型可描绘出湖北省未来多种不同的城镇化发展图景。

11.2　农村劳动力供需平衡分析及农村剩余劳动力测算

根据工日折算法和湖北省各类农产品产量占全国比重估算获得现状农业劳动力需求量，按照农业生产效率提高速度外推的预测和以发达国家（美国）农业生产效率为标准估算未来湖北省农业生产效率，在此基础上测算未来湖北省农业劳动力需求，并结合农业劳动力供给测算，由此获得农业劳动力供需平衡分析并算出农村剩余劳动力数量（图 11－2）。

(1) 现状农业劳动力需求分析

· 工日折算法计算劳动力需求
· 根据湖北省各类农产品产量占全国比重估算

(2) 未来农业生产效率预测

· 按现状农业生产效率提高速度外推
· 发达国家（美国）农业生产效率

(3) 未来湖北省农业劳动力需求测算

· 按农业生产效率提高速度外推的测算
· 以发达国家（美国）农业生产效率为标准的测算

(4) 农业劳动力供给测算及农业劳动力供需平衡分析

· 农业劳动力供给测算
· 未来各时间节点湖北省农业劳动力供需情况分析

图 11－2　农村劳动力供需平衡及剩余劳动力测算过程示意图

11.2.1　现状农村劳动力需求分析

1）工日折算法计算劳动力需求

以《2009 年农产品成本收益资料汇编》中所涉及的各类种植业、林业、牧业、渔业产品用工数据为依据，按各类产品的播种面积或主产品总产量测算湖北省农业总用工需求，再以 250 个工日作为一个劳动力一年的标准工时折算所需劳动力数量。结果显示，当前湖北省种植业约需要 684 万人，水产业约需要 72 万人，畜牧业约需要 83 万人，林业约需要 22 万人。各类合计湖北省共需要 861 万农业劳动力(表 11－1 至表 11－5)。

表 11－1　湖北省种植业劳动力需求测算表(主要农作物)

		每亩用工量(日)	播种面积(万亩)	总工日(万日)	折合劳动力(万人)
		A	B	A×B	A×B/250
粮食作物	小麦	4.1	1 500.9	6 153.7	24.6
	稻谷	8.5	2 968.4	25 231.4	100.9
	薯类	10.5	324.1	3 403.1	13.6
	玉米	10.5	705.6	7 408.8	29.6
	大豆	5.2	168.5	876.2	3.5
经济作物	棉花	26.3	814.5	21 421.4	85.7
	油菜子	6.6	1 634.4	10 787.0	43.1
	花生	9.4	264.0	2 481.6	9.9
	芝麻	26.3	139.4	3 666.2	14.7
	黄红麻	26.3	0.8	21.0	0.1
	甘蔗	14.4	9.9	142.6	0.6
	甜菜	—	0	0	0
	烤烟	35.2	70.2	2 471.0	9.9
其他作物		30.9	1 978.0	61 120.2	244.5
合计		—	10 578.7	145 183.6	580.7

表 11－2　湖北省种植业劳动力需求测算(桑茶果)

	每亩用工量(日)	播种面积(万亩)	总工日(万日)	折合劳动力(万人)
	A	B	A×B	A×B/250
桑园	54.3	22.2	1 205.5	4.8
茶园	30.4	276.6	8 408.6	33.6
果园	30.7	521.2	16 000.8	64.0
合计	—	820.0	25 614.9	102.4

表 11－3　湖北省畜禽养殖业劳动力需求测算

		每核算单位用工数量(日)	年末存栏量(万头或万只)/产量(万吨)	总工日(万日)	折合劳动力(万人)
		A	B	A×B	A×B/250
大牲畜	牛	18.47	317.5	5 864.2	23.5
	猪	4.26	2 462.4	10 489.8	42.0
	羊	7.71	387.6	2 988.4	12.0
肉类产量	禽肉	8.38	73.1	612.6	2.5
其他禽产品	禽蛋	5.7	136.5	778.1	3.1
合计		—	3 377.1	20 733.1	82.9

表 11－4　湖北省林业劳动力需求测算(比例法推算)

	林业用地面积(万公顷)	林业劳动力(万人)
全　国	28 493	800
湖北省	766	21.5
湖北省/全国(%)	2.69	2.69

表 11－5　湖北省水产养殖业劳动力需求测算(比例法推算)

	水产品产量(万吨)	水产养殖业劳动力(万人)
全　国	4 895.6	1 126
湖北省	313.39	72.0
湖北省/全国(%)	6.4	6.4

2）根据湖北省各类农产品产量占全国比重估算

根据湖北省各类农产品播种面积或产量占全国比重，以全国农业劳动力需求量(2008 年农业生产水平)为依据，测算湖北省现状农业劳动力需求量。

(1) 中国农业劳动力需求测算

测算结果表明，全国种植业劳动力需求约为 16 423 万人，考虑到种植业存在高估的可能①，最终将种植业劳动力数量调整为 15 000 万人。畜牧业劳动力需求量为 1 656 万人，林业及水产业需求量为 800 万及 1 126 万人②(表 11－6，表 11－7)。

① 由于成本收益调查品种不可能涵盖农作物的全部，为了完整地反映种植业用工需求全貌，对于成本收益调查品种中涉及的农作物种类，我们分别采用了直接照搬、同类产品平均数替代或代表性产品替代的办法，选择亩均用工数值；对于成本收益调查中完全没有涉及的蔬菜、瓜类和其他品种，这里用最高的农作物亩均用工值替代，因此有高估的可能。

② 引用赵长保的研究结果《农村劳动力转移的新阶段》。

表 11－6　中国种植业劳动力需求测算

		每亩用工量（个）	播种面积（千公顷）	总工日（万个）	折合劳动力（万个）
		A	B	A×B	A×B/250
1. 粮食		7.69	160 190	1 231 861	4 927
2. 油料		9.69	19 238	186 416	746
3. 棉花		23.09	8 631	199 290	797
4. 麻类		23.09	332	7 665	31
5. 糖料	甘蔗	17.06	2 615	44 612	178
	甜菜	8.14	369	3 004	12
6. 烟叶		35.83	1 989	71 266	285
7. 药材		39.04	1 791	69 921	280
8. 蔬菜、瓜类		39.04	30 198	1 178 930	4 716
9. 其他		39.04	9 044	353 078	1 412
茶园		48.5	2 579	125 082	500
果园		39.41	16 101	634 540	2 538
合计		—	253 077	4 105 665	16 422

表 11－7　中国畜牧业劳动力需求测算

		每吨用工数量（个）	产量（万吨）	总工日（万个）	折合劳动力（万人）
肉类	猪肉	35.9	4 620.5	165 876	664
	牛肉	47.5	613.2	29 127	117
	羊肉	193.7	380.3	73 664	295
	禽肉	26.9	1 533.6	41 254	165
	兔肉	26.9	58.7	1 579	6
其他畜产品	奶类	7.9	3 781.5	29 874	119
	山羊毛(吨)	193.7	44 406	860	3
	绵羊毛(吨)	193.7	367 687	7 122	28
	羊绒(吨)	193.7	17 184	333	1
	蜂蜜	193.7	40	7 748	31
	禽蛋	14.4	2 702.2	38 912	156
	蚕茧	193.7	90.9	17 607	70

上述合计全国农业劳动力需求为 18 582 万人。

(2) 比例法推算湖北省农业劳动力需求量

结果表明，湖北省种植业约需劳动力 705 万人，水产业约需 72 万人，畜牧业约需 60 万人，林业约需 22 万人，合计湖北省农业劳动力总需求量为 859 万人。因此种植业测算方法以 2005 年农业生产水平为依据测算，计算出的农业劳动力需求量应较实际值偏高（表 11－8）。

表 11－8　比例法推算湖北省农业劳动力需求量

		播种面积（千公顷）产品产量（万吨）			劳动力数量（万人）		
		全国	湖北	湖北/全国（%）	全国	湖北	湖北/全国（%）
种植业		156 266.0	7 298.30	4.7	15 000	705	4.7
水产业		4 895.6	313.40	6.4	1 126	72	6.4
畜牧业		13 845.3	498.01	3.6	1 656	60	3.6
其中	肉类	7 278.7	340.00	4.7	—	—	4.7
	奶类	3 781.5	33.20	0.9	—	—	0.9
	绵羊毛	36.8	—	—	—	—	—
	山羊毛	4.4	—	—	—	—	—
	羊绒	1.7	0.01	0.6	—	—	0.6
	禽蛋	2 702.2	124.10	4.6	—	—	4.6
	蜂蜜	40.0	0.70	1.8	—	—	1.8
林业		28 493.0	766.00	2.7	800	22	2.7

根据工日折算法推算在现行农业生产技术水平之下，湖北省农林牧渔业所需劳动力约为 861 万；根据比例法推算，该数字为 859 万左右。

另据《湖北省统计年鉴 2009》，2008 年湖北省乡村就业人口共计 2 079 万人，其中农林牧渔业从业人员为 996 万人，由此推算，湖北省可转移的农村剩余劳动力数量约为 140 万。

11.2.2　未来农村劳动生产效率预判

1）按现状农村劳动生产效率提高速度外推

2003—2008 年，我国各类主要种植业农作物每亩用工量基本呈下降态势，其中糖料作物生产效率提高最快，每亩用工量下降幅度最大。烤烟、水果（苹果）生产效率提高速度较慢，每亩用工量下降幅度较小（表 11－9）。

表 11－9　各类农作物每亩用工量变动（全国平均）　　　　（日）

	2003 年	2004 年	2005 年	2006 年	2007 年	2008 年	每亩用工年均变化量	2008 年/2003 年比重（%）
三种粮食平均	11.1	9.97	9.59	8.68	8.18	7.69	−0.7	69.3
两种油料平均	12.7	11.37	10.91	10.40	9.96	9.69	−0.6	76.3
棉花	27.1	24.63	24.86	25.04	24.85	23.09	−0.8	85.2
烤烟	36.6	39.87	40.67	38.03	37.33	35.83	−0.2	97.9

续表 11-9

	2003年	2004年	2005年	2006年	2007年	2008年	每亩用工年均变化量	2008年/2003年比重(%)
甘蔗	25.5	22.62	21.44	20.04	19.36	17.06	-1.7	66.9
甜菜	14.6	9.57	9.57	9.32	8.20	8.14	-1.3	55.8
桑蚕茧	54.7	55.50	53.87	53.73	50.06	48.50	-1.2	88.7
苹果	38.1	42.70	39.82	41.64	36.28	39.41	0.3	103.4
蔬菜	43.6	51.25	46.14	44.30	42.52	39.06	-0.9	89.6

根据现状各类作物每5年每亩用工量下降幅度(百分比)①,设定方案一(大幅提高农业生产效率,每亩用工量下降幅度较现状大幅提高)、方案二(维持现状,设每亩用工量下降幅度与现状持平)、方案三(稳步提高农业生产效率,下降幅度较现状小幅提高)三个方案,推算各类农作物每亩用工量如表11-10、表11-11和表11-12所示。

表11-10　方案一　各类农作物每亩用工量预判(全国平均水平)　(日)

年份	2015	2020	2030
三种粮食平均	3.8	2.1	0.8
两种油料平均	5.8	3.8	2.0
棉花	17.3	13.9	10.6
烤烟	30.5	27.4	24.7
甘蔗	9.4	5.6	2.6
桑蚕茧	3.7	1.8	0.6
果园(苹果)	36.4	29.1	22.3
蔬菜	29.6	23.6	18.1
茶园	23.4	15.2	8.0

表11-11　方案二　各类农作物每亩用工量预判(全国平均水平)　(日)

年份	2015	2020	2030
三种粮食平均	5.4	4.0	2.7
两种油料平均	7.3	5.8	4.4
棉花	19.6	17.7	15.9
烤烟	34.0	32.7	31.1
甘蔗	11.1	7.8	4.7
桑蚕茧	4.5	2.7	1.2
果园(苹果)	41.2	37.1	33.5
蔬菜	37.4	35.9	34.2
茶园	27.4	26.0	24.2

① 设基年每亩用工量为1,以预测年每亩用工量与基年的比值作为表征每亩用工量下降幅度。

表 11-12　方案三　各类农作物每亩用工量预判(全国平均水平)　　(日)

年份	2015	2020	2030
三种粮食平均	4.6	3.0	1.6
两种油料平均	6.8	5.1	3.5
棉花	18.5	15.7	12.7
烤烟	32.2	29.7	26.8
甘蔗	10.2	6.7	3.5
桑蚕茧	4.1	2.2	0.9
果园(苹果)	38.8	33.0	28.2
蔬菜	35.5	32.6	29.4
茶园	25.9	23.3	21.5

2)发达国家(美国)农业生产效率

美国农业生产效率较高,劳动力投入仅占全部农业生产投入的较小比重。就主要农产品每亩用工量而言,农业生产效率已为我国平均水平的20—30倍(表11-13,表11-14)。

表 11-13　2002—2008 年美国主要农产品成本收益情况

年份			2002	2003	2004	2005	2006	2007	2008
每亩劳动力成本	稻谷	雇工成本	37.74	38.14	40.98	40.22	41.07	24.09	22.34
		家庭劳动机会成本	64.02	64.44	65.30	64.87	63.59	54.33	50.84
	玉米	雇工成本	4.17	4.28	4.37	2.81	2.88	2.83	2.71
		家庭劳动机会成本	35.11	36.19	36.80	29.71	30.93	30.52	28.76
	小麦	雇工成本	3.45	3.63	3.23	3.28	3.27	3.22	3.03
		家庭劳动机会成本	22.81	23.46	27.72	28.29	28.48	28.23	26.38
	大豆	雇工成本	2.51	2.59	2.78	2.74	2.78	2.82	2.97
		家庭劳动机会成本	21.27	21.98	21.99	22.63	22.07	23.58	24.09
	花生	雇工成本	57.99	56.77	20.78	20.11	20.45	20.65	19.13
		家庭劳动机会成本	126.86	128.74	83.74	83.89	84.39	84.32	79.28
	棉花	每亩雇工成本	2.51	2.59	2.78	2.74	2.78	2.82	2.97
		家庭劳动机会成本	21.27	21.98	21.99	22.63	22.07	23.58	24.09
美国2008年平均工资(美元)			26 471	26 542	26 461	26 828	27 546	27 648	26 513
美元平均汇率			8.27	8.27	8.27	8.19	7.97	7.60	6.94

表 11-14　2002—2008 年美国主要农产品每亩用工量变化情况　（日）

年份	2002	2003	2004	2005	2006	2007	2008	平均值
稻谷	0.12	0.12	0.12	0.12	0.12	0.1	0.1	0.1
玉米	0.67	0.67	0.66	0.64	0.64	0.7	0.7	0.7
小麦	0.58	0.59	0.59	0.48	0.51	0.6	0.6	0.6
大豆	0.98	0.98	0.97	1.01	1.01	1.0	1.0	1.0
花生	0.68	0.68	0.77	0.96	0.93	0.9	0.9	0.8
棉花	0.96	0.96	0.99	0.98	0.98	0.99	1.00	1.0

表注：受汇率变化影响，历年美国主要农产品每亩用工量呈波动态势，此处取平均值为测算参照。

11.2.3　未来湖北农村劳动力需求测算

1）按农村生产效率提高速度外推的测算

——种植业

依据对未来农作物每亩用工数量预判数据，假设未来湖北省各类农作物播种面积不变，且湖北省农业生产效率与全国平均水平较为接近，可计算得出三个方案未来各时间节点湖北省种植业所需劳动力如表 11-15 至表 11-17 所示。

表 11-15　湖北省未来各时间节点种植业劳动力需求测算（方案一）

（万亩，万人）

	播种面积	2015 年	2020 年	2030 年
粮食	5 668	87.2	47.9	18.7
油料	1 898	44.1	28.7	15.1
棉花	815	56.5	45.2	34.6
烤烟	70	8.5	7.7	6.9
甘蔗	10	0.4	0.2	0.1
桑蚕茧	15	0.2	0.1	0.0
果园	348	50.6	40.5	31.0
蔬菜	1 978	233.9	187.1	143.1
茶园	184	17.2	11.2	5.9
合计	10 986	498.6	368.6	255.4

表 11-16　湖北省未来各时间节点种植业劳动力需求测算(方案二)

(万亩,万人)

	播种面积	2015 年	2020 年	2030 年
粮食	5 668	122.0	92.0	62.0
油料	1 898	55.0	44.0	34.0
棉花	815	64.0	58.0	52.0
烤烟	70	10.0	9.0	9.0
甘蔗	10	0.4	0.3	0.2
桑蚕茧	15	0.3	0.2	0.1
果园	348	57.0	52.0	47.0
蔬菜	1 978	296.0	284.0	270.0
茶园	184	26.0	25.0	23.0
合计	10 986	630.7	564.5	497.3

表 11-17　湖北省未来各时间节点种植业劳动力需求测算(方案三)

(万亩,万人)

	播种面积	2015 年	2020 年	2030 年
粮食	5 668	105	68	36
油料	1 898	51	39	26
棉花	815	60	51	41
烤烟	70	9	8	7
甘蔗	10	0.4	0.3	0.1
桑蚕茧	15	0.2	0.1	0.1
果园	348	54	46	39
蔬菜	1 978	281	258	233
茶园	184	24	22	20
合计	10 986	584.6	492.4	404.2

——林业、畜牧业及水产养殖业

因缺少林业、畜牧业及水产养殖业劳动力需求历年变动数据,此处以种植业劳动力需求相关数据测算(假设林业、畜牧业及水产养殖业农业生产效率提高幅度与种植业相同)。

——农村劳动力需求总量

种植业、畜牧业、水产养殖业及林业劳动力需求量合计为农业劳动力需求总量。

至 2030 年,方案一、方案二、方案三计 3 个方案中湖北省农业劳动力需求量将分别下降至 315 万、621 万及 509 万人(表 11-18 至表 11-21)。

（方案一为大力提高农业劳动生产率，农业所需劳动力数量最低；方案二为延续现状劳动生产率，农业所需劳动力数量最高；方案三为稳步提高劳动生产率，农业所需劳动力数量居中。）

表 11－18　湖北省未来各时间节点农业劳动力需求测算（方案一）　（万人）

年份	2008	2015	2020	2030
种植业	684.0	498.6	368.6	255.4
种植业劳动力数量相当于 2008 年比重*	1.00	0.73	0.54	0.37
水产业	72.0	52.5	38.8	26.9
畜牧业	83.0	60.5	44.7	31.0
林业	22.0	16.0	8.6	1.4

表注：* 种植业各时间节点劳动力需求量计算过程见表 11－15 至表 11－17，依据 2015 年、2020 年、2030 年求取的种植业劳动力需求量相对于 2008 年的比重，以此表征随农业生产效率的提高种植业可释放出的劳动力。以 2008 年水产业、畜牧业、林业劳动力需求为基础，乘以 2015 年、2020 年、2030 年种植业劳动力需求量相对于 2008 年的比重，可求取 2015 年、2020 年、2030 年水产业、畜牧业、林业劳动力需求数量。

表 11－19　湖北省未来各时间节点农业劳动力需求测算（方案二）　（万人）

年份	2008	2015	2020	2030
种植业	684	631	563	497
种植业劳动力数量相当于 2008 年比重	1.00	0.92	0.82	0.73
水产业	72	66	59	52
畜牧业	83	79	72	54
林业	22	21	19	17

表 11－20　湖北省未来各时间节点农业劳动力需求测算（方案三）　（万人）

年份	2008	2015	2020	2030
种植业	684	585	493	404
种植业劳动力数量相当于 2008 年比重	1.00	0.86	0.72	0.59
水产业	72	62	52	43
畜牧业	83	71	60	49
林业	22	19	16	13

表 11－21　湖北省未来各时间节点农业劳动力需求测算（综合）　（万人）

年份	2008	2015	2020	2030
方案一	861	628	461	315
方案二	861	798	714	621
方案三	861	736	621	509

2）以发达国家（美国）农业生产效率为标准的测算

如按照美国农业生产水平测算，湖北省种植业劳动力需求仅为约 50 万人（表 11－22），相当于目前水平的 7%。同比例推算林业、牧业、水产养殖业，湖北省共需 13 万。合计湖北农业劳动力需求量仅为 63 万人左右。

考虑到湖北省中西部多山，地形限制可能使湖北省农业劳动生产率达到发达国家水平时农业对劳动力的需求水平略高，推算湖北省达到发达国家水平时农业劳动力需求量为 100 万人左右。

表 11－22　根据美国水平测算的湖北省农业劳动力需求量

	每亩用工量(美国)(人)	播种面积(万亩)	总工日(万日)	劳动力数量(万人)
三种粮食平均	0.5	5 668	2 834	11.3
两种油料平均	0.8	1 898	1 519	6.1
棉花	1	815	815	3.3
烤烟	2.4	70	168	0.7
甘蔗	1.1	10	11	0.0
桑蚕茧	0.5	15	8	0.0
果园(苹果)	3.2	348	1 124	4.5
蔬菜	2.6	1 978	5 197	20.8
茶园	2.6	184	480	1.9
合计	—	10 986	12 155	48.6

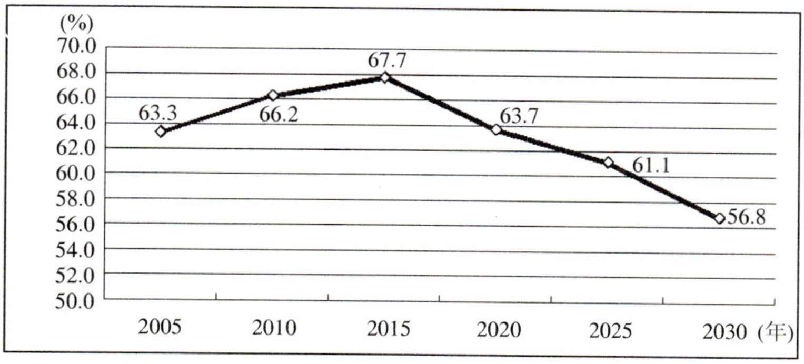

图 11－3　年龄移算法测算湖北省人口 20—64 岁人口比重变化情况

11.2.4　农村劳动力供给测算及农业劳动力供需平衡分析

1）农业劳动力供给测算

未来农业劳动力供给将受到农村人口年龄结构变动、农村人口外迁(迁往省外)规模、劳动参与率变化(人均受教育年限提高、收入水平提高)等的影响。

据“年龄移算法”测算结果，目前直至 2015 年为湖北省劳动年龄人口(20—64 岁)数量及比重均较高的时期，之后随着人口结构渐趋老化以及人口自然负增长的出现，劳动力年龄人口数量及比重都将较目前有较大幅度的下降(图 11－3，表 11－23)。

表 11－23　按年龄结构演变推算湖北省农业劳动力供给情况

年份	2008	2015	2020	2030
全省 20—64 岁人口比重(常住口径)(%)	64.10	67.70	63.70	56.80
年龄结构调整系数	1.00	1.06	0.94	0.89

表注:年龄结构调整系数为以前一期农村适龄劳动力比重为 1,之后根据适龄劳动力比重预测结果与前一期农村适龄劳动力比重的比值作为表征年龄结构变动后劳动力供给数量变化的参数。如 2008 年、2015 年农村适龄劳动力比重分别为 64.1%、67.7%,则 2015 年适龄劳动力比重相对于 2008 年比重的比值为 1.06,则 2008 年 860 万农村劳动力供给在年龄结构变动的影响下将在 2015 年增长至 911 万人(860×1.06＝911)。

2) 未来各时间节点湖北省农业劳动力供需情况分析

计算数据显示,由于人口增长的惯性,2015 年前湖北省劳动力供给仍有小幅上扬,但之后开始下降,至 2030 年下降到 765 万人。与供给相对应的是,随着农村劳动生产率的提高,农林渔牧业的劳动力需求急剧下降,即使是按照现行的发展趋势,2030 年时农村也会出现 144 万剩余劳动力,如果大力提高劳动生产率的话,将可以释放大约 450 万剩余劳动力(表 11－24,表 11－25)。

选择何种政策导向取决于湖北省经济增长创造的城镇就业岗位数量和推进城镇化的目标要求。

表 11－24　湖北省未来各时间农业劳动力供需情况分析　　(万人)

年份		2008	2015	2020	2030
农村劳动力供给量①		860	911	851	765
农村劳动力需求量②(绝对量)	方案一	860	628	461	315
	方案二(基准方案)	860	798	714	621
	方案三	860	736	621	509
农业剩余劳动力数量(增量,相对于 2008 年可以转移出的数量)	方案一	—	283	390	450
	方案二(基准方案)	—	113	137	144
	方案三	—	175	230	256

表注:① 是农村就业的相关概念。"农村劳动力供给量"与人口年龄结构、劳动参与率有关,比如随着教育水平的提高农村劳动年龄人口参与劳动的年龄提高,从而劳动参与率下降;随着湖北省人口老龄化和计划生育政策效应现象,劳动年龄人口比例会有下降趋势;劳动参与率则受到人均受教育年限及收入水平的影响,人均受教育年限的提高将推迟劳动年龄人口进入就业的时间,从而使劳动参与率降低;而收入水平的提高也会使一部分劳动适龄人口退出就业队伍从而降低劳动参与率,长期来看,劳动参与率有下降的趋势。

② 农村劳动力需求量为农、林、牧、渔产业的需求人口。统计年鉴中的"农村从业人口"包括了在农村就业的农、林、牧、渔等第一产业就业人口,也包括工业、建筑业、服务业等在内的所有就业人口;统计年鉴中的"农村人口"包括农村从业人口及其家眷在内的所有人口。

表 11－25　未来不同时期湖北省农村可转移剩余劳动力　（万人）

情景模拟	劳动生产率提高	2008—2015 年	2015—2020 年	2021—2030 年
方案一	大幅提高农业劳动生产率	283	107	60
方案二（基准方案）	基准方案（按照目前农业劳动生产率提高速度外推的方案）	113	24	7
方案三	稳步提高农业劳动生产率	175	55	26

11.3　基于投入产出分析的湖北省城镇就业岗位供给预测

11.3.1　投入产出核算概述与预测模型路径设计

1）投入产出核算概述

投入产出核算即投入产出法，是由美国经济学家瓦西里·列昂惕夫创立，是国民经济核算体系的重要组成部分。它以投入产出表的形式反映国民经济各部门的生产、收入和使用过程，是宏观经济分析的重要工具，并已经被广泛应用于生产分析、需求分析、价格和成本分析、就业预测分析、能源和环境分析等领域。本专题研究获得的各行业的就业吸纳能力，即通过全面分析从业人员在整个国民经济系统中的分布，量化一个行业发展本行业直接产生的就业需求和带动其他行业发展间接产生的就业需求，比较不同行业的就业拉动潜力，为制定行业就业政策和制定不同的产业政策提供参考（表 11－26）。

表 11－26　投入产出核算分析

	中间产品				最终产品	总产出 X_i
	部门 1 农业	部门 2 采掘业	…	部门 n 公共管理事业	…	
部门 1：农业	X_{11}	X_{12}	…	X_{1n}	…	X_1
部门 2：采掘业	X_{21}	X_{22}	…	X_{2n}	…	X_2
…	…	…	…	…	…	…
部门 n：公共管理事业	X_{n1}	X_{n2}	…	X_{nn}	…	X_n
中间投入合计	…	…	…	…		
…	…	…	…	…		
劳动者报酬	W_1	W_2	…	W_n		
…	…	…	…	…		
增加值合计	…	…	…	…		
总投入合计 X_i	X_1	X_2	…	X_n		

根据投入产出核算分析，可以获得如下指标。

行业 j 的总产出乘数：

$$F_j = \sum_{i=1}^{n} c_{ij} = \sum_{i=1}^{n} b_{ij} + 1$$

总产出乘数 F_j 是为配合第 j 行业最终使用增加 1 个单位，其他行业最终使用均不增加，各个行业总产出的增加额之总和（也即社会总产出的增加额）。它反映了行业 j 带动国民经济规模的能力，也能间接反映行业 j 吸纳就业的能力。

行业 j 的影响力系数：

$$F_i = \frac{\sum_{i=1}^{n} \overline{b_{ij}}}{\frac{1}{n}\sum_{i=1}^{n}\sum_{j=1}^{n} b_{ij}} (j = 1, 2, \cdots, n)$$

影响力系数是反映国民经济某一个部门增加一个单位最终使用时，对国民经济各部门所产生的生产需求波及程度。

综合就业系数：
$$d_{gj} = \sum_{i=1}^{n} T_{ij}$$

综合就业系数 d_{gj} 反映了行业 j 的最终需求增加一个单位时需要各个行业劳动力的增加量。综合就业系数越大，说明行业的就业吸纳能力越大，提高整个国民经济就业水平的能力越强。

2）预测模型路径设计

首先通过投入产出核算，量化经济发展对就业的拉动效应，即综合就业系数；其次通过劳动生产率提高趋势外推，引入就业增加值弹性系数，模拟劳动生产率提高对就业效应进行修正；最后预测不同产业政策下 GDP 增长对就业的拉动效应，从而获得不同产业政策下的城镇就业岗位供给量（图 11－4）。

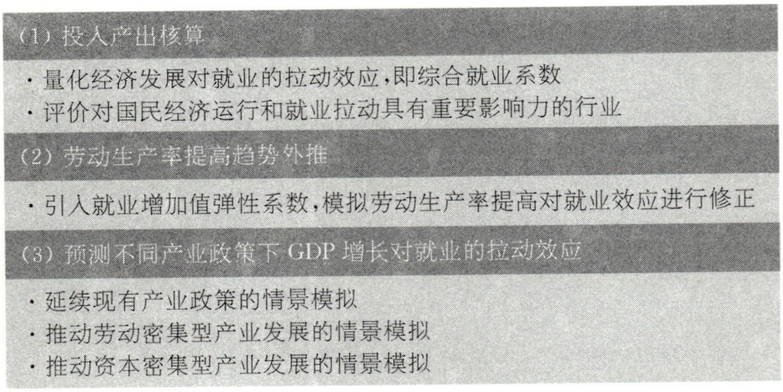

图 11－4　基于投入产出分析方法预测的路径设计

11.3.2　数据来源和处理

1）数据来源

研究选用湖北省国民经济投入产出表，其他经济数据来源于各年的湖北省统计年鉴（表 11－27）。

表 11－27　2005 年投入产出表　　（万元）

		农业	煤炭开采和洗选业	…	中间使用合计	…	总产出
	代码	1	2	…	—	…	—
农业	1	2 716 230	10 997	…	8 921 917	…	17 849 372
煤炭开采和洗选业	2	9 638	11 844	…	2 172 526	…	155 930
石油和天然气开采业	3	0	0	…	869 347	…	491 318
金属矿采选业	4	298	8	…	906 970	…	880 730
文化、体育和娱乐业	…	…	…	…	…	…	…
公共管理和社会组织	42	11 445	0	…	38 707	…	4 300 300
中间投入合计	—	6 980 771	108 242	…	93 476 100	…	1 586 775 000
劳动者报酬	—	10 593 385	23 221	…	29 235 700	—	—
…	…	…	…	…	…	—	—
增加值合计	—	10 868 601	47 688	…	65 201 400	—	—
总投入	—	17 849 372	155 930	…	1 586 775 000	—	—

2）数据处理

具体指标依照上文公式进行计算，其中一些特殊处理过程如下：

（1）各行业就业人数的获得。参照湖北省统计年鉴中“细分行业在岗职工人数”和“制造业在岗职工人数”取得各行业就业人数的数据。其中部门划分和当年的投入产出表并不完全一致，如统计年鉴中对“采掘业”没有再细分，但投入产出表中分列为“煤炭开采与洗选业”、“石油和天然气开采业”、“金属矿采选业”和“非金属矿采选业”四项。故将这四项各自的产出作为权重，分配年鉴中的“采掘业”总的就业人数。同类型的问题按照类似的方法处理。

（2）根据各年的湖北省统计年鉴，可获得按 16 个部门分类较粗的就业人数，它与投入产出表中的分类并不对应。统计年鉴还提供另一种就业数据，其行业分类与投入产出表比较接近，但只有该行业的职工人数，没有包含全行业的从业人员数，因此要获得行业从业人数必须对数据进行加工。我们对数据进行如下加工：对于两种数据完全对应的少数行业，如农业、建筑业等，直接应用统计年鉴中提供的数据；对于分类与投入产出表比较接近，但统计年鉴中只提供职工人数的大多数行业，利用其所属的行业大类的从业人数与职工人数的比例关系进行调整；对于工业，假设其内部各部门平均劳动力报酬不变，根据投入产出表提供的细分部门的劳动力报酬总数所占比例推算出各部门的就业人数。根据投入产出表的部门分类，将 42 个部门划分到 16 个部门中。假设 16 个部门内部平均劳动力报酬不变，根据投入产出表提供的细分部门的劳动力报酬总数所占比例推算出 42 个部门的就业人数（表 11－28）。

表 11－28 行业产出乘数和影响力系数表

行业名称	行业产出乘数 F	影响力系数 f	排名
通信设备、计算机及其他电子设备制造业	3.32	1.37	1
仪器仪表及文化办公用机械制造业	3.32	1.37	2
交通运输设备制造业	3.14	1.30	3
电气、机械及器材制造业	3.10	1.28	4
建筑业	2.96	1.22	5
金属制品业	2.94	1.21	6
服装皮革羽绒及其制品业	2.92	1.20	7
其他制造业	2.92	1.20	8
纺织业	2.90	1.20	9
金属冶炼及压延加工业	2.87	1.18	10
通用、专用设备制造业	2.84	1.17	11
石油加工、炼焦及核燃料加工业	2.82	1.16	12
化学工业	2.81	1.16	13
石油和天然气开采业	2.80	1.15	14
非金属矿物制品业	2.73	1.13	15
煤炭开采和洗选业	2.71	1.12	16
非金属矿采选业	2.67	1.10	17
租赁业和商务服务业	2.66	1.09	18
金属矿采选业	2.52	1.04	19
卫生、社会保障和社会福利业	2.47	1.02	20
造纸印刷及文教用品制造业	2.47	1.02	21
电力、热力的生产和供应业	2.45	1.01	22
旅游业	2.45	1.01	23
食品制造及烟草加工业	2.44	1.00	24
住宿和餐饮业	2.43	1.00	25
交通运输及仓储业	2.42	1.00	26
木材加工及家具制造业	2.34	0.97	27
水的生产和供应业	2.27	0.93	28
综合技术服务业	2.25	0.93	29
科学研究事业	2.23	0.92	30
邮政业	2.22	0.92	31

续表 11－28

行 业 名 称	行业产出乘数 F	影响力系数 f	排名
其他社会服务业	2.16	0.89	32
文化、体育和娱乐业	2.14	0.88	33
农业	1.90	0.78	34
金融保险业	1.85	0.76	35
公共管理和社会组织	1.78	0.73	36
信息传输、计算机服务和软件业	1.69	0.70	37
教育事业	1.67	0.69	38
批发和零售贸易业	1.57	0.65	39
房地产业	1.46	0.60	40
燃气生产和供应业	1.34	0.55	41
废品废料	1.00	0.41	42

11.3.3 投入产出核算

在实证结果的基础上分析了湖北省各行业的就业吸纳能力和产业关联及扩散能力。具体结果如下：

1）行业产出乘数和影响力系数表

选取影响力系数进行分析，获得各行业的排名。其中，影响力系数较大的前 10 位行业有通信设备、计算机及其他电子设备制造业，仪器仪表及文化办公用机械制造业，交通运输设备制造业，电气、机械及器材制造业，建筑业，金属制品业，服装皮革羽绒及其制品业，其他制造业，纺织业和金属冶炼及压延加工业。可见，湖北省内影响力系数较大的行业以资本密集的重工业为主，以轻工业为辅，对社会其他行业产出有较大的拉动作用。另外，建筑业的拉动作用也比较大。

2）综合就业带动系数表

综合就业系数反映了行业 j 的最终需求增加一个单位时需要各个行业劳动力的增加量。综合就业系数越大，说明行业的就业带动能力越大，提高整个国民经济就业水平的能力越强。前 15 位排名的行业是农业（主要是由于没有进行细分，总量上占有较大优势），教育事业，公共管理和社会组织，卫生、社会保障和社会福利业，旅游业，邮政业，食品制造及烟草加工业，木材加工及家具制造业，纺织业，科学研究事业，煤炭开采和洗选业，服装皮革羽绒及其制品业，文化、体育和娱乐业，综合技术服务业，住宿和餐饮业。可见，虽然目前重工业对湖北省的国民经济带动影响力相对较高，但湖北省整个国民经济就业水平较强的却主要是传统服务业和轻工业（食品、木材、服装、采掘等）（表 11－29）。

表 11-29　综合就业带动系数表

行业名称	综合就业系数	排名
农业	1.227	1
教育事业	0.701	2
公共管理和社会组织	0.688	3
卫生、社会保障和社会福利业	0.670	4
旅游业	0.643	5
邮政业	0.607	6
食品制造及烟草加工业	0.582	7
木材加工及家具制造业	0.571	8
纺织业	0.557	9
科学研究事业	0.511	10
煤炭开采和洗选业	0.507	11
服装皮革羽绒及其制品业	0.492	12
文化、体育和娱乐业	0.488	13
综合技术服务业	0.474	14
住宿和餐饮业	0.460	15
其他制造业	0.412	16
造纸印刷及文教用品制造业	0.403	17
租赁业和商务服务业	0.402	18
金属矿采选业	0.396	19
石油和天然气开采业	0.393	20
金融保险业	0.377	21
非金属矿采选业	0.368	22
建筑业	0.359	23
其他社会服务业	0.353	24
仪器仪表及文化办公用机械制造业	0.342	25
非金属矿物制品业	0.340	26
交通运输及仓储业	0.330	27
化学工业	0.327	28
通用、专用设备制造业	0.317	29
金属冶炼及压延加工业	0.314	30

续表 11-29

行业名称	综合就业系数	排名
通信设备、计算机及其他电子设备制造业	0.306	31
交通运输设备制造业	0.302	32
电气、机械及器材制造业	0.300	33
石油加工、炼焦及核燃料加工业	0.294	34
金属制品业	0.291	35
电力、热力的生产和供应业	0.276	36
批发和零售贸易业	0.239	37
水的生产和供应业	0.226	38
燃气生产和供应业	0.167	39
房地产业	0.165	40
信息传输、计算机服务和软件业	0.161	41
废品废料	0	42

11.3.4 劳动生产率提高趋势外推

依据投入产出表获得的综合就业效应系数表征的是统计调查当年的劳动生产率水平，在科学技术水平快速发展的时代背景下，应当引入就业增加值弹性系数，即地区就业量的增长率与地区GDP增长率的比值来表征劳动生产率水平的提高。由于本研究建立的模型针对的是增量计算(即规划目标年相对于基年增加的就业岗位)，我们引入劳动生产率调整系数，即后一期就业弹性系数相对于上一期就业弹性系数的比值(即以基年就业增加值弹性系数为1，预测年就业增加值弹性系数与基年就业增加值弹性系数的比值为新定义的就业增加值弹性系数)。依据2000—2008年GDP和就业人口增长变化趋势，预计劳动生产率以每年10%的水平增长，故劳动生产率调整系数为0.9。

11.3.5 预测不同产业政策下GDP增长对就业的拉动效应

1) GDP增速的假设

从2000—2008年湖北的GDP增速来看，湖北地区生产总值增速为11.5%，第一产业GDP增速为4.6%，第二产业GDP增速为13.2%，第三产业GDP增速为13.2%(表11-30)。再考虑到湖北省的资源、区位、交通条件以及国家中部崛起、武汉城市圈两型社会、武汉东湖自主创新区和武汉新港建设等有利因素，湖北省今后的发展前景看好，因此本研究报告2010—2020年的湖北省GDP总量增速按照12.5%计算，2020—2030年按10%计算。如需更为准确的模拟数据，可以将不同的GDP增速数据代入运算模型，求得对应结果。

表 11－30　2002—2008 年湖北省地区生产总值指数表

年份	地区生产总值	第一产业	第二产业	第三产业
2002	109.2	102	110.1	111.4
2003	109.7	105.8	110.2	110.8
2004	111.2	106.5	113.6	110.6
2005	112.1	104	115.2	111.8
2006	113.2	105.1	115.9	113.7
2007	114.5	104.7	115.1	117.7
2008	113.4	106	116.6	112.4

2）以不同的 GDP 增速来模拟不同的产业政策下的经济增长模式对就业的吸纳能力

根据湖北省 2005 年行业投入产出表，对湖北省整个国民经济就业水平的吸纳能力较强的主要是传统服务业和轻工业；重工业对整个国民经济发展水平推动较大，但就业吸纳能力并不强，这一差别可以通过就业综合效应系数进行量化表征，由此只需模拟不同行业的 GDP 增速就可以模拟不同产业政策下的不同经济增长模式对湖北省就业人口的影响。而只要求出新增就业岗位数，则可以得出充分满足就业需求情况下湖北省新增城镇人口(新增就业岗位×带眷系数)。

3）模型结构

根据上述步骤，就可以形成基于投入产出分析的就业人口吸引模型，其中的参数包括 42 行业的综合就业带动系数，就业增加值弹性系数，不同产业政策下不同的 GDP 增速，结构如图 11－5 所示：

不同产业GDP增速表征不同产业政策

城镇二三产业就业岗位数量＝不同行业GDP增量×修正后综合就业系数

投入产出分析得出综合就业系数

预测GDP增速

GDP增量

各行业就业带动量

引入就业增加值弹性系数，调整历年综合就业系数

行业/项目	农业	煤炭开采和洗选业	石油和天然气开采业	金属矿采选业	非金属矿采选业	食品制造及烟草加工业	纺织业	服装皮革羽绒及其制品业	木材加工及家具制造业	造纸印刷及文教用品制造业	石油加工炼焦及核燃料加工业	化学工业	…	GDP 总额	比前一年增加就业量	比 2005 年增加就业量
2005 年部门增加值	10868601	47688	118100	343047	498564	3709780	1275402	850623	507381	838039	517190	2464056	…	65201400		
修正前的综合就业效应系数	0.23	0.051	0.039	0.040	0.037	0.058	0.056	0.049	0.057	0.040	0.029	0.033	…			
2005 年修正后的综合就业效应系数	0.168	0.038	0.027	0.024	0.029	0.068	0.059	0.050	0.060	0.034	0.020	0.026	…			
2005—2010 年部门 GDP 增长率	—	0.12	0.12	0.12	0.12	0.14	0.14	0.12	0.12	0.12	0.14	0.14	…	0.12		
修正后的综合就业效应系数	0.099	0.022	0.016	0.014	0.017	0.040	0.035	0.030	0.035	0.020	0.012	0.015	…			
2010 年	18841923	84043	208661	604566	878640	7142864	2455678	1499088	894178	1476911	995805	4744329	…	114907145		
增加量	1941598	9005	22357	64775	94140	877194	301575	160617	95805	158240	122292	582637	…			
增加就业量	19.30	0.02	0.04	0.09	0.16	3.52	1.05	0.48	0.34	0.32	0.15	0.89	…	42.91	23.61	116.01
修正后的综合就业效应系数	0.089	0.020	0.014	0.013	0.015	0.036	0.031	0.027	0.032	0.018	0.011	0.014	…			
2011 年	20992442	94129	233701	677114	984077	8142865	2799473	1678978	1001480	1654140	1135218	5408535	…	128696002		
增加量	2150519	10085	25039	72548	105437	1000001	343795	179891	107301	177229	139413	664206	…			
增加就业量	19.24	0.02	0.04	0.09	0.16	3.61	1.08	0.48	0.34	0.32	0.15	0.92		43.06	23.82	139.83
…	…	…	…	…	…	…	…	…	…	…	…	…	…	…		…
修正后的综合就业效应系数	0.059	0.013	0.009	0.008	0.010	0.024	0.021	0.018	0.021	0.012	0.007	0.009	…			
2015 年	32116501	148113	367732	1065451	1548465	13752975	4728199	2641905	1575848	2602821	1917338	9134800	…	202505661		
增加量	3206835	15869	39400	114156	165907	1688962	580656	283061	168841	278874	235463	1121818	…			
增加就业量	18.82	0.02	0.04	0.10	0.17	4.00	1.20	0.50	0.35	0.33	0.17	1.01	…	43.56	24.74	237.38

图 11－5　就业量需求预测模型结构示意图

11.4 模拟多种不同的城镇化发展图景

11.4.1 不同产业政策下的湖北省城镇就业岗位增加

1）基准方案

据《省人民政府关于印发湖北省十个重点产业调整和振兴实施方案的通知》中确定的10个重点产业的方案，将电子信息、汽车、钢铁、有色金属、石化产业、纺织业、装备制造业、船舶工业、轻工业、物流业等10大产业作为重点振兴产业，而稳妥推进包括服务业在内的其他产业发展，假设在政策的扶持和推动下，将获得高于平均水平的行业GDP增长率，则可获得在现行产业政策下湖北省城镇就业需求量，作为基准方案可以得到结果如表11－31。

表11－31 基准方案城镇就业岗位需求 （万个）

情景模拟	产业导向	2015年	2020年	2030年
基准方案（依据湖北省10大振兴产业计划）	电子信息、汽车、钢铁、有色金属、石化产业、纺织业、装备制造业、船舶工业、轻工业、物流业等	195	329	515

2）高方案

现行产业政策是一种相对均衡的产业发展政策，将来湖北省如果要吸引大量的外出人口回流，则势必需要提供更多的就业岗位。根据上文中对综合就业带动系数的分析，劳动密集型产业即食品制造、烟草加工业、纺织、服装、木材加工、家具制造、造纸、印刷及文教用品制造业等将提供更多的就业岗位，推动劳动密集型产业的发展，并稳步推进重工业和现代服务业，是一种高就业岗位供给的方案。可以得到结果如表11－32。

表11－32 高方案城镇就业岗位需求 （万个）

情景模拟	产业导向	2015年	2020年	2030年
高方案（推动劳动密集型产业发展，适当推动先进制造业）	食品制造、烟草加工业、纺织、服装、木材加工、家具制造、造纸、印刷及文教用品制造业等	216	375	619

3）低方案

现行产业政策是一种相对均衡的产业发展政策，将来湖北省如果不吸引大量的外出人口回流，则过多的就业岗位会造成佣工不足。根据上文中对综合就业带动系数的分析，推动先进制造业发展即电子信息、汽车产业、钢铁、有色金属、石化、装备制造、船舶等将大量减少所需的就业岗位数，本方案在推进制造业发展的同时，推进现代服务业的发展，并稳妥推进劳动密集型产业等其他产业的发展，是一种低就业岗位供给的方案。可以得到结果如表11－33。

表 11－33　低方案城镇就业岗位需求　（万个）

情景模拟	产业导向	2015 年	2020 年	2030 年
低方案（推动先进制造业发展，适当发展劳动密集型产业）	电子信息、汽车产业、钢铁、有色金属、石化、装备制造、船舶等	178	298	453

11.4.2　结合劳动力供给模型的多种城镇化发展路径模拟

1）考虑城镇就业人口年龄结构变化的就业岗位增量修正

前一节通过投入产出表和就业综合弹性系数，模拟计算了未来湖北省城镇就业岗位的增加量，但这个量值还仅仅是由于产业发展而带动的就业岗位增加，必须考虑的是城镇人口随着时间的推移，部分就业人口由于年老退休将要退出工作岗位和城镇本身新增的劳动年龄人口也将占据一部分就业岗位。通过对湖北省城镇人口的年龄结构的分析，可以基本判断未来 20 年内城镇自身人口结构性更替而带来的就业岗位数量变化。将这部分由于年龄更替而带来的就业岗位变化与城镇产业发展而带动的新增就业岗位数量加总，即可得到各个时点湖北省城镇就业岗位增加的绝对数量。

计算显示，湖北省 2008—2015 年由于城镇人口年龄结构更替会导致 114 万个工作岗位的需求，即城镇产业发展需首先满足该部分人口的就业岗位需求；2015—2020 年由于人口年龄结构老化会带来 121 万个就业岗位的空置，这些岗位城镇人口本身无法消化，需要新增城镇人口填补；2021—2030 年期间这一数字将达到 208 万。

结合表 11－34 和表 11－35 就可以计算出湖北省未来各个时间阶段就业岗位的绝对增量（表 11－36）。

表 11－34　（未经修正的）多种路径模拟下城镇就业岗位的增加数　（万个）

情景模拟	产业导向	2008—2015 年	2016—2020 年	2021—2030 年
高方案（推动劳动密集型产业，适当发展先进制造业）	食品制造、烟草加工业、纺织、服装、木材加工、家具制造、造纸、印刷及文教用品制造业	216	159	244
基准方案（依据湖北省 10 大产业振兴计划）	电子信息、汽车产业、钢铁、有色金属、石化、纺织、装备制造、船舶、轻工、物流	195	134	186
低方案（推动先进制造业发展，适当发展劳动密集型产业）	电子信息、汽车产业、钢铁、有色金属、石化、装备制造、船舶	178	120	155

表 11－35　现状城镇人口随时间推移的就业人口变化量

年　份	2008	2015	2020	2030
二三产业就业人数(万人)	1 899	2 013	1 892	1 684
年龄趋势推移系数	1.0	1.06	0.94	0.89
相比前一时期二三产业就业岗位的增量需求(万人)	0	114	－121	－208

表注：正数代表相比前一时期现状城镇人口因年龄结构演变，需更多就业岗位；负数表示因年龄结构演变，原部分城镇人口退出就业队伍，有就业岗位空出。

表 11－36　(经年龄更替修正的)多种路径模拟下城镇就业岗位的增加数　(万个)

情景模拟	产业导向	2008—2015 年	2016—2020 年	2021—2030 年
高方案 (推动劳动密集型产业，适当发展先进制造业)	食品制造、烟草加工业、纺织、服装、木材加工、家具制造、造纸、印刷及文教用品制造业	102	280	452
基准方案 (依据湖北省十大产业振兴计划)	电子信息、汽车产业、钢铁、有色金属、石化、纺织、装备制造、船舶、轻工、物流	81	255	394
低方案 (推动先进制造业发展，适当发展劳动密集型产业)	电子信息、汽车产业、钢铁、有色金属、石化、装备制造、船舶	64	241	363

2) 9 种城镇化发展情景模拟

将城镇就业岗位的绝对增量的三种方案和农村剩余劳动力增量的三种方案(表 11－37)进行组合，研究得出 9 种不同的情景模拟对应于表 11－38。

表 11－37　不同劳动生产率推进力度下湖北省农业剩余劳动力增量　(万个)

情景模拟	劳动生产率提高	2008—2015 年	2015—2020 年	2021—2030 年
方案一	大幅提高农业劳动生产率	283	107	60
方案二 (基准方案)	基准方案 (按照目前农业劳动生产率提高速度外推的方案)	113	24	7
方案三	稳步提高农业劳动生产率	175	55	26

表 11－38　不同路径下湖北省未来各时间段需要回流的人口数量　(万个)

产业选择因素	农业劳动生产率推进因素	情景	2008—2015 年	2016—2020 年	2021—2030 年
推动劳动密集型产业，适当发展先进制造业	延续现状速率 (推荐路径)	1	－11	256	445
	稳步提高	2	－73	225	426
	大力提高	3	－181	173	392

续表 11 - 38

产业选择因素	农业劳动生产率推进因素	情景	2008—2015 年	2016—2020 年	2021—2030 年
结合湖北省十大产业振兴计划，推动先进制造业发展，适当发展劳动密集型产业	延续现状速率	4	−32	231	387
	稳步提高(推荐路径)	5	−94	200	368
	大力提高	6	−202	148	334
全力推进湖北省十大产业振兴	延续现状速率	7	−49	217	356
	稳步提高	8	−111	186	337
	大力提高(推荐路径)	9	−219	134	303

表注：负值的含义是不仅不需回流人口，而且将产生的剩余劳动力数量。

湖北省存在大量的农村外出劳动力，未来湖北省的人口年龄结构变化和产业发展导向将改变城乡人口的就业平衡。城镇化发展的情景选择取决于我们需要在什么时点、多大程度上释放农村剩余劳动力的供给和接纳外出劳动力的回流。

如果我们要大力提高城镇化的数量水平，就需要尽可能多的引导人口回流，增加城镇人口数量。这种发展路径需要政府有很强的财政实力和经济发展水平，否则可能的结果是城市地区流动人口增多，大量人口回流对社会治安、福利、公共设施等造成压力，社会问题压力较大，城市化质量改善缓慢。

如果我们要大力提高城镇化质量，而把数量提升放到次要位置，就要严格控制劳动力回流，发展非劳动密集型产业。可能结果是大大忽视了农村人口的城镇化需求，也损失了湖北省拥有的人口红利，大量农村人口为外省创造财富，将来却需要湖北省承担养老等社会福利供给；另外，大量外出人口仍然在省外就业，留守儿童或者农村老龄化问题会日益凸显。表 11 - 38 的数据显示，湖北省不适合在 20 年时间里沿用一种发展政策导向，应分时间段针对不同的发展问题选择不同的发展情景。

2008—2015 年间，由于新增适龄劳动人口数量较大，即使是大力发展劳动密集型产业，本省的就业岗位供给也无法吸纳全部的农村剩余劳动力增量。因此“十二五”期间湖北省城镇化数量增长的压力依旧很大。比较 9 种情景模拟，情景 1 的发展模式比较适合湖北省 2015 年前的情况。

2015 年之后，湖北省由于新补充的劳动年龄人口急剧减少，而老龄化会加速，从而造成新增的农村剩余劳动力数量有所下滑，即使是我们大力提高农村劳动生产率，同时城镇产业控制劳动密集型产业的增加，湖北省到 2020 年时也将有 134 万个就业的岗位缺工。结合湖北省这一阶段的经济发展情况和大量的外出劳动力的现实，情景 5 比较适合湖北这一阶段的发展情况，即 2015 年后湖北省应积极推动先进制造业发展，适当控制劳动密集型产业的增加。这一时期，湖北省可以接纳约 200 万回流劳动力。

2020 年后，由于人口老龄化的继续加速，加之农村新增适龄劳动人口数量的减少，农村能够提供的剩余劳动力将非常有限，即使是大幅提高劳动生产率，10 年也只能提供 60

万剩余劳动人口。但城市经济高速发展需要的用工需求在增加，同时城市人口的老龄化也将带来一部分就业岗位的空出，双重作用将导致城镇用工产生大量缺口。如果这一时期继续大力发展劳动密集型产业，将导致劳动力市场的严重不平衡，因此2020年后湖北省必须严格控制劳动密集型产业的增量发展，同时把发展的重点全部落在高新技术和资本密集型等产业上；与此同时，农村应加快推进农业的机械化、规模化和产业化经营，提高农村发展水平。即使是这样的集约发展模式，湖北省2020—2030年也要补充（回流）劳动力303万人，对应于情景9。

2008年湖北省流出省外人口约800万，按照迁移意愿和现行我国的人口迁移政策，这部分人口中约有600万将来要返回湖北省工作和生活，其中500万—550万是劳动年龄人口，这是湖北省的潜在的劳动力资源。但须注意，推进路径的劳动力回流需求是在2010—2030年20年间逐步完成的。

虽然模型显示，湖北省今后如果能够引导600万外出人口回流，可以填补城镇产业发展的用工缺口，并提高本省城镇化水平，但要吸引这批外出打工人员回流，则势必要提高整体的城镇产业能级、城镇空间环境建设品质和社会福利水平等，否则由于外省更好的产业发展和工资等社会福利水平，这些潜在的回流人口可能选择永久迁移。

我们的模型模拟仅仅是初步的研究成果，实际上还可以根据湖北省实际发展的需要，制定2020年完成外出人口的回流工作，但很显然，如果要达成此目标的话，仅仅依靠现行的产业导向远远不够，必须大力发展劳动密集型产业，倾全力创造就业岗位，而且全省要达到很高的GDP增速，比如保持年均20%的增长速率，才有可能完成上述任务。

12 产业发展及空间格局研究

本专题在国家“中部崛起”的大背景下，根据当前的宏观经济发展趋势，在全面审视湖北省产业发展现状与问题的基础上，对湖北省产业发展做出理性判别，进而明确新形势下湖北省重点发展产业及其空间格局。

12.1 省域产业发展现状

12.1.1 三次产业总体发展分析

对湖北省三次产业结构、三次产业对经济增长的贡献率和拉动率与全国各省区及中部八省的比较和分析(图 12－1，图 12－2，表 12－1)表明：第二产业仍为目前湖北省经济增长的最大拉动力，但第二产业比重明显偏低，工业发展明显不足。相比中部其他省份，湖北省第三产业发展具有比较优势，发展潜力较大。

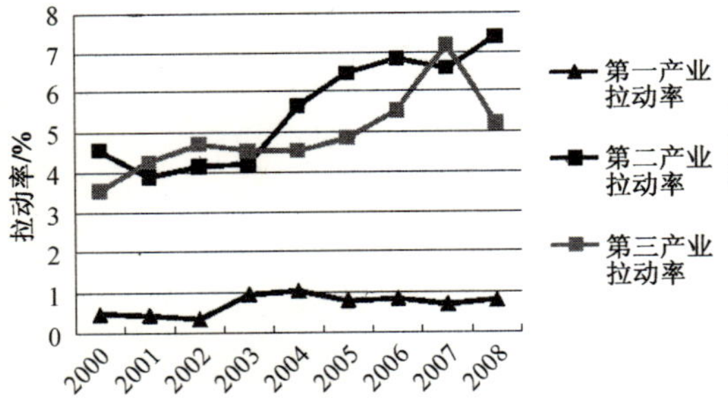

图 12－1　湖北省历年三次产业拉动率

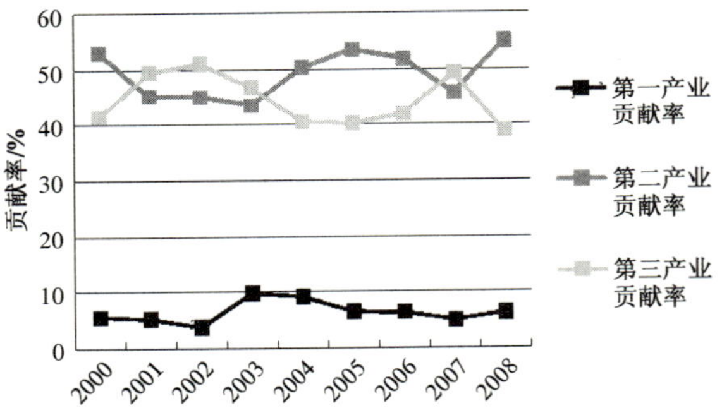

图 12－2　湖北省历年三次产业贡献率

表 12－1　2008 年中部八省市三次产业比重、贡献率及拉动率的比较　(%)

省份	第一产业			第二产业			第三产业		
	比重	贡献率	拉动率	比重	贡献率	拉动率	比重	贡献率	拉动率
山西	7.2	1.5	0.1	59.2	54.8	4.5	33.6	46.2	3.8
安徽	16.0	7.4	0.9	46.6	58.5	7.4	37.4	34.1	4.3
江西	16.4	6.3	0.8	52.7	68.0	8.6	30.9	25.6	3.2
河南	14.4	6.5	0.8	56.9	68.5	8.3	28.6	25.0	3.0
湖北	15.7	6.3	0.8	43.8	55.0	7.4	40.5	38.7	5.2
湖南	18.0	7.3	0.9	44.2	49.6	6.3	37.8	41.3	5.3
陕西	11.0	4.9	0.8	56.1	64.6	10.1	32.9	30.5	4.8
重庆	11.3	5.0	0.7	47.7	56.9	8.1	41.0	38.1	5.4

表注：分析范围除中部传统六省外增加陕西、重庆。

12.1.2 第一产业内部分析

湖北省为农业大省，近年来以种植业为主的农业结构开始向合理的综合性农业结构转变；但总体上农业生产方式仍较落后，传统农业占有较大比重且规模化生产水平低，产业相关性差，农产品加工业不发达。与沿海省份相比，农副产品的加工水平、农业市场化水平都明显偏低。农业仍以传统生产方式和生产技术为主，效益低下，农民增产不增收，边际效益下降（图 12－3，图 12－4；表 12－2）。

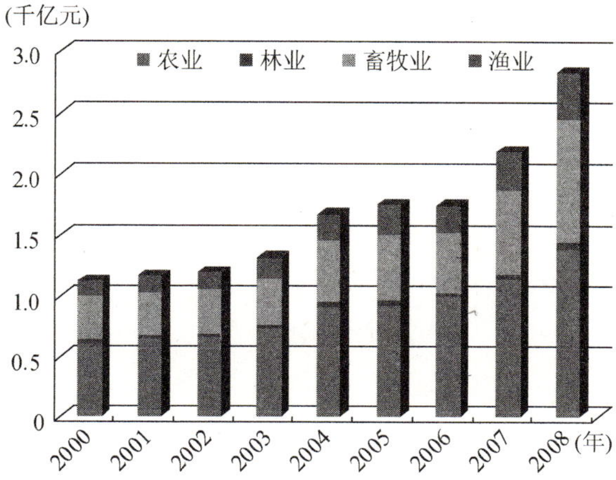

图 12－3 2000—2008 年湖北省第一产业生产总值及结构变化情况

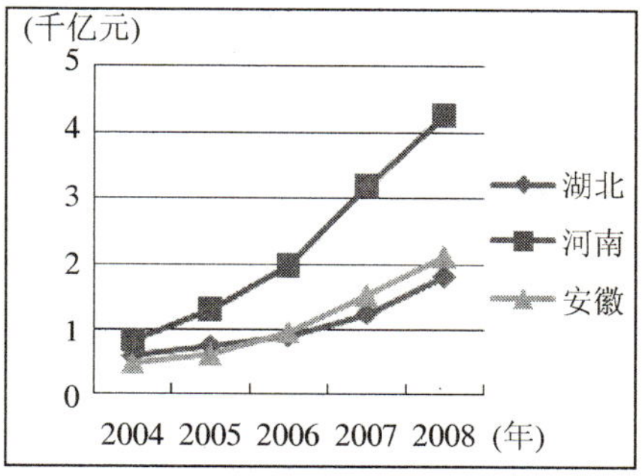

图 12－4 中部八省市农林牧渔业固定资产投资变动情况

表 12－2 2000—2008 年湖北省农、林、牧、渔总产值构成表

年份	农业		林业		畜牧业		渔业	
	总产值（亿元）	比重（%）	总产值（亿元）	比重（%）	总产值（亿元）	比重（%）	总产值（亿元）	比重（%）
2000	615.74	54.7	40.24	3.6	338.77	30.1	130.89	11.6
2001	658.26	56.1	27.11	2.3	352.63	30.1	134.82	11.5
2002	671.20	55.8	28.33	2.4	354.84	29.5	148.93	12.4
2003	733.36	55.5	34.78	2.6	383.71	29.0	170.43	12.9
2004	921.59	55.1	31.78	1.9	514.52	30.7	205.68	12.3
2005	932.15	53.2	37.30	2.1	545.40	31.1	236.49	13.5
2006	995.46	57.1	40.50	2.3	487.09	27.9	221.42	12.7
2007	1 152.09	52.6	41.86	1.9	686.19	31.3	310.83	14.2
2008	1 395.76	49.4	49.69	1.8	1 008.65	35.7	372.98	13.2

12.1.3 第二产业内部分析

1）汽车、冶金等支柱产业优势明显

通过比较全国和中部各省市行业相对于全国区位熵情况（表 12－3），湖北省的优势

行业集中在汽车、钢铁、石化、电子信息、食品、纺织六大行业。2008年六大行业的主营业务占全省的比重达64.8%。

表12-3　中部各省市第二产业各行业相对于全国的区位熵(2008年)

省份	行　业	相对全国区位熵	省份	行　业	相对全国区位熵
湖北	交通运输设备制造业	2.7	河南	有色金属矿采选业	5.9
	非金属矿采选业	2.4		煤炭开采和洗选业	3.2
	烟草制品业	2.2		非金属矿采选业	2.9
	饮料制造业	1.8		其他采矿业	2.8
	其他采矿业	1.7		非金属矿物制品业	2.6
	黑色金属冶炼及压延加工业	1.4		食品制造业	2
	医药制造业	1.3		烟草制品业	1.9
	化学原料及化学制品制造业	1.1		有色金属冶炼及压延加工业	1.5
山西	煤炭开采和洗选业	11.6	湖南	其他采矿业	5.7
	石油加工、炼焦及核燃料加工业	3.5		烟草制品业	4.2
	黑色金属冶炼及压延加工业	2.2		非金属矿采选业	2.9
	黑色金属矿采选业	1.5		有色金属矿采选业	2.9
江西	有色金属冶炼及压延加工业	5.1		有色金属冶炼及压延加工业	2.2
	有色金属矿采选业	3.1		木材加工及木、竹、藤、棕、草制品业	2.1
	医药制造业	2.2		专用设备制造业	2.1
	非金属矿采选业	2.2	陕西	食品制造业	1.6
	非金属矿物制品业	1.6		石油和天然气开采业	7.4
	木材加工及木、竹、藤、棕、草制品业	1.5		煤炭开采和洗选业	3.6
	黑色金属矿采选业	1.4		石油加工、炼焦及核燃料加工业	2.8
安徽	煤炭开采和洗选业	2.1		有色金属矿采选业	2.1
	烟草制品业	1.8		饮料制造业	1.7
	电气机械及器材制造业	1.7		医药制造业	1.5
	有色金属冶炼及压延加工业	1.6		烟草制品业	1.5
	农副食品加工业	1.3		交通运输设备制造业	1.5
	交通运输设备制造业	1.1	重庆	有色金属冶炼及压延加工业	1.3
重庆	交通运输设备制造业	5.1		仪器仪表及文化、办公用机械制造业	1.2
	医药制造业	1.6			
	烟草制品业	1.5		非金属矿物制品业	1.2

就湖北省自身制造业发展来看，通过比较湖北省和全国2003年与2008年前10位的工业行业类别（表12－4），可得出如下结论：纺织业相对于全国的优势渐失，交通运输设备制造业、黑色金属冶炼及压延加工业、烟草制品、饮料制造、非金属矿物制品业等行业的优势趋向明显。

表12－4　湖北省与全国的前10位工业行业类别比较（2003年、2008年）

位次	指标类别	湖北省		全国	
		2003年	2008年	2003年	2008年
1	行业	交通运输设备制造业	交通运输设备制造业	通信设备、计算机及其他电子设备制造业	黑色金属冶炼及压延加工业
	比重（%）	17.8	18.0	11.1	8.8
2	行业	黑色金属冶炼及压延加工业	黑色金属冶炼及压延加工业	交通运输设备制造业	通信设备、计算机及其他电子设备制造业
	比重（%）	9.4	12.5	7.9	8.7
3	行业	化学原料及化学制品制造业	电力、热力的生产和供应业	黑色金属冶炼及压延加工业	化学原料及化学制品制造业
	比重（%）	6.9	8.4	7.0	6.7
4	行业	纺织业	化学原料及化学制品制造业	化学原料及化学制品制造业	交通运输设备制造业
	比重（%）	6.2	7.4	6.5	6.6
5	行业	电力、热力的生产和供应业	农副食品加工业	电气机械及器材制造业	电气机械及器材制造业
	比重（%）	5.7	5.6	5.6	6.0
6	行业	农副食品加工业	非金属矿物制品业	纺织业	电力、热力的生产和供应业
	比重（%）	4.8	4.4	5.4	5.9
7	行业	非金属矿物制品业	纺织业	电力、热力的生产和供应业	通用设备制造业
	比重（%）	4.8	4.1	4.8	4.9
8	行业	石油加工、炼焦及核燃料加工业	通信设备、计算机及其他电子设备制造业	石油加工、炼焦及核燃料加工业	农副食品加工业
	比重（%）	4.3	3.7	4.4	4.7

续表 12-4

位次	指标类别	湖北省		全国	
		2003 年	2008 年	2003 年	2008 年
9	行业	通用设备制造业	通用设备制造业	农副食品加工业	石油加工、炼焦及核燃料加工业
	比重(%)	4.2	3.5	4.3	4.5
10	行业	通信设备、计算机及其他电子设备制造业	石油加工、炼焦及核燃料加工业	通用设备制造业	纺织业
	比重(%)	3.4	3.3	4.0	4.2

2）工业结构重型化趋势明显

由于历史原因，湖北省工业发展主要以资源型原材料工业和粗加工型轻纺工业为主，形成了偏重的工业经济结构。重工业呈现显著的上升趋势，其比重远高于发达省份与全国同期水平。但湖北省重工业多以原材料等上游产品为主，而以整机装备、最终产品为主、体现先进制造业的下游产品和以零部件配套为主的中游产品并不多，导致高科技含量、高附加值的产品不多(图 12-5，表 12-5)。

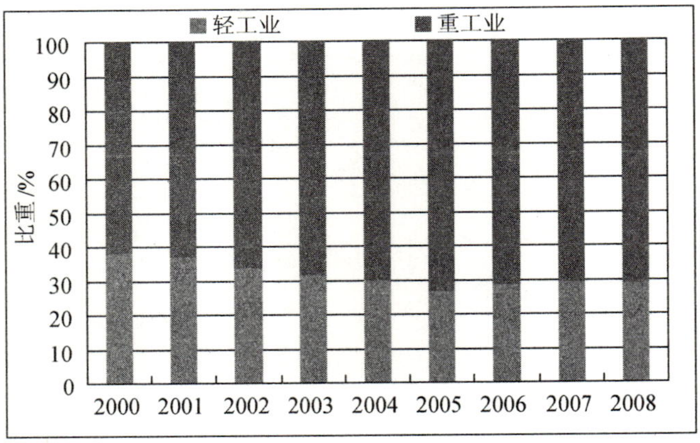

图 12-5　2000—2008 年湖北轻、重工业结构变动表

表 12-5　2000—2008 年湖北轻、重工业增加值统计表　　（亿元）

年份	轻工业		重工业		工业增加值
	比重	增长率(%)	比重	增长率(%)	
2000	38.40	13.40	61.60	11.10	1 038.23
2001	36.90	11.10	63.10	14.00	1 096.83
2002	33.52	8.50	66.48	14.60	1 198.95
2003	31.35	11.60	68.65	12.90	1 356.15

续表 12-5

年份	轻工业		重工业		工业增加值
	比重	增长率(%)	比重	增长率(%)	
2004	29.90	15.50	70.10	29.90	1 664.73
2005	26.99	13.70	73.01	21.60	2 007.89
2006	28.60	31.80	71.40	24.60	2 303.53
2007	29.49	25.96	70.51	21.70	2 822.97
2008	28.96	23.00	71.04	20.50	3 842.33

湖北省长期走高耗能、高污染的发展道路,导致万元 GDP 能耗水平高位运行。湖北省万元 GDP 能耗明显高于浙江、江苏、广东等省份,也高于同期全国平均水平 16.85 个百分点(表 12-6)。

表 12-6　2007 年全国和部分省份万元 GDP 能耗比较表

地区	国内生产总值(亿元)	能耗(万吨标准煤)	万元 GDP 能耗(吨,标准煤/万元)	万元 GDP 能耗比较(%)
湖北	9 230.7	11 861	1.28	100
浙江	18 638	15 432	0.83	−35.31
江苏	25 560	20 604	0.81	−37.02
广东	31 084	21 912	0.7	−44.93
河南	15 058	17 841	1.18	−7.44
全国	249 530	265 583	1.06	−16.85

同时,工业的重型化趋势,导致食品轻工业成为"软肋"。消费品生产一直是经济"短板",湖北省消费品市场基本被外地产品占有,使得工业增长后劲不足。湖北省是农业大省,但农产品加工转化增值率偏低,精加工、深加工比例不高,使得高税利的食品轻工产品发展滞后,工业经济效益的规模水平偏低,农业大省的优势无从发挥。

3) 制造业发展能级相对较高

湖北省制造业发展能级相对较高,后期代表产业比重相对较高。这使其具备后发优势,但较高的产业能级在一定程度上制约了湖北省城镇化数量的更高增长(可参见图 4-2)。

工业化初期代表产业相对较少,加之以纺织业为首的劳动密集型产业比重的下降,直接制约了湖北省城镇产业发展对农村劳动力的吸纳能力,从而导致大量人口外迁。

4) 高新技术产业发展潜力大

高新技术产业快速发展,"中国光谷"、"国家生物产业基地"落户湖北省,成为全国高新技术产业发展最具潜力的地区之一。

湖北省光电子信息产业优势尤为明显,电子信息行业的固定资产投资占据高新技术产业的半壁江山,该行业的科技人员力量、研发投入亦具备明显优势。

另外，科教优势是湖北省最突出的优势，正在形成推动科技与经济结合的新优势。武汉市是全国第三大教育中心，东湖高新区是全国第二大智力密集区。当前，湖北省正在充分利用科教优势资源，重点围绕光电子信息、生物医药、新材料等重点和优势领域，加大资金、技术、人才等资源整合力度，抓好一批高新技术产业化重点项目；加快运用高新技术改造传统产业，提高关键技术和产品的自主设计、制造和集成能力，提升产业核心竞争力(图 12－6 至图 12－8)。

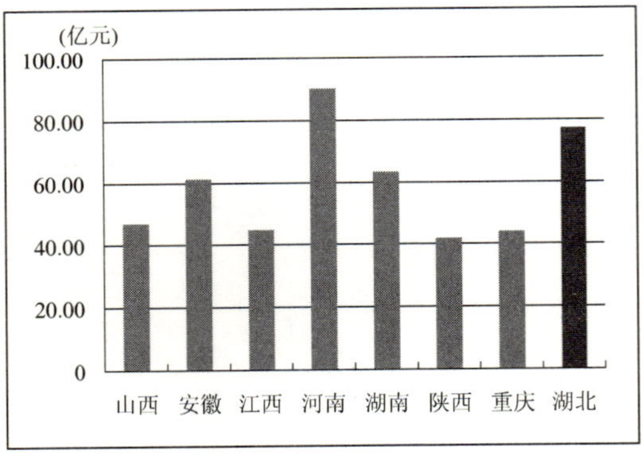

图 12－6　2008 年中部地区八省市 R&D 经费比较

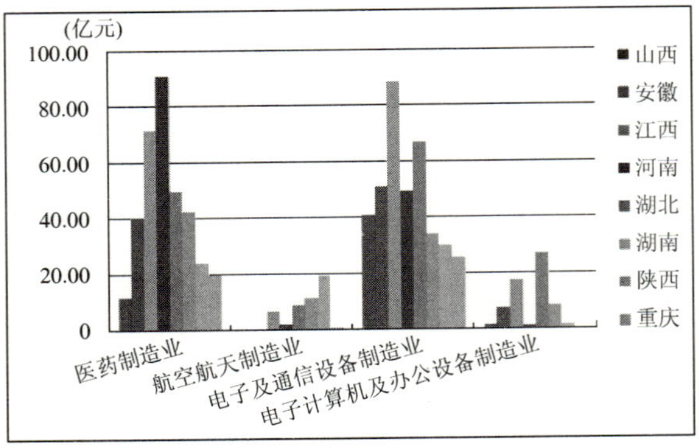

图 12－7　2008 年中部地区八省市高新技术产业固定资产投资额比较

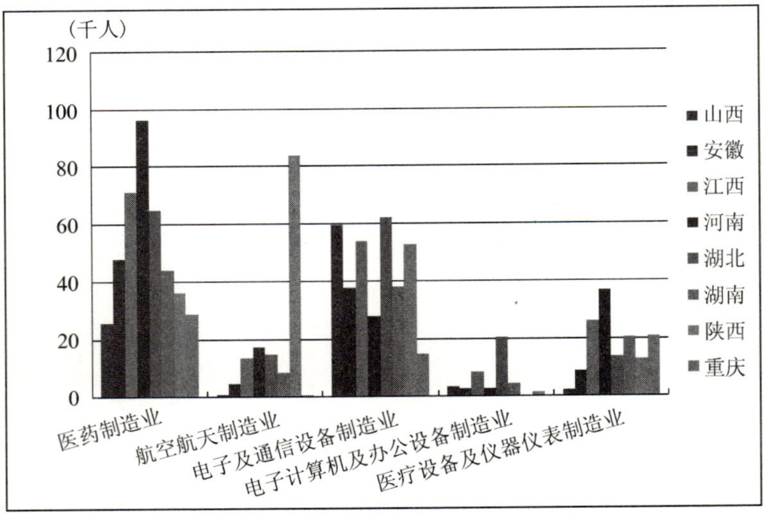

图 12－8　2008 年中部地区八省市高新技术产业从业人员平均人数比较

12.1.4　第三产业内部分析

从总量来看，第三产业发展迅速。湖北省第三产业增加值在 2009 年达到 5 126 亿元，居中部八省市第三位。同时，湖北省第三产业从业人员比重已经超过了产业增加值比重最大的第二产业，表明第三产业比重的逐年提高，既能对 GDP 的总体增长产生明显的拉动作用，又能成为吸收劳动力就业的主要渠道(图 12－9，表 12－7)。

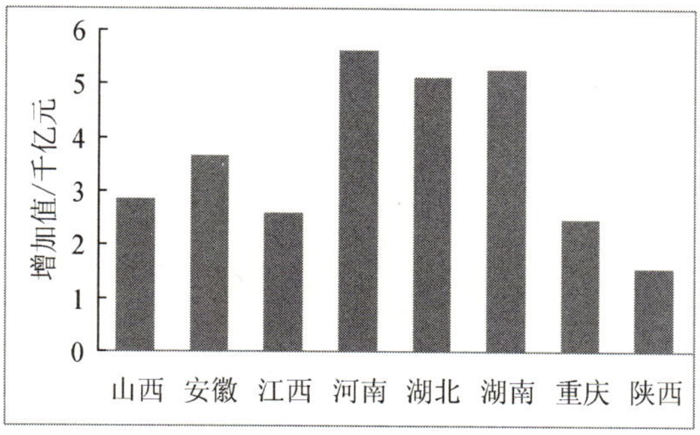

图 12－9　2009 年中部八省第三产业增加值

表 12－7　三次产业从业人员构成表　　**(万人)**

年份	第一产业	第二产业	第三产业	产业比重
1990	1 860	629	552	35∶38∶27
2000	1 625	702	1 057	19∶41∶41
2005	1 687	725	1 125	17∶43∶42
2007	1 697	740	1 147	15∶43∶42
2008	1 708	730	1 169	16∶44∶40

从行业优势度来看，相对于全国，湖北省服务业各行业区位熵较低，仅住宿餐饮业等传统服务业具有优势。2008 年，湖北省住宿和餐饮业相对于全国区位熵达到 1.1，批发和零售业相对于全国的区位熵为 1.0，而其他行业相对于全国区位熵均在 1 以下。但相对于中部地区，湖北省的金融、房地产等现代服务业具备一定的比较优势，但并不显著(图 12－10，表 12－8)。

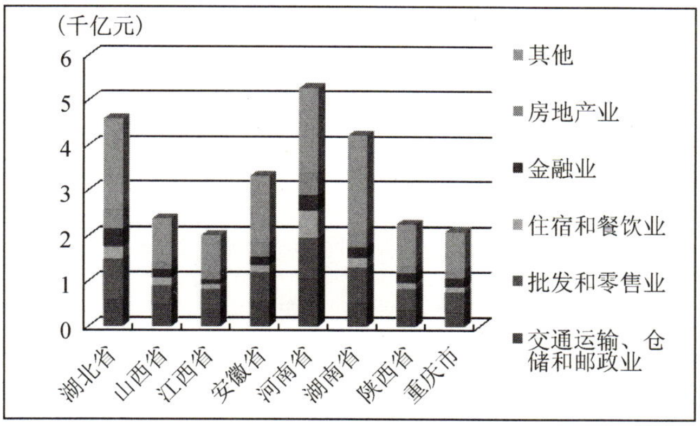

图 12－10　中部八省市服务业增加值比较(2008 年)

表 12-8　2008 年中部八省市服务业各行业区位熵（相对于全国）

省市	交通运输、仓储和邮政业	批发和零售业	住宿和餐饮业	金融业	房地产业	其他
湖北省	0.9	1.0	1.1	0.6	0.9	1.2
山西省	1.5	0.9	1.3	0.6	0.7	1.1
江西省	1.4	1.1	0.9	0.4	0.9	1.1
安徽省	1.2	1.0	0.9	0.4	1.0	1.2
河南省	1.4	0.9	2.1	0.5	0.9	1.0
湖南省	0.9	0.9	0.9	0.4	0.9	1.3
陕西省	1.1	1.1	1.0	0.7	0.7	1.1
重庆市	1.1	1.1	1.0	0.7	0.9	1.1

12.2　市州产业发展分析

12.2.1　总体情况

从经济总量上看，武汉市作为湖北省的中心城市，生产总值独占全省 GDP 总量的 34.35%，除武汉市外生产总值最高的宜昌市仅占湖北省 GDP 总值的 9.17%，其他市、州无论是绝对量还是相对量均与武汉市相差甚远（图 12-11，表 12-9）。

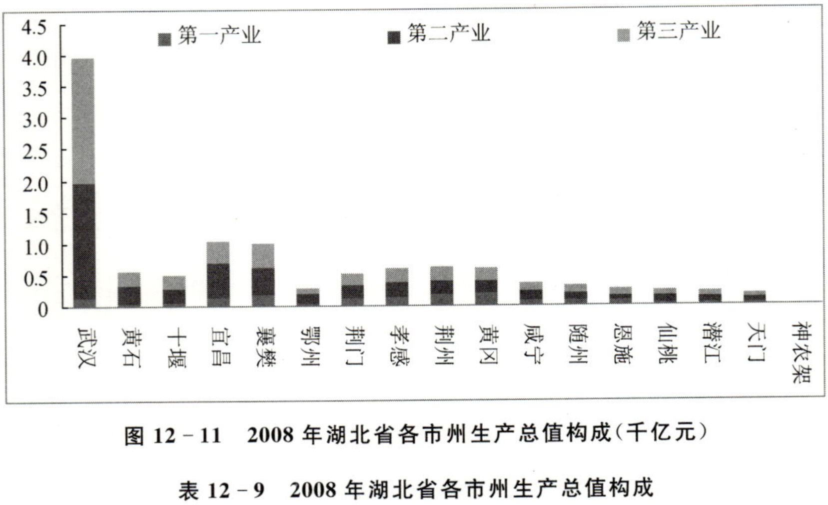

图 12-11　2008 年湖北省各市州生产总值构成（千亿元）

表 12-9　2008 年湖北省各市州生产总值构成

	第一产业		第二产业		第三产业		总产值（亿元）
	产值（亿元）	比重（%）	产值（亿元）	比重（%）	产值（亿元）	比重（%）	
武汉	145	4	1 828	46	1 988	50	3 960
黄石	41	7	298	53	218	39	557

续表 12-9

	第一产业		第二产业		第三产业		总产值（亿元）
	产值（亿元）	比重（%）	产值（亿元）	比重（%）	产值（亿元）	比重（%）	
十堰	58	12	225	46	205	42	488
宜昌	137	13	551	54	338	33	1 027
襄樊	176	18	451	45	376	38	1 002
鄂州	42	15	148	55	80	30	270
荆门	129	25	207	40	184	35	520
孝感	132	22	244	41	217	37	593
荆州	188	30	211	34	225	36	624
黄冈	193	32	204	34	204	34	601
咸宁	82	23	154	43	124	34	359
随州	71	23	137	44	103	33	310
恩施	89	36	63	25	97	39	249
仙桃	45	19	109	46	80	34	234
潜江	36	17	113	53	63	30	212
天门	47	25	74	40	66	35	187
神农架	1	15	3	40	4	45	8

很明显，湖北省现在仍然是“一强众弱”，武汉市经济“一市独大”的基本格局，其结果是武汉市作为全省经济发展的中心城市发挥不了其应有的产业拉动引擎和辐射带动作用，而除武汉市之外的其他城市更加无法有效地担当拉动周边县（市）产业发展的“引擎”角色；反过来，其他市州经济发展的弱势，也使得武汉市的经济发展陷入孤军奋战的尴尬境地，影响了其完整的产业集聚与城市经济圈的形成，在一定程度上也削弱了其持续发展的竞争力，这在国内城市经济实力排行榜上武汉市位次的不断后移已得到了佐证。

12.2.2 第一产业

湖北省的绝大部分市、州的第一产业比重偏高，除了武汉市和黄石市，其他市州第一产业比重均高于全国的平均水平（11.3%）。由此可见，第一产业在湖北省各市州的产业发展中仍然占有重要的地位，这也与湖北省一直以来都是农业大省有关（图 12-12）。

对于市州属于重要的农产品产区的区县更应注重农业发展。重要的农业产区包括：四湖地区、丹江灌区、汉江流域、大别山南麓沿江地区以及鄂西北岗地为粮食的重要生产基地，江汉平原、鄂东、鄂北岗地等为主要的棉花及油料产区，林业主要集中在西北地区，汉江流域、清江流域、长江流域为重点养殖业产区。

12.2.3 第二产业

湖北省工业布局重点集中在“武—鄂—黄—黄”密集带及西北襄樊、十堰等城市，基本形成五大工业带（图 12-13）。

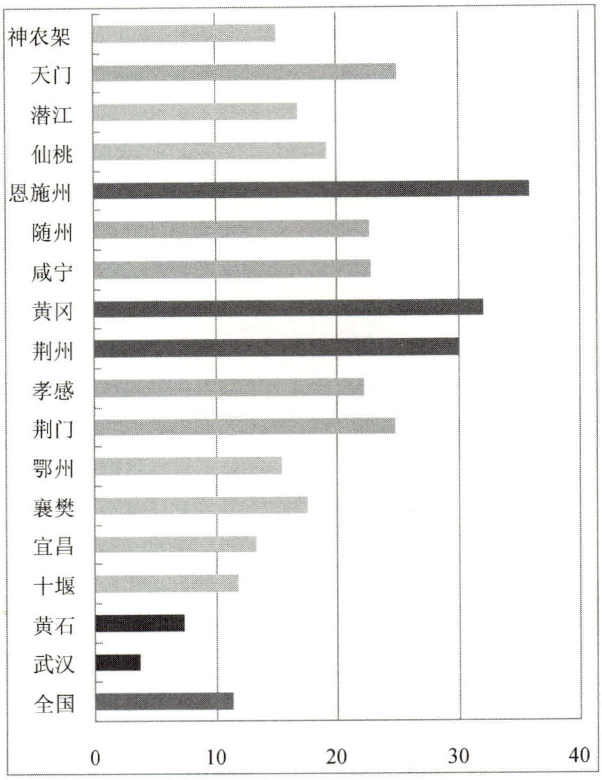

图 12－12　2008 年湖北省各市州第一产业比重（%）

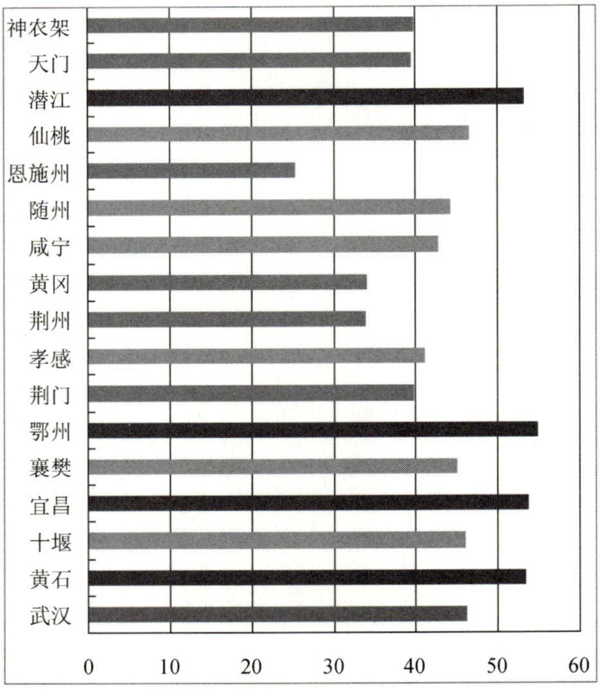

图 12－13　2008 年湖北省各市州第二产业比重（%）

一是以武汉、黄石、鄂州市为基地的钢铁工业产业带，湖北省为全国三大钢铁基地之一。

二是以武汉、鄂州、黄石市为支点的沿江服装工业带也初具雏形。

三是以武汉、孝感、襄樊、十堰市为基地的汽车工业产业带，湖北省是全国第二大汽车生产基地和最大的中型货车生产基地。

四是以长江、汉江、清江及部分火电项目为基地的电力工业产业带。

五是以武汉、荆门、宜昌市等为基地的石化产业带。

12.2.4 第三产业

湖北省各城市第三产业发展可分为三个层次：武汉市为第一层次，襄樊、黄石、宜昌、荆州、十堰市为第二层次，其他市州为第三层次。第三产业在第一层次的集聚度最高，在第二层次的集聚度次之，而在第三层次就比较落后。从各地区的第三产业看，比较发达的地区主要是武汉市，其他地区发展很不均衡(图 12－14，图 12－15)。

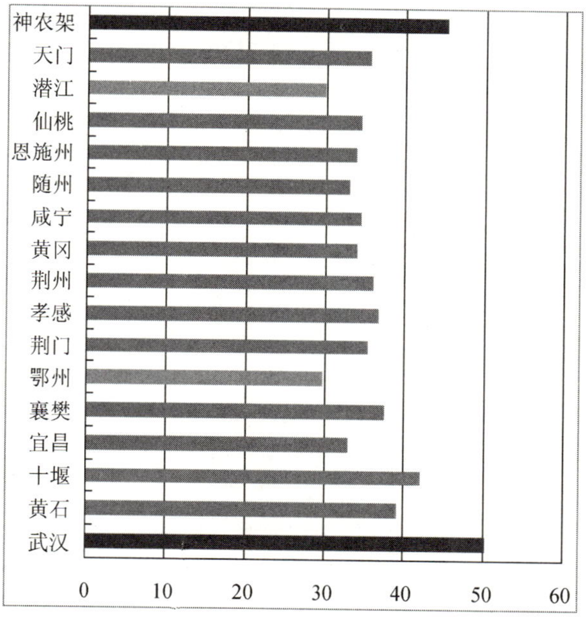

图 12－14 2008 年湖北省各市州第三产业比重(%)

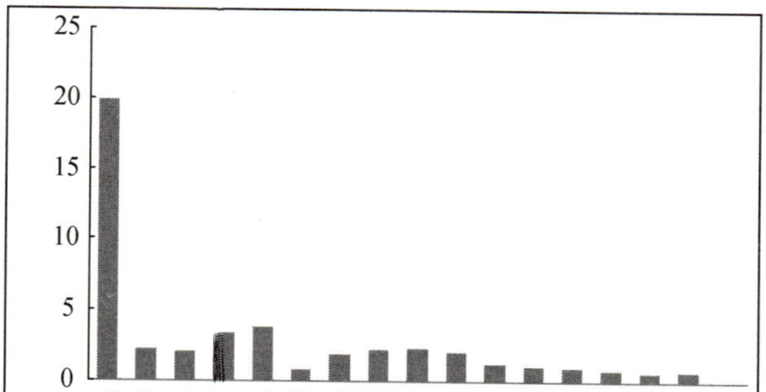

图 12－15 2008 年湖北省各市州第三产业生产总值(百亿元)

另外，近几年来湖北省形成了以武汉、宜昌三峡、丹江口武当山、长阳清江、神农架林区、罗田天堂寨等为代表的旅游景点网络。

12.2.5 各市州主导产业分析

湖北省各市州现状支柱产业如表 12－10 所示。

表 12－10 湖北省各地级市的产业发展比较

城　市	现状支柱产业
武汉市	钢铁、汽车及零部件、石油化工、电子信息、装备制造、食品烟草、生物医药
黄石市	采矿、冶炼、建材、纺织、机械、化工、医药、轻工、食品、电子
鄂州市	钢铁、建材、能源、服装、医药
咸宁市	电力能源、纺织服装、食品饮料、机械电子、森工造纸、冶金建材
黄冈市	药化工、纺织服装、食品饮料、建筑建材
襄樊市	汽车、纺织服装、食品、电力、高新技术
十堰市	汽车、旅游、水电、生物医药、绿色食品
随州市	汽车机械、食品加工、纺织服装、医药化工、电子信息
孝感市	汽车机电、盐磷化工、轻工纺织、食品医药、金属制品
荆门市	化工(石化、磷化)、食品、建材、机电、轻纺、新能源
荆州市	化工、交通运输设备制造业、农副食品加工业、饮料制造
仙桃市	纺织服装、医药化工、食品加工、机械电子
天门市	纺织服装、医药化工、轻工食品、机械制造
潜江市	纺织服装、医药化工、农副产品加工、冶金机械、石油开采
宜昌市	磷化工、电力、食品医药、装备制造业
恩施州	电力、烟草、医药化工、食品饮料、建材
神农架	采矿、化工、水电、绿色产品加工、种植业、林业、旅游

湖北省各市州产业具有趋同性。由于受到行政区域划分的限制，各市长期在条块分割体制下独立发展，在主导行业选择和发展方向确立上缺乏统一分工和宏观指导，城市圈并未能实现区域内产业布局的一体化。这种地区间低层次的横向联系导致了中心城市与周边行业关联度低、相关产业配套水平低、专业化分工不明显等一系列问题，既不利于资源的有效配置，也降低了各城市主导产业内企业的经济效益。

12.3 县域产业发展分析

12.3.1 工业主导地位更加突出，但集中度偏低

县域工业、中小企业成为推动工业发展的重要力量。2008 年，县域工业增速比全省工业快 4.2 个百分点，县域工业占比达到 45.1%，比上年提高 6 个百分点。全省中小企业完成增加值 5 660 亿元，同比增长 19.41%；全省规模以上工业新增销售收入 60%来自

中小型工业企业。

受土地和资金制约，县域开发区和工业园区起步较晚。产业集群整体竞争力不强。多数集群规模较小，龙头企业块头不大，核心竞争力较弱。一些县市主导产业尚未真正形成，缺少带动能力强的骨干企业和优势品牌。

12.3.2 产业具有趋同性与散点分布特征

由于各地政府间协调机制不强，各城市双赢意识薄弱，缺乏整体互动，一味培育本地支柱产业而没有考虑全省产业分布状况，造成各市产业分工不明确，各类毫不相干的企业简单扎堆，产业结构布局不合理。超过一半的县市区都将石化、纺织服装、建筑建材产业作为主导产业；而有 40%—50% 的县市区都将医药、食品饮料、农产品加工作为其主导产业。同时，由于各城市在主导产业上的趋同造成小规模、高成本、低收益的产业格局。图 12－16 显示了湖北省各县市区主导产业分布。

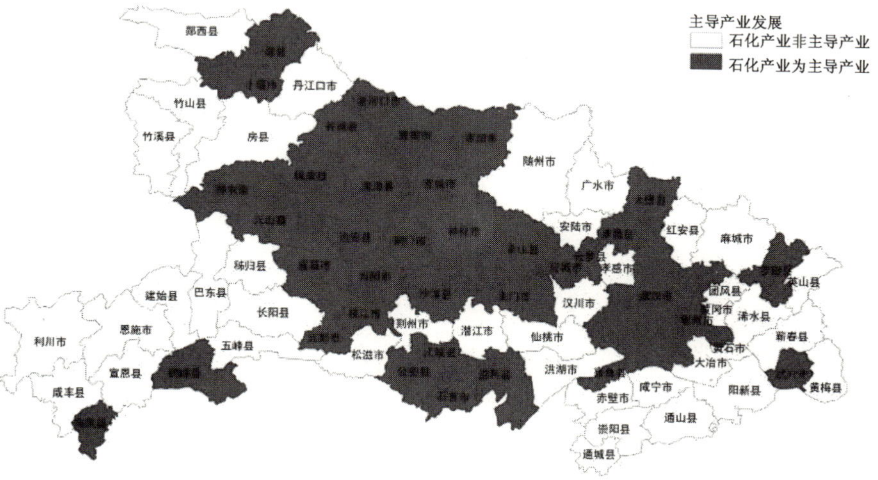

石化产业

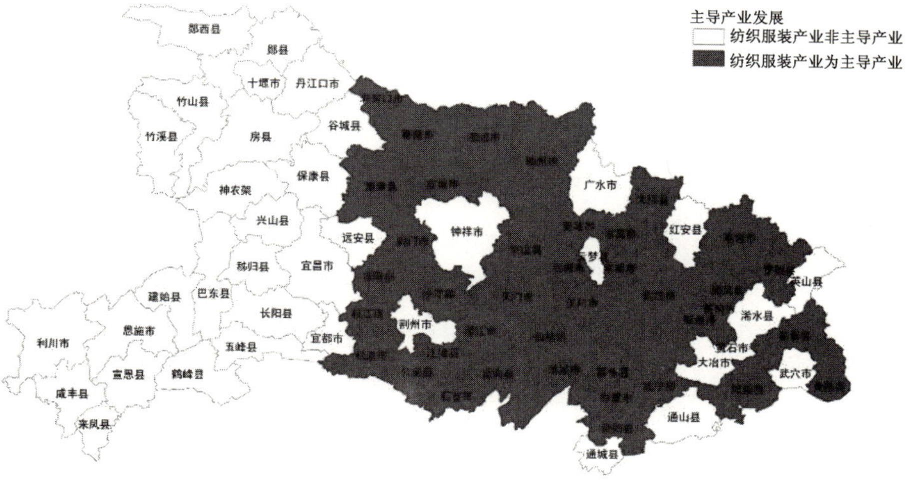

纺织服装

主导产业发展
建筑建材产业非主导产业
建筑建材产业为主导产业

建筑建材

主导产业发展
医药产业非主导产业
医药产业为主导产业

医药

主导产业发展
食品饮料产业非主导产业
食品饮料产业为主导产业

食品饮料

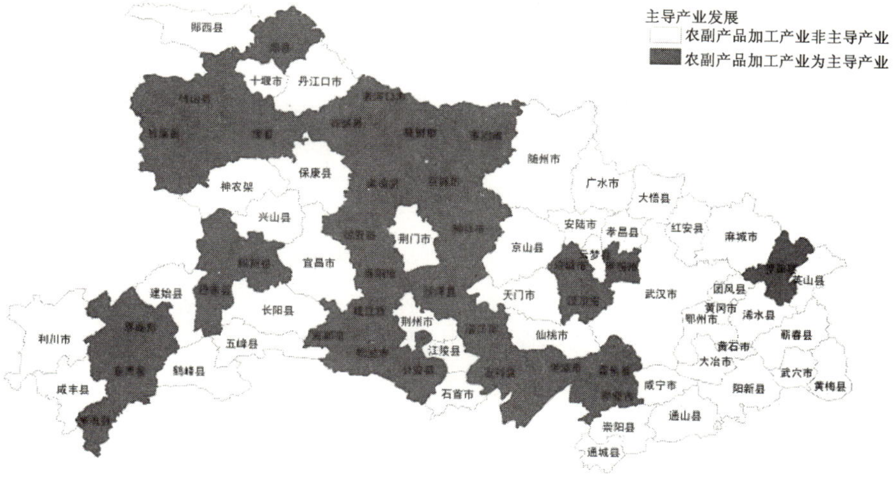

农副产品加工

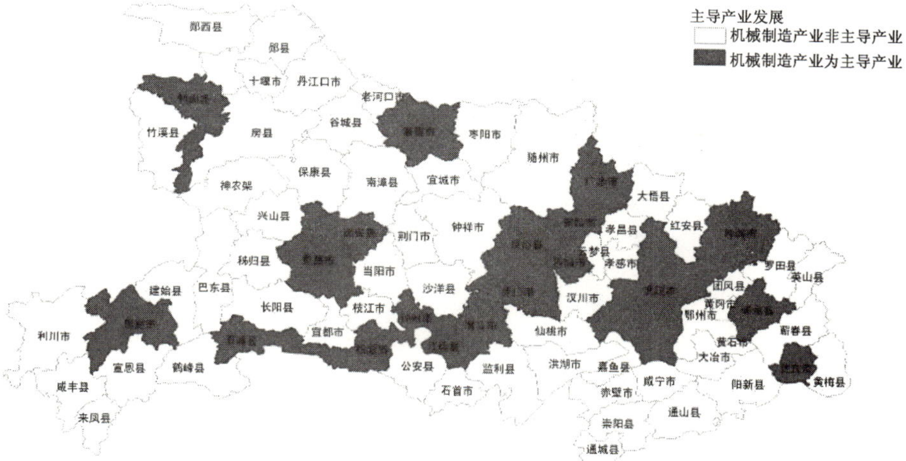

机械制造

钢铁、有色金属

主导产业发展
电子信息产业非主导产业
电子信息产业为主导产业
郧西县
郧县
丹江口市
老河口市
竹山县
竹溪县
房县
谷城县
襄樊市
枣阳市
保康县
南漳县
广水市
大悟县
神农架
兴山县
远安县
荆门市
钟祥市
安陆市
孝昌县
红安县
麻城市
京山县
云梦县
应城市
秭归县
宜昌市
当阳市
英山县
团风县
沙洋县
天门市
汉川市
建始县
巴东县
长阳县
荆州市
潜江市
蕲春县
利川市
恩施市
五峰县
江陵县
黄石市
大冶市
宣恩县
鹤峰县
公安县
监利县
洪湖市
嘉鱼县
武穴市
阳新县
咸丰县
来凤县
通山县
崇阳县

电子信息

主导产业发展
旅游产业非主导产业
旅游产业为主导产业
郧西县
郧县
十堰市
丹江口市
老河口市
竹山县
竹溪县
房县
谷城县
襄樊市
枣阳市
南漳县
宜城市
广水市
大悟县
兴山县
远安县
安陆市
孝昌县
红安县
麻城市
京山县
秭归县
宜昌市
当阳市
建始县
武汉市
天门市
汉川市
团风县
黄冈市
鄂州市
浠水县
长阳县
枝江市
荆州市
潜江市
仙桃市
利川市
恩施市
宜都市
蕲春县
黄石市
大冶市
五峰县
松滋市
江陵县
宣恩县
公安县
监利县
洪湖市
嘉鱼县
咸宁市
武穴市
黄梅县
阳新县
咸丰县
石首市
赤壁市
通山县
来凤县
崇阳县
通城县

旅游

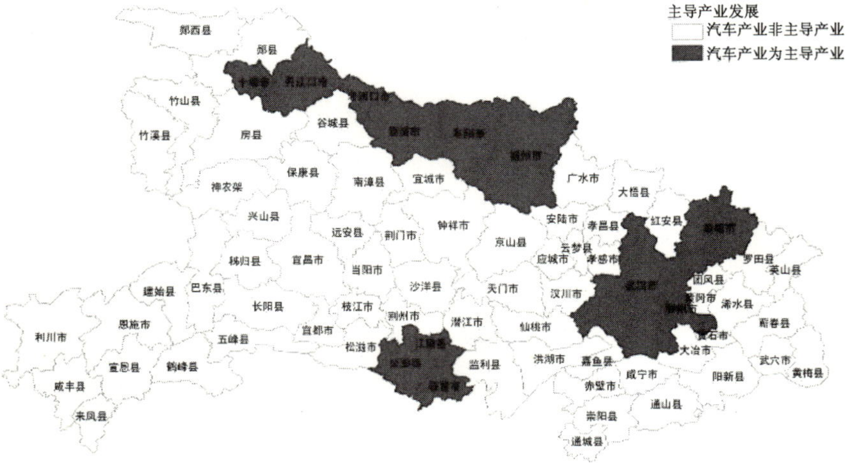
主导产业发展
汽车产业非主导产业
汽车产业为主导产业
郧西县
郧县
竹山县
竹溪县
房县
谷城县
保康县
南漳县
宜城市
广水市
大悟县
神农架
兴山县
远安县
荆门市
钟祥市
安陆市
孝昌县
红安县
京山县
云梦县
应城市
秭归县
宜昌市
当阳市
罗田县
英山县
团风县
建始县
巴东县
沙洋县
天门市
汉川市
黄冈市
浠水县
长阳县
枝江市
荆州市
潜江市
仙桃市
蕲春县
利川市
恩施市
宜都市
黄石市
五峰县
松滋市
大冶市
监利县
洪湖市
嘉鱼县
武穴市
宣恩县
鹤峰县
阳新县
咸宁市
黄梅县
咸丰县
赤壁市
通山县
来凤县
崇阳县
通城县

汽车

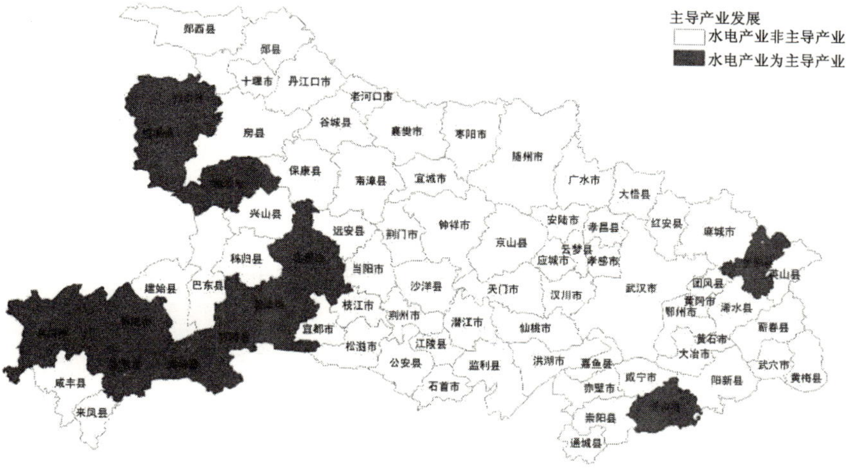

水电

图 12－16　湖北省各县市区主导产业分布

12.4　乡镇产业分析

12.4.1　第二产业与中部城市差距明显，第三产业发展较好

湖北省乡镇产业的发展对劳动力的吸引并不强，其原因在于第二产业发展不足(图 12－17，表 12－11)。湖北省建制镇第三产业的发展具有优势，主要体现在乡镇专业市场发展较好。

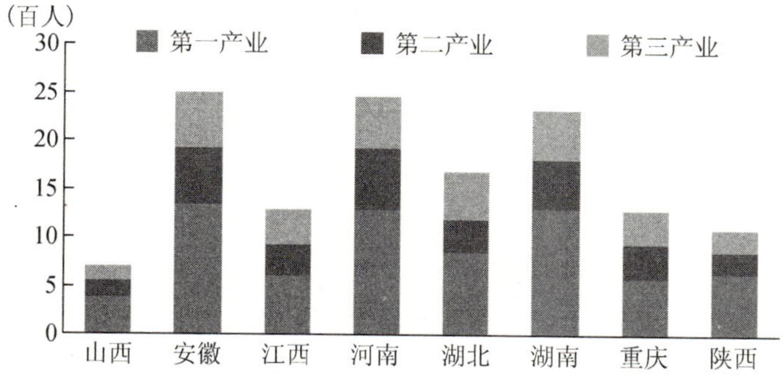

图 12－17　中部八省市 2007 年建制镇三次产业从业人员数比较

表 12－11　中部八省市 2007 年建制镇三次产业从业人员结构比较　　(%)

	第一产业	第二产业	第三产业
山西	55	22	23
安徽	54	24	22
江西	47	25	27
河南	52	27	21

续表 12－11

	第一产业	第二产业	第三产业
湖北	51	20	29
湖南	56	22	22
重庆	46	27	27
陕西	59	20	21

从湖北省内部各区域差异来看，平原地区、丘陵地区和山区建制镇从业人员数量相差不大，山区略少。丘陵地区和山区建制镇的就业结构都体现出“三、二、一”的趋势，而平原镇则是“一、三、二”的结构。因此，湖北省内建制镇发展区域性差异较小，山区和丘陵地区的农业发展潜力并未发掘，平原镇第二产业发展相对于第一和第三产业较为落后（图 12－18）。

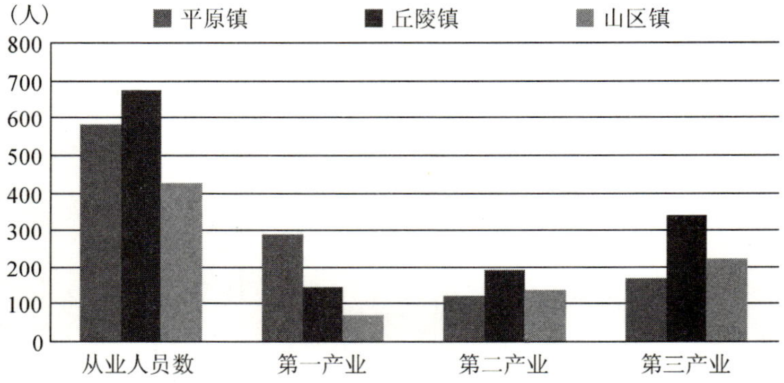

图 12－18　湖北省 2007 年建制镇分区域从业人员数比较

12.4.2　乡镇企业数量少、产值低、就业创造少

近年来，乡镇企业正迅速向农村小城镇、工业小区集中。乡镇企业进城办企业和异地办企业为 6 923 家，创造增加值 24.35 亿元。全省 70％以上的乡村企业集聚在小城镇，已设立乡镇工业小区 78 个，一批经济发达的乡镇以企业为支撑，把发展工业小区与小城镇建设紧密结合起来，进一步推动了小城镇的发展（表 12－12，图 12－19）。

表 12－12　中部八省市 2007 年建制镇企业情况比较

省份	企业个数（个）	工业企业个数（个）	单位企业从业人员（人/个）	单位工业企业从业人员（人/个）	企业实交税金总额（万元）
山西	57 124	17 187	16	37	1 546 565
安徽	95 642	36 344	12	23	967 399
江西	725 222	442 363	7	12	738 542
河南	762 306	495 095	17	23	2 121 477

续表 12－12

省份	企业个数（个）	工业企业个数（个）	单位企业从业人员（人/个）	单位工业企业从业人员（人/个）	企业实交税金总额（万元）
湖北	235 710	76 214	8	14	613 399
湖南	349 528	106 001	11	16	1 017 817
重庆	693 085	241 542	51	53	1 231 923
陕西	169 463	38 489	6	10	372 344

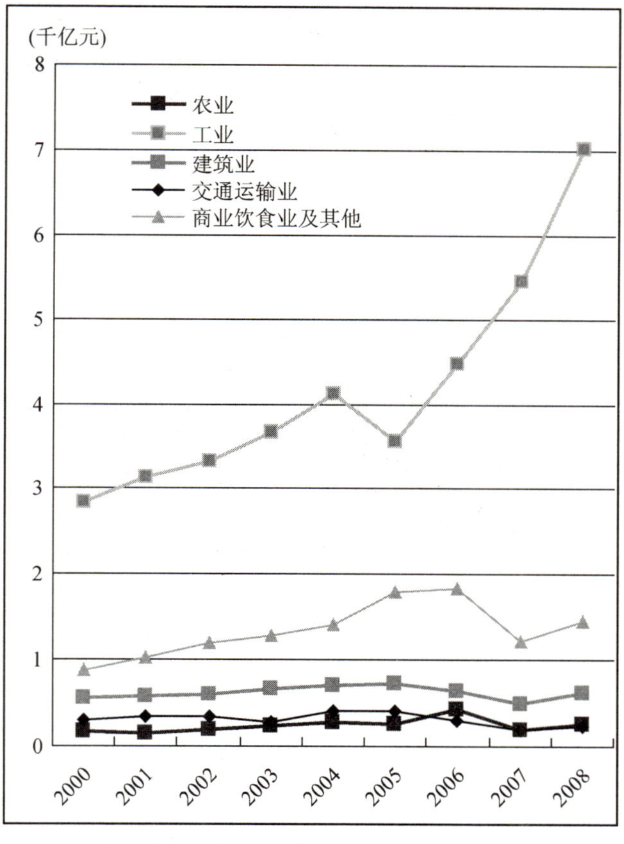

图 12－19　湖北省主要年份乡镇企业总产值统计（1980—2005 年）

与浙江相比，湖北省在乡镇企业总数、从业人员、创造总产值、增加值、利税总额方面发展差距较远。与沿海经济发达地区相比，湖北省民营经济发展总量上的特征主要表现为企业数量较少、产值偏低、就业创造少、利税贡献小等方面。

12.4.3　乡镇企业结构以工业和服务业为主

2008 年，全省共有 104.17 万家乡镇企业，其中农业企业 3.92 万家、工业企业 25.71 万家、建筑业 4.55 万家、交通运输业 16.15 万家、商业饮食业及其他 53.84 万家，其中服务业（交通运输业、商业饮食业及其他）占到70.3%。中部地区城镇化资源依赖特点十分显著（图12－20至图12－22）。

服务业具有产业带动效应小、对其他产业发展依赖性强、产业附加值少的特点，湖北省民营经济发展结构上以服务业为主的特征，显然是在其他产业发展不足、就业压力大的背景下的被动选择，这也提出了调整农村民营经济产业结构、实现农村产业协调发展的新课题。

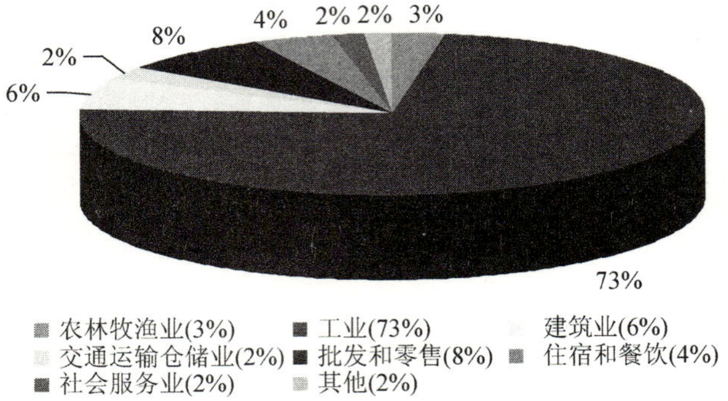

图12－20　2008年湖北省乡镇企业分行业总产值构成

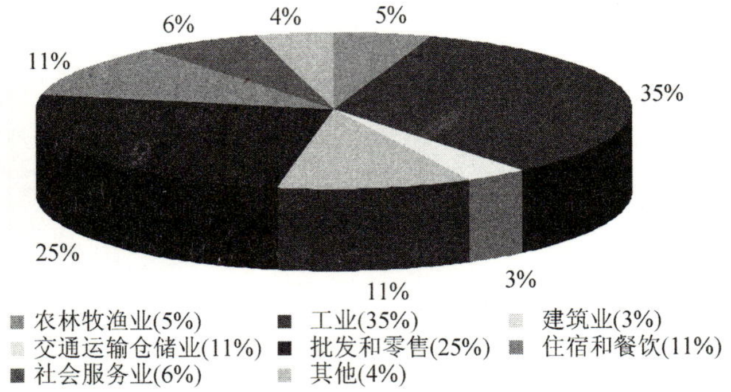

图12－21　2008年湖北省乡镇企业分行业企业个数构成

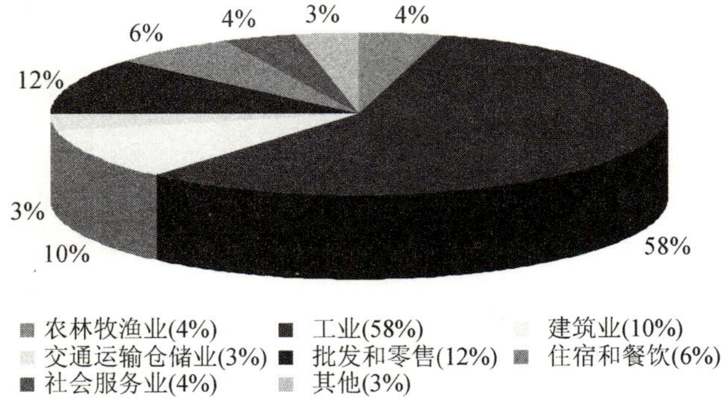

图12－22　2008年湖北省乡镇企业分行业从业人员构成

12.4.4 乡镇企业发展依赖核心企业

产业发展成功的城镇多是一些小企业围绕某一个或者几个龙头企业从事生产，从而表现出围绕核心企业发展的城镇化的特点。围绕核心企业发展的模式可以在较短时间内聚集较多就业人口和资金，获得城镇发展的动力，但这种模式也存在着一定的弊端，把城镇化动力过于依赖少数精英或者龙头企业上。但过多依靠少数龙头企业往往会给城镇化带来一些不确定因素，降低城镇发展的抗风险能力。

12.5 湖北省产业发展战略与空间格局

12.5.1 宏观发展背景解读

1）承接发达地区产业转移的趋势

目前，湖北省并不是我国承接东部沿海地区制造业转移的重点区域。湖北省的固定资产投资、实际利用外资指标占中部地区的比重近年来下降趋势明显，湖北省的投资拉动在中部地区近年来优势不明显，固定资产投资及实际利用外资占中部地区的比重均呈下降态势（图 12－23 至图 12－26）。

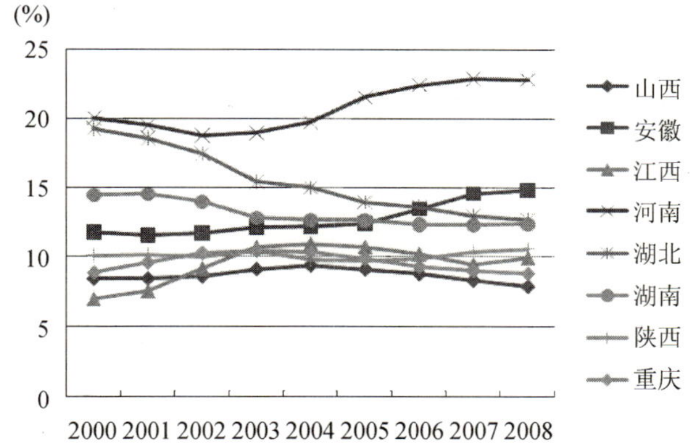

图 12－23 中部八省市固定资产投资占中部地区比重变动情况

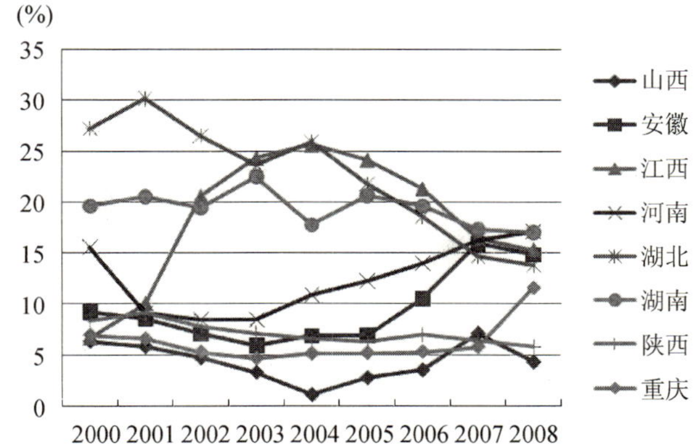

图 12－24 中部八省市实际利用外资占中部地区比重变动情况

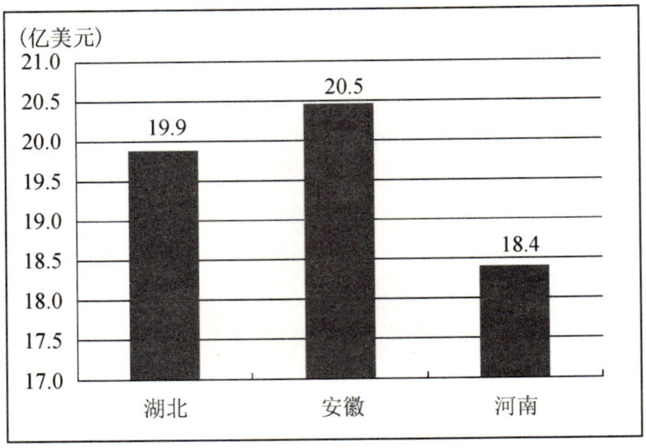

图 12-25　2008 年湖北、安徽、河南三省第二产业 FDI 比较

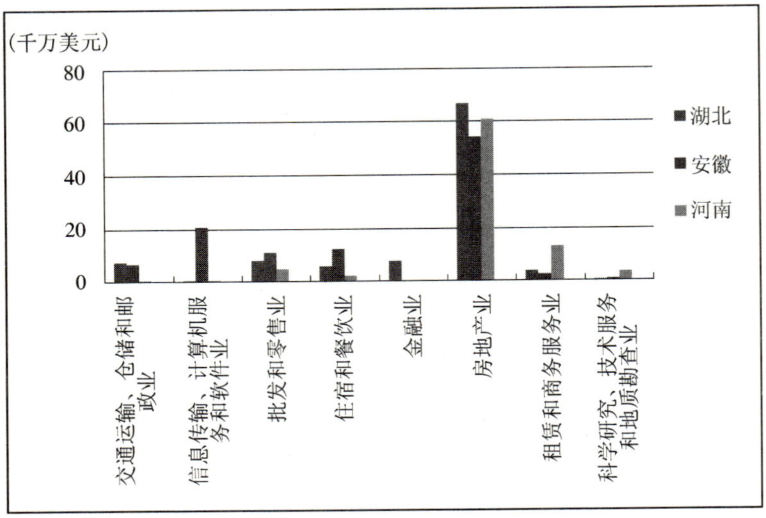

图 12-26　2008 年湖北、安徽、河南三省服务业 FDI 比较

未来国际产业向我国转移的规模继续扩大，跨国公司将在产业转移中发挥主导作用；国际产业转移仍然以制造业为主，但服务业将成为我国承接国际产业转移的新热点；产业转移向产业链高端部分延伸，研发中心、地区总部等全球产业链高端部分将小规模向我国转移；加工贸易仍然是我国承接国际产业转移的重要方式，软件等新兴项目外包业务将快速发展；中西部地区承接国际产业转移的吸引力将进一步增强(图 12-27)。

因此，虽然湖北省目前并不是承接制造业转移的重点区域，但是，在国内外产业转移向高端制造业、服务业趋势发展的背景下，进入产业转移的下一阶段，湖北省的科教优势以及高产业能级的产业基础优势将得以凸显。

2）国家经济增长方式的转变

中国经济增长将逐步摆脱出口依赖，日益呈现多元化格局。首先应明确自己的优势产业，兼顾消费品工业的发展，以此来提升湖北省二产比重。同时，根据西方发达国家和我国东部先进省份的经验，优先发展生产性服务业则是走新型工业化道路、转变经济发

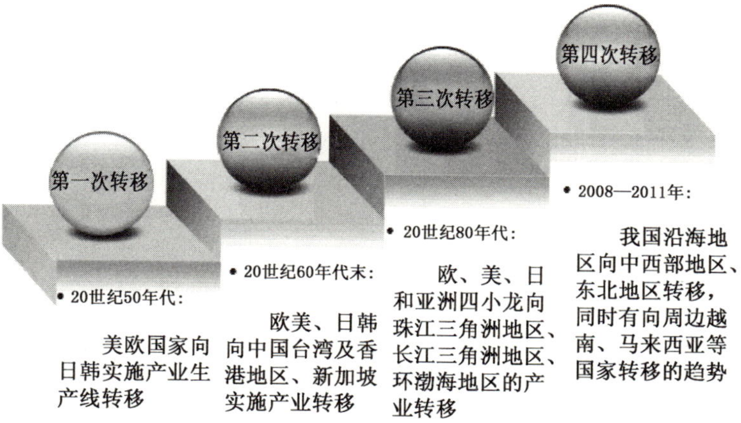

图 12－27　世界产业转移的各个阶段示意

展方式的重要途径。

3）湖北城镇化发展的需求

由于湖北省异地城镇化的特性，为了增加对回流人口的吸引力，应该适度发展劳动密集型产业。根据相关研究，目前对湖北省国民经济带动影响力较高的重工业属于资本密集型产业，而对湖北省整个国民经济就业水平拉动能力较强的主要为轻工业和服务业。因此，湖北省轻工业如纺织、食品、木材和服装等，以及服务业等劳动密集型产业将是湖北省下一阶段产业发展的重点之一。

12.5.2　湖北省产业发展战略

1）总体思路

依托科教、金融优势，推进信息产业发展，强化现代服务业，提升生态、文化和旅游及相关产业；转变发展方式，加强绿色低碳，保持产业高端化，重点发展先进制造业，夯实石化、汽车、冶金和钢铁等优势产业，延长产业链，提高产品附加值，近期提振纺织和食品等传统产业；推动农业规模化、机械化经营，提高农村劳动生产率，做大、做强农副产品加工业；多轮驱动，引导产业区域差别化布局，促进“三廊两带”产业集群化发展。

2）产业选择

做大做强先进制造业。继续加大装备制造业投入，依托现有产业基础和科研优势，以国际国内装备制造业梯度转移为契机，着力培育一批大企业集团，建设一批产业集群，形成拥有核心技术开发能力、重大装备成套能力和具有国际竞争力的先进装备制造基地，为湖北省成为中部地区崛起的重要战略支点提供有力支撑。

突破性发展高新技术产业。依托科教优势和高新技术产业的良好基础，进一步增强对高新技术产业的投入，培育新的经济增长点，形成快速发展的高新技术产业集群。具体包括电子信息产业、新能源、新材料、国家生物基地建设等。

加快发展消费品工业。湖北省科技实力强，在消费转型升级过程中，要注重科技实力和工业化结合，开发生产引导消费潮流的新型消费品。消费品工业应主要在主导产业功能不明确的县域层面发展：一是完善纺织印染服装产业链，提高化纤和印染后整理配套能力，提高服装设计和生产水平；二是发挥农产品资源优势，大力发展烟草加工、食品加工、饮料制造等高利税行业，培育一批规模大、加工度高、竞争力强、在全国有影响的龙头企业和品牌，带动消费品工业上档升级；三是发挥科技优势，大力发展生物医药、通讯终端设备、计算机制造等产业；四是发挥汽车工业优势，带动与之相关的其他消费品工业发展，如配套橡胶和塑料制品业等。

加快发展现代服务业，优化经济结构。现代服务业具有“高增值、强辐射、广就业”的特点，是优化产业结构、转变经济增长方式、加快新型工业化步伐的着力点。湖北省应加快培育以金融保险业、信息业、现代物流业等为代表的生产型服务业和以文化娱乐、旅游等为代表的个人消费型服务业。

3）产业发展策略

注重产业的分工与合作，促进产业集聚。在各个城市培育和形成具有自己特色的产业集群，加快劳动密集型产业向下级县市的转移，带动它们的发展。最终形成分工合理、各具特色、优势互补、协调发展的区域经济新格局。

巩固、调整、提高、优化高耗能产业。冶金、建材、化工等重化工业是湖北省的优势特色产业，应巩固和强化这一比较优势，促进重化工业改造、升级、聚集和产业链条延伸：一是提高技术装备水平，完善生产工艺；二是推进石化工业的规模化和集约化；三是建立完善的节能减排指标体系、检测体系和考核体系。

12.5.3 湖北省产业发展空间格局

在产业空间组织方面，应构筑“三廊两带”的产业空间格局，强化“襄十随汽车产业廊”、武汉—荆门—宜昌石化产业廊、“鄂西生态文化旅游产业廊”和“武鄂黄黄产业连绵带”，此外还应重点发展“江汉运河圈产业连绵带”，充分发挥水运成本低的优势，壮大优势产业集群，比如石化、纺织服装、农副产品加工、食品饮料、机械制造等（图 12-28）。

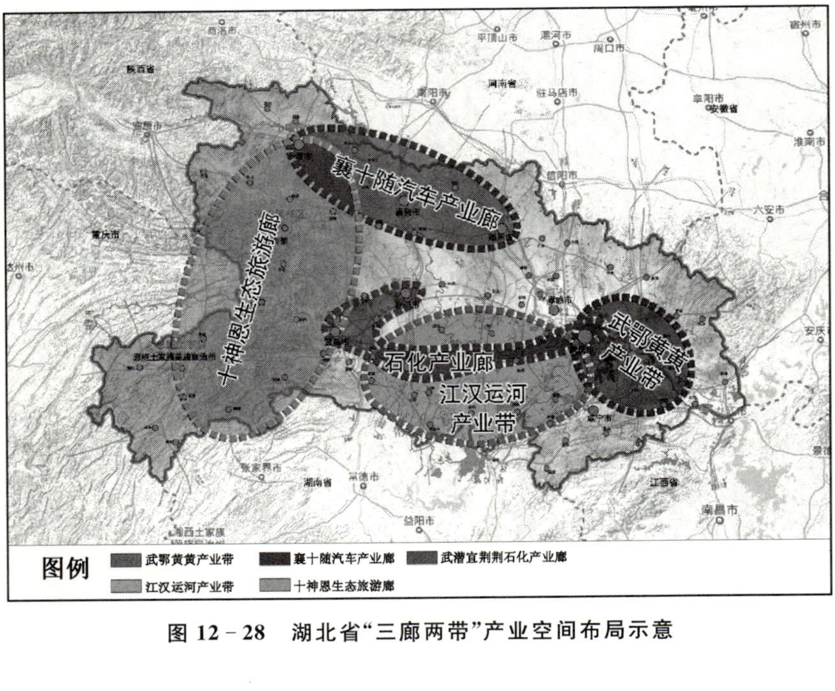

图 12-28　湖北省“三廊两带”产业空间布局示意

1）鄂东—武汉城市圈

武汉市应依托东湖国家级自主创新示范区的建设，发挥东湖自主创新区的政策优势，提振光电子产业的整体发展水平，充分挖掘与拓展在汉高校的各类智力资源，强力发展高新技术产业、创意产业和现代服务业，强化中部地区中心城市的公共服务职能。通过实施坚决的高端产业转型，跻身世界高端产业俱乐部，引领湖北省产业的高层次发展。

鄂州、黄石、黄冈作为武汉城市圈内层部分，应积极与武汉市进行产业对接，充分发挥武汉新港的牵引作用以强化发展先进制造业和现代物流业。

武汉城市圈外层城市，要在现有产业发展基础上，根据资源节约、环境友好的要求，淘汰落后产业，做优做强工业，提高工业化水平，适当承接东部地区的产业转移。大别山区和幕埠山区是重要的生态保育区，应严禁污染性产业入侵，大力发展旅游业。东部武穴和黄梅应加强与九江市的联系，协调发展。

2）鄂中—宜荆荆襄城市圈

宜荆荆襄城市圈产业发展应当充分利用现有基础，重视能源、化工、装备制造等资本型产业发展，加快工业化进程，成为承接东部沿海产业梯度转移、承接异地城镇化人口回流的主要区域。宜荆荆襄城市圈文化和旅游资源丰富，应把旅游产业也作为今后的发展重点，予以支持，同时要突破性发展现代服务业。

3）鄂西—十神恩生态圈

对西部山区的产业发展政策应以“保守”为主，强化空间管制，在生态文化旅游业发展上取得突破，适当发展与旅游业相关的劳动密集型产业。对重要的生态保育区域要确保财政转移支付力度。具有相同生态功能的宜昌和襄樊西部的山区县应享受同等政策。

4）长江经济带

长江经济带着力打造以现代制造业、现代服务业、现代物流业为龙头的湖北长江经济带产业体系。具体来说，现代农业发展以荆州、黄冈、宜昌为重点，形成具有特色和优势的沿江农业生产加工带。高新技术产业发展以武汉、宜昌、荆州和鄂州的高新技术开发区为依托，重点发展电子信息、生物工程和新医药、光机电一体化、新材料和环保产业。武汉、黄石、鄂州发展汽车及零部件制造工业和船舶工业。以武汉、宜昌、荆州为依托发展石油化工、磷化工和轻纺工业。以长江三峡、神农架、清江画廊等重点生态旅游景区和武当山、明显陵、襄樊古隆中、荆州古城、随州炎帝神农故里等特色文化景区打造沿长江旅游产业带。

5）汉江综合开发带

根据汉江流域研究报告，汉江流域将被打造成“生态优良、经济发达、城乡协调、生活富裕”的生态经济板块。由于汉江流域的生态脆弱性，因此，汉江流域的产业发展必须以生态环境保护为首要原则。低污染、低能耗是对汉江流域产业的基本要求。因此，汉江流域产业发展重点包括汽车产业、农业生产、农副产品加工与食品产业、化学工业产业、纺织服装产业、高新技术产业和旅游业。

13 城镇化发展过程中的制度和文化研究

13.1 城镇化发展过程中的制度和文化

13.1.1 湖北省域城镇发展格局形成的制度原因探讨

湖北省城镇的布局早期是分封土地自己筑城，城镇的人口流动包括分封、戍边、流放、屯田等很多形式，这些形式都是由地方制度决定的，比如节度使制度、宋朝的军民流动制度等等。在此种背景下，湖北省的城镇在大部分历史时段内表现为一种制度供给的形态，其城镇的布局与设置即便到了近现代甚至当代同样体现了一种外力作用，譬如洋务运动、三线建设、沿海开放、西部开发等等，一项项国家战略都表达的是制度框架内的主动意志。当然，这种制度层面因素的形成虽然是湖北省城镇发展的关键要素，但并非所积累沉淀下来的都是正面影响，很多负面作用也通过制度锁定的方式使得城镇发展陷入到一种不良的路径依赖之中。然而，如果我们能够把握住影响地区城镇发展的一些关键的制度因素，并通过渐进的、层次化的制度变迁方式予以改变，这将会为城镇长期可持续的良性发展提供有力的保障。

13.1.2 人口的管理和控制对城镇格局发展的影响

在两千多年的漫长年代里，湖北省城市发展缓慢，城市功能局限于某些主要的城市密集区域，既很少出现飞速增长的时期，也从未因战争等因素而一直衰落，究其原因实际上是与长期发挥作用的人口管控制度相关联的。重本抑末是中国传统社会保持专制统治和社会稳定的根本政策。农民以固守土地为本，经营他业为末，封建统治者经常采用强制手段把农民固守在土地上从事农业。在中国传统社会里，重本抑末不仅仅是统治者的一种产业选择，更重要的是保持朝廷政权稳定之术。在这样的背景下，我国历史上早期产生的农耕制度都是以人为基本单元的，形式多样的人头税成为每个城镇管理周边劳动力和土地的基本方式，而这种方式的维持需要严格甚至是严苛的户籍登记和管理制度，在这种情况下，哪一个城镇流出一个劳动力，就等同于损失了一定的财产，因此可以说古代以农耕发展为主的湖北省，其所打下的城镇基地是以均质化的生产力为先导的，城镇布局普遍分散且规模较小。

随着南北朝后对税赋中人头税部分的淡化和土地税的强化，湖北省开始在原有的城镇基地上孕育一些具有一定资本聚散功能的新城镇，宋以后商业税的大幅增加也说明商品的流通和交换已经开始普遍出现。到了清晚期闭关锁国的政策中，汉口、沙市等被辟为通商口岸，彻底为湖北省带来了大型城市集聚发展的契机。然而与之相对的是，除了少数大城市（比如湖北省当时接纳了大量的外来人口）外，大量的农业地区却还基本被锁控在严格的户籍制度体制内，这一体制也成为后来确立城乡剪刀差的主要方式。由于这种户籍制度的限制，由市场完全主导的人口向城镇的迁移和集聚是不完全的，而特别是在新中国成立初湖北省城镇发展中的人口集聚很大程度上都是国家政策性迁移的结果，带有制度上的强制性，而且在逆城镇化的人口迁移政策上表现得特别突出。在这一时期中，城镇化或逆城镇化过程都带有强烈的政治倾向，并主要依靠行政手段实行，特别是在逆城镇化过程中的被行政指令强行迁出城镇的人口，往往是政治运动的结果，或者出于某种政治动机和考虑。从计划经济起直至现在，户籍及其所积累下来的一系列制度框架依然束缚和阻碍着湖北省城乡人口的自由流动，这从某种程度上使得湖北省内大量未能获得外来制度力量支持的城镇虽然历经千年却还发展迟缓，延续着过去农耕时代分散的格局和脆弱的城镇联系。

13.1.3 城镇的联系与分隔对城镇格局发展的影响

行政区划是中央及地方政府统一管理、依法行政的基本前提和手段，历来都是社会政治与经济活动的“晴雨表”。我国专制制度最大的特色是它一直靠一种“两极式”的政治—经济结构来维系。其中一极是高度分散的汪洋大海般的农业与手工业相结合的小农家庭经济；另一极是至高无上的皇权。在幅员广大的国土上维系这种结构必须依靠严密的纵向行政机构，这种纵向机构以郡县制为代表，两千多年前这些省、府、州、县建制的载体就是城市，它既是皇权意志通向广大农民的中继站，又是皇权用以网络小农经济的枢纽点。

行政区划的发展为湖北省重要城市的发展起到了推动作用。历史上而言，湖北省较大的城镇均是其不同行政区划分的产物，这一特点在新中国成立后则更加明显。湖北省凡行政机关的驻地，在新中国成立初期因农产品按行政区实行统购统销便基本上都有发展，全省 73 个县级机关的驻地，85％以上都是人口超万人的大镇，只薪春和松滋两县县城不是最大的城镇。反之，一批原本较为繁华、但不是行政机关驻地的城镇慢慢却都衰落了。

与此同时，行政区划的存在成为湖北省当前城镇联系与分隔的主要标定。行政区划作为一种制度界线，虽然其可能没有直接的物质空间作为依托，但很明显对城镇发展的行为产生了一定的引导或规训。由于历史上湖北省多为几个行政区所分隔，而其中荆州与襄樊之间的丘陵山区甚至还在某些情况下成为南北争锋的国界，因此，整体而言虽然在城镇的联系上始终没有废止，但行政区划客观上促进了以襄樊、荆州和武汉三个城镇为中心的三片相对独立的城镇密集地区，巩固了湖北省域范围内三角形的城镇分布格局(图 13－0)。

秦朝

西汉

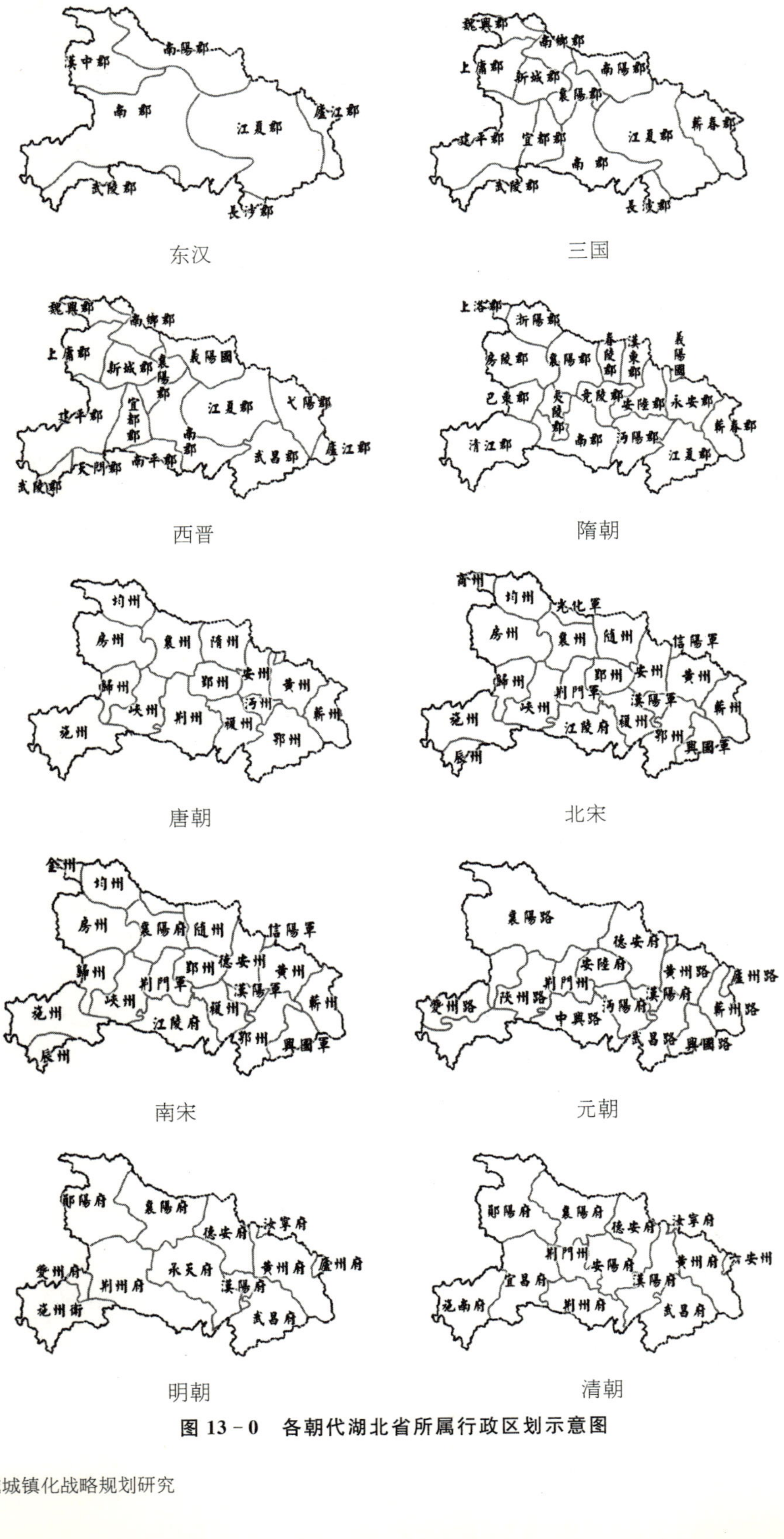

图 13－0　各朝代湖北省所属行政区划示意图

13.1.4 资本的投放与回收对城镇格局发展的影响

这里所指的“项目”是广义上的为了达成某种明确目的而进行有计划的发展手段。由于湖北省在长期的发展过程中，城镇化和非农化的历程都不具备商品经济的市场条件，而是依托外力而来，因此城镇的发展，包括设镇和立市都不是经过市场优化资源配置的结果，而是政府采用计划和指令性调配。正是基于这样的判断，在较长的历史时期中，湖北省城镇发展的资源实质上都是在按照一种“项目”式的管理和运作方式在进行的。古代时期，湖北省便不断地通过“项目”的植入来促进城镇的外生发展，比如兴修荆江水利工程、屯兵襄樊驻防等，都会征调大量的劳动力和资源进行建设，并且可能会遗留下一些居民点，并最终发展为一定规模的城镇。近代洋务运动中大量工业设施和铁路的建设同样是通过专门的“项目”自外而内植入进行的，而后的 20 世纪七八十年代的“三线建设”等也是亦然，可以说项目植入拉动城镇发展已经形成了湖北省历史上一条集中优势资源、统筹地区发展的发展路径。这种“项目”式资源组织模式有其明显的优点，能够在短时间内尽可能地调动大量资源，集中优势实现确定的发展目标。但是，一旦决策失误或者发展需求发生转变，就可能导致投资的低效，甚至是浪费。比如国家重点发展的“三线”建设项目，新建的城市和工厂由于不能带动区域经济的发展而成为“经济孤岛”，并最终导致多个城镇后续发展中选择迁出而非留守。从 2009 年的重点项目布局来看，基本上获得的项目支持越多的城镇发展现状也越好，这也从一个侧面说明项目与城镇发展之间密不可分的关系。湖北省从 2010 年开始进入“十二万亿”时代，如何将这些项目分配并控制好时序，有可能是合理可持续促进地区城镇发展的一种有效途径。

13.1.5 湖北省历史地位下滑对湖北文化的负面效用

文化在区域发展中具有至关重要的基础性作用。长期以来，文化被当做上层建筑，是经济基础决定的，是第二位的。这从社会结构构成及其基本矛盾的角度看是对的，但是，从功能的角度看则具有片面性。从文化对社会经济发展的作用这一功能角度看，文化属于基础结构的层面，在推进经济发展方面，具有基础性作用。湖北省的兴衰、国家重心的转移等过程，表面上看取决于技术、资本、资源、军事实力等物质层面的东西，而实际上起根本作用的则是制度、法律等制度层面的文化以及信仰、理念等精神层面的文化。文化应是湖北省最基本的内在力量，湖北省自身特有的文化优势，包括“荆楚文化”的历史积淀、科教文化的现实优势。在市场经济条件下，在推动区域发展的众多因素中，资源、资本、技术等物化因素可以通过交易和流通取得，这些方面的优势可以位移；而文化，特别是作为文化基础结构的精神气质和精神素质则是难以通过交易和流通取得的。一个地区有优良的精神气质，才会有优良的文化基础结构，也才能有优良的制度、环境与秩序(即优良文化上层结构)，进而才能吸引和聚集经济发展的各类资源。同时，湖北省拥有明显的综合发展优势，包括农业、制造业、资源等方面的基础和科教、人才等方面的优势，但是，需要有一种因素来激活、整合和实现这些优势，而只有文化才具有这种激活与整合的功能。

湖北省在历史时期中形成了六种典型的精神特质，即以荆楚先人为代表的“筚路蓝缕，以启山林”的开拓进取精神；以屈原、王昭君为代表的报国献身精神；以近代工业化先驱张之洞和武汉现代制造业为代表的艰苦创业精神；以辛亥首义革命党人为代表的“敢为天下先”的勇敢革命精神；以鄂豫皖、湘鄂西老区人民为代表的无私奉献精神；以“五四”、“九八”抗洪英雄为代表的众志成城、顽强拼搏的精神。这些精神既是历史赋予湖北省的宝贵财富，同时也是新时期崛起的核心保障。

然而，由于体制方面的问题以及历史上形成的惯性，现实环境激发了湖北文化中一些不利发展的因素，却屏蔽了珍贵的文化特征，这对湖北省来说无疑是一大损失。“两极制度”本身不但没有为湖北省提供工业化积累的足够支撑，相反却限制了湖北省继续发展的动力。而“九省通衢”本身就成为湖北省意识形态中的矛盾，当强调“九省通衢”的时候，往往内含着一种东西南北经济活动都“缺我不可”的先天优越感，它直接产生了妄自尊大、非我莫属、等客上门、守株待兔甚至“搭便车”的经济发展思维。与此同时，湖北省过去的“开放包容”变成了投机和互不认同，而且国家自上而下的工业化与城市化扭曲了湖北省自身比较优势真正价值，计划的、“家长式”的发展模式必然滋生地方“等、靠、要”的消极精神。

13.1.6 湖北省文化的全面激发对提升湖北省地位的积极作用

任何一个国家和地区的经济振兴，无不与其文化传统息息相关。湖北省作为楚文化的发祥地和中心地带，一直生存和发展在楚文化的氛围之中。形成于周代，作为华夏文化的主要组成部分之一的楚文化，其成就之大、水平之高、影响之深远，足以与其同时代的西方古代文化发展顶峰的古希腊文化相媲美。考古充分显示，在代表物质文化的青铜冶铸、锻铁、丝织品、陶器、漆器、建筑、交通等方面，我国最早用失腊法或漏铅法铸造的青铜器，最早的铁器，最早的精美丝织、丝绣衣衾，最好的漆器、木雕和竹编工艺品，最早的毛笔、竹筷、木床，举世无匹的曾侯乙编钟，无不出自楚墓，这表明楚与古希腊各擅其美，互见高下。在精神文化方面，明朝文学家归有光曾指出：“荆楚昔多文人，左民之传，荀卿之沦，屈子之骚，庄周之篇，皆楚人也。”楚文化自秦汉以后直至明、清，历数千年而绵绵不断。

到了近代，处于半封建半殖民地的楚文化和整个中华文化一样，在征服与抗争、吸引与认同、否定与更新中，在中西文化深刻的碰撞、对立与交融的关系中寻求自己生存和发展的新契机与道路。楚人“筚路蓝缕，以启山林”，由一个方圆百里的弱小之国发展成雄踞方圆 5 000 里的强大楚国的艰苦创业精神，也就是今天湖北人常引以为豪的“九头鸟”精神——以勤劳、创业为基调的民风民俗，富于爱国浪漫气质的灵敏洒脱、宽容开放的文化心态，大胆进取勇于行动、坚忍不拔的精神风貌，艰苦创业、勤奋耐劳的美德，重农、尚武、重教、追奇、趋商的价值取向，极大地鼓舞着湖北省弘扬楚文化优秀传统和为实现湖北省在新时期发展中的开拓进取精神，增强了湖北省加速发展的自信心和在中部崛起的使命感。可以说，传统的多姿多彩的楚文化与湖北省当前在全国格局中的发展和崛起有着一种微妙的文化血缘联系，这是一种跨越时代的文化氛围，是“赶超”主题大声呼唤的文化动力。

13.2 城镇化发展的制度支撑与政策供给

城镇化本身是一种伴随社会经济增长与结构变迁的社会现象，受到产业发展水平、社会文化心理、制度安排等众多因素的复杂影响。制度作为社会行为准则，从多个不同领域对城镇化所涉及的产业发展程度、社会管理服务水平、空间集聚程度、人口流动等方面发挥综合作用。

两型社会的总体目标，要求湖北省城镇发展必须处理好发展同环境资源、社会公平的关系。在“试验”的前提下，可积极推进制度创新，积极探索新型城镇化建设的模式和路径；特别是要完成由“外部资源依赖”向“内生发展支撑”的根本转换。因此，在“深化两圈一带，建设三圈两带”的空间战略和相关的城镇化战略指引下，湖北省需要相应的制度创新和政策，以确保战略的实施。

对湖北省各地市的调研，尤其是 57 个小城镇的调研访谈，使得我们对湖北省的城镇化及城镇发展的现实及制度障碍有了一定认识。在此基础上，根据湖北省城镇化发展目标及要求，提出推进湖北省城镇化的制度路径和关键制度设计，并结合湖北省情及湖北省城镇发展战略目标与战略布局，提出有针对性的政策措施。

13.2.1　城镇化及城镇发展的关键制度障碍

1）人口管理体制改革停滞不前，制约了人口的城镇化转移进程

湖北省于 2003 年就开始着手取消城乡户口的差别，统称“居民户口”，但实际上一直未取得较大的进展。原因主要在于户籍制度的变革必然带来公共服务需求的增长，而从湖北省多数地方政府的财力情况看，很难为所有进城农民提供全方位的社会保障；同时，经济实力较强的大中城市出于对基础设施、公共服务承载能力的考虑，落户政策也未能放开，且普遍设有投资或技术等门槛，而农民工大多难以达到落户条件。可见，人口管理体制改革难以落实，问题不在于湖北省的城镇回避放开户籍制度，而是没有能力提供完善的公共服务及保障；未能吸引农村人口落户，最根本原因首先在于产业发展不足。作为湖北省城镇化发展的重要环节，小城镇缺乏造血功能，产业发展为地方创造的财政税收十分有限；产业发展缓慢，也难以提供大量稳定的就业岗位；其次，当前的国家财税体制也存在问题，即财政资源的调配不利于地方政府，尤其是未能为小城镇的社会保障体系提供必需的财力支持。

2）产权不清的土地管理制度，制约了城镇化的空间聚集进程

均分化的农地制度为农户提供了必要的社会保障，但客观上也有碍于农村人口的转移，限制了土地使用效率的提高。一方面，农地流转制度的缺失，阻碍了农业产业化发展以及农民向市民身份的真正转换。另一方面，城乡二元的土地使用制度，禁止农村集体建设用地进行流转，以及并主动参与城镇建设。在产权不清的情况下，农村集体建设用地不能平等地进入市场，用市场机制进行调配，大大限制了这部分土地使用效率的提高，阻碍了完成城镇化过程中必要的空间集聚。特别是城市周边的农村地区，半农半工现象明显，或者多数农民已经进城务工，但仍保留着宅基地的使用权。

3）低效能的公共管理体系，制约了城镇化的质量提升进程

湖北省县域经济发展缓慢，小城镇未能发挥城镇化发展的人口蓄水池作用，重要原因在于城镇管理体系方面存在问题。一方面，“市管县”的行政管理体制抑制了县域经济发展。另一方面，2006 年湖北省推出乡镇综合配套改革方案之后，尽管将乡镇政府定位为“农村公益性服务对象的组织者”，但乡镇公益性服务经费供给难以保障，导致当前各

乡镇管理不到位、人员工作积极性不高、业务水平提升慢等问题，进而影响到城镇建设管理的整体质量。

13.2.2 实施城镇发展战略的关键制度创新和政策供给

通过制度改革推进湖北省城镇化及城镇发展，首先，要正视农村和农民平等发展的权利，在土地使用和社会保障等方面保障农民利益。农村土地要按“同地、同价、同权”的原则享有平等的权益，纳入城乡统一的土地市场；同时在加大投资力度，寻找多元化投资渠道的基础上实现城乡公共服务均等化。其次，要建立完善的城镇社会保障系统，解除农民进城的后顾之忧；打通城乡人口流动渠道，且又要考虑到城镇的承载能力，宜采取渐进式的改革思路。第三，要理顺行政管理体制，合理分权，更高效率地配置行政管理权力资源，切实提升管理系统效能。

湖北省域内各地区的资源禀赋、经济社会发展条件存在着显著的差异，必须在基本的制度设计层面，针对特定的发展区域、特定的发展目标、特定的发展环境、特定的发展阶段，制定出差别化的政策，实行分类指导。湖北省内不同等级、不同规模、不同职能的区域、城市和小城镇的发展状况和条件存在差别，东部武汉城市圈与鄂西生态文化旅游圈之间、武汉城市圈内外层之间、鄂西山区与江汉平原之间产业发展与城镇化发展基础各异；建制市和县城作为产业发展的主要空间，与小城镇所发挥的作用应该不同；地方服务型城镇、产业承接镇和综合发展镇之间职能分工必须相异。因此，应当因地制宜地进行有针对性的政策供给，体现政策供给的差别化和层次性。

1）建立“同地、同权、同价”的城乡统一的土地市场管理制度

尽管现行的政策和法律法规对保障农民土地承包经营权有许多改进，但在土地征占用、农地流转、农村集体建设用地等方面还有诸多有待探索和改革的空间。十七届三中全会提出将土地承包权长期化，并赋予农民出租、抵押、转让和继承的权利，明确要求在坚持集体土地所有权不变的前提下，确立农民作为土地承包经营权人的主体地位，使土地承包权更趋近于成为一项清晰完整的现代产权。这就为坚持农村土地集体所有制与保护农民地权、推进农村土地制度改革创新指明了方向。应在坚持农村土地集体所有制的基础上，尽快明晰农地产权关系，加快农地流转机制建设，探索完善农村集体建设用地直接入市交易制度，平等对待土地权利，建立城乡统一的建设用地市场。

2）调整结构性分配比例，加大财政转移支付力度

我国及各省财政收入呈现明显的“倒金字塔”结构，越向下财政收入越困难，但事权却越压越多。因此，改革现行财税制度的着力点之一就是调整结构性分配比例，在省级政府和地方（市县）政府、地方政府（市县）与基层政府分税过程中，坚持“多予少取放活”的原则，加大基层政府所占份额，适当增加其可自主支配的财力，使城镇建设和公共服务获得财力保障。同时应当将土地经营收入纳入到财政预算当中。

由于国家主体功能区对湖北省大部分的县市提出了较高的生态涵养要求，在一定程度上限制了部分城镇的发展，其中主要包括鄂西部山区、鄂东北部大别山区以及鄂东南的幕埠山区。在积极申请国家转移支付的同时，省里也应加大转移支付的力度，保证当地人民生活水平与其他地区大致相等，以体现社会公平。

就湖北省情来看，多数城镇还不具备作为承接区域产业转移的主要阵地，其财力也

难以支撑其作为周边农村地区公共服务中心的职能，因此，必须加大对小城镇的财政扶持，确保小城镇具有提供基本公共服务的基本能力。

3）简政放权，因地制宜，逐步推行省管县体制改革

湖北省针对县域经济发展处于农业大县、工业小县、财政穷县的现状，在参照浙江省经验的基础上，于2004年初确定了对首批20个县（市）实行扩权。鄂办文〔2004〕13号详细列出239项扩权事项，其中包括发展计划、经济贸易、旅游交通、劳动人事、市场监督、国土资源、水利环保、税务财政等方面，涉及23个政府部门。随后，湖北省委、省政府又做出一项重大决策——改革现行"省管市、市管县"的财政体制，在全省52个县市推行"省管县"财政管理体制。

但是，强县扩权只是在现有行政管理体制框架下对市县经济和社会管理权限的调整，具有明显的过渡性质。在市场化进程中"市管县"体制由于失去了原有的制度支撑条件和相适应的制度环境，其体制绩效越来越不明显。通过构建"省直管县（市）"的扁平化公共行政体制，减少行政层级，可以较好地克服市管县体制的弊端，并利于激发县域经济发展活力，还可以增大省一级政府对资源的宏观调控能力，促进区域经济的健康发展。

实行"省直管县"体制需要注意：（1）改革市管县体制，实行市县分治。即从行政建制角度，恢复市（地）、县的本来属性，它们之间不再具有行政隶属关系，而各自管理本辖区范围内的事务。（2）依法明确省、市（地）、县的职责权限。（3）适时优化调整行政区划。由于省级行政区划体制改革牵涉面广，不仅极其复杂，而且比较敏感，必须整体规划，积极稳妥地推进。

4）制定小城镇发展的"扩权强镇"与"束权稳镇"政策

小城镇是下一轮推进湖北省城镇化发展的重要载体之一，是湖北省城镇化进程中的关键环节，如何提高镇区容纳回流劳动力的能力是下一步城镇化将面临的挑战之一。对"地方服务镇"、"县域产业综合发展镇"和"大都市区产业承接镇"，在政策扶持上要有所区别，赋予差别化的事权、财权，并且采用不同的考核体系。

（1）在"综合发展镇"和"产业承接镇"推行扩权强镇政策

对于"综合发展镇"和"产业承接镇"，一般都具有区位或资源优势，有一定的产业发展基础，但大多发展水平并不高。这类城镇将是湖北省域范围内直接面向广大农村地区剩余劳动力的最前沿的蓄水池，在承接外出劳动力回流的历史任务中将发挥重要的作用。对于这类城镇，要加大对其产业发展扶持力度，提高产业发展的集群效益。通过下放一定的财权、事权，提升建设管理的能力与积极性，并探索多元化的城镇建设融资渠道，进而提升小城镇对回流劳动力的吸引和容纳能力，最终实现自主发展的良性循环。

（2）对"地区服务型镇"实施束权稳镇政策

对"地区服务型镇"要强调其直接服务于广大农村的基本职责。由于产业基础较差，又缺乏交通区位优势及特色资源，依靠自身发展难有显著效果。因此，一方面要在保证财政转移支付的基础上，加大公共服务设施投资力度；另一方面要突出服务职能，将考核重点放在提供公共服务的程度及对镇域生态环境的涵养之上，不盲目追求产业发展。

5）设计不同等级城镇的层次化人口转移政策

根据湖北省城镇化发展的动力机制研究，今后产业经济发展的空间载体主要还是在城市层面（包括县城），城镇化人口的载体在于大中小城市和小城镇的协调发展，小城市、

县城和小城镇是承接农村劳动力转移的前沿阵地。同时，湖北省的人口转移政策应与“大小多少、三个层次”的战略思想相协调，分层次、梯度化地对特大城市（武汉市）、大城市、中小城市和县城、小城镇进行落户政策安排。

提高武汉市的技术性入户门槛。考虑到城市规模、基础设施承载力等条件，以及发展高端产业和现代服务业的定位，武汉市应当以创业能力及受教育程度为标准，适当提高落户门槛，防止流动人口大规模涌入；配合一系列的住房、社会保障等方面的优惠政策，吸引企业家及高端技术人才落户。

降低大城市入户门槛。“做大大城市，做多大城市”的战略思想符合湖北省大城市发展实际需要。因此，对于黄石、黄冈、鄂州、襄樊、宜昌、荆州、荆门等大城市，应采取积极的落户政策，通过对“低门槛、渐进式”的居住证管理制度改革的落实，放宽入户限制，尤其是年轻人的入户限制。

基本放开中小城市和县城、小城镇的落户。作为承接农村劳动力转移的主要阵地，中小城市、县城应当积极吸引农村人口转移落户。而城镇户口人数增加有赖于城镇各方面的综合发展，因此，拟纳入干部的考核指标，激发地方领导提升社会服务水平的积极性。

6）探索建立城镇发展的“智力引领”工程

湖北省高校云集，科研院所众多，高层次人才荟萃。但长期以来智力资源的优势并没有转化成推动湖北省发展的智力优势，对引领湖北省发展的作用并没有充分发挥出来。丰富的智力资源与湖北省鲜活的经济社会发展实践严重脱节。

湖北省委组织部门在推动高校与地方政府合作交流上有一些较为成功的探索，如高校教师到地方政府挂职锻炼等。应该说这一举措培养了一批年轻干部，对地方的发展也发挥了引领的作用，总体效果是好的。目前这项工作还只是在小范围、局部地区、干部培养的层面进行。建议总结以往的经验，在全省范围内推行“智力引领”工程，即安排更多大专院校、科研院所的专家学者到地方政府做“顾问”或“挂职”。这样，地方政府可获得专家学者的“智力引领”，专家学者也可在经济社会发展实践中获得锻炼与提高。湖北省小城镇的科技和管理人才尤其奇缺，建立专家顾问制度或科技特派员制度十分必要和紧迫。

推行“智力引领”工程，需要有相应的制度设计和激励政策。

14　省域城镇关系与市场区划分研究

14.1　省域城市间联系测度与流动空间结构

14.1.1　基于理论模型的关系测度

在城际联系层面，本研究通过引入经济联系量这一概念来研究湖北省主要城市城际联系，从中可以明确湖北省城际联系的空间格局。经济联系量，或称作空间交互作用量，是用来衡量区域间经济联系强度大小的指标，其既能反映经济中心城市对周边地区的辐射能力，也能反映周围地区对经济中心辐射能力的接受程度。根据其概念，本研究构建了以下模型来测算湖北省城市之间的经济联系量：

$$R_{ij}=\frac{\sqrt{P_iG_i}\cdot\sqrt{P_jG_j}}{D_{ij}^2}$$

其中 R_{ij} 表示两城市经济联系的强度，P_i 表示城市市区的人口数，G_j 表示城市市区的经济总量，D_{ij} 表示两城市之间的交通距离（根据 Google 地图提供的行车路程计算）。

根据计算结果，本书根据主要城市经济联系量分等定级（图 14－1），可以发现：武汉与全省主要中心城市的理论联系量均较大，特别是与空间上临近的城市群内城市，如鄂州、黄石、黄冈、孝感等城市联系量均在 1 000 以上。此外，武汉与宜昌、武汉与随州、武汉与襄樊等地区性中心城市的理论联系值也较大。除武汉作为理论经济联系枢纽之外，宜昌、襄樊等中心城市与周边城市的理论联系量也较大。宜昌、荆州、荆门三市空间上临近，城市能级

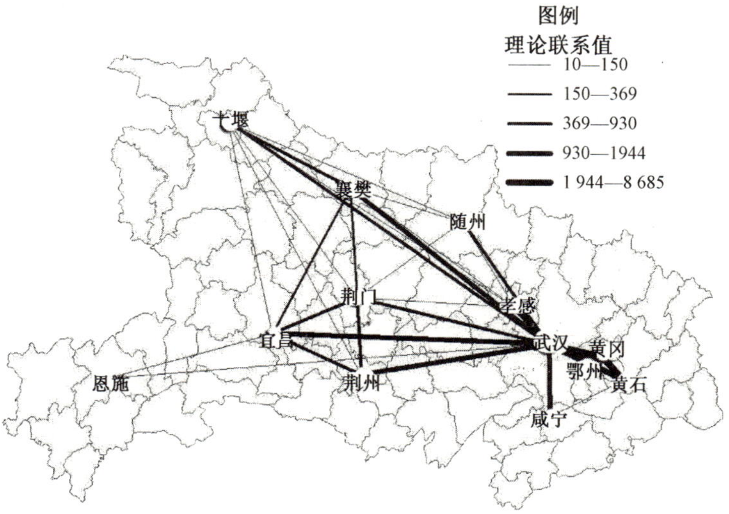

图 14－1　湖北省城际间理论空间联系图谱（单位：万人·亿元/km²）

水平均较高，形成了一个仅次于武汉城市圈的另一个经济联系圈区域。

交通可达性的测度综合了湖北省境内铁路、高速、国道、省道、河流以及地形坡度等因子，采用 Arcgis 空间分析中的距离权重方法，获得各中心城市通勤圈范围。通过交通可达性的计算，可以对湖北省各地地区的交通条件进行定量分析。

湖北省境内几大主要城市如武汉、宜昌、襄樊、孝感、荆州、荆门等，均处在湖北省三角铁路网轴线之上，并有高速公路贯通南北和东西向的各大城市，交通可达性较高，城市节点之间的时间距离较短，除十堰受地理位置和地形限制以外，其他基本均在 3 小时的时间距离之内。目前正在修建的沪汉蓉高速铁路，以及汉孝城高铁等，将进一步缩短武汉和宜昌之间，以及武汉和孝感之间的时间距离。

从分析结果来看，武汉交通中心性突出，是省域交通枢纽中心，与其他各中心城市之间形成相向延展态势。武汉市可达性通勤圈呈圆环状向外围扩展，相同小时圈所覆盖的区域面积最大，两小时通勤圈即已覆盖整个武汉都市圈范围，达到荆州、荆门以及随州境内，三小时通勤圈即已覆盖湖北省 56%的区域面积，是湖北省交通枢纽中心。襄樊和宜昌的交通可达性水平次之，圈层扩展呈现出向东触角状延伸，襄樊的可达性圈层表现为向宜昌和武汉方向扩张，宜昌的可达性圈层明显地表现出向武汉和恩施方向扩张的趋势。其中，宜昌与荆州、荆门的时间距离仅一小时，可达性水平很高。而十堰由于地处省域西北角，地形条件较为恶劣，空间距离过远，交通可达性相对较低。可见，由于地形和交通现状建设条件等原因，湖北省交通可达性表现出以武汉为中心枢纽，宜昌和襄樊为次级中心枢纽，三角相向延展的态势。

此外，全省的交通可达性更多地表现出各大城市与武汉之间的联系，而武汉以外其他城市之间的横向联系相对较弱。从襄樊和宜昌之间的可达性来看，尽管襄樊交通可达性圈层部分表现出沿汉江向宜昌方向延展，但武汉方向的扩展趋势仍很明显，而以宜昌为源点的交通可达性更多的是向武汉方向以及恩施—四川方向的扩张，北向扩展趋势较弱，可见各中心城市所赋予的交通条件处于相对附属地位，中心城市交通建设能级不够，直接与武汉发生交通联系在湖北省内仍占主导地位，相互之间建立直接横向联系的交通条件仍有待改善。从区域性交通条件来看，东部整体交通通达性较高，中部次之，西部交通通达性最差。

14.1.2 基于经验流数据的关系测度

湖北省城市间客运流关系的整体空间特征是中心联系强，外围联系相对较弱。武汉与省域其他城市的客运流总体较大，特别是与武汉城市圈、宜昌等中心城市的日发车频率都在 100 次/日以上，属于紧密联系关系。宜昌除与武汉联系量较大以外，与其他城市（如荆门、荆州、襄樊）的联系量也较大，宜昌、荆门、荆州两两之间的日发车频率都达到 100 次，属于联系密切的城市三角。除此之外的其他城市除与武汉联系量较大以外，与其他城市的联系量均锐减。通过对省域城市间的联系结构分析，发现武汉市无疑是省级客运流通中心，宜昌市是西部地区次级客运流通节点（图 14－2）。

在客运流分析确定的粗略轮廓的基础上，本书研究利用百度搜索引擎，以两城市名作为关键词，搜索两城市共同出现在标题中的网页数量。以每列所对应城市为对象，采用如下方法计算该城市对应的节点强度为

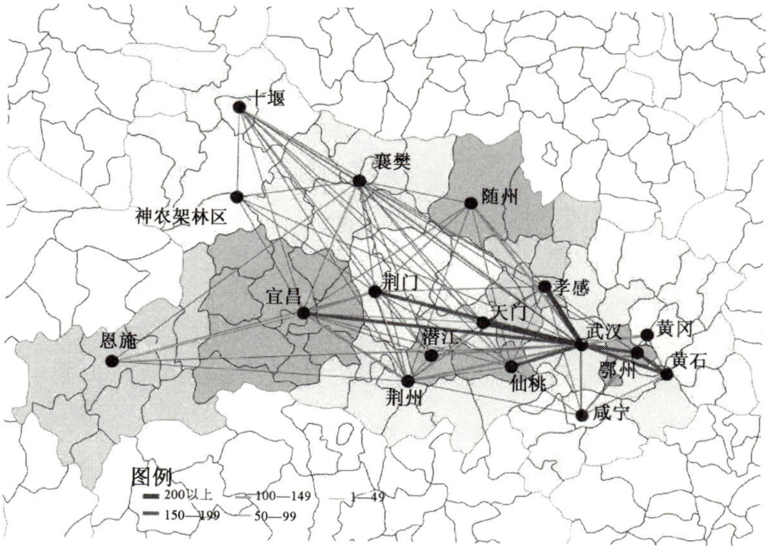

图 14－2　湖北省主要城市间客运交通流分布图（单位：发车次数）

$$K = \sqrt[n]{S_1 S_2 S_3 \cdots S_n}$$

其中：K 表示节点强度，S 表示信息关联数。

经计算，湖北省信息节点强度值大于 10 000 以上的城市有武汉市、宜昌市、襄樊市、黄石市和荆州市，这些城市可以选为信息关联节点城市。以关联数大于节点强度值的城市作为对象城市的主要联系方向为标准，则武汉市的主要信息关联城市为：宜昌（76 100）、黄石（66 100）、襄樊（65 000）、荆州（42 900）、鄂州（42 200）。除武汉外，节点城市宜昌的主要信息关联城市为：襄樊（23 900）、荆州（20 800）、黄石（15 500）、十堰（15 100）。黄石主要信息关联城市为：鄂州（25 600）、宜昌（15 500）、襄樊（14 400）。襄樊主要信息关联城市为：宜昌（23 900）、十堰（23 200）、荆州（14 700）、黄石（14 400）。荆州主要信息关联城市为：宜昌（20 800）、襄樊（14 700）、荆门（13 500）（图 14－3）。

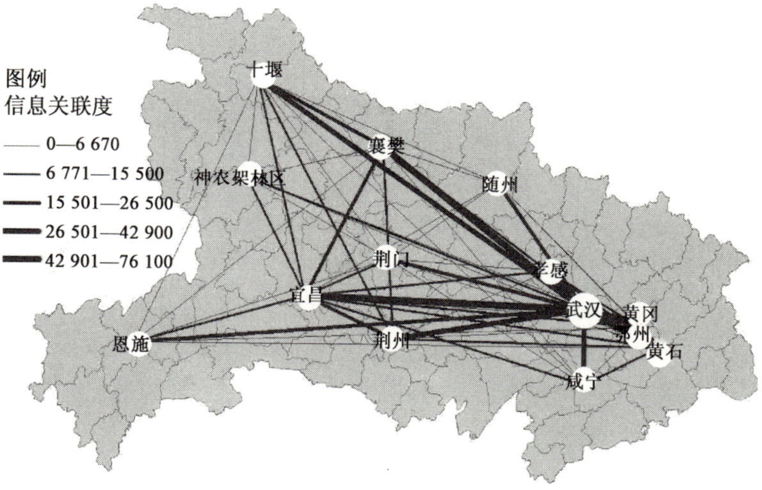

图 14－3　湖北省主要城市间信息关联度空间分布图（单位：个，词频次数）

此外，商品流通也是区域空间相互作用的重要维度，本书研究选取社会消费品零售总额为研究湖北省商品流通的基本特征，以及商贸中心及商贸服务区空间分布特征等。通过商品流空间结构解析，为后续空间结构规划做重要的铺垫。以人口为参照，计算消费品零售总额相对人口规模的区位熵值，即

$$L_i = \frac{c_i/C}{p_i/P}$$

其中，L_i 表示区位熵，c_i 表示城市 i 消费品零售额，C 表示全省消费品销售总额，p_i 表示城市 i 人口数，P 表示全省人口数。若计算区位熵值大于 1，说明该城市消费品销售不仅满足于本地需要，同时还具有为其他地区服务的职能。若小于 1，说明城市消费品销售主要满足本地需要，值越小越可能接受其他城市的销售服务。以县级市（市、县、区）为基本数据单元，计算各城市（县、市、区）社会消费品零售额相对人口的区位熵值。武汉、宜昌、十堰、黄石的区位熵值大于 2，表明这些城市具有很强的区域功能，其社会消费品销售很大部分是为满足区域需要而服务的。此外，襄樊、荆州、荆门、鄂州、黄冈、宜都等城市的区位熵值也大于 1，说明这些城市为区域提供商品服务的职能也较强。以上这些城市是湖北省商品流的主要节点城市，其中区位熵值大于 2 的城市归为一级商品流通节点城市，包括武汉、宜昌、十堰、黄石；区位熵值处于 1—2 间的城市归为二级商品流通节点城市，包括襄樊、荆州、荆门、鄂州、黄冈、宜都等城市。

另外，资金流是空间流关系的重要维度，研究资金流向不仅可以揭示各地区现实经济发展的基本态势（存款余额一般与本地经济总量呈正相关关系），可以反映区域空间结构的基本特征，同时资金流出与流入还可以表征区域内不同地区发展的活力与潜力，一般而言，资金净流出规模较大的地区，一般而言意味着储蓄率大于投资率，投资不足导致经济活力不足，或者由于近期资本品投资不足导致远期经济发展缺乏动力；反之，若净流入规模较大的地区一般投资率大于本地储蓄率，表明投资量大，经济活力大，远期将释放更大的经济能量。因此，本研究探讨全省各地银行资金流分布的基本态势，不仅能反映现实的空间结构，同时还可以指出未来具有成长潜力的地区，为新时期空间结构的谋划提供参考依据。

本书研究以 2008 年各县市区的银行存贷款额为基本数据，计算各地区相对于人口总量的存款额、存贷款额区位熵，以及各地区的贷款比重/存款比重（相对于全省），得到参考值贷/存款比例（假定全省内平衡资金）。以存款区位熵（相对于人口）为参数，武汉、十堰的区位熵最高归为一级存款中心；其次是宜昌、荆门、黄石等城市归为二级存款中心；第三是襄樊、荆州、黄冈等城市归为三级存款中心。在此基础上，计算存贷款总额的区位熵，形成湖北省范围主要金融中心，分别是：武汉一级金融中心，其金融辐射力覆盖全省；宜昌、黄石、十堰二级金融中心，它们是区域性的金融中心；荆门、荆州、黄冈构成三级金融中心，它们是地区性的金融中心。最后计算贷款比重/存款比重，发现形成了三个主要资金流入集中区，分别是以武汉为中心的武汉城市群、宜昌都市区以及恩施自治州的部分市县。这说明这三个区域是湖北省投资最为集中的区域，它们的投资不仅源于本地积累，很大部分来源于省内乃至国家的资金流入，高强度的投资将加强以武汉、宜昌为中心的省域经济格局，恩施州的高强度投资的主要原因是对落后地区的政策性投资，它在某种程度上将起到促进落后地区经济发展、平衡省域经济发展的重要作用。

14.1.3 基于公司网络的城镇关系测度

除上述方法外，本书研究还通过分析公司组织关系的空间网络进一步表征城市间关系。研究选择了全国 2008 年排名前 100 位的物流公司和在全国排名在 100 名以后但为湖北省内评级为 4A 以上的物流公司，并利用 INTERNET 和电话号码查询上述物流公司的与湖北省内的分支机构可能有联系的所有分支机构地址，并记录公司总部和各分支机构的等级和地址，以及属性（办事处或物流基地）。本书研究共搜集到 24 个全国排名前 100 的物流公司和 1 个湖北省内评级为 4A 的物流公司的公司组织架构数据。

本书研究的数据分析方法主要采用了 Tylor 的服务业活动矩阵分析方法，并根据物流公司的联系特点进行对不同分支机构的规模和联系数量进行权重赋值。根据服务业活动矩阵的分析方法，可在分析中假设公司内部分支机构之间、城市间单位数量公司规模之间产生单位数量的联系，即任意两个城市之间的某一物流公司内业务联系数量为两地公司规模的乘积，而两城市之间的总物流联系数量为两地所有公司的公司内物流联系数之和，即假定不同物流公司之间不产生业务联系。但根据物流公司业务联系的特点，本书研究对不同公司机构种类的规模和每规模联系强度进行了权重赋值处理。

湖北省域内部物流联系表现为首位度较高。武汉为首位城市，联通度最高。首位城市的联系在区域联系内占首要地位，与首位城市联系最密切的城市为宜昌市、襄樊市、孝感市、十堰市、黄石市和荆门市。其他分析包括如下四个方面：其一，湖北省城市的主要联系方向大多为武汉市；其二，武汉都市圈内部城市联系较为紧密，绕过首位城市的首位联系和次位联系均为都市圈内部联系；其三，襄樊、十堰与武汉的条带上的物流联系较强，可见该条带上的产业联系明显，而随州与上述产业条带的联系强度不高；其四，宜昌、荆州、荆门三市的主要联系方向为武汉市，三市之间的联系强度不高（图 14－4）。

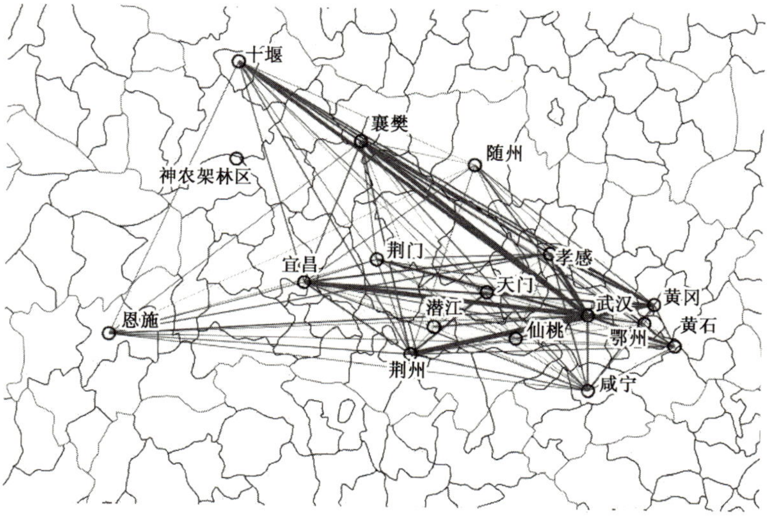

图 14－4 湖北省域城市间物流公司网络联系强度图

14.1.4 基于城市间流关系的功能性城市区域

功能性城市区域是一种城市群的概念，它指城市与城市、城市与外围地区间构成的功能上互动、空间上连续的一类城市区域，功能上联系与空间上连续是功能性城市区域的基本特征，它可能由单个或若干个都市区通过功能连接组成，鉴于功能性城市区域内在的功能关联性，本书研究认为可以从功能联系的角度较为精确地界定功能性城市区域的空间范围。如果从功能联系的视角来理解功能性城市区域，其实质是单个或若干城市组成的联系面，如果同时满足两个条件：当一组城市彼此间联系强度达到一定阈值，且高于任一其他外部城市的联系强度时，则可以认为该组城市就构成了一个功能性城市区域。若一组城市只满足条件二而未满足条件一，则该组城市之间的功能关系只能视为离散的状态，因此不能成为紧密的功能性城市区域。若干个功能性城市区域组合在一起构成巨型城市区。

基于客运交通联系流判定的功能性城市区域的过程中，以发车频率 100 次/日为阈值，湖北省功能性城市区域主要以武汉为中心，包括孝感、天门、黄石、鄂州、黄冈、仙桃、潜江、荆门、宜昌、随州、荆州在内的地区，由于规模较大，且内部存在着多个亚功能区，因此该功能性城市区域可以整合为一个巨型城市区域。在此巨型城市区域内部，存在若干亚功能区(图 14－5)。

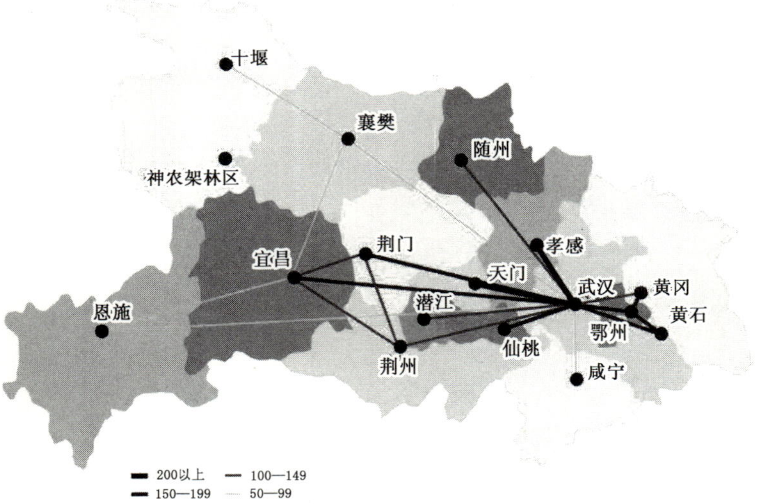

图 14－5 湖北省城市间功能联系示意图(以日发车频率≥100 为阈值，单位：次)

宜昌、荆州、荆门三市之间日发车频率均大于 100 次/日，尽管荆门、宜昌的首要联系城市是武汉，但是构成功能性城市区域的条件基本成熟，可以认为构成了一个成长型的功能性城市区域。

武汉城市圈东部空间上临近、产业上相互关联的黄石、鄂州、黄冈三市中，黄石与鄂州、鄂州与黄冈之间的日发车频率均高于 200 次/日以上，尽管黄石和黄冈之间直接联系量小，但是仍可以视为一类成长性的功能型的城市区域。

此外，襄樊和十堰之间尽管日发车频率小于 100 次/日，但是两者之间还有火车连通，会有大量的联系通过火车等其他交通方式来完成，而且从产业关联度来看，两者在汽车、机械工业方面具有较强的协作关系，因此，两者具有成长为功能性城市区域的潜力，可以称之为潜在型功能性城市区域。

宜荆荆功能性城市区域：以宜昌、荆州、荆门三市区为中心，包括周边县市组成的功能紧密联系、空间上连续的城市区域。

鄂黄黄功能性城市区域：以鄂州、黄石、黄冈三市区为中心，包括周边部分县市组成的线性功能联系的城市区域。

武汉巨型城市区域：以武汉为中心，包括宜荆荆城市区域、鄂黄黄城市区域，以及与武汉有紧密的产业、人员通勤联系的孝感、天仙潜、随州等城市。该巨型城市区域是通过武汉的巨大辐射能力整合而成，武汉与其他功能性城市区域或城市的联系均十分紧密，但是功能性城市区域之间，以及其他城市之间的功能联系还十分松散，巨型城市区域的空间结构仍然是一种明晰的“中心—外围”结构，如果要成长为具有竞争力、功能完善的巨型城市区域，必须致力于构建网络化的空间结构。

对流空间关系进行归并分析，选择归并值大于 100 作为选取联系走廊、轴带的阈值，发现现状全省流空间结构形成“三级节点＋三个功能性次区域＋三条功能联系主轴＋一大巨型城市区域”（表 14－0）。三大功能联系主轴分别是指：(1) 依托长江航道、沪汉蓉铁路、武黄高速等交通走廊形成的汉—鄂黄黄联系轴。(2) 依托汉宜高速（沪蓉高速）以及新建成的汉宜高铁等快速交通走廊形成的汉—宜荆荆联系轴。(3) 依托汉十高速、襄渝铁路、武康铁路二线等交通走廊，以及城市间密切的产业关联而形成汉孝随襄十联系轴。三大功能联系轴构成湖北省区域空间的基本骨架，串联起鄂黄黄功能性城市区域、宜荆荆功能性城市区域、襄十功能性区域，点轴面相连形成以武汉市为中心覆盖全省大部分城市区域的巨型城市区域。

表 14－0　湖北各种流空间节点及等级

比　较	一级节点	二级节点	三级节点
理论空间关系	武汉	宜昌、襄樊、黄石	—
客运流	武汉	宜昌	襄樊、荆州
信息流	武汉	宜昌、襄樊	黄石、荆州
商品流	武汉	宜昌、十堰、黄石	襄樊、荆州、荆门、鄂州、黄冈
金融流	武汉	宜昌、黄冈、恩施	—
企业网络	武汉	—	—
综合性	武汉	宜昌、襄樊、黄石	荆州、十堰、荆门、鄂州、黄冈

表注：二级综合性节点的选取标准是两项以上专业性节点均入选。

14.2　省域功能性城市区域（城市经济区）空间组织结构

14.2.1　省域城市能级评估与中心城市选择

城市能级是衡量一个城市对外辐射强度的重要指标之一，而城市之间以及城市在区域中的市场区大小、影响范围等不仅受到城市本身能级大小的影响，还受到城市之间空间距离的影响。因此本次规划选取了总人口、经济总量、社会消费品零售额等12个因子，通过加权计算获得省域16个城镇的经济能级指数，而后将各城市经济能级指数作为质量因子，以交通可达性测算过程中获得的时间距离的平方为分母，在ArcGIS空间分析软件中通过重力模型获得湖北省各个层面的城镇市场区作用范围。

与经济发展水平的基本判断一致，湖北省主要城市的经济能级以武汉市居首，独占鳌头，是湖北省第一级能级城市；宜昌、襄樊、十堰、黄石几个城市尽管与武汉差距甚远，但位列全省城市能级的前四，成为湖北省第二级能级城市；荆州、荆门和鄂州再次之，是湖北省第三级能级城市；其他为第四级能级城市。

在此基础上对市场区的划分进行进一步研究可以发现：武汉市场区涵盖范围巨大，对宜昌、襄樊、十堰等均形成包合之势，覆盖范围蔓延至湖北整个省域范围。在武汉市强大的腹地范围之内，处于鄂西片的宜昌、襄樊、十堰等的市场区范围相对较大，武汉城市圈下的城市在独立市场空间构建上的发挥空间却很小。

此外，武汉对东部城市圈内的城市影响作用巨大，对鄂西片的宜昌、襄樊等地的吸夺力量相对较弱，形成较为明显的“中心—外围”格局。当不考虑武汉市场区影响的情况下，对湖北省各大城市市场区分布进行现状模拟，并将其与实际的湖北省市场区分布现状模拟结果进行比较可以看出，当没有武汉影响的情况下，黄石、宜昌、襄樊和十堰是整个省域市场区最大的几个城市，特别是黄石，其市场区范围直接涵盖黄冈、鄂州以及咸宁等地，覆盖鄂东一半区域，其他城市的市场区则基本以其行政区划为界，均能在空间得到一定体现。但通过加入武汉对现实市场区分布的模拟，鄂西片的宜昌（荆州、荆门）、十堰、襄樊等的市场区有一定缩减，但变化幅度相对不大，而位于武汉城市圈内的城市所拥有的市场腹地严重退化，其影响范围大致相当于武汉市的两小时经济圈。由此可见，尽管武汉市对全省城市构成显著影响，但更主要的是集中在其两小时经济圈范围内的致密经济圈层之中，鄂西片的城市在空间距离的作用下，受武汉影响相对较弱，在经济发展和市场开拓上具有一定的发展潜力。由此与武汉城市圈形成分明的“中心—外围”格局。

14.2.2 省域功能性城市区域的类型及空间界定

通过前述主要城市能级评价和经济区划模拟，可以将湖北省域从核心外围角度划分为两大经济区。其中武汉大经济区包括原武汉城市圈以及随州市，该经济区是湖北省域核心经济区，也是省域范围内的功能性城市群，对整个湖北省形成强大的经济辐射能量；外围经济区则由宜昌副经济区和襄十副经济区组成，是对武汉大经济区外围空间辐射能量的补充，属于二级功能性城市群。从空间结构和功能关系上，武汉大经济区和宜昌副经济区均为单中心功能性城市区域，襄十副经济区为多中心功能性城市区域。根据能级的大小，武汉大经济区以武汉市为中心城市，根据市场区有无覆盖的关系可将该经济区囊括的孝感、黄石、黄冈、鄂州、随州、咸宁、天门、潜江、仙桃等9个城市列为武汉的经济影响区。宜昌副经济区以宜昌市为中心城市，荆州、荆门为其最主要经济联系区，恩施为其经济影响区。襄十副经济区以襄樊和十堰为中心城市，并互为经济联系区，神农架为其经济影响区（图14-6，图14-7）。

图 14－6　湖北省市场区分布现状模拟

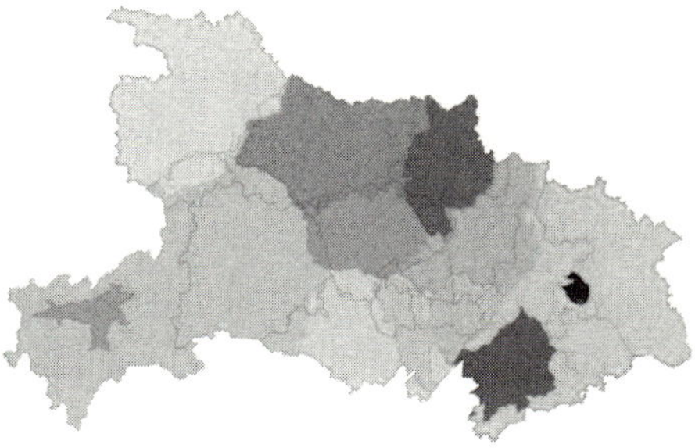

图 14－7　不考虑武汉市场区影响的市场区分布现状模拟

15 小城镇调查研究报告

2010 年 8 月 15—18 日在湖北省住建厅村镇处的帮助下，项目组对洪湖市的府场镇、峰口镇、瞿家湾镇以及洪湖市区、京山县宋河镇、京山县城计六个小城镇进行调研，采取小城镇走访、座谈、数据收集和问卷调查等方式进行（图 15－1）。参加调研的有顾朝林、李斌、熬鹰、黄榕、解孝成、李红、彭翀、袁晓辉、郭婧、王春丽。

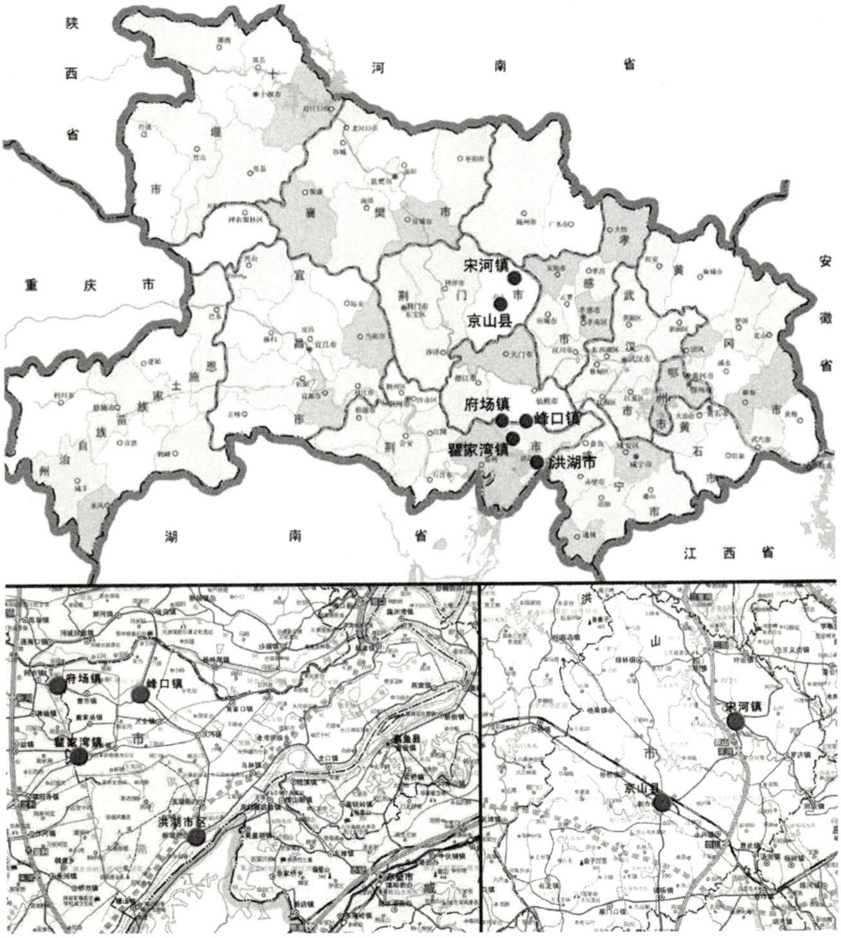

图 15－1 各调研点区位情况

15.1 小城镇现状特征

从洪湖市府场镇、峰口镇、瞿家湾镇及京山县宋河镇调查资料看湖北省小城镇的发展现状特征。

15.1.1　产业发展拉动城镇化非常明显

工业主导型城镇府场镇、宋河镇，由于工业发展加快了人口向城镇集聚，城镇化进程迅速。目前府场镇发展潜力巨大，在推进农村地区城镇化过程中发挥了很好的示范作用。宋河镇走过了“因工而兴、移工而衰”的曲折发展过程，目前地方产业逐步复兴，从而带动了城镇化的再次发展。以一、三产业联动发展型城镇瞿家湾镇，早期通过大企业进入，进行土地产权流转和发展农副产品加工和旅游业，拉动了城镇化进程，但由于企业发展出现问题，城镇发展失去动力，小城镇处在停滞状态，甚至出现进城农民、渔民再次骑着摩托车去种田、捕鱼的景象，不仅小城镇发展缺乏活力，而且也造成进城农民的生活、工作不便和生活水平下降。对商贸型城镇而言，二、三产业联动发展带动城镇化非常明显。峰口镇是洪湖北部的副中心城镇，长期以来承担为周边乡镇服务的功能，商贸、交通、教育、医疗和房地产业成为城镇发展的主要动力要素，尽管 2001 年行政区划调整扩大了镇域范围，城镇化率由早先的 39.5％降低到 28.9％，通过 9 年大发展，到 2009 年城镇化率又迅速达到近 40％的水平（图 15－2）。据此，可以看出，目前小城镇发展需要特别关注经济发展和就业岗位的创造。

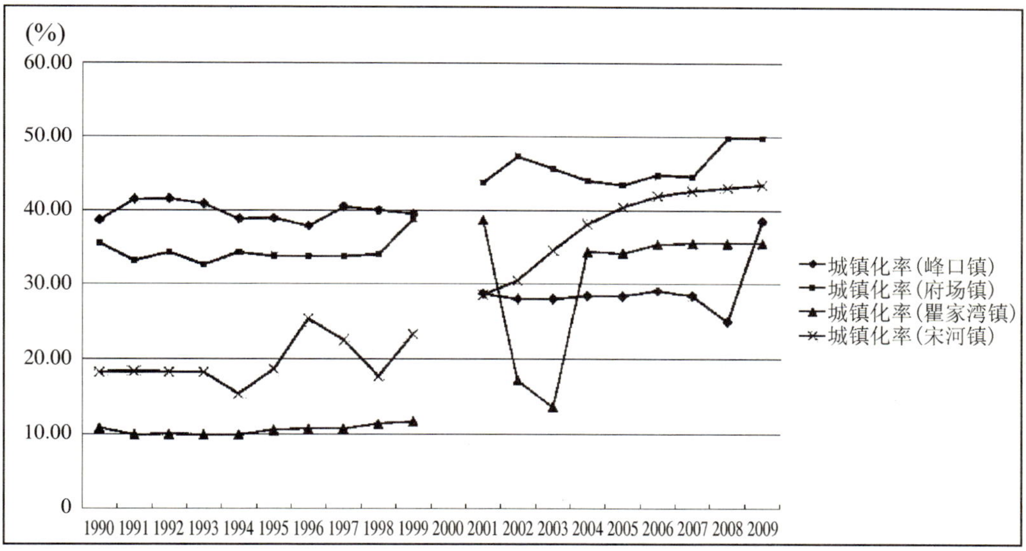

图 15－2　各镇城镇化率发展比较（1990—2009 年）

15.1.2　一、二、三产业均可以拉动小城镇发展

经典的城镇化理论是工业化拉动城镇化，地方政府普遍重视招商引资发展工业，甚至在不适合发展工业的地方过度发展工业，造成小城镇环境污染和人居环境下降。本次调研说明：小城镇发展要素众多，一、二、三产业均可以拉动小城镇的发展。结构方面，各镇差异较大，发展特色鲜明。府场镇和宋河镇以发展第二产业为主，地区生产总值较高；峰口镇一、二、三产业均衡发展，尤其第三产业作用突出；瞿家湾镇第一产业占主要地位，城镇发展也达到了较好的水平（图 15－3）。

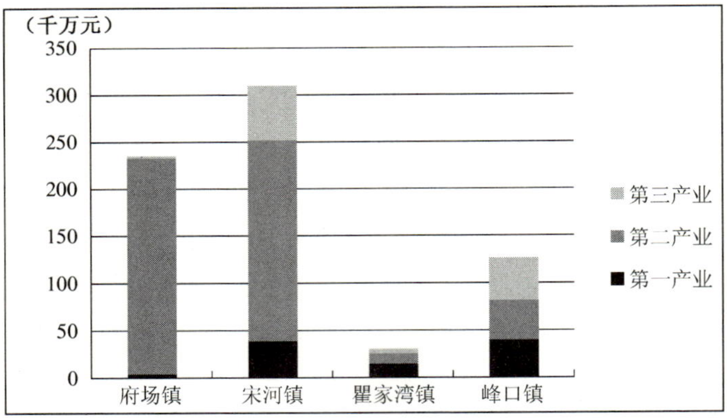

图 15－3　各城镇三次产业结构与产值对比(2009 年)

15.1.3　劳动结构仍以第一产业为主

府场、瞿家湾、峰口和宋河四镇，尽管产业结构在一、二、三产业上各不相同，但从劳动结构看，第一产业的就业人数仍为主体，大多都在 50%左右，有的甚至达到了 60%(图 15－4)。

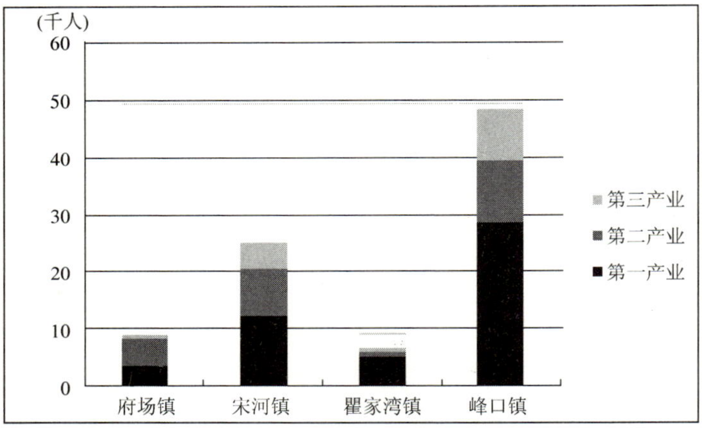

图 15－4　各城镇三次产业就业人数对比(2009 年)

15.1.4　5 000 万元以下企业是小城镇的主体

从府场、瞿家湾、峰口和宋河四镇调查看，规模以上工业企业数量一般不超过 30 个，超过 1 亿元产值的企业不多，5 000 万—10 000 万元产值的企业均有所发展，但大部分是年产值在 1 000 万—5 000 万元小型企业为主(表 15－0，图 15－5)。

表 15－0　各镇规模以上工业企业规模分布(2009 年)

年总收入(万元)	府场镇	宋河镇	瞿家湾镇	峰口镇
10 000 以上	4	0	0	0
5 000—10 000	1	8	2	1
3 000—5 000	3	9	0	0
1 000—3 000	8	8	0	17
1 000 以下	1	1	0	9

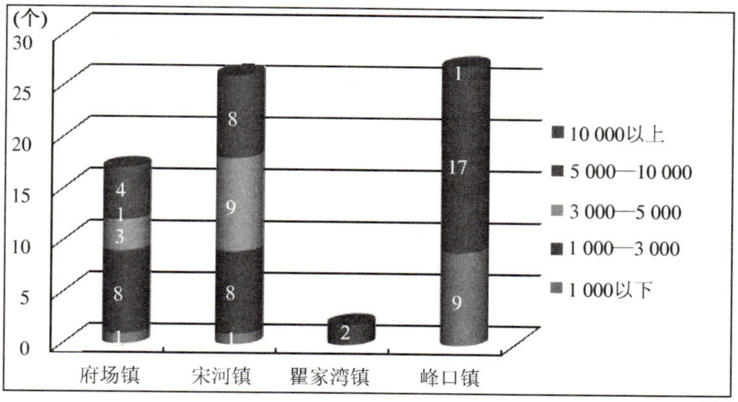

图 15－5　各城镇规模以上企业数(2009 年)

15.1.5　小城镇资金来源少,支出大呈负债运行

本次调查发现,府场、瞿家湾、峰口和宋河等城镇资金来源少,但支出大,均呈负债运行状态。瞿家湾镇来源方式单一,主要依靠上级拨款。府场镇与宋河镇来源方式相对多元化,有一定的资本吸引集聚能力。峰口镇基本为拨款与借款。在城镇发展建设中,府场和瞿家湾镇投入较多,但都为负债运行(图 15－6 至图 15－8)。

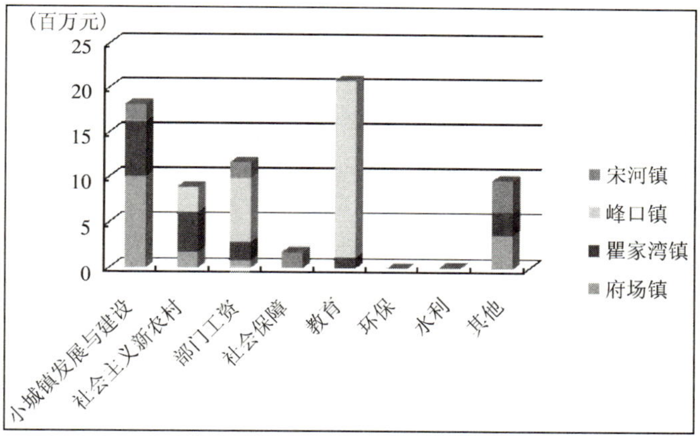

图 15－6　各镇建设资金支出对比(2009 年)

15.2　进城农民访谈结果统计

本次抽样调查共发放问卷调查表 1 803 份,回收 1 779 份,其中有效问卷 1 681 份,占 93.2%。有效表 1 681 份,男女比例为 1.4∶1,已婚人数所占比例为 63%。进城 5 年以上的占 43%,3—5 年占 38%,3 年以下占 19%。数据显示这些进城的农民大多为县内、镇内流动,占 80%,而从省内流动和跨省流动仅占 20%。

15.2.1　住房和从业状况反映 36%实现了城镇化

进城农民的就业和住房状况反映了城镇化的实际状况。调查数据显示,拥有自有住

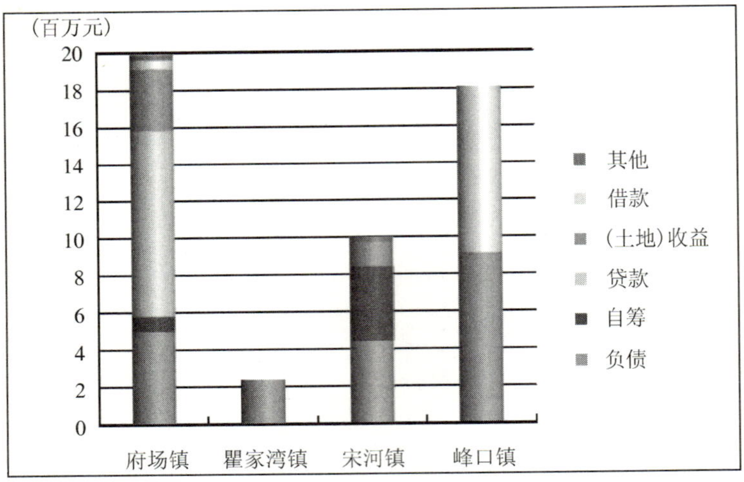

图 15－7　各镇城镇建设资金来源对比(2009 年)

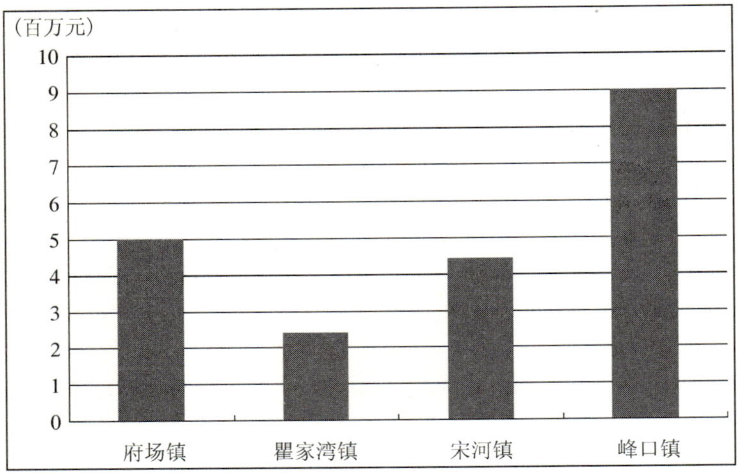

图 15－8　各镇负债情况对比(2009 年)

房比例仅为 36%,超过一半的人在租房居住。36%的人在公司或工厂务工,39%为自己经营,25%工作不固定。从户籍状况看,农业户所占比例超过了一半,为 54%;城镇户为 19%。因此,从数据看,可以认为目前进城农民实际城镇化率约占 36%,其余还处在不稳定状态(图 15－9)。

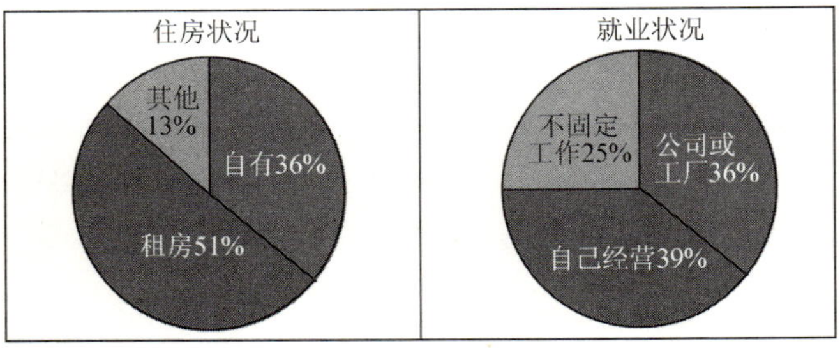

图 15－9　住房和就业状况(2009 年)

15.2.2 进城农民不愿意放弃农村住房和承包地

关于城镇户口态度，本次调查有将近一半的人认为无所谓，不想转城镇户口的人数是想转城镇户口的两倍左右（图 15－10）。保留农业户口的主要原因是村集体经济收益多（图 15－11）。只有 22％的受访者在农村没有住房，55％的在农村拥有住房并且有人住，有房但住房闲置（含有住房偶然住、有住房常年闲置）的比例占 23％（图 15－12），由此可见，进城农民在城镇化过程中住房资源严重浪费。对于进城农民来说，只有 25％的人还在耕种承包土地，48％的人是把自己在农村的承包地给邻居或亲戚耕种，仅有 18％的人选择转让承包经营权，还有 9％的人已经不管任人处置（图 15－13）。

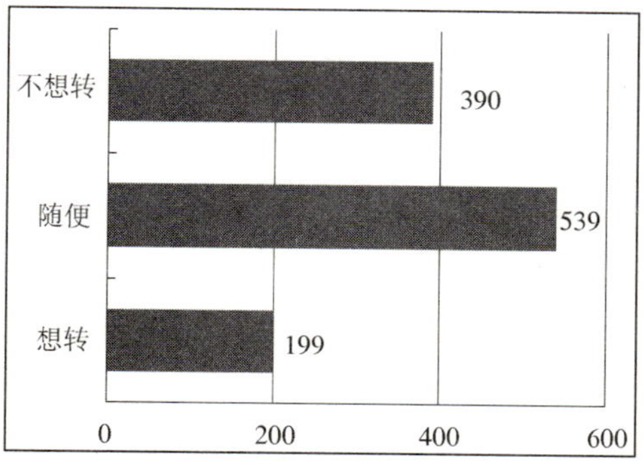

图 15－10 农民对转为城镇户口的态度（人）

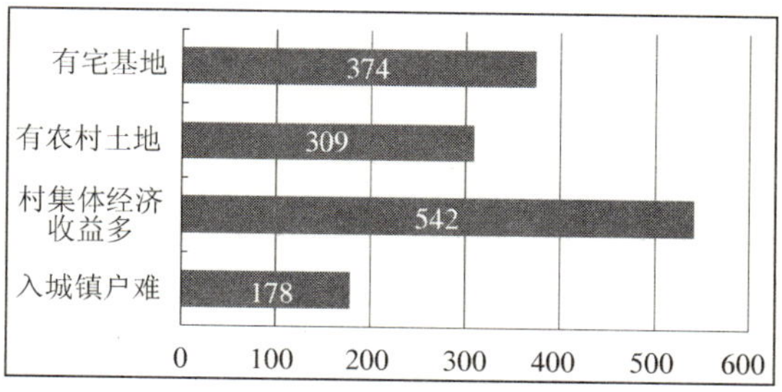

图 15－11 农民愿意保留农业户籍的原因分析（人）

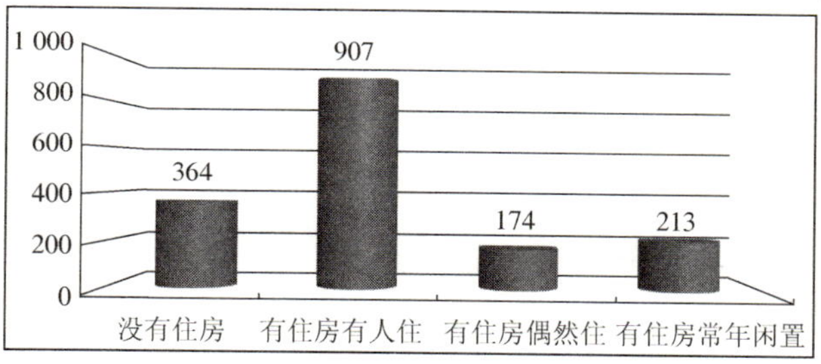

图 15－12 进城农民原有农村住房情况（人）

然而，对于大多数进城农民来说，还是希望保留在农村的承包地和农村住房，占本次调查的 59％，还有 17％的人没有想好怎么处置，有 24％的人希望出售和转让。这一比例与先前估计的实际城镇化率 36％基本相当（图 15－14）。

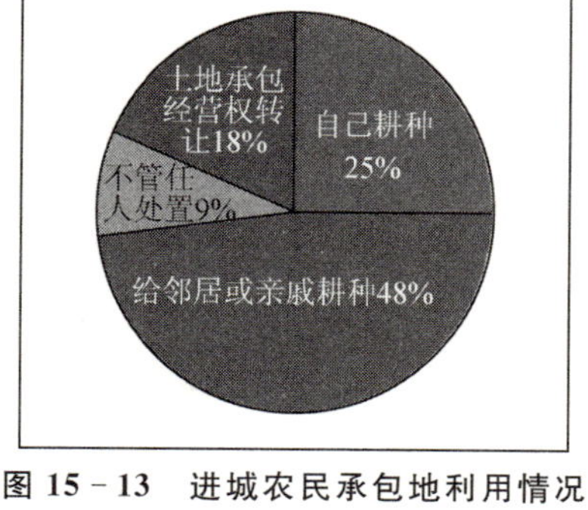

图 15－13 进城农民承包地利用情况

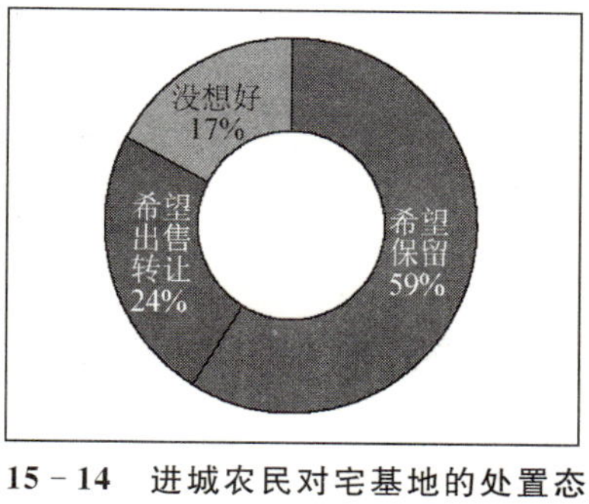

图 15－14 进城农民对宅基地的处置态度

15.2.3 进城农民的市民化状况普遍低下

本次访问的进城农民对于城镇生活的关注面最主要的是城镇社会保障，占 61%，希望获得城镇土地使用权和住房的分别占 26%和 14%。这些进城农民具有普遍的自主意识，在找工作、安置住房和办理户口等方面希望依靠政府解决的占 22%、18%和 13%（图 15－15）。

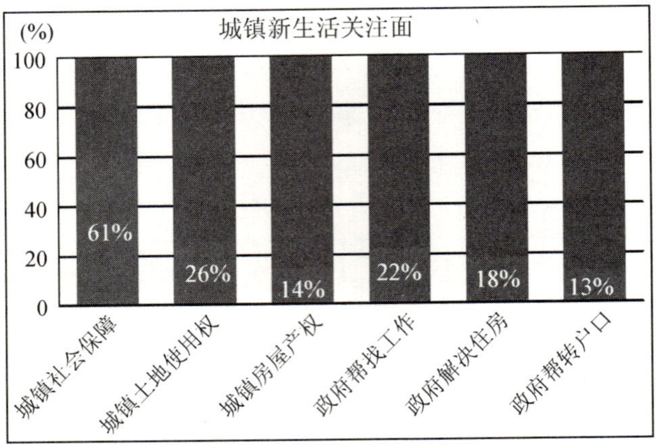

图 15－15 进城农民工对城镇生活的关注面

然而，这些进城农民在城镇的状态是，有一半人口没有工作，72%没有自己的住房，89%的人没有城镇户口，70%的没有医疗保险，85%的没有劳动保障，87%的人没有养老保险。这些可能是近期推进城镇化进程中需要关注、思考和解决的重要问题。从进城农民的子女入学看，约 70%的家庭得到了公平的待遇，20%的家庭仍然需要缴纳相应的赞助费（图 15－16）。

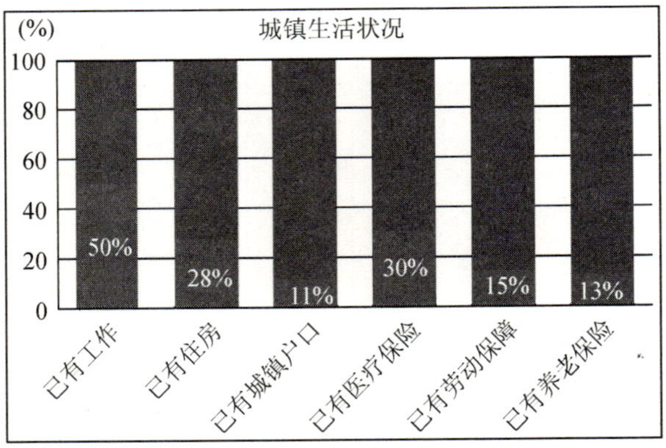

图 15－16 进城农民城镇生活状况

15.3 小城镇发展存在的问题

本次调研在与城镇主管领导座谈中，也暴露出城镇化发展过程中存在以下四方面问题。

15.3.1 镇政府职能缺失

作为镇一级行政部门，镇政府行政管理职能缺失。当地工商管理、教育、卫生、水利等由上级县市监管，镇政府并无审批权与话语权。权力不下放导致政府无法自主进行城镇管理、城镇建设和发展地方经济。同时，地方政府肩负民生责任，权责不配套现象也很突出。职能缺失导致政府在行政管理方面效率低下，无法有效服务小城镇居民。

15.3.2 镇财政体制不顺

镇级政府财政体制为“乡财市管”，政府无预算权，当地乡镇收入全部上交，由上级政府按地方预算下拨资金用于乡镇建设，导致两个方面的问题：一方面，乡镇资金严重不足，高度集权的资金体制导致乡镇无法把本镇产业所得资金直接用于城镇建设中，因而基础设施落后等问题无法在镇政府一级解决，导致投资环境和人居环境无法得到有效改善，直接影响当地经济发展与人口城镇化的推行；另一方面，财政收入上交导致乡镇政府积极性下降，无法充分发挥镇级政府的主观能动性。

15.3.3 土地政策制约小城镇发展

乡镇目前的土地政策对城镇化发展制约较大，城镇建设缺乏用地指标。土地审批程序繁冗等问题影响了地方政府招商引资的效率和城镇化发展的速度，镇政府希望能够自行负责国土、建设、规划方面的工作，从而有利于根据本镇实际情况，分时段、有重点、有步骤地进行城镇建设。

15.4 调查的基本结论

通过本次小城镇调查，可以得出如下五个结论。

15.4.1 经济发展是小城镇发展的原动力

本次调研中，府场镇与宋河镇以第二产业的发展为原动力，依靠工业发展带动经济发展，推进城镇化水平；峰口镇以第三产业的发展为原动力，以商贸业带动二、三产业的发展，推进城镇化水平；瞿家湾镇以一、三产业的发展为原动力，通过一、三产业联动发展，推进城镇化水平。在众多小城镇中，如府场镇、宋河镇、峰口镇、瞿家湾镇等是发展迅速、具有代表意义的小城镇。可见，产业发展是小城镇发展与城镇化的原动力和先行条件。

15.4.2 镇行政职能缺失和现行财政体制阻碍小城镇发展

当前小城镇发展中，乡镇缺乏审批权、乡财市管等制度给小城镇发展带来了种种不便甚至阻力。国家支持往往直接落实到农民本身以及县、市级行政单位，镇级行政单位一方面无法获得政策以及财政等方面的支持，没有独立审批权力；另一方面需对小城镇的管理负全部责任，这种权力与责任不匹配使小城镇管理陷入了两难的境地。制度的不合理性继而导致土地、资金等资源匮乏，基础设施、公共服务设施、教育设施等配套建设落后，严重阻碍了小城镇的发展与城镇化进程。

15.4.3 土地政策成为小城镇发展的制约因素

土地是城镇建设的必要条件，但目前小城镇建设用地指标缺乏，而且土地流转制度不完善、土地审批制度繁琐等，导致小城镇建设无法有序开展，产业经济发展受阻；“先有地后招商引资”导致小城镇资金来源匮乏，加之缺乏财政支持，小城镇难以推进土地流转的进行；对于进城农民来说，土地流转后续保障工作不到位导致信任危机，使得城镇打工农民不愿放弃宅基地。

15.4.4 户籍改革制度推行受阻

政策、资金不足，城镇落户门槛高，户口审批手续烦冗，住房、教育、医疗、社会保障等与户籍管理相关的配套制度不完善，进城务工人员在劳动报酬、子女就学、公共卫生、住房租购以及社会保障方面与城镇居民的待遇存在落差等，导致户籍改革制度的推行遇阻，人口的城镇化不能顺利推行，导致小城镇的城镇化进程缓慢，从而给小城镇的发展带来了不稳定因素。

15.4.5 城镇社会保障是进城农民最关注的问题

城乡制度壁垒依旧存在，进城务工农民在医疗保险、养老保险、失业保险、劳动保障等方面得不到与城镇居民同等的待遇。社会对农民工的关注不够，没有建立对农民工的关怀意识，进城农民与城镇居民之间没有认同感，农民工很难融入城镇生活，导致城乡劳动者就业不平等。农民工参保意识淡薄，也导致社会保障在农民工群体中覆盖比例偏低。

15.5 促进小城镇发展建议

基于湖北省小城镇调查，提出如下促进小城镇健康发展的建议。

15.5.1 应大力推进小城镇产业发展

集中土地资源、人力资源、财政资源等大力推进产业发展，形成自身的支柱产业。为产业发展提供各种优惠措施和政策支持，鼓励并扶持发展当地民间企业；积极招商引资，鼓励外资进驻。将职业教育、就业引导、劳动保障等与产业发展紧密结合。重视三产联动，提倡产业健康均衡发展，避免过度依靠单一企业。

15.5.2 采取强镇扩权赋予重点镇更多行政职权

针对当前小城镇发展中权力与责任不匹配给小城镇发展带来的阻力，在经济发达、城镇化快速发展地区，对部分乡镇进行合并，推行行政管理体制改革试点，加大乡镇一级行政权力。赋予乡镇行政管理单位土地、建设、税收、工商、财政以及教育等六方面的独立审批权，提高乡镇行政管理单位办事效率，加快乡镇发展速度。建议将京山县宋河镇、洪湖市府场镇、峰口镇、瞿家湾镇等列入改革试点单位。

15.5.3 完善农村土地流转制度给予重点镇非经营性用地使用权

支持探索农村土地流转新模式。在农村土地承包期限内和不改变土地用途的前提下，可以通过转包、转让、入股、合作、租赁、互换等方式出让承包权；在条件成熟的地区开展农村土地承包经营权出资入股设立有限责任公司和独资、合伙等企业的试点工作。从而推动土地合理流转，实现土地规模化经营。将“住房换宅基地”方案与“城市建设用地增加与农村建设用地减少相挂钩”配合进行，为本镇置换建设用地。即凡拥有稳定的非农收入来源，又自愿退出宅基地使用权和土地承包经营权的，可以申报城镇居民户口，并在子女入学、就业扶持、养老保险、医疗保险、生活保障等方面与城镇居民享有同等待遇。

15.5.4 以土地换保障、以土地换住房推进户籍制度改革

放宽小城镇落户条件，使在城镇稳定就业和居住的农民有序转为城镇居民，以合法固定住所和稳定生活来源为基本落户条件，鼓励农村劳动力就近有序向城镇转移，改革户口迁移审批制度，简化户口审批手续。加快住房、教育、医疗、社会保障等与户籍管理相关的配套制度改革，让进城务工人员在劳动报酬、子女就学、公共卫生、住房租购以及社会保障方面与城镇居民享有同等待遇。

15.5.5 建设城乡统一社会保障制度

逐步从将农民工纳入到住院等基本医疗保险体系，过渡到将农村医疗保险从新型农村合作医疗调整为城乡居民基本医疗保险，进而实施职工和居民医保的全面并轨，建成真正意义上的城乡一体的医保体系。鼓励制定实施农民基本养老制度，推行失业保险与养老保险捆绑参保，推行农（居）民与职工养老保险并轨。集体承担的农（居）民养老保险缴费（相当于职工养老保险单位承担的部分），由市、镇和村（居）按比例分担，逐步提高缴费比例，直至与城镇居民养老保险一致。鼓励农民工参保，扩大工伤保险覆盖比例，建立工伤保险浮动费率机制、安全生产奖励机制和社保及安检部门协同督查和培训机制等。逐步健全乡镇（街道）劳动权益维护和劳动争议仲裁调解组织，促进城乡劳动者平等、稳定就业。

附件1　湖北省小城镇进城农民访谈表

亲爱的朋友：我们来自清华大学建筑学院，为了进行小城镇研究，现在请你们帮助做问卷调查，谢谢您的参与。

（一）调查者基本情况

1. 性　别　□（1）男　□（2）女
2. 进城年数　□（1）5年以上　□（2）3—5年　□（3）3年以下
3. 原户籍地　□（1）本镇　□（2）本县　□（3）本省　□（4）外省
4. 住房状况　□（1）自有　□（2）租房　□（3）其他
5. 就业状况　□（1）公司或工厂　□（2）自己经营　□（3）无固定工作
6. 家庭状况　□（1）已婚　□（2）未婚　□（3）其他

（二）户籍制度改革

7. 户籍状况

□（1）城乡统一户　□（2）城镇户　□（3）农业户

□（4）非农户　□（5）亦工亦农户

8. 如果你保留农业户，主要原因是

□（1）入城镇户难　□（2）村集体经济收益多

□（3）有农村土地　□（4）有宅基地

9. 你想尽快转成城镇户吗？

□（1）想　□（2）随便　□（3）不想

（三）土地制度改革

10. 原农村的住房情况

□（1）没有住房　□（2）有住房有人住

□（3）有住房偶然住　□（4）有住房常年闲置

11. 土地资源利用状况

□（1）自己耕种　□（2）给邻居或亲戚耕种

□（3）不管任人处置　□（4）土地承包经营权转让

12. 农村房和宅基地处置态度

□（1）希望保留　□（2）希望出售转让　□（3）没想好

（四）农民市民化

13. 城镇新生活的关注程度，我想得到：

□（1）城镇社会保障　□（2）城镇土地使用权　□（3）城镇房屋产权

□（4）政府帮助找工作　□（5）政府解决住房　□（6）政府帮助转户口

14. 城镇生活状况

□（1）已有工作　□（2）已有住房　□（3）已有城镇户口

□（4）已有医疗保险　□（5）已有劳动保障　□（6）已有养老保险

15. 子女教育待遇

□（1）不缴赞助费　□（2）缴赞助费　□（3）在农民工子弟学校

附件2 关于湖北省城镇化小城镇补充调研的提纲

调研组：（清华、省院联合体）

时间：2010年6月16—20日

调研对象：住建厅推荐相关县城、百镇千村示范工程中的重点镇、示范村，以及就近对比的非示范镇村。

调研方法：每个类型选择两个点深入调查；进行示范类和非示范类比较研究。

调研重点和目的：

（1）县城。县行政区的作用和功能；县城产业、经济、人口、社会设施、交通市政设施的集聚程度、发展水平；乡镇在城镇化中发挥的作用评价；撤销乡镇行政等级改县派出机构的可行性研究；基于农村城镇化视角的县派出机构与镇政府的差别分析。

（2）百镇千村示范工程。重点镇：重点镇建设的必要性研究；重点镇的示范内容和效果分析；重点镇作为县域农村中心的作用以及成为县副中心发展需求；新时期重点镇的主要功能和作用；重点镇在农村城镇化过程中的角色。示范村：示范村的示范内容和效果分析；新农村中"城市生活方式"注入程度、水平和效果；示范村推广的可能性和问题。

（3）小城镇建设资金来源详细调查。对上述县城、重点镇和示范村两年来用于与城镇化相关的建设项目、建设规模、资金来源、保障程度等进行定量调查。

（4）农村城镇化。涉及农村城镇化的生态、生活和生产安全问题，农业、农民和农村发展问题。

16 农村人口迁移与回流研究

16.1 人口迁移意愿调查研究

16.1.1 调查概况

1）基本情况

为了解城市化进程中湖北省人口的搬迁意愿，本次规划结合小城镇调研，在57个小城镇、三十多个县城调研过程中，发放1 500份问卷对当地城镇及农村居民的迁居意愿进行了调查，共回收1 391份有效问卷。以下为对该次调查的简要分析。

本次调查居民中，从性别构成上分，男性为922人，占66.3%；女性为469人，占33.7%。从职业构成上看，农民的比例最大，占44.4%，以下依次为公务员、企业职工、企业经营者。从月收入上看，大部分受访者月收入在1 000—2 000元，占总数的39.4%，500—1 000元的占30.6%，500元以下和2 000元以上的分别占14.9%和15.1%。从户籍构成上看，城镇户口为524人，占37.7%；农村户口为867人，占62.3%。

2）曾搬迁状况分析

在回应了是否曾搬迁问题的1 387人中，有1 080人未搬迁，307人曾搬迁。曾搬迁的原因中，选择上班方便、其他原因和子女上学方便的比例较大，分别占28.7%、21.7%、19.9%，接下来选择交通方便的占14.7%，居住环境好的占13.0%，另外设施齐全占2.0%。按照搬迁者前居住地分析，居住在市区和县城的为46人，占15.0%；居住在乡镇的为68人，占22.1%；居住在村一级地区的为193人，占62.9%。

3）人口因素对于搬迁意愿影响分析

回应了搬迁意向问题的1 387人中，有578人有搬迁意向，占41.7%；809人表示没有搬迁意向，占58.3%。以下分别对年龄、职业、文化水平、收入水平等不同人群的搬迁意向作分析。

年龄：根据卡方分析，年龄对迁居意愿有显著影响（$Sig=0.00$），其中，年龄在20—39者迁居意向最明显，占此年龄区间受访者的47%以上，40—49岁迁居意向下降，有迁居意向者占42%，之后每增长10岁，有搬迁意愿的比例下降约10%（表16-1）。

表16-1 年龄对搬迁意向影响分析表

		有迁居意向	
		是(%)	否(%)
年龄编码(岁)	16—29	47.87	52.13
	30—39	47.10	52.90

续表 16－1

		有迁居意向	
		是(%)	否(%)
年龄编码(岁)	40—49	42.47	57.53
	50—59	30.77	69.23
	60—69	22.22	77.78
	70—83	7.69	92.31
总体		41.67	58.33

职业：根据卡方分析，职业对迁居意愿有显著影响（$Sig=0.00$），其中，企业经营者、公务员中超过半数受访者有搬迁意向，因此这两种职业者搬迁意向最明显；其次是企业职工、农民和其他职业者搬迁意向较小。根据希望搬迁地点分析，企业经营者和公务员倾向于搬迁至县城；企业职工希望搬迁至武汉市市区、地级市市区和县城；而农民多希望搬迁至县城和镇。搬迁原因上，企业经营者、公务员和企业员工搬迁最主要原因是居住环境，而农民最主要希望搬迁原因为子女上学方便（表 16－2 至表 16－3）。

表 16－2　身份对希望搬迁地点影响分析表

		希望搬迁地点						合计
		武汉市	地级市	县城	镇	村	外省	
身份	农民	0.1	0.2	0.4	0.3	0.1	0	1
	企业经营者	0.1	0.2	0.4	0.2	0	0.1	1
	企业职工	0.3	0.2	0.3	0.2	0	0	1
	公务员	0.1	0.3	0.5	0.1	0	0	1
	其他	0.2	0.2	0.4	0.1	0	0	1
总体		0.2	0.2	0.4	0.2	0	0	1

表 16－3　身份对搬迁原因影响分析表

		搬迁原因						合计
		上班方便	子女上学方便	居住环境	设施	交通方便	其他	
身份	农民	0	0.4	0.3	0.1	0.2	0	1
	企业经营者	0	0.1	0.5	0.1	0.2	0.1	1
	企业职工	0.1	0.2	0.3	0.1	0.1	0.1	1
	公务员	0.1	0.2	0.3	0.2	0.1	0.1	1
	其他	0.1	0.3	0.4	0.1	0.1	0.1	1
总体		0.1	0.3	0.3	0.1	0.1	0.1	1

文化水平：根据卡方分析，居民文化水平对迁居意愿有显著影响（$Sig=0.00$），受教育程度越高，迁居意向越明显。大学及以上学历受访者中，有迁居意向的占53%，高中技校学历受访者中这一比例为42%，初中和初中以下受访者中这一比例分别为39%和26%。在希望搬迁地点上，随着文化水平的提高，希望搬迁至村/镇的比例逐渐减小，而希望搬迁至武汉市市区和地级市市区的比例逐渐增大。搬迁原因上，初中及以下学历者搬迁最主要原因是子女上学方便，而高中及以上受访者则为居住环境好（表16－4）。

表16－4　文化水平对搬迁意向影响分析表

		有迁居意向	
		是(%)	否(%)
文化	初中以下	25.95	74.05
	初中	39.16	60.84
	高中技校	42.44	57.56
	大学及以上	53.41	46.59
总体		41.67	58.33

收入水平：根据卡方分析，居民文化水平对迁居意愿有显著影响（$Sig=0.00$），其中，月收入为1 000—1 999元的收入层次者迁居意向最明显，占总数的48.81%。月收入数值向上或向下则迁居意向减小。在希望搬迁地点上，随着收入水平的提高，希望搬迁至村、镇的比例逐渐减小，而希望搬迁至武汉市市区和地级市市区的比例逐渐增大（表16－5）。

表16－5　收入水平对搬迁意向影响分析表

		有迁居意向	
		是(%)	否(%)
月收入（元）	500以下	28.02	71.98
	500—999	38.59	61.41
	1 000—1 999	48.81	51.19
	2 000及以上	42.86	57.14
总体		41.67	58.33

4）户籍和居住地因素对于搬迁意愿影响分析

进一步考察人口户籍和现居住地对于搬迁意向的影响。

户籍：根据卡方分析，人口户籍对迁居意愿有显著影响（$Sig=0.00$），城镇户籍中有47.6%有迁居意愿而农村户口中只有38.1%，证明农村户籍在一定程度上限制了人口的城镇化趋势（表16－6）。

现居住地：根据卡方分析，人口户籍对迁居意愿有显著影响（$Sig=0.00$），现居住在市区或县城的受访者中只有36.9%有迁居意向，居住在乡镇的调查者中有49.7%，即249人有迁居意向，而居住在村的受访者中有37.2%，即256人希望迁居。由此可见，现居住于乡镇和村的居民是目前城镇化最重要的人群，而现居住与市区或县城的居民进一步搬迁的意愿较小。

表 16－6 户籍与迁居意向分析表

			迁居意向		合计
			是	否	
户籍	城镇户口	计数	248	273	521
		户籍中的百分比(%)	47.6	52.4	100.0
	农村户口	计数	330	536	866
		户籍中的百分比(%)	38.1	61.9	100.0
	合计	计数	578	809	1387
		户籍中的百分比(%)	41.7	58.3	100.0

16.1.2 居住意向分析

1）搬迁时间变化动态分析

图 16－1 为 1960 年到 2010 年调查搬迁人数分析，从历史搬迁人数情况看，在 1997—1999 年曾形成搬迁高峰，而 2009 年开始迎来了另一个高峰。分析搬迁趋势的原因，1997 年到 1999 年处于三峡移民安置规划实施期，可能对搬迁人数有一定影响。而在 2009 年到 2010 年，中国全国范围城镇化加速，湖北省也处于加速阶段。

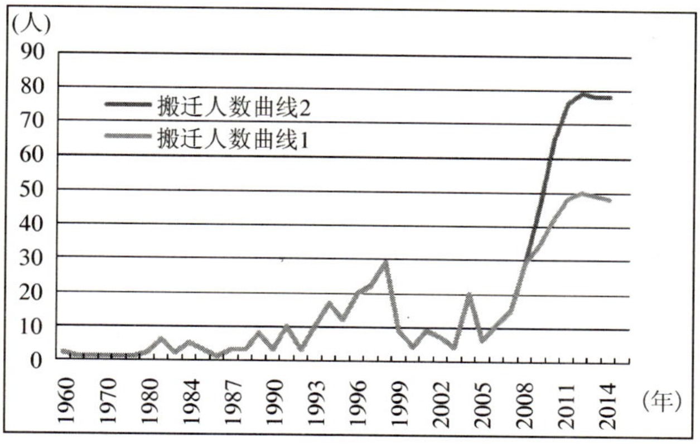

图 16－1 1960—2010 年搬迁人数变动

表 16－7 为计划搬迁时间的分析，目前有 578 人有搬迁意向，在这 578 个希望搬迁者中，大部分期望 1 年内或 2—5 年内搬迁，如果按照理论计算认为他们都能够实施搬迁，则受访者在未来 5 年平均每年有 48.4 人搬迁(如曲线 1 所示)。而如果将选择未确定的人按比例分配后，发现迁居人数将更加激增(如曲线 2 所示)。因此，对比上述历史搬迁的数据，并根据历史搬迁人数趋势预测，可以认为湖北省城市化的高峰在未来 5 年内将有可能出现。

2）搬迁原因随时间动态分析

根据曾搬迁的受访者搬迁原因分析，以前，上下班方便、子女上学方便、交通方便是迁居的三大原因。从将来的搬迁意愿来看，居住环境、子女上学、设施和交通成为搬迁的主要原因。由此可见，随着生活水平的提高，交通条件的改善，上班方便不再成为居民搬迁考虑的首要原因，而对生活品质、居住环境的要求逐步加强。城镇生活环境好、教育质量高、交通便利等吸引力就发挥了更大的作用，这也成为城镇化过程中重要的影响因素(表 16 - 8)。

表 16 - 7 计划搬迁时间分析表

计划搬迁时间	人数(人)	百分比(%)	搬迁时间百分比($)
1 年以内	54	9.4	9.3
2—5 年	188	32.5	41.9
5 年以上	80	13.8	55.7
未定	256	44.3	100.0
合计	578	100.0	—

表 16 - 8 过去与现在搬迁主要原因对比分析表 (%)

搬迁原因	第一位	第二位	第三位	第四位	第五位	第六位
曾经	上班方便	其他	子女上学	交通方便	居住环境	设施
	28.7	21.8	19.9	14.7	13.0	5.5
将来	居住环境	子女上学	设施	交通方便	上班方便	其他
	32.5	28.5	13.8	11.9	7.4	5.7

3）希望搬迁地随时间动态分析

从总搬迁流向上看，过去以村镇之间流向为主，而将来的搬迁意愿可以村和镇居民大量流向县城为主。这说明在城镇化进程中，将继续有大批农村居民不断转为城镇居民；由于湖北乡镇目前普遍缺乏活力，发展缓慢，县城即将成为承接农村人口迁移的重要载体(表 16 - 9，表 16 - 10)。

表 16 - 9 曾搬迁经历与现在希望搬迁地点对比分析表 (%)

	第一位	第二位	第三位	第四位	第五位
原居住地(县市区)——现居住地	县市区 (43.6)	乡镇 (34.5)	村 (21.8)	—	—
现居住地(县市区)——搬迁意向地	地级市 (37.0)	武汉市 (28.8)	县城 (24.7)	镇 (5.5)	村 (2.7)
原居住地(乡镇)——现居住地	乡镇 (63.6)	县市区 (26.0)	村 (10.4)	—	—
现居住地(乡镇)——搬迁意向地	县城 (41.8)	地级市 (25.7)	武汉市 (17.7)	乡镇 (10.0)	外省 (4.4)
原居住地(村)——现居住地	乡镇 (50.2)	村 (38.0)	县市区 (11.7)	—	—
现居住地(村)——搬迁意向地	县城 (38.5)	乡镇 (31.3)	地级市 (11.5)	武汉市 (8.8)	村 (3.1)

表 16-10　过去搬迁经历总流向与将来希望搬迁流向对比排序表

	第一位	第二位	第三位	第四位	第五位	第六位
以前搬迁流向（%）	村—镇（31.0）	村—村（23.5）	镇—镇（14.2）	县市—县市（7.0）	乡镇—县市（5.8）	县市—乡镇（5.6）
将来希望搬迁流向（%）	镇—县城（17.8）	村—县城（17.3）	村—镇（14.0）	镇—地级市（11.0）	镇—武汉市（7.5）	村—地级市（5.1）

16.1.3　小结

（1）通过调查意愿来看，个人属性上的差异（如年龄、职业、户口、文化程度、收入等）不仅影响了迁居意愿，以及是否有迁居意愿的概率，还影响了迁居地的选择及迁居的主要原因。

（2）就调查居民的迁居史来看，20 世纪 80 年代以来，迁居呈现增长趋势，到 1997 年达到历史高水平，估计是由于三峡移民安置所导致；此后迁居迅速回落，但在 1999 年后又开始迅速攀升，已接近 1997 年的水平。考虑到在有迁居意愿的人群中有 32.5%选择在 2—5 年内搬迁，所以初步判断湖北省城市化的高峰可能在未来 5 年内达到。

（3）就搬迁原因而言，子女上学和交通方便始终是迁居的主要原因，但过去处于第一位的“上班方便”在今后搬迁原因的重要性中明显下降，而居住环境和设施的重要性明显提高，反映了人们生活水平提高后，对于生活品质的追求。

（4）就搬迁地点而言，县城成为承接人口转移的重要载体。从总的人口城镇化趋势来看，由过去农村向乡镇转移的模式，逐渐转变为由农村和乡镇的人口向县城转移的模式。

16.2　农民工回流趋势判断

人口迁移通常存在返乡流，这一点在湖北省同样出现了，而且近几年也表现得非常明显，在金融危机之后这种趋势有了进一步的加强，表现在以下几点：

（1）劳动和社会保障厅负责人介绍，总体来看，虽然全省农民工 2/3 在省外、1/3 在省内的大格局没有改变，但是，在省内务工人员的数量却呈现逐步上升的趋势（图 16-2）。

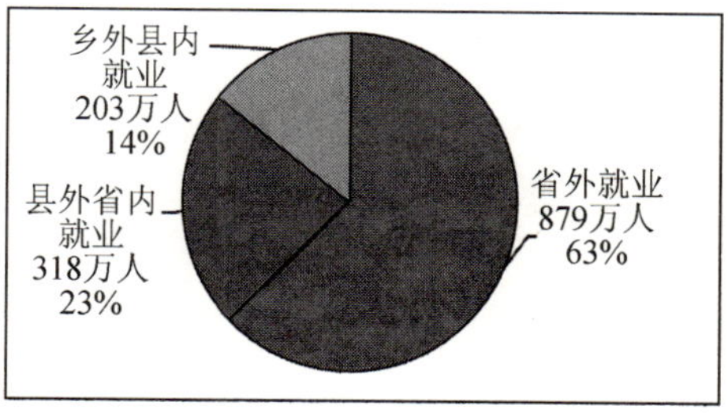

图 16-2　2008 年外出半年以上人口概况

（2）相关资料显示，20 世纪 90 年代中期，在地方劳务输出起步早的一些地市开始出现农民携资金、技术返乡创业的现象。至 2006 年年底，黄冈、咸宁等十地市返乡创业农民工约为 5 万人，累计返乡投资 137.4 亿元。

（3）据湖北省劳动保障厅统计，截至 2008 年 12 月 20 日，全省返乡农民工达到 85 万人，约占外出民工的 10%。

（4）2010 年 2 月 14 日前，全省返乡农民工达到 115 万人，约占外出农民工的 16.7%（表 16-11，图 16-3）。

因此，可以判断，就目前而言，湖北省暂时不会出现大规模的人口回流，并且由于湖北省目前正处于劳动力供给的高峰时期，劳动力还存在继续外迁的可能。但是，随着未来劳动密集型产业向内陆的转移，若湖北省选择推动劳动密集型产业发展的路径，则存在大规模人口回流的可能。

表 16－11　农村居民迁居意愿（目的地）调查结果　（%）

武汉市	地级市	县城	镇区	村	外省	其他	合计
12	15	40	25	4	1	3	100

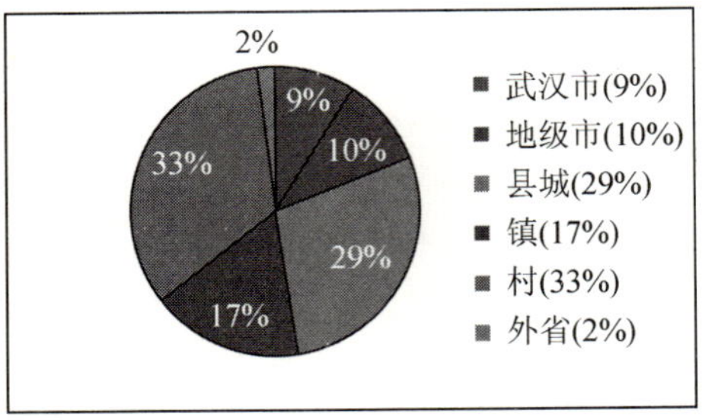

图 16－3　回迁人口回迁目的地选择比例

16.3　人口迁移与回流选择下的城镇人口增量及分布

以 2005 年 1%人口抽样调查和公安局流动数据推算，2009 年湖北省农村外出人口约 1 400 万，其中约 800 万在省外，600 万在省内。从关注民生和提高城镇化质量的角度，以及为了填补今后可能出现的城镇用工缺口，湖北省今后应逐步引导这部分农民工回流。

根据相关的外出农民工回迁意愿调查和湖北省小城镇人口迁移意愿调查，可以计算出湖北省外和省内农村已流出人口的回流去向，大致会形成表 16－12 的回迁格局。

表 16－12　按迁移意愿计算的迁移人口（含省内）回流在各级城镇分配　（万人）

地级以上城市	县城	镇	村	外省
317	328	207	302	268

按农村剩余劳动力供给的测算，2030 年前湖北省农村将转移出 268 万剩余劳动力，按照 60%的劳动年龄人口比重推算，2030 年前湖北省农村将再迁出 447 万人。结合本地农村人口的迁居意愿选择，可以测算出这 447 万人的迁移去向如表 16－13 所示。

表 16－13　按本地农村人口的迁居意愿比例和去向计算的将来农村迁出人口的可能去向　（万人）

地级市	县城	镇	村	外省
130	192	125	0	0

湖北省所有县城①建成区人口为 879 万人，小城镇镇区人口约为 700 万人，按照问卷

① 本节“县城”包含县级市城区。

调查的统计结果，其中县城人口中有34.7%有迁居意愿，小城镇镇区人口中有46.10%有迁居意愿，即县城有305万人有迁居意愿，小城镇有323万人有迁居意愿。可以计算得出，小城镇镇区的现有人口将有274万人迁向地级以上城市，而县城有76万人迁向地级以上城市；与此同时，地级以上城市会新增350万城镇人口（来自于县城和小城镇）（表16－14）。

表16－14　县城和小城镇镇区的本地城镇居民迁移选择结果　（万人）

	地级以上城市	县城	乡镇
县市区	209	0	0
乡镇	141	133	0
各等级市镇合计迁入	350	133	0
各等级市镇合计迁出	0	209	274
综合平衡	350	－76	－274

表注：因比例很小，本表不考虑由高级别城镇向低级别城镇的迁移选择。

综合考虑回流人口的迁移选择、本地农村将来迁出人口的迁移选择和原有城镇人口的内部迁移选择，仅从人口的迁移意愿来看，今后总计会增加1 299万城镇人口，其中有58万人在小城镇，444万人在县城，797万人在武汉市和其他地级市；考虑到存在种种现实制约，实际发生的迁移分配会有很大不同。但这1 299万人确实是湖北省未来城镇化人口增量发展的基础。必须指出，外省回流选择到农村的这302万人也将是今后的潜在城镇化人口（表16－15）。

表16－15　按迁移意愿计算的新增城镇人口的空间分配方案　（万人）

	地级以上城市	县城	镇	村	外省
农村已经外出的人口去向	317	328	207	302	268
将来农村外出人口去向	130	192	125	0	0
回流人口和农村迁出人口的去向合计	447	520	332	0	0
县城和镇的城镇人口内部迁移合计	350	－76	－274	0	0
合计	797	444	58	0	0

16.4　考虑迁居成功概率的城镇人口增量分布

迁移意愿并不等于会形成今后的真正迁移流，比如并非所有愿意迁入地级以上城市的人口最终可以全部迁入地级以上城市，并非所有愿意迁入县城或小城镇的人口最终可以全部迁入县城或小城镇。因此，我们引入迁居成功概率这一参数，以表征各类人口迁移意愿满足的比例（表16－16），分别计算乡村、小城镇、县城人口的迁移分布。

表 16－16　迁居成功概率参数拟定一览表

<table>
<tr><td colspan="3" rowspan="2"></td><td colspan="3">来源地</td></tr>
<tr><td>县城</td><td>小城镇</td><td>农村</td></tr>
<tr><td rowspan="11">迁入地</td><td rowspan="4">地级以上城市</td><td>合计</td><td>1.0</td><td>1.0</td><td>1.0</td></tr>
<tr><td>地级以上城市</td><td>0.7(a)</td><td>0.7</td><td>0.7</td></tr>
<tr><td>县城</td><td>0.3(b)</td><td>0.2</td><td>0.2</td></tr>
<tr><td>小城镇</td><td>—</td><td>0.1</td><td>0.1</td></tr>
<tr><td rowspan="4">县城</td><td>合计</td><td>—</td><td>1.0</td><td>1.0</td></tr>
<tr><td>县城</td><td>—</td><td>0.8</td><td>0.6</td></tr>
<tr><td>小城镇</td><td>—</td><td>0.2</td><td>0.3</td></tr>
<tr><td>乡村</td><td>—</td><td>—</td><td>0.1</td></tr>
<tr><td rowspan="3">小城镇</td><td>合计</td><td>—</td><td>—</td><td>1.0</td></tr>
<tr><td>小城镇</td><td>—</td><td>—</td><td>0.8</td></tr>
<tr><td>乡村</td><td>—</td><td>—</td><td>0.2</td></tr>
</table>

表注：1. 表中参数为规划拟定的各类迁居成功的概率，如(a)指县城有意愿迁往地级以上城市的人口中，有70％能够成功迁往地级以上城市；(b)指县城有意愿迁往地级以上城市的人口中，有 30％无法迁往地级以上城市而将留在县城。其余参数含义以此类推。

2. 因比例很小本表不考虑由高级别城镇向低级别城镇的迁移选择。

考虑到把农村已迁出人口选择回流农村的 302 万人，由于阅历及就业技能等普遍高于原住农村人口，因此，这部分人口今后即使回到农村，也将比其他农村人口有更高的城镇化意愿，因此按照 50％的城镇迁居意愿计算，合计农村人口将发生乡—城迁移的人口总量约为 1 450 万人。此部分人口是湖北新增城镇人口的主要来源(新增城镇人口还包括部分城镇自然增长的人口)。

另一方面，我们的小城镇调研显示，城镇居民也有迁居意愿，尤其是小城镇居民的迁居意愿甚至高于农民。现状湖北县城人口为 879 万人，小城镇人口约为 700 万人，据迁居意愿调查，县城人口中有 34.7％有迁居意愿，小城镇人口中有 46.1％有迁居意愿。可计算得出县城中有迁居意愿的为 305 万人，小城镇中有迁居意愿的为 323 万人。由人口迁居意愿调查所得农民和城镇居民迁居意愿及迁居成功概率可计算出各等级居民点居民的各类可能的迁居方向(表 16－17)。

表 16－17　农村、镇、县城居民迁入各级城镇的意愿人数及成功人数　　(万人)

<table>
<tr><td colspan="3" rowspan="2"></td><td colspan="5">迁入地</td></tr>
<tr><td>地级以上城市</td><td>县城</td><td>镇</td><td>农村</td><td>合计</td></tr>
<tr><td rowspan="6">来源地</td><td rowspan="2">农村</td><td>按迁移意愿分配</td><td>425</td><td>631</td><td>394</td><td>0</td><td>1 450</td></tr>
<tr><td>考虑迁居成功概率</td><td>297</td><td>463</td><td>547</td><td>142</td><td>1 449</td></tr>
<tr><td rowspan="2">镇</td><td>按迁移意愿分配</td><td>148</td><td>140</td><td>35</td><td>0</td><td>323</td></tr>
<tr><td>考虑迁居成功概率</td><td>104</td><td>141</td><td>78</td><td>0</td><td>323</td></tr>
<tr><td rowspan="2">县城</td><td>按照迁移意愿计算</td><td>231</td><td>74</td><td>0</td><td>0</td><td>305</td></tr>
<tr><td>考虑迁居成功概率</td><td>185</td><td>120</td><td>0</td><td>0</td><td>305</td></tr>
</table>

考虑各类迁居成功的概率之后，今后湖北省将新增 1 308 万(＝1 450 万－142 万)城

镇人口，其中 282 万人在小城镇，525 万人在县城，501 万人在地级以上城市。新增城镇人口在各级城镇的配比为“地级以上城市：县城：小城镇＝38：40：22”。与仅按迁居意愿计算的新增城镇人口在各级城镇的配比结果（地级以上城市：县城：小城镇＝61：34：5）相比，新增城镇人口进入地级以上城市比重降低，进入县城比重小幅提高，进入小城镇的比重提高幅度较大（表 16－18）。

表 16－18　考虑迁居成功概率的新增城镇人口的空间分配方案　（万人）

	地级以上城市	县城	镇	乡村
各等级居民点迁入合计(a)	501	830	605	0
各等级居民点迁出合计(b)	0	305	323	1 308
各等级居民点人口净迁入合计(a－b)	501	525	282	－1 308

16.5　基于人口迁移与回流研究对未来城镇化空间承载的判断

从人口的迁移选择意愿来看，农村人口（含本地即将迁出和外出回流）的迁移意愿大体上是“地级市：县城：小城镇＝34：40：26”。城镇人口的迁移意愿则是地级市净增加 350 万，县城净迁出 76 万，小城镇净迁出 274 万。城镇人口在不同级别城市和小城镇间的内部迁移和农村人口的“乡—城”迁移共同作用，大体形成“地级以上城市＞县城＞小城镇”的城镇人口增量分配结构，但由于低等级城市（或乡村）人口向高等级城市迁移存在“是否迁移成功”的概率折减问题，从而使得实际的人口迁移流将更多的集聚在小城镇和县城，基于“迁移概率”的模型模拟结果是会形成“地级市：县城：小城镇＝38：40：22”的城镇人口增量。

迁移意愿和各类型城市建成区人口的增量研究提供的重要信息是，县城和地级市人口增长的动力非常充足，是城镇化进程中的重要载体。与此同时，小城镇虽然会由于人口的梯度迁移，人口不会快速增长，但也会保持一定增长速度或与现阶段基本持平。

虽然地级以上城市具有相当大的吸引力，但湖北省地级以上城市仅 12 座，无法满足如此庞大的新增人口。同时必须认识到，迁移意愿并不等于会形成今后的真正迁移流，比如地级以上城市的迁移选择意愿较强，但对于农民工等低收入群体短期内并不现实。以“迁移选择”的预测为基础，从湖北省城镇体系结构情况、地级市的总承载规模和集聚发展的战略取向来看，今后湖北省应增强县城的吸引力，提高基础设施的建设水平，以备承载更大量的城镇化新增人口；同时，小城镇服务职能的加强也将承载更多的城镇化人口，从而分担地级城市和县城的人口增长压力。

综合考虑，湖北省今后的城镇化新增人口的配比应以“地级以上城市：县城：小城镇＝40：40：20”为发展的调控目标比较合适。

参考文献

·英文文献·

[1] Aramand M. Global Entrepreneurial Capabilities: Korean High-tech SMEs[EB/OL]. 2008. http://sbaer.uca.edu/research/icsb/2009/paper93.pdf.

[2] Bairoch P. The Economic Development of the Third World since 1900[M]. London: Methuen, 1975.

[3] Belkina T D. The State of the Russian Cities 2008[M]. Moscow: Scientific Research Non-commercial Partnership "City-Region-Household", 2008.

[4] Berry B J L. City Size distributions and economic development[J]. Economic Development and Cultural Changes, 1973, (9): 573－587.

[5] Castells M. The Informational City: Information Technology, Economic Restructuring and the Urban-Regional Process[M]. Oxford: Basil Blackwell, 1989.

[6] Castells M. The Urban Question: A Marxist Approach [M]. London: Arnold, 1977.

[7] Champion A G, eds. Counterurbanization: The Changing Pace and the Nature of Population Deconcentration[M]. London: Edward Arnold, 1989.

[8] Chase-Dunn C. Urbanization in the world system: new directions for research [M]//Smith M P, eds. Cities in Transformation. Newburg Park. CA: Sage, 1984.

[9] Chen N, Valente P, Zlotnik H. What do we know about recent trends in urbanization? [M]//Bilsborrow R E, eds. Migration, Urbanization, and Development: New Directions and Issues. New York: United Nations Population Fund and Kluwer Academic Publishers, 1996: 59－88.

[10] CHO M R. Weaving flexibility: large-small firm relations, flexibility and regional clusters in South Korea [M]//Pedersen P O, et. al., eds. Flexible Specialization: the Dynamics of Small-Scale Industries in the South. London: Intermediate Technology Publications, 1994: 111－127.

[11] Chris J B. Cities in competition: equity issues[J]. Urban Studies, 1999, 36(5/6): 865－891.

[12] Deeds D. Internal Migration in Contemporary China[M]. London: Macmillan Press, 1999.

[13] Dicken P. Global Shift: Industrial Changes in a turbulent world[M]. San Francisco: Harper & Row, 1986.

[14] Douglass M. Mega-urban regions and world city dormition, the economic crisis and urban policy issues in Pacific Asia[J]. Urban Studies, 2000, 37(12): 2315 - 2335.

[15] Frank A G. Capitalism and Underdevelopment in Latin America [M]. New York: Monthly Review Press, 1967.

[16] Frank A G. The development of underdevelopment[J]. Monthly Review, 1966, 18(4): 17 - 31.

[17] Frank H, Stoops N. Demographic Trends in the 20th Century, Census 2000 Special Reports[M]. Washington D C: U. S. Government Printing Office, 2002.

[18] Frey W H, Speare A J. Regional and Metropolitan Growth and Decline in the United States[M]. New York: Russell Sage Foundation, 1988.

[19] Frey W. Population movement and city-suburb redistribution: an analytic framework[J]. Demography, 1978, 15(4): 571 - 88.

[20] Friedman J, Wolff G. World city formation: an agenda for research and action [J]. International Journal of Urban and Regional Research, 1982, 6 (3): 309 - 344.

[21] Friedman J. Intercity networks in a globalizing era [M]//Scott A, eds. Global City-Regions: Trends, Theory, Policy. Oxford: Oxford University Press, 2001.

[22] Friedmann J, Weaver W. Territory and Function: the Evolution of Regional Planning[M]. London: Arnold, 1979.

[23] Friedmann J. China's Urban Transition[M]. Minneapolis: University of Minnesota Press, 2005.

[24] Friedmann J. Four theses in the study of China's urbanization[J]. International Journal of Urban and Regional Research, 2006, 30(2): 440 - 451.

[25] Friedmann J. Regional Development Policy: A case study of Venezula[M]. Massachusetts: MIT Press, 1966.

[26] Gilbert A G, Gugler J. Cities, Poverty and Development: Urbanization in third world[M]. 2nd ed. Oxford: Oxford University Press, 1992.

[27] Gilbert A, eds. The Mega-City in Latin America[M]. Tokyo: United Nations University Press, 1996.

[28] Gould P R. Tanzania 1920 - 1963: the spatial impress of the modernization process[J]. World Politics, 1970, 22: 149 - 170.

[29] Gu C, Chen L, Jiang H, et al. China's urbanization and economic and social development since the reform and opening up[M]//Michael Pacione, eds. Changing Cities: International Perspectives. IGU Urban Commission and Strathclyde University Publishing, 2004.

[30] Hall P, Pain K. The Polycentric Metropolis: Learning from Mega-City Regions in Europe[M]. London: Earthscan, 2006.

[31] Hall P. Global city-region in the 21st century[M]//Scott A, eds. Global City-

Regions: Trends, Theory, Policy. Oxford: Oxford University Press, 2001: 59 - 77.
[32] Hall P. Is The Greater South East a Mega-City Region? [EB/OL] (2004)http://www.ippr.org.
[33] Harvey D. Neo-liberalism as creative destruction[J]. Geografiska Annaler, Human Geography, 2006,88B(2):145 - 158.
[34] Harvey D. Social Justice and the City[M]. London: Arnod, 1973.
[35] Harvey D. The Condition of Post - modernity[M]. Oxford: Blackwell, 1989.
[36] Hettne B. Development Theory and the Three Worlds[M]. 2nd edition. Harlow: Longman, 1994.
[37] Hirschman A O. The Strategy of Economic Development[M]. New Haven, CT: Yale University Press, 1958.
[38] Hollier G P. Regional development[M]//Pacione M, eds. The Geography of the third World: Progress and Prospects. London and New York: Routledge, 1988: 232 - 273.
[39] Hudson J C. Diffusion in a central place system[J]. Geographical Analysis, 1969,1:45 - 58.
[40] Johnston R J. City and Society: An Outline for Urban Geography[M]. Harmondsworth: Penguin, 1980.
[41] Kingsley D. The Urbanization of the Human Population[M]//LeGates R T, Stout F. City Reader. London: Routledge, 1996:1 - 11.
[42] Logan J, eds. The New Chinese City: Globalization and Market Reform[M]. Oxford: Blackwell, 2002.
[43] Ma R,GU C, Pu Y, et al. The urban sprawl pattern: a case study on Sunan, China[J]. Sensors, 2008,8(10):6 371 - 6 395.
[44] Mansell P R, Chapman M. Circulation in Third World Countries[M]. London: Routledge & Kegan Paul,1985.
[45] Marcotullio P J. Globalization, urban form and environmental conditions in Asia-Pacific cities[J]. Urban Studies, 2003,40(2):219 - 247.
[46] Matsubara H. Reorganization of Japanese urban systems and internal structures of urban areas in a globalized economy and a declining population society[J]. Annals of the Japan Association of Economic Geographers,2007,53:443 - 460.
[47] McGee T G, Robinson I M. The Mega urban regions of Southeast Asia[M]. Vancouver, Canada: University of British Columbia Press,1995.
[48] McGee T. Conservation and Dissolution in the Third World City: the "Shanty town" as anelement of conservation[J]. Development and Change, 1979, 10: 1 - 22.
[49] McGee T. Urbanization in an Era of Volatile Globalization: Policy Problematiques for the 21st Century [M]//Brotchie J, Newton P, Hall P, et al(eds).

East West Perspectives on 21st Century Urban Development: Sustainable Eastern and Western Cities in the New Millenium. Burlington VT: Ashgate Publishing Company, 1999:37－52.
[50] Mcneill D. South Korea seeks a new role as a higher-education hub[J]. The Chronicle of Higher Education, 2008, March 21:1－9.
[51] Ministry of Planning and Budge. The Republic of Korea Republic of Korea Country Infrastructure Report[A]. High-level Expert Group Meeting on Public-Private Partnerships for Infrastructure Development, 2007:10－21.
[52] Myrdal G. Economic Theory and Underdeveloped Areas[M]. London: Duckworth, 1957.
[53] Naveh Z, Lieberman A S. Landscape Ecology: Theory and Application[M]. New York: Springer-Verlag, 1983.
[54] Perroux F. Economic space: theory and application[J]. Quarterly Journal of Economics, 1950,64:89－104.
[55] Pick J B, Butler E. Mexico Megacity Boulder[M]. Colorado: Westview Press, 1997.
[56] Portes A, Castells M, Benton L, eds. The Informal Economy: Studies in Advanced and Less Developed Countries[M]. London: Johns Hopkins, 1991.
[57] Potter R B, Unwin T. Urban-rural interaction: physical form and political process in the Third World[J]. Cities, 1995,12:67－73.
[58] Prebish R. The Economic Development of Latin America[M]. New York: United Nations, 1950.
[59] Rakodi C, eds. The Urban Challenge in Africa: Growth and Management of Its Large Cities[M]. New York: The United Nations University Press, 1997.
[60] Richardson H W. Polarization reversal in developing countries[J]. Papers of the Regional Sciences Association, 1980,45:67－85.
[61] Riddell J B. The Spatial Dynamics of Modernization in Sierra Leone: Structure, Diffusion and Response[M]. Illinois: Evanston, 1970.
[62] Rojas E. Human settlements of the Eastern Caribbean: development problems and policy options[J]. Cities,1989,6:243－258.
[63] Rostow W W. The Stages of Economic Growth: A Non-Communist Manifesto [M]. London: Cambridge University Press,1960.
[64] Sohn C A. Brief introduction to urban resource recovery facilities in Seoul, Korea[J]. Lincoln University Planning Review, 2009,1(2):12－15.
[65] Santos M. The Shared Space: The Two Circuits of the Urban Economy in Underdeveloped Countries[M]. London: Methuen, 1979.
[66] Scharping T, eds. Floating Population and Migration in China: The Impact of Economic Reforms[M]. Germany: Hamburg, Institut of Asienkunde, 1997.
[67] Schoemaker P J H. Scenario planning: a tool for strategic thinking[J]. Sloan

Management Review, 1995,10:25 - 40.
[68] Schreiber K F. This history of landscape ecology in Europe [M]//Zonneveld I S, Forman R T T, eds. Changing Landscapes: An Ecological Perspectives. New York: Springer-Verlag, 1990:21 - 34.
[69] Scott A. Global City-Regions: Trends, Theory, Policy[M]. Oxford: Oxford University Press, 2001.
[70] Sit V F S, Yang C. Foreign-Investment-Induced Exo-Urbanization in the Pearl River Delta, China[J]. Urban Studies, 1997,34:647 - 677.
[71] Stohr W B, Taylor D R F. Development from above or Below? The Dialectics of Regional Planning in Developing Countries[M]. Chichester: Wiley, 1981.
[72] Summers A A, Cheshire P C, Senn L, eds. Urban Change in the United States and Western Europe: Comparative Analysis and Policy[M]. Washington, DC: Urban Institute Press,1999.
[73] Taylor P J. The World-system project,Chapter12 in A World in Crisis? [M]// Johnston R J, Taylor P J, eds. Geographical Perspective. Oxford and New York: Blackwell, 1986:333 - 354.
[74] The World Commission on Environment and Development. Our Common Future [M]. Oxford: Oxford University Press, 1987.
[75] Tsubomoto H. Restructuring business spaces in Tokyo after the 1990s[J]. Annals of the Japan Association of Economic Geographers, 2007,53:461 - 477.
[76] U. S. Department of Housing and Urban Development(HUD). The State of the Cities Report 1999[M]. Washington, DC:HUD,1999.
[77] UN-Habitat. The State of the World's Cities 2004/2005: Globalization and Urban Culture[M]. London and Sterling, VA: Earthscan, 2004.
[78] United Nations Center for Human Settlements (UNCHS). An Urbanizing World: Global Report on Human Settlements[M]. Oxford, England:Oxford University Press for Habitat, 1996.
[79] United Nations. Population Growth and Policies in Mega-Cities: Bombay, Population Policy Paper No. 6[M]. New York: United Nations, 1986.
[80] United Nations. Population Growth and Policies in Mega-Cities: Calcutta, Population Policy Paper No. 1[M]. New York: United Nations, 1986.
[81] United Nations. World Urbanization Prospects: The 2001 Revision[M]. New York: United Nations, 2002.
[82] Urry J. The Tourist Gaze[M]. London: Sage, 1990.
[83] Vance J. The Merchant's world: The Geography of Wholesaling[M]. Englewood Cliffs, NJ: Prentice-Hall, 1970.
[84] Wallerstein I. The Modern World System Ⅱ: Mercantilism and the Consolidation of the European World Economy, 1600—1750[M]. New York: Academic Press, 1980.

[85] Wallerstein I. The Modern World-system[M]. New York: Academic Press, 1974.
[86] Yoon IK-Soo. South Korea's Industrial Environment[M]. Michigan: University of Michigan Transportation Research Institute, 1985:9－33.
[87] Zegras C, Sussman J, Conklin C. Scenario planning for strategic regional transportation planning[J]. Journal of Urban Planning and Development, 2004,130(1):2－13.

·中文及日文文献·

[1] 奥罗姆,陈向明.城市的世界:对地点的比较分析和历史分析[M].上海:上海人民出版社,2005.
[2] 贝尔(Berry B J L).比较城镇化:20世纪多元城镇化道路[M].顾朝林,汪侠,等译.北京:商务印书馆,2008.
[3] 彼得·霍尔,凯西·佩恩.多中心大都市——来自欧洲巨型城市区域的经验[M].罗震东,等译.北京:中国建筑工业出版社,2010.
[4] 曾芬钰.城镇化与产业结构优化[J].当代经济研究,2002,(9):30－36.
[5] 陈波,王家庭.韩国城镇化快速发展的动力机制研究[J].宁夏党校学报,2004,(9):40－43.
[6] 陈东,陈茂竹,付晓东.城市化大系统内部结构的协调性研究——基于四大地域十二个省会城市的实证分析[J].城市问题,2008,(6):24－29.
[7] 陈锋.转型时期的城市规划与城市规划的转型[J].城市规划,2004,(8):9－19.
[8] 成田孝三.大阪都市圏を事例としたワークライフバランスについての検討[J].都市住宅学,2010,68:43－46.
[9] 成田孝三.大都市衰退地区の再生—住民と機能の多様化と複合化をめざして[M].东京:大明堂,1987.
[10] 川口太郎.人口减少时代における郊区住宅地の持続可能性[J].駿台史学,2007,130:85－113.
[11] 川相典雄.大都市圏中心都市の人口移动と市中心回流[J].经营情报研究,2005,13:37－57.
[12] 丁志伟,赵俊.基于kernel分析方法的河南省城镇密集区研究[J].地理空间信息,2010,8(3):90－92.
[13] 段进军.关于我国小城镇发展态势的思考[J].城市发展研究,2007,14(6):52－57.
[14] 樊纲.城镇化是个系统工程[J].中国发展观察,2009,(2):61－62.
[15] 福本·拓.东京および大阪における在日外国人の空间的セグリゲーションの变化—「オールドカマー」と「ニューカマー」间の差異に着目して—[J].地理学評论,2010,83(3):288－313.
[16] 富田晓,藤井·正.图説大都市圏[M].东京:古今書院,2010:126.
[17] 干春晖,余典范.城镇化与产业结构的战略性调整和升级[J].上海财经大学学报,

2003,(4):4.
[18] 高贤锡. 关于韩国城市化特性研究[D]. 南京:南京大学,2002.
[19] 工业化与城镇化协调发展研究课题组. 工业化与城镇化关系的经济学分析[J]. 中国社会科学,2002,(2):44 - 55.
[20] 宮澤・仁,阿部・隆. 1990 年代后半の东京市中心における人口回復と住民构成の变化—国势调查小地域集计结果の分析から—[J]. 地理学評论,2005,78:893 - 912.
[21] 谷荣,顾朝林. 城市化公共政策分析[J]. 城市规划,2006,(9):48 - 51.
[22] 顾朝林,胡秀红. 新时期中国城镇化与城市发展政策的思考[J]. 城市发展研究,1999,(5):6 - 13.
[23] 顾朝林,谭纵波,韩春强,等. 气候变化与低碳城市规划[M]. 南京:东南大学出版社,2009.
[24] 顾朝林,吴莉娅. 中国城镇化问题研究综述(Ⅱ)城市与区域规划研究[M]. 北京:商务印书馆,2008,1(3):100 - 163.
[25] 顾朝林,吴莉娅. 中国城市化研究主要成果综述[J]. 城市问题,2008,(12):2 - 12.
[26] 顾朝林,吴莉娅. 中国城镇化问题研究综述(Ⅰ)[M]//顾朝林主编. 城市与区域规划研究,2008,1(2):104 - 147.
[27] 顾朝林,于涛方,李王鸣. 中国城市化格局、过程与机理[M]. 北京:科学出版社,2008.
[28] 顾朝林,张勤,蔡建明,等. 经济全球化与中国城市发展——跨世纪中国城市发展战略[M]. 北京:商务印书馆,1999.
[29] 顾朝林. 城镇化的国际研究[J]. 城市规划,2003,(6):19 - 24.
[30] 顾朝林. 我们不需要"拉美模式"的城市化[N/OL]. 人民日报,2010 - 04 - 08(16). http://opinion.people.com.cn/GB/8213/178989/11322012.html.
[31] 顾朝林. 中国城镇化研究历程、现状与展望[M]//中国城市科学研究会编. 城市科学学科发展报告. 北京:中国科学技术出版社,2008:33 - 60.
[32] 广东省建设委员会,等. 珠江三角洲经济区城市群规划——协调与持续发展[M]. 北京:中国建筑工业出版社,1996.
[33] 广原盛明,高田光雄,角野幸博,等编. 市中心・まちなか・郊区の共生—京阪神大都市圈の将来—[M]. 东京:晃洋書房,2010.
[34] 国土庁编. 首都圈白書[M]. 平成 12 年版. 东京:大蔵省印刷局,2000.
[35] 海道清信. 紧凑城市の规划とデザイン[M]. 东京:学芸出版社,2007.
[36] 韩国经济计划院,1967 年,转引自高贤锡. 关于韩国城市化特性研究[D]. 南京:南京大学,2002.
[37] 何梦笔. 政府竞争:大国体制转型理论的分析范式[EB/OL]. (2001). http://www.unirule.org.cn/SecondWeb/Article.asp?ArticleID=2229.
[38] 何明俊. 西方城市规划理论范式的转换及对中国的启示[J]. 城市规划,2008,(2):71 - 77.
[39] 何念如,吴煜. 中国当代城镇化理论研究[M]. 上海:上海人民出版社,2007.

[40] 洪银兴,陈宝敏."苏南模式"的新发展——兼与温州模式比较[J].宏观经济研究,2001,(7):29-34;52.
[41] 洪银兴,刘志彪.长江三角洲地区经济发展的模式和机制[M].北京:清华大学出版社,2003.
[42] 胡序威,周一星,顾朝林.中国沿海城镇密集地区空间集聚与扩散研究[M].北京:科学出版社,2000.
[43] 胡兆量.温州模式的特征与地理背景[J].经济地理,1987,7(1):19-24.
[44] 黄靖.东莞城市化过程中若干问题研究[J].地理与地理信息科学,2003,19(5):73-76.
[45] 霍尔(Hall P).多中心大城市:基于西欧视角的特大城市区[A].香港大学召开的巨型城市区管治与规划创新国际专题讨论会论文,2008.
[46] 季小立."苏南模式"的城市化及其演进[J].理论与现代化,2004,(6):186-192.
[47] 江华.浙江城市化进程评估及推进途径研究[D].杭州:浙江大学,2001.
[48] 江崎雄治.首都圏人口の将来像一市中心と郊区の人口地理学[M].东京:専修大学出版局,2006.
[49] 蒋省三,刘守英.让农民以土地权利参与工业化——解读南海模式[J].政策,2003,(7):54-56.
[50] 金心异."苏州'东莞化'的忧虑"[EB/OL].(2005-07-29).http://mlcool.hp.infoseek.co.jp/html/02454.htm.
[51] 近畿都市学会编.21世紀の都市像一地域を活かすまちづくり一[M].东京:古今書院,2008.
[52] 李兵弟.中国城乡空间规划的新发展[J].中国建设信息,2006,(2):16-20.
[53] 李传永.略论我国历代的行政区划[J].人文地理,1996,11(4):38-40;53.
[54] 李庆臻,金吉龙.韩国现代化研究[M].济南:济南出版社,1995.
[55] 李王鸣,江佳遥,楼铱.联系分析视角下的浙中城市群结构特征研究[J].经济地理,2009,29(10):1644-1649.
[56] 李王鸣,王纯彬."温州模式"主导下城市化地区弱中心现象分析——乐清市个案研究[J].城市规划,2006,30(3):45-47.
[57] 李王鸣,王纯彬.温台地域城市化机制与转型分析[J].经济地理,2002,2(9):698-601.
[58] 李印泽.借鉴国际经验促进北京市城镇化和工业化协调发展的思考[EB/OL].(2005/09/25).中国外交部网站:http://www.fmprc.gov.cn/chn/ziliao/wzzt/jjywj/t217278.htm.
[59] 李治安.元代行省制的特点与历史作用[J].历史研究,1997,(5):82-99.
[60] 联合国人居中心.城镇化的世界[M].沈建国,等译.北京:中国建筑工业出版社,1998.
[61] 刘传江.中国自下而上城市化发展的制度潜力与创新[J].城市问题,1998,83(3):11-14.
[62] 刘季云.珠江三角洲乡镇企业的一个成功模式:"顺德模式"初探[J].中国农村经

济,1991,(2):33－43.

[63] 刘佳楠.韩国城镇化快速发展时期的特点与问题[J].大众科学,2008,(3):81－83.

[64] 刘君德.中国转型期凸现的“行政区经济”现象分析[J].理论前沿,2004,(10):20－22.

[65] 刘清芝.美国、日本、韩国应对人口老龄化的经验及其启示[J].西北人口,2009,(4):73－75.

[66] 刘学良,孙斌栋,刘伟,等.制度变迁视角下的区域经济发展——苏南模式与温州模式的比较与启示[J].现代城市研究,2008,(3):67－72.

[67] 陆立军.“义乌模式”的成因及其与“浙江模式”的关系[J].财经论丛,2008,(4):1－7.

[68] 罗罡辉.韩国的城镇化和土地市场[J].中国房地产导报,2003,(7):51－53.

[69] 罗小龙,沈建法.“都市圈”还是都“圈”市——透过效果不理想的苏锡常都市圈规划解读“圈”都市现象[J].城市规划,2005,(1):30－35.

[70] 罗小龙,沈建法.跨界的城市增长——以江阴经济开发区靖江园区为例[J].地理学报,2006,61(4):435－445.

[71] 罗震东.中国当前的行政区划改革及其机制[J].城市规划,2005,29(8):29－35.

[72] 罗志刚.对城市化速度及相关研究的讨论[J].城市规划学刊,2007,(6):60－66.

[73] 马春笋.对国家结构与地方政府关系的探讨——兼论我国行政区划体制改革的方向[J].地方政府管理,1996,(6):10－12.

[74] 马晓冬,马荣华,蒲英霞.苏州地区城市化空间格局及演化分析[J].城市问题,2007,(9):20－24.

[75] 梅伟霞.珠江三角洲城市群的演进与整合[J].探求,2005,160(6):56－59;67.

[76] 孟海宁,陈前虎,徐鑫.浙江城市化的转型之路:从囚犯困境到合作博弈[J].城市规划,2007,31(3):30－34.

[77] 宁越敏.新城镇化进程——90年代中国城镇化动力机制和特点探讨[J].地理学报,1998,53(5):470－477.

[78] 纽心毅,宋小冬,等.土地使用情景:一种城市总体规划方案生成与评价的方法[J].城市规划学刊,2008,(4):64－69.

[79] 诺克斯(Knox P L),麦卡锡(McCarthy L).城镇化[M].顾朝林,汤培源,等译.北京:科学出版社,2008.

[80] 欧向军.江苏省城市化发展格局与过程研究[J].城市规划,2009,(2):43－49.

[81] 潘海霞.全球化条件下苏南经济发展与城市化[J].规划师,2004,20(10):76－80.

[82] 朴正熙.我们国家的道路[M].陈琦伟,等译.北京:华夏出版社,1988.

[83] 齐康,夏宗玕.城镇化与城镇体系[J].建筑学报,1985,(2):15－21.

[84] 钱颖一.现代经济学与中国经济改革[M].北京:中国人民大学出版社,2003.

[85] 秦宪文.城镇化与产业发展[J].山东师范大学学报(人文社会科学版),2004,(1):125－127.

[86] 日野正輝.1950年代以来日本城市地理学进展与展望[J].城市与区域规划研究,2010,3(2):118－131.

[87] 日野正輝.転換期を迎えた仙台の结构的変容[J].地理,2006,51(12):91.

[88] 若林芳樹,神谷浩夫,等.シングル女性の都市空间[M].东京:大明堂,2003.

[89] 榊原彰子,松岡恵悟,宮澤・仁.仙台市中心における商品房居住者の特性と都市居住の志向性[J].季刊地理学,2003,55:87－106.

[90] 盛鸣,顾朝林.关于我国城市发展战略规划技术流程的思考[J].城市规划,2005,(2):46－51.

[91] 石川雄一.郊区化からみた都市圏空间—郊区化・多核化のゆくえ—[M].长崎:长崎県立大学学術研究会,2008.

[92] 實・清隆.泡沫崩溃后における地价下落と大都市での市中心回流现象に关する研究—大阪大都市圏の例—[J].総合研究所所報(奈良大学),2007,15:21－34.

[93] 矢部直人.1990年代后半の东京市中心における人口回流现象—港区における住民アンケート调查の分析を中心にして—[J].人文地理,2003,55:277－292.

[94] 矢部直人.不动産証券投资をめぐるグローバルマネーフローと东京における不动産开发[J].经济地理学年報,2008,54:292－302.

[95] 孙立平,等.改革以来中国社会结构的变迁[J].中国社会科学,1992,(2):47－62.

[96] 孙施文.城市总体规划实施政策概要[J].城市规划汇刊,2001,(1):7－13.

[97] 孙颖泽.面向全球一体化的韩国空间政策[J].地理译报,1995,(4):15－18.

[98] 藤井・正.大都市圏における结构变化研究の动向と課題—地理学における多核化と郊区自立化の議论を中心に—[J].日本都市社会学会年報,2007,25.

[99] 藤井・正.都市圏多核化研究とまちづくり—机能地域论・社会ネットワーク论・景観论との关联を中心に—[J].地域と环境,2009,8/9:99－108.

[100] 田磊.广交会的前世今生[J].南风窗,2006,(10):26－31.

[101] 托多罗维奇,彼得拉,罗伯特・亚罗.面向基础设施的美国2050远景规划[J].城市与区域规划研究,2009,(3):18－38.

[102] 王鉴.中国城市化进程中的义乌模式[J].规划师,2005,21(S1):5－10.

[103] 王寿春.浙江城镇化的发展趋势及其政府干预行为研究[EB/OL].(2008－01－10).浙江区域经济网.http://www.raresd.com.

[104] 王志强.江苏省城市化发展现状及动力研究[J].城市规划,2005,(7):34－38.

[105] 温铁军.城乡二元体制矛盾的形成与城镇化发展战略探讨[J].山东省农业管理干部学院学报,2001,(1):8－11.

[106] 温铁军.解读珠三角[J].中国税务,2004,(2):18－21.

[107] 吴莉娅,顾朝林.全球化、外资与发展中国家城镇化——江苏个案研究[J].城市规划,2005,29(2):28－33.

[108] 吴莉娅.生产要素市场化与江苏城市化动力机制演变[J].地理科学,2006,26(5):529－535.

[109] 吴伟,许美婷,俞慰刚.韩国城镇化道路的分析与思考[EB/OL].[2009－12－31].兰州大学中国特色城镇化研究中心.http://rurc.suda.edu.cn/ar.aspx?AID=458.

[110] 西蒙・库兹涅茨.现代经济增长:发现与思考[M].戴睿,易诚,译.北京:北京经

济学院出版社，1989.
［111］ 仙台市政府. 創造と交流：仙台市都市ビジョン一未来へ挑戦する「杜の都」へ［EB/OL］.（2007－01－25）. http://www.city.sendai.jp/kikaku/seisaku/vision/pdf/vision_kanzen.pdf.
［112］ 小泉・諒. 东京圈大都市圈における职业构成の空间的パターンとその变化［J］. 季刊地理学，2010，62：61－70.
［113］ 徐德志，等. 广东对外经济贸易史［M］. 广州：广东人民出版社，1994.
［114］ 徐海贤，邹军. 在高速增长中寻求健康发展——江苏城市化的理性选择［J］. 城市规划，2007，31（3）：35－39.
［115］ 许娜. 江苏省城市化与城市体系研究［D］. 北京：首都经济贸易大学硕士学位论文，2008.
［116］ 许学强，李郇. 改革开放30年珠江三角洲城镇化的回顾与展望［J］. 经济地理，2009，29（1）：13－18.
［117］ 许学强，周一星，宁越敏，编著. 城市地理学［M］. 北京：高等教育出版社，1997.
［118］ 薛凤旋，杨春. 外资影响下的城市化：以珠江三角洲为例［J］. 城市规划，1995，（6）：21－27.
［119］ 阎小培. 关于西方国家逆市化的思考［J］. 城市规划，1990，（3）：46－49.
［120］ 杨伟民. 中国特色城镇化道路的四个关键问题［M］//顾朝林主编. 城市与区域规划研究. 北京：商务印书馆，2008，1（2）：17－25.
［121］ 杨兴云. 加工贸易政策持续收紧珠三角数万企业亟待转型［N］. 经济观察报，2006－12－02.
［122］ 叶裕民. 中国城镇化之路［M］. 北京：商务印书馆，2001.
［123］ 伊藤慎悟. 民间独立住宅区域における老龄化の差異一神奈川県を事例にして一［J］. 地理科学，2008，63：25－37.
［124］ 易千枫，徐强，项志远. 改革开放30年温州城镇化发展回顾与思考［J］. 城市规划，2009，33（11）：18－21.
［125］ 袁奇峰，等. 改革开放的空间响应——广东城市发展30年［M］. 广州：广东人民出版社，2008.
［126］ 张敦福. 区域发展模式的社会学分析［M］. 天津：天津人民出版社，2002.
［127］ 张建华，等. 基于区域块状经济差异下的浙江省城市化差异研究［J］. 经济论坛，2007，（11）：20－22.
［128］ 张京祥，等. 全球化世纪的城市密集地区发展与规划［M］. 北京：中国建筑工业出版社，2008.
［129］ 张京祥，罗震东，何健颐. 体制转型与中国城市空间重构［M］. 南京：东南大学出版社，2007.
［130］ 张京祥，吴缚龙. 从行政区兼并到区域管治——长江三角洲的实证与思考［J］. 城市规划，2004，28（5）：25－30.
［131］ 张京祥，吴启焰. 试论新时期区域规划的编制与实施［J］. 经济地理，2001，（5）：513－517；526.

[132] 张京祥. 规划决策民主化:基于城市管治的透视[J]. 人文地理,2005,(3):39-43.
[133] 张敏,顾朝林. 农村城镇化:"苏南模式"与"珠江模式"比较研究[J]. 经济地理,2002,22(4):482-486.
[134] 张秀凤. 国外城镇化实践对我国西部城镇化的启示[J]. 经济纵横,2009,(2):45-47.
[135] 张忠民. 近代上海城市发展与城市综合竞争力[M]. 上海:上海社会科学院出版社,2005.
[136] 长沼佐枝,荒井良雄,江崎雄治. 东京大都市圈郊区地域の人口老龄化に关する一考察[J]. 人文地理,2006,58:399-412.
[137] 赵丛霞,金广君,周鹏光. 首尔的扩张与韩国的城市发展政策[J]. 城市问题,2007,(1):90-94.
[138] 赵过渡,颜海娜. 顺德市农村管理体制改革实践的理论分析[J]. 城市问题,2003,(1):67-71.
[139] 赵利济,金赢亨. 韩国经济腾飞的政策剖析[M]. 武汉:华中理工大学出版社,1996.
[140] 赵新正,宁越敏. 中国区域城市化动力差异研究——基于灰色关联分析法的分析[J]. 城市问题,2009,(12):13-18.
[141] 赵燕菁. 从城市管理走向城市经营[J]. 城市规划,2002,26(11):7-15.
[142] 浙江省人民政府. 浙江省城镇体系规划(2008-2020)[EB/OL]. (2008-11-14). http://www.zj.gov.cn/gb/zjnew/node3/node22/node170/node6359/userobject9ai91832.html.
[143] 浙江统计局. 新浙江五十年[M]. 北京:中国统计出版社,1999.
[144] 郑艳婷,刘盛和,陈田. 试论半城市化现象及其特征——以广东省东莞市为例[J]. 地理研究,2003,22(6):760-768.
[145] 周建军. 从城市规划的缺陷与误区说开去——一个城市规划案例引出的思考[J]. 行政法学研究,2007,(1):68-73.
[146] 周一星. 城市地理学[M]. 北京:商务印书馆,1999.
[147] 朱文晖. 走向竞合——珠三角与长三角经济发展比较[M]. 北京:清华大学出版社,2003.

图表来源

第 1 章

图 1 - 1　◇源自:Davis,1965

图 1 - 2 至图 1 - 3　◇源自:联合国人居中心,1998

图 1 - 4　◇源自:国务院关于印发全国主体功能区规划的通知(国发〔2010〕46 号)全国主体功能区规划——构建高效、协调、可持续的国土空间开发格局,2010 - 12

图 1 - 5 至图 1 - 9　◇源自:作者绘制。

图 1 - 10　◇源自:Jean Gottman,1960

图 1 - 11　◇源自:作者绘制。

图 1 - 12　◇源自:Knox and McCarthy,2008

图 1 - 13　◇源自:作者绘制。

图 1 - 14　◇源自:Batten,1995

图 1 - 15　◇源自:Hall,2008

图 1 - 16　◇源自:托多罗维奇和亚罗,2009

图 1 - 17　◇源自:联合国人居中心,1998

图 1 - 18　◇源自:Knox and McCarthy, 2005

表 1 - 0　◇源自:作者绘制。

第 2 章

表 2 - 1 至表 2 - 2　◇源自:张京祥等. 全球化世纪的城市密集地区发展与规划,2008

表 2 - 3　◇源自:据何明俊. 西方城市规划理论范式的转换及对中国的启示. 城市规划,2008,(2):71 - 77 修改。

第 3 章

图 3 - 1 至图 3 - 29　◇源自:作者绘制。

表 3 - 1 至表 3 - 24　◇源自:作者绘制。

第 4 章

图 4 - 1 至图 4 - 23　◇源自:"同济大学-华中科技大学联合课题组"绘制。

表 4 - 1 至表 4 - 5　◇源自:"同济大学-华中科技大学联合课题组"绘制。

第 5 章

图 5 - 1　◇源自:作者绘制。

图 5 - 2 至图 5 - 3　◇源自:国家中长期交通规划

图 5 - 4　◇源自:作者绘制。

图 5－5　◇源自：湖北统计年鉴，2009

图 5－6 至图 5－7　◇源自：新中国六十年统计资料汇编

图 5－8 图 5－14　◇源自：湖北统计年鉴，2009

图 5－15　◇源自：崛起之路——湖北辉煌 60 年，1949—2009

图 5－16 至图 5－25　◇源自：作者自绘。

表 5－1　◇源自：胡鞍钢. 中国崛起之路[M]. 北京：北京大学出版社，2007：27－28

表 5－2　◇源自：宋汉炎. 大转折 中部崛起与湖北的机遇[M]. 武汉：湖北人民出版社，2004

表 5－3　◇源自：作者绘制。

第 6 章

/

第 7 章

图 7－1 至图 7－5　◇源自：日野正輝，2010

图 7－6　◇源自：顾朝林摄

图 7－7　◇源自：日野正輝，2010

图 7－8　◇源自：第 59 次日本统计年鉴，2010

图 7－9 至图 7－11　◇源自：日野正輝，2010

图 7－12　◇源自：江崎，2006

图 7－13 至图 7－14　◇源自：日野正輝，2010

图 7－15　◇源自：江崎，2006

表 7－1　◇源自：日野正輝，2010

表 7－2　◇源自：日本调查中心，1996；2001

第 8 章

图 8－1 至图 8－2　◇源自：顾朝林等，2008 年

图 8－3　◇源自：作者绘制。

第 9 章

图 9－1 至图 9－2　◇源自：Randstad，2040

图 9－3 至图 9－4　◇源自：互联网

图 9－5 至图 9－6　◇源自：百度百科

表 9－1　◇源自：维基百科

表 9－2　◇源自：湖北数据来自于《湖北省统计年鉴 2009》；日本及法国数据来自美国中情局 CIA：The World Factbook. 2008。

表 9－3　◇源自：根据米歇尔·萨维《法国区域规划 50 年》及相关文献整理。

第 10 章

图 10－1 至图 10－7　◇源自：作者绘制。

表 10－1 至表 10－10　◇源自：作者编制。

第 11 章

图 11-1 至图 11-5　◇源自:"同济大学-华中科技大学联合课题组"绘制。

表 11-1　◇源自:"同济大学-华中科技大学联合课题组"计算,数据来自《中国农村统计年鉴(2009)》、《全国农产品成本收益调查资料汇编(2009)》、《中国统计年鉴 2009》、《湖北统计年鉴 2009》。

表 11-2　◇源自:"同济大学-华中科技大学联合课题组"计算。

表 11-3　◇源自:"同济大学-华中科技大学联合课题组"计算,数据来自《中国农村统计年鉴(2009)》、《全国农产品成本收益调查资料汇编(2009)》,《中国统计年鉴 2009》、《湖北统计年鉴 2009》。

表 11-4　◇源自:"同济大学-华中科技大学联合课题组"计算,数据来自《中国统计年鉴 2009》、《湖北统计年鉴 2009》、赵长保-《农村劳动力转移的新阶段》。

表 11-5 至表 11-7　◇源自:"同济大学-华中科技大学联合课题组"计算。

表 11-8　◇源自:"同济大学-华中科技大学联合课题组"计算,数据来自《中国统计年鉴 2009》、《湖北统计年鉴 2009》、赵长保的《农村劳动力转移的新阶段》。

表 11-9 至表 11-12　◇源自:"同济大学-华中科技大学联合课题组"计算,数据来自《全国农产品成本收益调查资料汇编(2009)》。

表 11-13　◇源自:"同济大学-华中科技大学联合课题组"计算,数据来源:每亩劳动力成本数据取自《全国农产品成本收益资料汇编 2009》,年平均工资取自 bureau of labor statistics 网站 Race and Hispanic Origin of People(Both Sexes Combined) by Median and Mean Income: 1947 to 2008,美元平均汇率取自《中国统计年鉴 2009》。

表 11-14 至表 11-38　◇源自:"同济大学-华中科技大学联合课题组"计算。

第 12 章

图 12-1 至图 12-8　◇源自:"同济大学-华中科技大学联合课题组"汇总,数据来自:湖南省、(中部)八省市年统计年鉴,2008;2009

图 12-9　◇源自:湖北省干部手册,2010

图 12-10　◇源自:专题报告,湖北省基于投入产生分析的行业吸纳就业人口分析

图 12-11 至图 12-15　◇源自:湖北省统计年鉴,2009

图 12-16　◇源自:根据各县市区政府网站资料作者整理。

图 12-17 至图 12-18　◇源自:中国建制镇资料,2008

图 12-19 至图 12-22　◇源自:湖北省统计年鉴,2009

图 12-23 至图 12-26　◇源自:中部八省市统计年鉴,2008

图 12-27 至图 12-28　源自:"同济大学-华中科技大学联合课题组"绘制。

表 12-1　◇源自:"同济大学-华中科技大学联合课题组"汇总,数据来源:八省市统计年鉴,2009

表 12-2　◇源自:"同济大学-华中科技大学联合课题组"汇总,数据来源:湖北省统计年鉴,2009

表 12-3 至表 12-4　◇源自:根据各省市 2009 年统计年鉴整理。

表 12-5 至表 12-7　◇源自:湖北省统计年鉴,2008;2009

表 12-8　◇源自:"同济大学-华中科技大学联合课题组"汇总,数据来源:八省市统计年鉴,2009

表 12-9　◇源自:湖北省统计年鉴,2009

表 12-10　◇源自:根据各市州总体规划和官方网站数据整理。

表 12-11　◇源自:中国建制镇资料,2008

表 12 - 12　◇源自:“同济大学-华中科技大学联合课题组”绘制。

第 13 章

图 13 - 0　◇源自:谭其骧. 中国历史地图集[M]. 北京:中国地图出版社,1982

第 14 章

图 14 - 1　◇源自:湖北统计年鉴,2009

图 14 - 2　◇源自:搜索网(http://www.piaojia.cn)以及火车网(http://changtu.huoche.com.cn),搜索时间:2010

图 14 - 3　◇源自:百度搜索引擎

图 14 - 4　◇源自:中国远洋物流有限公司官方网站(http://www.cosco-logistics.com.cn);中海集团物流有限公司官方网站(http://www.csl.cn);中铁集装箱运输有限责任公司官方网站(http://www.crct.com/);数据版本为 2010。

图 14 - 5　◇源自:搜索网(http://www.piaojia.cn)以及火车网(http://changtu.huoche.com.cn)搜索时间:2010

图 14 - 6 至图 14 - 7　◇源自:湖北统计年鉴,2009

表 14 - 0　◇源自:作者绘制。

第 15 章

图 15 - 1 至图 15 - 16　◇源自:作者绘制。

表 15 - 0　◇源自:作者绘制。

第 16 章

图 16 - 1 至图 16 - 3　◇源自:“同济大学-华中科技大学联合课题组”绘制。

表 16 - 1 至表 16 - 18　◇源自:“同济大学-华中科技大学联合课题组”统计。

后记

本书源自湖北省政府委托的“湖北省城镇化与城镇发展战略规划研究”项目，以清华大学(湖北省城乡规划设计院)、同济大学(华中科技大学)、南京大学三个规划研究方案为基础。2010 年湖北省住房和城乡建设厅精心组织了多次湖北省城镇化与城市发展战略研究的现场调研活动，为本书的编写奠定了坚实的基础。清华大学和湖北省城乡规划设计研究院课题组成员有：顾朝林、黄榕、解孝成、李红、彭翀、王岳枫、姜少华、刘璇、位欣、严圣华、宋琨、王春丽、郭婧、袁晓辉、王小丹；同济大学和华中科技大学课题组成员有：陈秉钊、赵民、张立、黄亚平、耿虹、裴新生、黄建中、王德、陈锦富、万艳华、陈晨、刘振宇、董淑敏、王聿丽、汪军、汪劲柏、田莉、张乔、张刚、杨捃、于澄、钱欣、甘迪、马婧、陈懿慧等；南京大学课题组成员有：崔功豪、张京祥、罗震东、陈浩、耿磊、韦江绿、王旭、周艳妮、孙振如、何鹤鸣、申明锐、李阿萌、邢晓丹、文雯、张望。

本书编写思路和提纲由顾朝林、赵民、张京祥共同设计，其中：第 1 章由顾朝林、袁晓辉撰写；第 2 章由张京祥、顾朝林、赵民撰写；第 3 章由顾朝林、黄榕、解孝成、李红、彭翀、王岳枫、姜少华、刘璇、位欣、严圣华、宋琨、王春丽、郭婧、袁晓辉、王小丹撰写；第 4 章由赵民、张立、黄亚平、耿虹、裴新生、黄建中、王德、陈锦富、万艳华、陈秉钊、陈晨、刘振宇、董淑敏、王聿丽、汪军、汪劲柏、田莉、张乔、张刚、杨捃、于澄、钱欣、甘迪、马婧、陈懿慧撰写；第 5 章由张京祥、崔功豪、罗震东、耿磊、陈浩、王旭、韦江绿、周艳妮撰写；第 6 章由顾朝林撰写；第 7 章由顾朝林、日野正辉撰写；第 8 章第 1 节由彭翀、胡剑双撰写，第 2 节由王聿丽、田莉撰写；第 9 章第 1、2、3 节由张立、董淑敏撰写，第 4 节由耿磊、陈浩撰写；第 10 章由彭翀、韩颖撰写；第 11 章由陈晨、刘振宇、张立撰写；第 12 章由张立、董淑敏撰写；第 13 章第 1 节由耿磊、陈浩撰写，第 2 节由陈锦富撰写；第 14 章由耿磊、陈浩、韦江绿、王旭撰写；第 15 章由顾朝林、袁晓辉、彭翀、郭婧、王春丽撰写；第 16 章第 1、2 节由王德、甘迪撰写，第 3、4、5 节由张立、刘振宇撰写。全书最终由顾朝林、赵民、张京祥共同定稿。

本书的出版，特别感谢湖北省张通副省长、李德炳厅长、占世良副厅长、童纯跃处长、洪盛良副处长，住房和城乡建设部张勤副司长。